타이완의 근대문학 2

운동 · 제도 · 식민성

지은이

황메이어黃美娥, Huang, Mei-E 타이완 국립타이완대학國立台灣大學 타이완문학연구소 교수
린치양林淇瀁(向陽), Lin, Sheng Xiang 타이완 국립타이베이교육대학國立台北教育大學 타이완문화연구소 교수
예렌펑葉連鵬, Yeh, Lien-Peng 타이완 국립창화사범대학國立彰化師範大學 타이완문학연구소 조교수
류수친柳書琴, Liu, Shu-Chin 타이완 국립칭화대학國立清華大學 타이완문학연구소 교수
천젠중陳建忠, Chen, Chien-Chung 타이완 국립칭화대학國立清華大學 타이완문학연구소 부교수
천팡밍陳芳明, Chen, Fang-Ming 타이완 국립정치대학國立政治大學 타이완문학연구소 교수
주후이주朱惠足, Chu, Huei-Chu 타이완 국립중흥대학國立中興大學 타이완문학연구소 부교수

옮긴이

장동천張東天, Zang, Dong-Chion 고려대학교 중문과 교수
김종석金鍾碩, Kim, Jong-Seok 고려대학교 BK21 중일언어문화교육연구단 연구교수
이현복李賢馥, Lee, Hyun-Bok 고려대학교 강사
성옥례成玉禮, Sung, Ok-Rye 한림대학교 강사
김희경金熙敬, Kim, Hee-Kyoung 고려대학교 중일어문학과 박사과정 수료
진혜정秦惠貞, Jin, Hye-Joung 고려대학교 중일어문학과 박사과정 수료

엮은이

최말순崔末順, Choi, Mal-Soon 타이완 국립정치대학國立政治大學 타이완문학연구소 조교수

타이완의 근대문학 2 운동·제도·식민성

초판 인쇄 2013년 2월 25일 **초판 발행** 2013년 2월 28일
지은이 황메이어 · 린치양 · 예렌펑 · 류수친 · 천젠중 · 천팡밍 · 주후이주 **엮은이** 최말순
펴낸이 박성모 **펴낸곳** 소명출판 **출판등록** 제13-522호
주소 서울시 서초구 서초동 1621-18 란빌딩 1층
전화 02-585-7840 **팩스** 02-585-7848 **전자우편** somyong@korea.com **홈페이지** www.somyong.co.kr

값 30,000원

ISBN 978-89-5626-823-1 94890
ISBN 978-89-5626-821-7 (세트)

이 책은 타이완 교육부의 지원을 받아 출판되었음(2011.11~2013.2, 『日據時期台灣文學研究論文集』 韓文出版計畫).

Modern Taiwanese Literature 2

타이완의 근대문학 2

Movement · Institution · Colonization

운동 · 제도 · 식민성

최말순 엮음

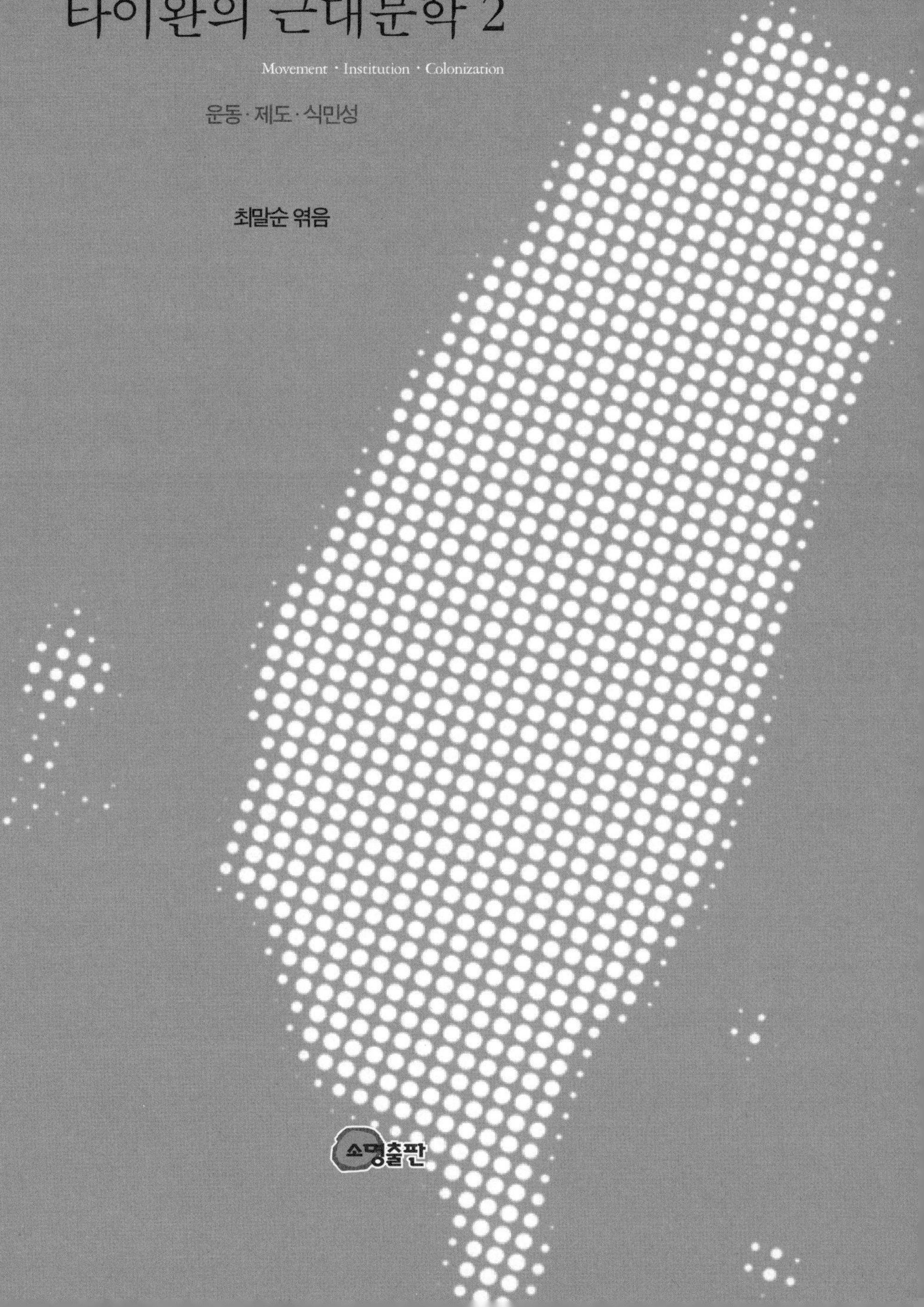

소명출판

책머리에

이 책은 타이완 교육부의 지원을 받아 진행한 '타이완 문학・역사・예술 국제교류계획'의 성과물이다. 2007년부터 5년에 걸쳐 진행된 이 계획은 2000년대 초부터 타이완의 각 대학에서 시작된 이른바 '타이완학'의 성과를 대외에 소개하고 학술적 대화와 교류의 분위기를 마련하기 위해 기획되었다.

'타이완학'은 1945년 이후 오랜 기간 다양한 경로를 통해 진행된 타이완인의 자아 찾기 과정의 일환으로 형성되었다. 사회민주화에 대한 타이완인들의 열망은 38년간 지속된 계엄통치를 종식시켰다. 그 와중에서 타이완인의 정체성을 내세운 정당이 집권하게 되었고, '타이완학'은 비로소 기존의 타이완 학술과 교육의 제도권 안으로 진입할 수 있었다. 1987년 계엄해제 이후 20여 년이 지난 현재 23개 대학에 '타이완학' 관련학과와 대학원과정이 생겨났고, 타이완문학 및 타이완역사 연구에 투입되는 인원만도 연간 오륙백 명에 달하고 있다.

타이완문학에 대한 연구도 이러한 흐름 속에서 본격화되었다. 1960년대 중반부터 식민지시기 문학 자료와 작품이 발굴되기 시작하였고, 1970~1980년대에는 타이완 문학사의 초보적인 구도가 세워졌다. 1990년대에 들어와서는 '중국문학'과는 다른 '본토문학' 내지 '타이완문학'의 개념 정립이 이루어졌으며, 2000년 이후 각 대학에 '타이완문학과'와 대학원 과정이 설치되었다. 이로써 타이완문학에 대한 연구는 타이완 아카데미즘의 일부로 공식적인 인정을 받게 된 것이다. 최근 5년간 타이완문학 관련 학술회의는 한 해 평균 약 20여 차례가 개최될 정도로 활발한 상황이다.

이러한 역사적 배경으로 인해 타이완문학의 연구는 '타이완성'의 문제, 예컨대 중국과 구별되는 타이완의 특수한 경험과 지역성을 규명하는 것에 초점을 두게 되었다. 타이완은 경제성장과 민주화 성취를 바탕으로 냉전체제에서 벗어나 다족군사회多族群社會에 기초한 독립적인 주권국가를 지향하고 있으며 이를 위해 학술, 교육, 문화 등 각 분야에서 '타이완적인 것'에 대한 해명이 점점 더 중요한 사회적 의미를 갖게 된 것이다.

일제강점기의 문학이 연구자들의 각별한 주목을 받은 것은 이 때문이었다. 1920년대에 들어와 성장세를 보이기 시작한 타이완 근대문학은 근대적 문학어의 확립, 계몽의 문학적 방식, 문학과 대중미디어의 관계, 전통문학과 근대문학의 충돌과 연대, 식민지배에 대한 반발과 비판, 자본주의의 수용과 인간소외 문제, 사회변혁의 문학적 형상화, 황민화 수용여부를 둘러싼 내면 갈등과 같은 다양한 쟁점들을 생산했다. 이 책에 수록된 28편의 논문은 그러한 식민지기 타이완문학의 다양한 면모를 드러낸다.

1권 1부는 '타이완문학사'의 추이를 개괄한 천팡밍 교수의 글을 포함해 근대지식의 관점에서 본 타이완의 풍속문제, 전통문인들의 서구문명과 근대문학에 대한 시각, 식민성과 근대성 문제에 대한 1920년대 작가들의 이해방식, 황민화에 대한 이질적 태도를 다룬 소설 분석 등의 논문을 묶어 식민지시기 타이완문학 전체를 일별할 수 있게 했다. 1권 2부는 좌익문학운동의 형성과정과 변화 맥락, 작가와 작품으로 본 좌익문학의 계보, 소설 속의 좌익청년 형상, 타이완 좌익문학이론과 비평 등 좌익문학운동을 집중 조명한 논문으로 구성했다.

2권 1부는 식민지기 타이완문학의 주요쟁점이던 전통과 근대, 문학어의 선택, 황민화 문제를 둘러싸고 전개된 신구문학논쟁, 타이완화문논쟁, 현실주의논쟁을 분석한 논문들을 통해 신문학의 성과와 전통(문학)에 대한 평가, 언어 선택으로 본 타이완문학의 특수한 국면, 창작방법의 갈등과 대립으로 드러난 제국정치와 식민지문단의 관계 등을 조감하고자 했다. 2권 2부는 근대문학 형성의 터전이던 『타이완민보』 계열 신문의 입장변화와 20~30년대 주요 소설을 대상으로 식민성의 의미를 해석한 논문들을 모았다.

3권 1부에서는 감각적 세계와 퇴폐의식, 그리고 30년대 모더니즘 시의 기원과 내용을 논의한 글을 통해 현실비판의 경향과는 다른 차원에서 타이완인의 내면세계에 대한 탐구를 보여주고자 했으며, 3권 2부는 제국주의 전쟁 이데올로기인 황민담론으로 인한 타이완인들의 정체성 혼란과 심리적 갈등을 드러내고자 했다.

논문집이라는 어쩔 수 없는 한계로 인해 식민지기 타이완문학에 대한 체계적이고 일관성 있는 내용을 갖추지는 못했다. 수록된 논문이 2008년 이전에 나온 것이어서 최근의 연구 성과를 보여주지 못한 점도 편자로서는 매우 아쉽다. 하지만 한국의 독자들이 이 책을 통해 타이완문학의 역사성을 어느 정도 이해하게 되리라는 희망도 없지 않다. 특히 타이완문학 연구가 한국에 소개됨으로써 한국 근대문학 연구와의 대화 가능성이 생겨날 수 있다는 점에 각별한 주목을 하고 싶다. 이 책의 출판을 계기로 보다 심도 있는 식민지문학 비교연구가 타이완과 한국의 학계 안에서 함께 일어날 수 있게 되기를 기대해 본다.

이 책에 실린 논문의 한국어 번역은 고려대학교 중어중문학과 선생님들과 박사과정 연구생들이 맡아 주었다. 번역팀을 꾸리고 직접 번역에 참여해주신 장동천 교수께 특별한 감사의 말씀을 올린다. 고점복, 김종석 선생과 이현복, 성옥례, 김희경, 진혜정 동학께도 우정 어린 인사를 드린다. 논문집 체제 구성에 대한 조언을 해주고 타이완문학과 한국문학 비교연구의 필요성을 일깨워준 성균관대학교 동아시아학술원 한기형 교수께도 고마움을 전한다. 끝으로, 한국학계에 생소한 타이완문학 연구서 출판을 흔쾌히 허락해 준 소명출판 박성모 사장님과 책을 만드느라 수고한 편집부 여러분께 깊은 사의를 표한다.

2013년 새해 첫날

타이베이에서

최말순

차례

2부 식민성의 해석

제 1 부

문학어와 문학논쟁

근대를 맞이하여*

타이완 신구문학의 계승과 전환(1895~1924)

황메이어黃美娥

1. 들어가며

현재 양안兩岸(중국과 타이완)에서 저술된 타이완문학사에서 신문학의 발전을 논하는 경우 대부분 1920년대 초반 천신陳炘, 천돤밍陳端明, 황자오친黃朝琴 등의 백화문 사용주장에 대한 평가, 그리고 1924년 이후 거세게 일어난 신구문학논쟁에 초점을 맞추고 있다. 이와 같은 서술은 연구자가 타이완 신문학의 흥기를 전통문학과의 결별과 대립으로 보고 있다는 것을 암시한다. 그러나 이러한 '단절관계'를 드러내는 것이 타이완문학이 '구'에서 '신'으로 발전해 가는 과정을 고찰하는 유일한 시각이 될 수 있을까? 문체에 있어, 타이완의 구문학으로부터 신문학이 출현한 것을 두 문체 사이에 순간적으로 괴리가

* 이 글은 김희경이 번역하였다.

생겨 나타난 새로운 변화로 보아야 하는가, 아니면 그들 사이에 실제로 계승과 과도라는 변화의 흔적이 있다고 보아야 하는가?

문체 / 문학사상과 시대성의 관계에 있어서 신문학은 줄곧 새로운 시대의 산물로서 새로운 사유를 가장 잘 나타낸다고 인식되어 왔다. 그러나 유럽의 사조가 동점하고 근대문명이 타이완에 들어온 이후 당시 문단의 주류였던 구문인들이 새로운 지식과 새로운 학문을 열망한 경우가 적지 않았다. 그리고 유신을 간절히 기다리는 시대적 담론을 그들의 언행과 창작에서 드러내는 경우도 많았다. 따라서 '근대성'을 추구한다는 면에서 일부 구문인들이 외부로 표출했던 새로운 사고와 새로운 관념, 저작 속의 새로운 제목과 새로운 내용들이 이후 신문학의 탄생을 촉진하는 배양의 동력이 되지는 않았을까?

이와 같이 신문학의 형성과 탄생을 문학사 상에 이어지는 관념과 방법의 스펙트럼 위에 모아놓는다면 아마도 보다 객관적인 답안을 얻을 수 있을 것이다. 그렇다면 1924년 이전의 타이완 구문인들이 새로운 사조를 향해 접근했던 문학사유와 창작표현을 다시 한 번 살펴보는 것은 상당한 의의가 있을 것이다. 반면에 전통과 현대를 서로 융화될 수 없다고 보고 신·구를 긴장과 대립관계로 바라보는 과거의 연구는 반성하고 재고할 필요가 있을 것이다.

위에서 열거한 상황 외에도, 나는 관련 연구자들이 타이완 백화문학의 맹아를 서술할 때 타이완 섬 내부에서 바깥의 신세계와 연결을 꾀하고자 하는 혁신의 소리에도 주의를 기울였지만, 장워쥔張我軍의 공헌에 더 많은 편폭을 할애하여 결국에는 타이완 신문학이 중국의 5·4백화문운동의 자극과 영향을 받은 후에야 진정한 탄생을 맞았다는 해석틀을 만들어냈다는 점에 주목하였다. 이러한 논조는 틀린 것은 아니지만 마치 구문학에서 신문학으로 넘어가는 변화의 단계를 어떤 정지된 시간점 위에 고착시킴으로써 이전의 타이완 문단에 이미 존재했었던 여러 가지 변화의 과정을 소홀히 하는 결과를 가져왔다.

특히 1895년 타이완이 일본에 할양된 이후부터 1924년까지 타이완에서는 교육과 매체, 관련서적 출간과 전파 등을 통해 '신체문학新體文學'을 접할 수 있었는데 이것을 자극했던 요인으로 적어도 다음의 세 가지를 들 수 있다. 첫 번째는 1868년 일본의 메이지유신 이후에 점차 생겨나기 시작한 '근대문학'이다. 1880년대부터 1890년대에 이르는 시기에는 이미 이른바 언문일치운동 및 문학개량운동이 발생한 상태였다.[1] 두 번째는 19세기 말, 20세기 초의 중국 만청시기에 일찍이 출현했었던 백화문운동과 문학개량풍조이다. 그리고 세 번째가 바로 1917년의 중국 백화문운동이다. 그러면 타이완이 일본의 근대와 만청晚清 · 신중국시기로부터 비롯된 신문체 개혁 운동에 직면했을 때, 구문인과 구문학은 이에 어떻게 대처했을까? 또 어떻게 해서 신문학의 전범canon이 1924년 신구문학논쟁이 일어난 이후에야 보편적으로 인정받고 실천될 수 있었던 것일까? 이제껏 탐구하거나 묘사하지 않았던 이러한 신구문학의 과도기를 자세히 따져보는 것은 잘못 든 길을 바로잡는 열쇠가 될 것이다.

1 葉渭渠 · 唐月梅, 「近代文學的啓蒙」, 『日本文學史－近代卷』, 北京 : 經濟日報, 2000, 28~56면 참조.

2. '문명'을 추구하다—새로운 시대, 타이완 전통문인의 사유구조

1895년의 타이완 문단은 새로운 변화로 향하는 결정적인 순간이었다. 왜냐하면 "타이완이 일본으로 예속된 후 한학을 연구하려는 자들은 기존의 제약을 받지 않았고 시에서는 시첩試帖의 굴레에 속박되지 않아 세상 모든 일들을 마음 가는 대로 하였으니 진실로 문운이 크게 떨쳐 일어났던 해이며 시계 혁신이 일어난 때"[2]였기 때문이다. 청대清代와 비교해 볼 때, 일본에 할양되면서 타이완 사람들이 다시는 과거제도로 출세의 길에 오를 수 없게 되었지만 뜻하지 않게 문학에서는 새로운 계기를 맞이하게 되었다. 문인들이 용감하게 과거의 속박에서 벗어나 하고 싶은 말을 하고 마음대로 읊을 수 있게 되었던 것이다. 그리고 같은 시기에 일본 제국의 식민지 발전론으로 인하여 타이완은 점점 문명의 영역으로 들어섰으며 거기에 서세동점이 더해지면서 사회는 일변하여 물질 혹은 정신문명을 막론하고 이전과는 크게 다른 면모를 띠게 되었다.

타이완 전통문인들은 이러한 참신한 시대의 도래를 어떻게 직면하고 대처하였을까? 또한 일제시기 타이완 신문학운동의 발생은 역대로 신문화운동의 일환으로 간주되었고 신문인·신문학은 문명사상을 계발하고 여러 가지 혁신을 선도하는 역할을 하였던 것으로 인식되어 왔는데, 그렇다면 새로운 시대하에서 구문인과 구문학은 어떠한 말들을 하였던 것일까? 정말로 1924년에 신구문학논쟁이 발생

2 저자 미상, 「台灣文社設立之旨趣」, 『台灣文藝叢誌』 第1號, 1919.1.1, 1면 참조.

한 이후 장위권 등이 공격한 것처럼 '수구守舊'와 '낙오落伍'의 상황에만 안주했던 것일까?

1) 유신담론–'문명'과 '새로운 두뇌'

사실 대다수의 전통문인들은 이러한 신구의 충돌과 교체라는 시대의 변동을 감지하고 있었으며 당시 사람들의 주장에서 문명 추구라는 유신담론은 시대를 대표하는 주요 논조가 되어 있었다. 황즈팅黃植亭의 시 「기쁘게 문인 셰제스를 만나고 그 만남에 차운함喜晤謝介石詞客卽次其見寄韻」에서는 '문명'이라는 단어로 셰제스謝介石의 탁월함을 칭찬하고 있다.

> 도성의 경치를 두루 둘러보고, 돌아올 땐 금낭에 시가 가득하겠지.
> 이제는 문명의 두뇌로 바뀌어, 멋스러운 기상 옛날과 다르리라.[3]

그는 셰제스가 수도에서 돌아오면 얻은 것으로 주머니가 가득 찰 것이며 특히 '문명'의 두뇌로 바뀌어 기상이 이전과 아주 다르게 새로워져 사람들의 탄복을 받게 될 것이라 확신하고 있다. 홍이난洪以南의 「무제 4수無題四首」 가운데 네 번째 시도 역시 시대의 '새로운新' 국면에 대한 느낌을 적고 있다.

---

3 『台灣日日新報』 第2287號, 1905.12.15.

군사훈련 소리 높아 나라의 혼을 흔들고, 작은 뜰 나무 위의 새는 아침 해를 재촉한다.

때를 알아 새로운 두뇌로 바꿔야 하니, 실학문명을 후손에게 기대하노라.[4]

말미의 두 구절은 '때를 알아' '새로운 두뇌'로 바꿔야 할 필요성을 강조하고 후손들이 실학문명을 익혀서 시대의 조류에 따를 수 있게 해야 한다고 하였다. 그러나 셰쉐위謝雪漁는 이 시를 읽고 "실학문명을 후손에게 기대한다는 말이 먼저 나의 마음을 사로잡네. 그와 나는 동갑이고 내 아들인 창껑長庚이 나이 17세로 재능이 탁월하고 현재 교토부립 중학교를 마쳤으니 실학문명을 이룰 수 있을 터이네. 그러나 진정 우리 자식 세대가 실학문명을 얻을 수 있을 지는 잘 모르겠네"[5]라고 지적하였다. 자식 세대가 실학문명을 달성할 수 있을 지에 대한 우려를 나타낸 것이다.

이 밖에 '문명'이라는 단어는 당시 사람들이 사물을 평가하는 기준이 되기도 하였다. 옌후산顔笏山의 「종형 운년의 신축 낙성을 경하하여 차운함敬賀雲年宗兄新築落成卽次瑤韻」이 바로 그 실례이다.

영귀득달榮貴得達의 계획 이미 치밀하고,
장대한 건물 보니 사전 준비 잘 되었다.
무한히 번성하는 가문의 새로운 공기,
누항이 어찌 나를 부끄럽게 하겠는가.
우리 밖 계강鷄江에는 비단이 쌓여 있고,

4 『台灣日日新報』第3095號, 1908.8.23

5 이상 謝雪漁의 만평은 洪以南, 「無題四首」의 뒤에 붙어있다. 위의 신문.

창 앞 사령獅嶺은 꽃으로 장식되었네.
문명이 이곳에 먼저 들어오니,
축성을 점치던 초심이 이것 때문이라네.[6]

이 축하시에서 옌후산은 옌윈녠顏雲年이 새로 지은 건물의 아름답고 장대한 외관과 주거 환경의 그윽하고 아름다움을 칭송하고 있는데, 특히 '새로운 공기'와 '문명'이라는 두 단어를 사용하여 새 집의 진보적인 변화를 보다 명확히 드러내고 있다.

위에서 서술한 여러 가지 예를 통해 '새로운 두뇌'와 '문명의 두뇌'가 단지 여러 사람들이 앞 다투어 추구하던 목표였을 뿐만 아니라 인물품평의 기준이기도 했으며, 더욱이 후손들에 대한 간절한 바람이었음을 알 수 있다. 그리고 '문명'이라는 단어는 일시에 당시 사람들의 유신담론이 되어 모든 사물의 진보여부를 판단하는 기준이 되었다. 그렇기 때문에 유양자이尤養齋가 「문인모범론文人模範論」에서 문인들이 후세의 모범이 될 만한 것에는 어떤 것이 있는가를 서술할 때 '문명 고취'를 5대 항목 중 두 번째 항목으로 들었던 것이다. 이로써 당시 사람들이 '문명'을 중요한 요소로 여겼음을 알 수 있다.[7]

2) 신식 과학문명의 매혹

근대 문명은 어떻게 일시에 이러한 전통문인들이 추구하고 노력하

6 『台灣日日新報』第4465號, 1912.11.6.
7 尤養齋,「文人模範論」, 黃茂盛 編,『崇文社文集』卷3, 嘉義 : 蘭記圖書部, 1927, 2면 참조.

는 목표가 되었던 것일까? '문명'은 어떻게 전통 봉건사회가 만들어낸 엘리트들의 마음을 깊이 흔들 수 있었던 것일까? 우리는 장화彰化의 거인擧人 우더궁吳德功의 경력을 통해 대략의 정황을 엿볼 수 있다.

1900년 3월 15일, 타이완 4대 총독 코다마 겐타로兒玉源太郎가 타이베이에서 '양문회揚文會'를 주최하였다. 우더궁은 수일 전 기차를 타고 상경하여 모임에 참석하고 「관광일기觀光日記」라는 글을 썼는데,[8] 여행의 여정을 기록한 것 외, 회의 내용에 대한 묘사와 회의 후 참관에서 느낀 감회에 대한 서술에 문장의 초점을 두었다. 보고 들은 몇 가지 서양 문물들은 그를 커다란 두려움에 휩싸이게 만들었다. 우더궁은 이 여행을 통해 일본인들의 간교한 계책을 명확히 알 수 있었다고 한다. 숙박과 음식의 안배, 여흥 프로그램의 준비, 회장 경물의 배치 등이 모두 일본인의 색채와 서양 정신으로 가득했다. 또한 각종 신식 기물과 제도는 일본이 지난날 타이완을 통치했던 모국 중국과는 다른 차원의 '근대화'라는 본질을 가지고 있음을 분명하게 보여주었다.

여행 중에 우더궁은 강선포鋼線砲(砲腔 안에 생기는 가스의 압력에 충분히 저항할 수 있도록 만든 대포)와 어뢰를 장착한 전함을 비롯하여 경찰교도관 학습소, 무예 연습소, 교도관 생도 훈련소, 경찰관 생도 훈련소 등을 보고 국가의 군사력과 경비의 강대함을 몸소 체험하였다. 또 제약소, 양담배 제작소, 전기 발전소, 장뇌樟腦 제조소 등을 참관하고 과학기술 문명의 새로움을 목도하였다. 상수도 제조라든가 위생과 내에서 진행된 약수 실험 등은 그의 시야를 크게 넓혀주었는데, 후자를 통해 그는 특히 화학의 오묘한 원리에 감탄하였다. 병원, 약 조제

8 『吳德功全集』, 南投 : 台灣省文獻委員會, 1992, 167~188면.

실, 시체 진열실, 유행성 전염병실에서는 진보된 서양 의학을 보고 배웠다. 상품 진열소, 우편국, 전신국은 모두 근대화된 설비를 갖추었다. 그리고 총독부 국어학교, 도량형 조사소, 2심 법원(당시 항일 분자 簡大獅를 심사 중이었다) 및 은행 규정조항에 대한 설명 등은 모두 근대국가의 교육, 경제, 법률정신을 구현하는 대표적 산물이었다.

일본인들이 '양문회'를 개최하여 지난날 타이완에서 과거제도하에서 등급을 받았던 우수한 사인士人을 한자리에 모이게 하였던 동기가 어찌 그저 '세상의 기풍을 돈독하게 하고 학문을 이을 것을 권장하거나', '양문회를 만들어서 타이완의 뛰어난 인재들을 모아 국가 문명의 변화를 찬미하려는'[9] 것뿐이었겠는가. 그 진정한 속셈은 타이완 엘리트들을 위안하고 구슬리는 것 외에 일본 전체주의의 위세와 근대문명의 진보적 면모를 보여주기 위한 데 있었으니 이것이 바로 그들의 통치전략인 것이다.

북쪽으로의 여행을 끝내고 돌아가는 길에 우더궁은 양문회의 친구들과 함께 '양문회의 흥성揚文會之盛'에 대해 즐겁게 이야기하였고 일본인의 '예의가 깊음'을 칭찬하기도 하였다.[10] 우더궁의 글쓰기를 통해 한편으로는 '두려워'하면서도 동시에 '즐거워'하는 타이완 인들의 마음을 잘 알 수 있다. 특히 근대화된 사물과 문명의 제도는 구사회로부터 넘어온 지식인들을 매혹시켰다. 우더궁은 한편으로는 회의장 안팎에서 참관한 각종 근대화된 사물의 기능성과 간편함에 탄복하였고, 한편으로는 이러한 문명의 변화가 장차 타이완 백성들을 행복하게 만들어줄 것이라며 받들어 칭송하였다. 그리하여 '매우 기

9 위의 책, 167면.
10 위의 책, 188면.

능적이다', '간편하면서도 잘 갖추어지지 않았는가!', '우리 섬의 기풍을 여는 선구자', '우리 섬 사람들의 지혜를 열고자 한다', '회원들이 둘러보고 시야를 넓히게 된다', '제조의 민첩함을 여기에서 알 수 있다', '힘은 덜고 이익은 많으니 정말 불가사의하구나!', '온 섬에 누적된 폐해를 제거하고 새로운 계획에 귀감이 되게 한다' 등의 어구를 썼던 것이다.[11] 이와 같이 우더궁이 근대화된 사물을 접하면서 놀라워하고 기뻐하는 모습을 통해 구시대 전통 지식인들이 새로운 시대 문명에 갖는 높은 흥미와 기대를 숨김없이 드러낸 것이다.

문명을 추구하는 것이 당시 문인들의 절박하고 중요한 일이 되었을 때 운 좋게도 일본에 관광 또는 유학을 가게 된 몇몇 사람들은 가까운 곳에서 더 많이 문명화된 사물을 접할 수 있는 기회를 얻게 되었다. 따라서 이들은 자연히 더욱 더 주변 사람들이 선망하는 대상이 되었다. 1903년에 왕스펑王石鵬이 쓴 「오사카로 가는 차이루슈를 보내며送蔡君汝修赴大阪序」는 차이루슈蔡汝修가 박람회를 참관하러 오사카에 가는 것에 대해 높은 평가를 내리고 있다.

> 지금 오사카에서 열리는 박람회는 실로 우리 섬에는 큰 광명이라고 할 수 있다. 나는 이 박람회장의 전시가 열 개의 부문으로 나뉘며 농업, 원예, 임업, 수산, 채광, 야금, 화학, 염직 등의 공예를 비롯하여 기기, 교육, 학술, 위생, 재정, 미술 등의 여러 품목 및 고대 유물에 이르기까지 매우 풍부하게 망라되었다고 들었다. 차이 군은 나이가 젊고 기질이 영준하며 경제학을 평소 마음에 두고 있었다. 작년에 내가 번역한 농서 한 권을 읽고 그것이 섬 백성들의 재산을 증

11 위의 책, 175~176・178~181면.

식시키는 데 도움이 될 것이라며 간곡히 감사의 인사를 하였으니 그의 뜻을 잘 알 수 있었다. 근래 다자직석회사大甲織席會社와 중부 『타이완일보』를 설립할 때 군도 힘을 보태었기에 사람들이 대부분 그를 사업가로 여겼던 것이다. 또 군은 말재주가 뛰어나 일어를 능숙하게 하였기 때문에 일본인들과 왕래하며 화답하는데 전혀 어려움이 없었다. 눈에 보이는 것을 마음대로 할 수가 있으니 이런 꾀주머니에 들어가려면 반드시 가려서 취하는 바가 있어야 한다. 이번 행보는 학문과 지식에 보탬이 되는 바가 많을 것이며 훗날 얻은 바를 가지고 돌아오면 반드시 우리 섬의 실업을 진흥시켜 사백만 동포들의 무한한 복을 만들어낼 것이니 어찌 명승지 유람이나 경치 감상에만 그치겠는가? 나는 일 때문에 푸젠福建으로 가게 되어 아쉽게도 군과 함께 배에 오를 수가 없다.[12]

이 글에서 왕스펑은 오사카 박람회의 각종 실업 문명 설비들을 상상하며 차이루슈가 실제로 방문하여 고찰할 수 있는 기회를 얻은 것을 부러워하고 있다. 그는 차이루슈의 이번 행보를 순수오락적인 관광유람으로 보지 않고 '박람회'가 '근대문명', '섬 전체의 실업화', '동포들의 행복' 등과 매우 밀접한 관계가 있다고 보았다. 따라서 '일본관광'에도 큰 기대를 걸었고 심지어는 자신에게 일이 생기지만 않았다면 함께 갈 수 있었을 것이라는 기대심리를 드러내었다.

이처럼 근대문명에 대한 전통문인의 기대, 특히 과학기술의 산물인 실업문명에 대한 기대는 대부분 강한 동경과 추앙으로 가득 차 있었다.[13]

---

12 王石鵬, 「送蔡君汝修赴大阪序」, 『台灣日日新報』 第1489號, 1903.4.21 참조.

13 추앙과 동경 이외에 이에 대해 선택적으로 받아들이거나 거부하는 사고유형을 가지고 있는 문인들도 당연히 있었다. 洪棄生, 林鍾英 등이 그 예이다.

3) 서양문명 대 동양문명

위에 서술한 바와 같이 물질문명의 근대화는 타이완 사람들을 놀라게 하고 매혹시켰다. 그들은 서양 국가들을 다른 눈으로 보게 되었고 과학문명이 발달한 선진 국가로 인식하게 되었다. 그러나 동시에 타이완 사람들이 동방 국가들, 특히 중국 과학 발명의 역사적 의의와 가치를 홀시하지 않도록 하기 위해, 롄헝連橫은 1924년 7월 27일 밤 타이완 문화협회 타이베이 지부에서 열린 제44회 통속학술 토요강좌에 참가했을 때 「동서과학비교강연東西科學之比較的演講」(이후 제목을 「동서과학고증東西科學考證」으로 바꾸었음)을[14] 발표하였다.

세계에는 양대 문명이 있는데, 하나는 동양문명이고 하나는 서양문명이다. 요즘 인사들 가운데는 동양문명은 정신적이고 서양문명은 물질적이라고 여기는 이들도 있는데 내 생각에는 그렇지 않다. 정신의 바깥에 물질이 있고 물질의 바깥에 또 정신이 있는 것이다. 물론 동양이 비교적 정신을 중시하고 물질을 경시하며 서양이 물질을 중시하고 정신을 경시하는 편이기는 하다. 동양의 학설은 공자孔子를 종주로 삼으며 물질을 말하지 않는다. 노자老子의 무위無爲와 장자莊子의 자연自然, 묵자墨子의 절검節儉도 물질을 배척한다. 그러나 서양은 개인주의를 중시하여 루소의 자유와 벤담의 공리, 칸트의 행복, 스펜서의 적자생존 등이 대부분 물질에 치우쳐 있다. 이것이 동양과 서양의 학설이 다르기 때문이다. 대저 동양에 과학이 없는 것은 아니었다. 내가 중국의 옛 전적에 기재된 것 가운데 일부를 발췌하여 연구한 것도 오늘날의 고증이 될 수

14 鄭喜夫 編撰, 『連雅堂先生年譜』, 南投 : 台灣省文獻委員會, 1992, 118~119면.

> 있으리라. 단지 우리 타이완은 이러한 신구 변화의 시기에 동서 문명을 하나로 합하여 눈을 크게 떠야 하며 저들의 장점을 취하고 우리의 단점을 보완함으로써 고유의 과학을 성대하게 하고 서양인들을 더 능가하여야 한다. 정신과 물질은 수레의 두 바퀴처럼 어느 한 쪽도 버릴 수 없다.[15]

확실히 롄헝은 동양과 서양문명 사이의 '물질문명' 격차에 관한 판에 박힌 듯한 인상을 없애고 나아가 타이완 사람들이 과학문명에 종사하고자 하는 탐구의 동력을 고취하였다. 동시에 타이완 사람들이 신구 변화의 시대에 동서 문명의 회합을 추구하여 장점은 취하고 단점은 보완하여 정신과 물질을 동시에 중시하도록 격려하였으니, 이 글을 통해 작자의 생각을 잘 알 수 있다. 그러나 또 다른 각도에서 말한다면 이는 당시 타이완 사람들이 동양문명과 서양문명을 점점 이분화하는 구별된 평가와 견해를 가지고 있었음을 증명하는 것이기도 하다. 사실 이러한 서양문명과 동양문명의 이분적 대립은 일찍부터 있어왔고 게다가 정신문명 쪽에서 더욱 현저했다.

일제시기의 타이완은 일본과 구미를 통해 신식 과학문명에 대한 견문을 넓혔다. 물질문명 이외에 정신문화도 계속해서 타이완으로 유입되고 있었는데, 전통문인들 사이에서는 이에 대해 거부하고 배척하는 경향이 많이 나타났다. 이는 서양의 과학기술 문명을 접하고서 이를 전반적으로 받아들였던 태도와는 크게 다르다. 그들은 심지어는 서양의 정신문명과 동양의 정신문명 간의 차이와 대립을 강조하였던 것이다.

---

15 連橫,「東西科學考證」,『連雅堂先生全集・雅堂文集』, 南投 : 台灣省文獻委員會, 1992, 17~23면.

린웨이차오林維朝는 1918년 장화彰化 문인들이 '숭문사崇文社'를 창립하게 된 동기와 배경을 회고하면서 이 단체의 성립이 서양 정신문명의 강력한 도전으로 인한 위기와 관계가 있다고 말하고 당시 타이완 사회의 상황을 다음과 같이 설명하였다.

> 세상이 변하였구나! 이단과 사설이 유럽의 바람과 미국의 비를 타고 오니 서양인들이 내뱉은 찌꺼기를 금과옥조로 받들고 동방의 고유한 문명은 헌신짝 버리듯 하는구나. 시건방진 자들이 앞장서서 이끌고 새로운 것만 좋아하는 자들이 뒤에서 따라, 기이한 것은 자랑하면서 예의는 훼손하고 업신여긴다. 세상의 도리가 날로 내리막길을 향하고 인심은 험악한 데로 흐르니 보다 나은 시대에 뜻을 둔 선비들 중에 이를 걱정하여 슬퍼하지 않는 이가 없다.[16]

이 문장에서 린웨이차오는 타이완 사회의 본질이 크게 변화하고 인심과 세상의 도리가 쇠미해지는 것을 걱정하면서, 그 근본원인이 바로 '이단과 사설'의 서양 정신문명에서 비롯된 것이며 이것이 타이완 사람들이 동방의 고유한 문명을 망각하도록 부추긴다고 여겼다.

한편 동양문명과 서양문명의 대립은 신학新學과 구학舊學 사이의 경쟁을 격화시키기도 하였다. 린상위안林湘沅은 1919년에 쓴 「타이완 문사의 제1호 문예총지 발간을 축하하며祝台灣文社發刊第一號文藝叢誌」에서 이에 대한 우려를 표하였다.

16 林維朝, 「崇文社文集序」, 黃茂盛 編, 『崇文社文集』 卷1, 11면 참조. '崇文社'는 일제시기 타이완에서 가장 먼저 설립된 '文社'로, '문장을 숭상하고 도의를 중시한다崇文重道'는 의미를 취하였으며 彰化의 문인 黃臥松에 의해 1917년에 창설되었다. 1918년부터 仕紳인 吳德功, 楊吉臣 등이 가입하였고, 이 해부터 과제를 내어 글을 모집하기 시작하였다.

우리 섬이 문명화된 지 23년이 되었다. 사람들은 다투어 유신을 숭상하고, 문인 학사들은 거의 새벽녘의 별처럼 드물다. 신학은 날로 흥하고 구학은 이에 막히니 대세를 어찌할 도리가 없다. 그러나 신학은 문명의 이기가 되고 구학은 인도人道의 큰 근원이 되니 하늘의 일을 계획함에 어찌 어느 한쪽을 버릴 수 있겠는가? 이는 곧 지금 세상을 살아감에 있어 새 것을 얻는다고 옛 것을 잊어야 하는 법이 없음은 따져보지 않아도 알 수 있는 것이다. 그러나 구학의 쇠락은 오늘날 더 가속화되어 일찍부터 지식인들의 탄식을 자아내고 있다.[17]

린샹위안의 관찰을 통해 일본이 타이완을 통치한 이래로 거주민들이 문명의 혜택을 입게 되었고 이로 인해 다투어 유신을 숭상하게 되었으며, 다이쇼 초기 타이완 사회에는 이미 신학이 날로 흥하고 구학이 점점 쇠락하는 추세가 나타나 구학을 옹호하는 이들의 우려를 낳고 있었음을 알 수 있다. 그런데 구학이란 무엇을 말하는 것인가? 바로 '한학漢學'을 지칭하는 것이다. 좡즈위안莊子淵이 1920년 9월에 발표한 「한학을 유지할 방책維持漢學策」에 다음과 같은 내용이 있다.

지금 중국은 장기간에 걸쳐 형성된 퇴세가 이미 심각하다. 외환이 자주 일어나 동쪽의 나라에게 패하고 서쪽의 나라에게 져서 그 땅을 잃고 백성들을 버려 거의 나라를 지탱할 수 없는 지경이다. 문학도 이로 인해 쇠미해져 마침내 공맹孔孟의 도를 무용지물과 다름없게 만들고 천인天人의 학문을 헌신짝처럼 가벼이 여기게 되었다. 저 신학이란 것이 흘러들어와 마침내 그것들을 구학이라 하며 위험한 방도로 여기자, 모두 한 목소리로 공공연히 이에 따르고 있다. 오

17 『台灣文藝叢誌』第1號, 4면 참조.

늘은 그것을 폐할 것을 의논하고 내일은 그것을 없애버릴 것을 논한다. 아! 한학을 폐할 수 있겠는가?[18]

'구학'은 곧 '한학'이며 그것은 중국의 전통문학과 공맹의 도, 천인의 학문 등을 포함하는 것이다. 그러면 '신학'이란 무엇인가? 쉬쯔원許子文은 「한학을 유지할 방책維持漢學策」에서 일찍이 다음과 같이 언급하였다.

> 대중의 생각이 신학으로 기울어져 마침내 연이어 서양문화를 받아들이니 무릇 자유, 평등, 연애, 공화, 이기, 낙천 등의 학설이 세상에 성행하게 되었다. 타이완이 일본에 예속된 이래로 학교들이 많이 세워져 삶에 큰 도움이 되었고 교육학과 정치학, 철학, 법률학과 행정학, 윤리학, 사회학과 자연과학, 교섭학交涉學, 기상학, 종식학種植學, 화전광기化電光汽, 신학의 지구기하학…….[19]

좡즈위안의 글과 비교해 보면 여기서 논하고 있는 신학은 서양문화의 각종 학설과 학술이며 신식 학교의 수업은 대체로 이것을 근본으로 삼았다.

새로운 시대 상황 아래 구학 / 한학은 신학의 흥성으로 인해 좌절을 맞게 되고, 서양문명을 반대하고 배척하는 소리를 이끌어내었다. 그러나 시대의 변천을 맞아 문인들이 실제로는 신학과 구학 간의 용납과 수용의 중요성에 주목하기도 하였다. 황얼쉬안黃爾璇은 한학을 고취하면서 간절하게 호소하기를, "만 리 밖 유럽의 바람이 땅을 휩

18 『崇文社文集』 卷1, 39면 참조.

19 위의 책, 32~33면.

쓸며 불어와 자유의 소리 속에서 번개처럼 울린다. 장점을 취하여 단점을 보충하고, 어질고 재능 있는 이에 의지하는 것에는 신학과 구학의 구별이 없다[20]"라고 하여 신학과 구학을 아울러 살펴서 두 학문이 서로 포용하여 격이 없어지기를 바랐다. 또한 신주新竹의 부호인 황제黃戒 삼형제는 시세를 자세히 관찰하여, 일찍이 메이지 30, 40년간에 신학을 터득하였으면서도 구학을 저버리지 않았던 황스위안黃世元, 웨이칭더魏清德와 같은 이들을 초빙하여 자제들을 가르쳤는데, 그 성과가 매우 탁월하여 한동안 미담으로 전해졌다.[21] 또 뤄슈후이羅秀惠의 「한학보존회소집서 서후漢學保存會小集敍書後」 같은 경우는 비록 한학을 보존하기 위해 쓴 것이지만 작자도 다음과 같은 사실을 인정하고 있다.

> 공자가 말한 '온고지신溫故知新'은 실로 영원한 교육학의 기준이다. 이른바 '고故'는 진부하고 완고한 것을 말하는 것이 아니다. 서학의 지혜와 기능이 나날이 새로워지기를 그치지 않지만 한학의 문장과 경사經史는 만고토록 마모되지 않으니, 신新과 고故가 서로 의지하면 바야흐로 모두 갖춰져 폐단이 없게 될 것이다.[22]

근대 사회에서 '신・고가 서로 의지하는 것'이야말로 당시 교육의 최고 기준이었다.

이상 시대배경에 대한 묘사를 통해 1895년에서 1924년 사이 신문

---

20 黃爾琁, 「祝台灣文社成立」, 『台灣文藝叢誌』 第1號, 5면 참조.

21 『台灣日日新報』 第7150號, 1902.5.7.

22 『台灣日日新報』 第2150號, 1905.7.4.

학의 전범 문제가 열띤 토론의 대상으로 불거지기 전에 타이완 사회가 점점 참신한 시대로 들어서고 있었음을 알 수 있다. 시대의 변화에 상응하여 타이완 전통문인들은 이미 유신의 사고를 떠올렸고 문명과 새로운 두뇌, 새로운 기상을 추구하는 것을 보편적이고 공통적으로 긍정하고 받아들였다. 이처럼 '문명을 숭상하는文明是尙' 사회적 분위기 때문에 훗날 타이완 사람들은 세계의 신조류에 영합하는 것을 추구하는 신문학의 흥기를 맞이하였을 때 그것을 심적으로 이해하고 받아들이기가 비교적 쉬웠을 것이다. 또한 이러한 분위기는 신문학이 성숙되어 형성되는 것을 조장하는 역할을 하기도 하였다. 단지 정신문명에 변화가 생길 때에만 일부 전통문인들이 윤리도덕의 지위를 공고히 할 것을 주장하며 서양문화를 내치자는 호소를 하거나 이단으로 배척하기도 하였다. 신학 교육의 세찬 기세에 직면하여 구학 / 한학의 지위가 끊임없는 도전과 위협에 시달릴 때에도 급히 구학 / 한학을 옹호하는 소리와 힘써 진작하여 일으킬 것을 도모하는 움직임이 출현하였다. 이러한 정황은 신문학의 발전에 다소 장애가 되기도 하였다. 비록 신학과 구학 사이의 긴장과 대치가 신학의 빠르고 장대한 기세를 저지하였지만 신학 교육의 보급과 신구학을 겸용하고 포용하자는 논조의 출현은 미래 신문학 탄생의 밑바탕과 초석이 되었다.

3. 혁신과 계몽—구문학계 개량의 길

1920년 천신陳炘은 「문학과 직무文學與職務」에서 다음과 같이 언급하였다. "오늘날의 형세는 마땅히 문학을 자각시켜서 그 직무를 힘써 이행하게 한다. 문학은 구습을 타파하고 나태함을 일깨우며 오늘날의 문명사상을 갖가지 혁신의 선도로 여기는 것을 급선무로 삼아야 한다. 우리 타이완에 타이완문사台灣文社가 설립되어 이미 1년여의 빛나는 역사를 가지고 있다고 들은 적이 있는데, 이쪽 방면에 반드시 큰 공헌이 있을 것임을 의심할 여지가 없다."[23] 이 짧은 문장에서도 우리는 타이완 신문학운동의 선구자 중 하나인 천신이 결코 구문학의 존재를 전반적으로 부정하지는 않았음을 알 수 있다. 심지어 1년 남짓 된 전통문학단체 '타이완문사'의 설립을 긍정하면서 문명사상을 이끄는 선도적 역할을 맡아 신문학의 흥기에 도움을 주는 공헌을 세웠다고까지 하였으니[24] 천신이 이미 구문학계가 '과도기'에서 발휘하는 작용에 세심하게 주의를 기울이고 있었음을 명백히 알 수 있다.

그러면 '타이완문사'는 대체 어떠한 자각을 가진 주장을 펼쳤을까? 또 기타 구문인들은 구문학이 문명시대 속에서 어떻게 개량 혹은 혁신해나가야 할지를 고민했을까? 다음 절에서 당시 어느 정도 영향력을 지녔던 신문 잡지나 출판물에 기재되었던 관련 주장들을 통해 이를 설명하도록 하겠다.

---

23 『台灣青年』 1卷 1號, 1920.7.12.

24 비슷한 평가가 이후 楊雲萍에게서도 보인다. 楊雲萍, 『南明研究與台灣文化』, 台北 : 台灣風物, 1993, 579～601면 참조.

1) 시가 내용의 개혁

1907년, 롄헝은 일찍이 『타이난신보』에 '타이완시계혁명신론'[25]을 제의했는데, 이는 '격발음擊鉢吟(동발을 치고 그 소리가 사라지기 전에 시를 짓는 유희활동으로 일제강점기 타이완시사에서 유행)'에 대한 불만을 강하게 표현한 것이다. 그는 "격발음이란 일종의 놀이로 가끔은 괜찮은 작품이 나오기도 하지만 자꾸만 짓다보면 시격詩格이 낮아져 비록 화려하게 조탁을 하더라도 겨우 두엄풀처럼 될 뿐이다. 그러므로 나는 시를 지을 때는 마땅히 큰 도리를 가진 후에야 노래하고 읊조릴 수 있다고 생각한다[26]"라고 하였다. 이에 관해서는 더 명확한 논거가 부족하기 때문에 롄헝이 만청 시계혁명 풍조의 영향을 받았던 것인지 아니면 실제로 시대의 변혁에 대한 필요성을 느껴서 그랬는지 알 수 없지만 그것을 타이완 시계혁신의 시작으로 볼 수는 있을 것이다.

1915년 4월 5일에 웨이칭더는 「시와 국민성詩及國民性」이라는 제목으로 강연을 하고 이후에 다시 강연 내용을 『타이완일일신보』에 발표하였다.

> 국민성이 성쇠함에 따라 시도 역시 성쇠한다. 치세治世의 음은 편안하고도 즐거우니, 이는 그 정치가 화평하기 때문이다. 난세亂世의 음은 원망해서 분노에 차 있으니 그 정치가 도리에 어긋나기 때문이다. 망국의 음은 슬퍼해서 시

25 連橫, 「餘墨」, 『台灣詩薈(下)』 第19號; 「餘墨」, 『連雅堂先生全集 · 附錄三』, 南投 : 台灣省文獻委員會, 1992, 460면 참조. 連橫이 이 문장에서 서술한 바에 의하면 그가 '台灣詩界革命新論'을 제기한 시기가 늦어도 1914년 이전이나, 施懿琳의 「日治時期新舊文學論戰的再觀察—兼論其對台灣古典詩壇的影響」에서는 정확하게 지칭하여 1907년이라고 하였다. 施懿琳, 『從沈光文到賴和－台灣古典文學的發展與特色』, 高雄 : 春暉, 2000, 256면 참조.

26 連橫, 위의 글 참조.

름에 잠겨 있으니, 그 국민이 곤궁하기 때문이다. '일본의 정신이 무엇이냐고 묻는다면 아침 해에 향기롭게 피어나는 산벚꽃이라 하리.' 이 시는 일본의 국민성을 표현한 것이다. 수천 년 동안 한시를 지은 작가들은 적지 않지만 안타깝게도 국민성을 표현한 시는 없었으니 차후에 마땅히 고쳐야 할 바이다. 진부함을 몰아내기 위해서는 시세의 요구에 응해야 하니 시의 본령은 단지 정신세계의 위안이 아니라 장차 국민의 품성을 고상하게 만들어 국민의 정신을 개조하는 것이다. 그렇지 않으면 시를 짓는 것이 밭을 일구는 것만도 못하다는 내지인(일본인)의 격언에 나도 깊이 찬성한다.[27]

웨이칭더는 근대 시세의 요구에 따라 시가의 내용과 정신의 진부함을 일소하고 개량하여 시에 국민성을 드러내야 하며, 나아가 국민성을 고상하게 하여 국민정신을 개조해야 한다고 생각했다. 이와 같이 구시舊詩가 '국민성'을 개조하는 이기利器가 되기를 간절히 바랐던 것은 그 후 신문학가가 백화문의 신문학 전범으로 대중을 계몽하고 국민들의 소양을 높임으로써 근대화된 사회에 영합하려 했던 것과 유사하다.

새로운 국면에 대한 구문인들의 개별적인 생각 외에 우리는 신구문학논쟁 발생 전야의 타이완에서 때마침 발행된 두 종의 시 잡지詩刊를 살펴볼 필요가 있다. 그중 하나는 롄헝의 『타이완시회台灣詩薈』이고 다른 하나는 타이베이 '성사星社' 동인인 황춘차오黃春潮, 장춘푸張春甫 등이 펴낸 『타이완시보台灣詩報』이다. 후자가 전자보다 약간 일찍 출간되었는데 재미있는 것은 이 두 시 잡지의 창간호 서문이 모두

---

27 『台灣日日新報』第5405號, 1915.7.8.

약속이나 한 듯 타이완 시단에 대해 무언가를 건의했다는 점이다.

롄헝의 「타이완시회 발간서台灣詩薈發刊序」에서 다음과 같이 말하였다.

> 오늘날의 타이완은 더 이상 옛날의 모습을 갖고 있지 않다. 신구가 점차 변화하는 시대에 여러 사람의 지혜를 모으고 힘을 합쳐도 오히려 미치지 못할까를 염려한다. 많은 학생들이 그저 시인임을 자처하며 산과 호수를 노래하고 춤추며 태평성세로 윤색한다면, 이 또한 내가 슬퍼하는 바이다. 작게는 전아한 풍조를 널리 알리는 것이고 크게는 도덕과 경륜을 드러내는 도구가 되며, 안으로는 정심正心과 수신의 학문이 되고 밖으로는 제가齊家, 치국治國, 평천하平天下의 도가 되니, 우리 시인의 본령이 천지를 높이 우뚝 서게 할 수 있다. 소생은 시단의 일개 보잘 것 없는 문인으로 이것을 펴내 서로 면려하여 쇠퇴한 타이완의 문운文運이 이로부터 일어나게 하고자 한다. 바로 이것이 소생의 목표이다.[28]

롄헝은 서세동점과 한학의 쇠락을 거울삼아 시인들이 스스로를 사회를 태평성세로 윤색하는 시인으로 만들어서는 안 되며 풍아風雅를 기르고 도덕을 보좌하는 내용을 쓰고 제가, 치국, 평천하의 도를 담은 작품을 지어낼 수 있어야만 타이완 시단에 주어진 천명을 발양할 수 있다고 충고하였다.

또 다른 시 잡지 『타이완시보』에도 반성의 소리가 나타났다. 린스야林石崖의 「타이완시보 서台灣詩報序」를 보자.

---

28 連橫, 「台灣詩薈發刊序」, 『連雅堂先生全集, 台灣詩薈(上)』, 南投 : 台灣省文獻委員會, 1992, 1~2면 참조.

고시 삼백 편古詩三百篇은 의리와 종지가 오묘하니 「국풍國風」으로 말하자면 정치, 경제와 인재, 풍속, 연혁, 득실 등을 하나하나 상세하게 살펴서 후세 사람들이 그것을 읽고 큰 감응을 받는다. 그렇기 때문에 『시경詩經』이 귀한 것이다. 후에 왕의 교화가 쇠미해져 「대아大雅」가 지어지지 않았으니 이는 비록 운명 때문에 그렇게 된 것일 수도 있지만 시인이 크게 보지 못했기 때문이 아니겠는가? 근세의 구미 시인들은 이와 다르다. 문예가 순수한 자들은 모두 철학에 근본을 두고 있어서, 시를 지을 때 국가의 정치적 상황을 쓰거나 민족의 심리를 묘사하였다. 러시아의 톨스토이나 인도의 타고르 같은 이들의 시나 주장을 읽으면 그 사회가 끊임없이 변화하는 상황을 살펴볼 수 있다. 대개 그 학문이 사회와 유리되지 않아 어휘를 배치하고 주제를 결정하는 데 있어서도 인심을 지도하여 시세를 개조하는 데 힘썼으니 이것이 바로 시인의 위대함이다. 그렇기 때문에 두소릉杜少陵의 뒤를 이어 시성詩聖이 될 수 있는 것이다. 아! 시인의 학문이 이와 같고 포부와 노력이 이와 같으니 설사 우연히 좋은 술을 마시고 미인을 가까이 하여 아름다운 글귀를 써낸다고 하더라도 어찌 그 큰 절개를 손상시킬 수 있겠는가? 만 권의 책을 읽지 않아 견해가 넓지 않으며 날마다 장구 사이에만 묻혀있으면서 득의양양하게 기괴한 것만 골라 모아 여항의 초췌한 선비들과 그 근소한 차이를 비교하고 일시의 장단을 다투는 것은 너무 천박하여 말할 가치조차 없다. 여러 군자들이 그들의 경중을 잘 따지고 대소를 분별하여 소식을 통하고 시문을 간행한다면 『타이완시보』가 학계와 사회에 미치는 영향력이 어찌 얕고 사소하겠는가.[29]

이 문장에서 린스야는 중국의 『시경』과 러시아의 톨스토이, 인도

29 林石崖, 「台灣詩報序」, 『台灣詩報』 創刊號, 1924.2.6 참조.

의 타고르의 작품을 예로 들어 귀중한 창작은 반드시 사회와 연결되어야 하며, 인심을 지도함으로써 시세를 개조할 임무가 있는 것이지 그저 시귀상으로만 한 시대를 풍미하는 것이 아님을 말하고 있다. 린스야의 견해와 『타이완시보』에 대한 그의 기대를 통해 린스야가 국외의 문예도 접하였고 심지어는 그 가운데 귀감이 될 만한 것이 있다고 여겼으며, 아울러 타이완의 창작물이 반드시 '사회성'을 드러내기 위해 힘써야 한다고 생각했음을 알 수 있다.

앞에 서술한 내용을 종합해보면, 타이완의 구문인들은 새로운 시대 및 새로운 사회의 변천과 도전에 직면하여 일찍이 시가의 개혁을 시도하였다. 먼저 웨이칭더는 강연에서 '국민성'을 개선할 필요성을 선전하였고, 다음으로 롄헝은 수신, 제가, 치국, 평천하의 역할을 해야 한다고 주장하였으며 린스야는 시가의 사회적 의의와 가치를 강조하였다. 그들의 공통점은 시귀의 아름다움에 힘쓰지 않고 내용상의 혁신을 추구함으로써 시대문명에 영합하고자 한 것이다.

2) 산문 글쓰기의 변화 추구

점차 문명화 되어감에 따라 일제시기의 타이완 문인들은 한문漢文 이외에 다른 나라의 문자 / 문학이 존재함을 잘 알게 되었다. 세계는 마침 각국의 문자가 서로 소통하고 교류하는 때였으므로 시세에 통달한 지식인들은 다음과 같이 생각했다.

> 학문은 고금에 얽매이지 않고 땅은 동서에 국한됨이 없다고 생각한다. 아시

아에서 나고 자란 사람이 양식을 짊어지고 만 리 길을 떠나 유럽의 언어와 문학을 배우는 것을 보지 못하였는가? 또 유럽에서 나고 자란 사람이 삿갓을 쓰고 만 리 길을 와 중국의 언어漢語와 문학漢文을 배우는 것을 보지 못하였는가? 지구상의 모든 곳은 먼 곳과 가까운 곳을 막론하고 모두 배와 차로 갈 수 있어 반드시 왕래가 있다. 서로 왕래를 하면서 서로의 언어와 문자가 같지 않음으로 인해 마침내 서로 불편함이 생기게 되었다. 또 서로 왕래를 하면서 저들의 언어와 문자에 자신들의 것보다 우수한 것이 있고 자신들의 언어와 문자에 저들의 것보다 우수한 것이 있음을 알게 되어 마침내 서로 상대방을 배우고자 하는 마음이 생겨나게 되었다. 이러한 추세의 필연적 도래는 결코 이상한 일일 수 없다. 이것으로 볼 때 이 나라 사람이 단지 이 나라의 학문만을 추구하고 다른 나라의 학문을 구하려 하지 않는다면 이는 너무 고집스러운 것이라 할 것이다. 유럽의 언어와 문자를 시대의 흐름에 맞춰 배우지 않을 수 없는데 하물며 한문은 어떠하겠는가? 한문은 수천 년 이래로 지극히 고상한 문장이며 가장 우아하고 아름다운 문학이다.[30]

이 문장은 비록 타이완의 한문학을 고취하여 진작시키는 데 뜻을 두고 있지만, 더욱 의미심장한 것은 서술자가 세계적 위상에 있어서 타이완 한문학의 중요성을 설명하고 타이완의 한문학이 이미 다른 나라와의 접촉을 막아내기 어려운 상황에서 앞으로 타국과의 관계가 더욱 밀접해질 것임을 암시한 것이다.

그러면 타국의 언어 문자와 문학 작품은 한문 창작에 어떠한 영향을 끼쳤고 또 그것을 어떻게 계발하였을까? 1919년에 웨이칭더는 '타

30 「台灣文社設立之旨趣」, 『台灣文藝叢誌』 第1號, 1면 참조.

이완문사'의 발간을 축하하는 글祝台灣文社發刊之詞」을 써서 구체적인 생각을 제기하였다.

> 세계의 문운이 크게 열렸지만 한문은 오히려 아쉬운 면이 있으니 유럽의 문자들보다 명확함이 부족하여 모든 것을 설명하기에 어려움이 있다는 것이다. 만약 외국의 과학 학술용어를 번역하여 단어를 만들고 이로써 금세의 문화를 소개하여 조금이라도 드러낼 수만 있다면 거의 된 것이다! 그 쓰임을 둘로 나누자면 하나는 실용문이고 다른 하나는 미문美文이다. 실용문은 일상에서 쓰이는 것과 과학을 소개하는 것이다. 쉽고 명백함을 중시하여 복잡하고 세미한 것을 만나면 우회하여 설명해도 괜찮으며, 세세히 설명하는 것이 크게 통째로 설명하는 것보다 더 낫다. 통째로 하게 되면 모든 것을 설명하지 못하기 때문에 문화가 정체되어 행해지지 않게 된다. 미문은 시와 사, 부賦를 짓는 것이다. 사람들을 영혼의 영역으로 이끌어, 어휘 배치가 노래할 수 있고 즐거우며 흥겹고 감동적이다. 돌에 글자를 새길 때 심오하고 어려운 것을 꺼리지 않고 형용할 때 과장하는 것을 꺼리지 않는다. 또한 찬미할 때 장중함을 꺼리지 않고 편달할 때 격앙함을 꺼리지 않으며, 슬프게 하소연할 때는 침통함을 꺼리지 않고 대개 이러한 것들은 모두 일상에서 쓰는 문장과 다르며 전문적인 문인이 쓴다.[31]

웨이칭더는 유럽의 문학 작품과 비교한 뒤에 한문 창작이 '명석함이 조금 부족한' 결점을 발견하였다. 따라서 창작 단어에 새로운 어휘를 채용하고 외국의 과학 학술용어를 참고하여 새로운 문화를 소

31 『台灣文藝叢誌』 第1號, 3면.

개할 것을 건의하였다. 이 밖에 시대문명의 수요를 감지하여 한문을 두 종류의 작법으로 나눌 것을 제안하였는데 하나는 일상에서 쓰이고 과학을 소개하는 '실용문'이고 다른 하나는 사람들을 영혼의 영역으로 이끄는 시와 부賦 같은 '미문'이다. 현재 이른바 '산문'과 '운문'이라고 일컫는 문체를 구별함으로써 서로 다른 문학의 요구를 실현하고 각자의 특색을 발휘하였다. 여기에서 웨이칭더의 견해는 그가 이미 문자와 문학의 형식 및 문학의 내용 간의 관계를 사고하고 있었음을 보여주고 있다.

3) 소설과 희극의 개량

1918년에 쉬쯔원은 「한학을 유지할 방책維持漢學策」에서 "문명에는 세 가지 이기利器가 있는데 연극과 소설과 신문이다"[32]라고 언급하였다. 이로써 소설과 연극의 사회적 기능이 당시 타이완 사람들에게 매우 중시되었음을 알 수 있다. 1920년에 양자오자楊肇嘉는 '숭문사'의 원고모집에 응모한 「희극개량론」에서도 같은 견해를 보이면서 희극의 중요성을 더욱 더 명백히 서술하였다.

> 문명의 이기에는 세 가지가 있다. 연극도 그중의 하나인데 대개 개화의 방법으로써 신문과 그 공적이 같다. 서구 각 나라에서는 연극으로 우매한 사람들을 미몽에서 깨어나게 하여 이를 사회의 목탁으로 삼는 경우가 많다고 들었다. 그

32 『崇文社文集』 卷1, 35면 참조.

러므로 관료의 행위와 대중의 일에 만약 한두 가지 잘못된 행적이 있다면 오늘 일이 아직 행해지기도 전에 내일 연극이 이미 상연되어 아낌없이 완곡한 말로 정곡을 찌르고 은어로 충고하여 당세의 추악함을 만회하기를 기대할 것이다. 우리 타이완이 희극을 개량하고자 한다면 이것 말고 달리 어떤 방법이 있겠는가?[33]

이 글은 서구 각 나라를 예로 들어 희극이 사회를 개화하고 우매한 민중을 일깨우는 효용을 지녔음을 높이 긍정하고 있다.

그렇지만 '소설'과 '희극'은 어떻게 해야 진정으로 민중의 지혜를 계몽하고 문명을 비옥하게 만드는 이기가 될 수 있을까? 이를 해결하기 위해서는 무엇보다도 과거 문예 표현의 결점을 검토할 필요가 있다. 전통문인들의 눈에는 이 시대의 소설과 희극 모두 이미 병폐를 드러내고 있었다. 그중 비교적 큰 폐단 두 가지가 있었는데, 하나는 미신이고 다른 하나는 외설로의 경도였다. 장화彰化 '숭문사'가 1917년에 수차례 실시한 원고모집에 응모했던 「미신을 타파하자는 의론破除迷信議」, 「음란한 희극과 음란한 서적을 금지하자는 의론淫戲淫書禁革議」, 「풍기유지책風紀維持策」 등의 문장은 모두 이를 비판하고 반성하는 내용이 담겨 있다. 이 글들을 통해 소설과 희곡의 우열이 실제로 사회문명과 밀접한 관련이 있다는 것을 당시 사람들이 깊이 인식하고 있었다는 사실을 알 수 있다. 1920년 5월에 '숭문사'는 심지어 직접 '희극개량론'을 주제로 대외적으로 원고모집 활동을 하였으니, 희극을 개량하고자 하는 그들의 마음을 잘 알 수 있다.

그러나 혁신의 길은 어떻게 시작되어야 하는가? 쉬쯔원은 '소설을

33 『崇文社文集』 卷3, 53~54면 참조.

금지하고 연극을 규정하자'는 주장을 편 적이 있었다.

> 소설은 미신을 서술한 것이 매우 많다. 그러나 글자를 알면 문리가 대략 통하여 분명 미혹되지 않을 것이다. 오직 낫 놓고 기역자도 모르는 자들이 심심풀이로 소설듣기를 좋아하는 법이다. 게다가 소설 중에서 가장 미신적인 『봉신연의封神演義』, 『서유기』 같은 것을 좋아한다. 뜻있는 자들은 반드시 제창해야 한다. 우리나라 고금의 사실을 담은 사적史蹟을 책으로 엮어 세상에 간행하여 지리와 역사 관념을 보급해야 한다. 오늘날의 연극은 고악古樂의 유지이며 오늘날의 사곡詞曲은 고시古詩의 유지이다. 그러나 옛 시악은 순수하고 바른 데서 나왔지만 오늘날의 극장 사곡은 모두 교훈으로 삼을 수가 없다. 예를 들어 '저승에서 노닐고遊地府', '천궁을 어지럽히고鬧天宮', '저승 문턱에서 어머니를 찾고鬼門關尋母', '우마왕이 장가가는 것牛馬王招親' 등의 이야기가 모두 사람들에게 미신을 초래한다. 우리가 만약 고악의 소리를 추구하여 국민의 성품을 이루고자 한다면 우리나라 고시악의 유지를 모방하고 명유名儒들을 한 자리에 모아 오늘날의 소위 극장 사곡과 비교하여 교정해야 할 것이다. 미신의 해악은 근절해야 하며 이를 곡으로 만들어 타이완 전체에 널리 알려야 하는 바 고금의 충신, 의사, 효자, 절부들의 이야기를 듣고 노래하고 감동을 받고 또 널리 전할 수 있을 것이다.[34]

쉬쯔원의 글은 본래 오로지 미신을 타파하기 위한 것이었다. 그런데 그가 생각하는 소설과 연극은 항상 미신을 배양하여 전파하는 온상이었기 때문에 소설과 희극의 개혁을 함께 제창했던 것이다. 그의

---

34 許子文, 黃茂盛 編, 「破除迷信議」, 『崇文社文集』 卷1, 16면 참조.

혁신의 방향은 기본적으로 진실성을 지닌 '우리나라 고금'의 사실적 사적을 택해 책으로 엮어 출판이나 강연을 통해 전파함으로써 지난날 설서說書나 청서聽書의 허황되고 미신적인 면들을 대체하고 나아가 백성들에게 지리와 역사 관념을 보급하고 민족정신을 제고시켜 교화를 실현하는 것이었다. 또 한편으로 희극의 개량에 대해서는 '옛 시악의 유지遺旨'를 회복하고 '고악'의 '순정한' 영혼을 소환하여 인심을 정화해야 한다고 생각했다.

쉬쯔원이 '고악'의 정신을 부흥시켜 희극의 현황을 개혁하고자 했던 것과는 달리 같은 타이난 인사인 쉬메이위許美玉는 독특하고 새로운 견해를 피력했다. 그는 희극 공연의 본질과 미감의 표현에 주목하였다. 그는 근대 문명을 끌어들여 희극 플롯에 담겨 있는 정신의 본원적인 불량성을 바꾸고자 했다.

> 세상에는 봄과 여름, 가을과 겨울이 있고 인생에는 기쁨喜과 노여움怒, 슬픔悲과 비참함慘이 있다. 희극戲劇은 인생의 기쁨과 노여움과 슬픔과 비참함에 접근하여 마땅히 세상의 춘하추동을 본받도록 개량한다. 봄은 희극喜劇이고 여름은 노극怒劇이며 가을은 비극悲劇이고 겨울은 참극慘劇이니 공연하는 것이 희극이면 봄을 상징하고 노극이면 여름을 상징하며 비극이면 가을을, 참극이면 겨울을 상징한다. 지금 우리 타이완의 희극은 어떠한가? 예를 들어 「장생락長生樂」, 「백세방百歲坊」은 희극 중 '기쁨'에 해당하지만 보는 이들이 널리 취할 수 없고 「타엄숭打嚴嵩」, 「참연수斬延壽」는 노여움怒이지만 공연하는 이가 이를 묘사할 수 없으며 「승상배두丞相拜斗」, 「부인제강夫人祭江」은 '슬픔'이지만 무대에서 모든 광경을 보여줄 수가 없고 「선왕탁고先王託孤」, 「건문기위建文棄位」는 '비참함'이지만 음악에 부합되지 않는다. 이들 모두 아직 개량

되지 않은 것이다. 문명의 도구가 이롭지 않은 것이 없는데 누가 희극을 소도小道(보잘 것 없는 기예)라고 하였는가? 개량을 말하는 자는 희극을 도외시해서는 안 된다. 지금은 마땅히 그 완급을 따져서 먼저 불량한 것을 개혁하여야 한다. 「장생락」은 선단仙丹을 보물로 삼는 것이 아니라 위생에 진력하고 「백세방」은 지위의 높음을 드러내는 것이 아니라 노동의 묘사에 성공해야 하며 「매연지買胭脂」, 「매화탄賣火炭」은 음란한 곳을 지우고 연애의 정신을 드러내야 한다. 「주선진誅仙陣」은 당대 물리화학 실험으로 바꾸고 「타뢰대打擂台」는 우리나라 겨루기(씨름)의 실습으로 바꾸어야 하며 「탁고아託孤兒」는 나라를 위해 가족도 버리는愛國忘家 기개를 극력 피력해야 한다.[35]

쉬메이위의 이 문장은 내용면에서 두 가지로 나눌 수 있다. 전반부는 당시 희극의 '불량' 현상을 서술하면서 희극 풍격으로부터 연기자의 연기 능력, 무대 배경, 음악의 곡조와 박자의 실수에 이르기까지 하나하나 서술하였다. 후반부에서는 구체적인 '개량' 방법을 제시하여 근대정신에 맞지 않는 줄거리를 근대 문명의 방식과 표현에 부합되도록 바꾸고, 새로운 것으로 옛 것을 제어하여 개혁의 목적을 달성하고자 하였다. 전체 문장의 논리가 치밀하며 도처에서 논자의 새로운 사유를 엿볼 수 있다.

이 밖에 소설에서 '설부說部의 개량' 역시 당시 사람들이 공통적으로 그 필요성을 인식하고 있었다. 그렇다면 이것은 어떻게 진행되었을까? 1921에 『타이완문예총지台灣文藝叢誌』에 실렸던 「소설가는 유람을 중시해야 한다論小說家宜注重遊歷」에서 중저우中州의 일민逸民은

35 許美玉, 黃茂盛 編, 「戲劇改良論」, 『崇文社文集』 卷3, 54~55면 참조.

나름의 비법을 전수하고자 했다. 글의 요지는 다음과 같다.

다른 사람은 천하의 일을 다 알지 못해도 상관이 없지만 소설가라면 절대로 그래서는 안 된다. 게다가 이미 소설가라 불린다면 사회 상황을 모를 수는 없는 일이다. 그런데 우리나라의 사회 상황은 지역마다 다른데 그곳을 자세히 겪어보지 않는다면 어떻게 깊이 알 수 있겠는가? 소설이 통속교육의 일단임은 사람들이 모두 알고 있는 바이다. 이미 통속교육이라 말했다면 마땅히 풍속을 바꿔야 할 책임이 있으며, 풍속을 바꾸는 데 가장 효과적인 것으로 사회소설만한 것이 없다. 사회소설은 소설계에서 실제로 가장 중요한 지위를 차지하고 있는데, 사회 상황을 모르는 자가 사회소설을 쓸 수 있겠는가? 다음으로 소설의 작법은 문장이 '뛰어난 것文勝'보다는 '뜻이 뛰어난 것意勝'을 추구하니, 문장이 뛰어난 것은 오히려 쉽고 뜻이 뛰어난 것이 그보다 더 어렵다. 뜻을 뛰어나게 하는 것으로 말하면 사회소설에서 유독 쉬운데, 사회상황이란 천차만별의 이야기 거리가 있어 다른 종류의 소설에서는 드러내기 어려울 때도 있지만 사회소설은 만 권 천질의 (수많은) 책으로도 다 기술해낼 수가 있다. 또한 소설가의 포부는 개척되어야지 가슴에 맺혀있어서는 안 되고 소설가의 두뇌는 청신해야지 진부해서는 안 되기 때문에 유람의 힘으로 그 포부를 개척하고 두뇌를 청신하게 하지 않으면 안 된다. 또 유람의 이점은 단지 사회소설의 자료에 도움이 되는 것뿐만이 아니다. 어떤 소설을 막론하고 반드시 장소와 풍경을 묘사하는 곳이 있으니, 저작이 많으면 필요한 자료가 더 광대하다. 내 유람의 경험으로 보건대 가장 기이한 것으로 볜汴(河南 지방) 지방의 셔현涉縣과 루魯(山東 지방) 지방의 더현德縣 만한 것이 없었는데 거기서 만난 사람들은 거의 18세기에서 튀어나온 것 같지 않은 이가 하나도 없었다. 연애소설을 쓰려고 하면서 셔현의 재자가인을 논한다면 이치에 맞겠는가? 탐정소설을 쓰려

> 고 하면서 더현에서 일어난 과학기안을 말한다면 또한 이치에 합당하겠는가? 그곳에 깊이 들어가 그 상황을 목도하지 않는다면 또 어떻게 그것이 정황에 맞지 않음을 알 수 있겠는가?[36]

이 문장은 중국 문인의 손에서 나온 것으로 작자는 작가의 여행 경력과 창작의 관계를 서술하는 데 뜻을 두고 있다. 그는 소설이 두문불출하여 써낼 수 있는 결과물이 아니므로 작가가 반드시 일정한 견문과 경험을 지녀야만 경물을 제대로 묘사해낼 수 있고 내용이 논리적으로 도리에 맞게 된다고 주장하였다. 또한 소설이 풍속을 바꾸는 역할을 하는 것을 긍정하고 특히 사회소설의 중요한 지위를 드러내었다. 이 문장은 논자의 경력에 대해 이야기하는 것을 시작으로 작가와 작품과 사회와 환경 사이의 변증 가능한 관계를 토론하고 명확히 분석하였다. 『타이완문예총지』에 이 문장을 게재한 까닭은 이를 통해 타이완의 소설계를 혁신하는 데 도움이 되기를 바랐기 때문이다. 그는 이 글을 통해 '사회소설'을 적극 추천하였는데, 이것은 수년 후 타이완 소설 창작의 주류가 '사회소설'이 되었다는 사실과 호응된다.

4) 타이완 밖 사조의 접수와 소개

문학 창작이 세계 조류에 순응하여 국민의 정신을 제고해야 한다면 도대체 어떻게 창작해야 하는 것일까? 또 새로운 세계의 문명을 어떻

36 『台灣文藝叢誌』第3年 第7號, 1921.7.25, 8~9면.

게 흡수해야 하는 것일까? 지금의 연구자들은 대개 신문학가들이 신문학운동을 널리 보급한 것을 긍정할 때 그 사람이 서양의 문명사조와 문예이론을 추천하고 소개한 노력을 칭찬했었다. 그러나 실제로는 신구논쟁이 일어나기 전, 심지어는 1920년에 계몽의 기반이 되는 역할을 했던 간행물인 『타이완청년台灣青年』이 나오기 이전에 구문인들이 이미 타이완 밖의 작품을 번역했었다. 여기서는 '타이완문사台灣文社'가 간행했던 『타이완문예총지』를 예로 들어 설명하도록 하겠다.

1918년 10월, '역사櫟社' 동인인 린유춘林幼春, 차이후이루蔡惠如, 천창위陳滄玉, 린셴탕林獻堂, 린쯔진林子瑾 등 12인이 창립한 '타이완문사'는 그 설립 취지에서 세계 각 지역이 거리는 비록 멀지만 점점 서로 교류하고 왕래할 수 있게 되었고 세계가 이미 개방의 추세에 있으므로 당시를 살아가는 사람들이 학습에 있어 고금에 얽매이거나 동서에 제한을 두어서는 안 된다고 강조하였다.[37] 이에 따라 다음 해 정월에 문사 내에 간행물인 『타이완문예총지』[38](그 사이에 『타이완문예순보台灣文藝旬報』로 개정하였다가 후에 다시 월간 『타이완문예총지』로 바뀜)를 출판하여 외국 정세와 서양의 신문명 및 해외 문인들의 저작 개황 등을 소개하였다.

예를 들어 첫 해 제1호에 린사오잉林少英이 번역한 영국의 존 피네모어John Finnemore의 「독일사략德國史略」과 저이則以가 번역한 「나쓰메소세키전夏目漱石傳」을, 첫 해 제4호에 린사오잉이 번역한 영국인 루시 카잘렛Lucy Cazalet의 「러시아사략俄國史略」을 게재했고 두 번째 해

37 「台灣文社設立之旨趣」, 『台灣文藝叢誌』 第1號, 1면 참조.

38 台灣文社 및 『台灣文藝叢誌』의 성립과 발간에 관한 대략적인 정황은 施懿琳의 「台灣文社初探—以一九一九 ~ 一九二三的『台灣文藝叢誌』爲對象」, 櫟社成立一百週年學術硏討會 발표문, 國立台灣文學館 國立文化資產保存硏究中心 기획 주최, 2001.12.8~9 참조.

제4호에는 쉬산랑許三郞이 번역한 도쿠토미 소호德富蘇峰의 「삶의 의미生活之意義」 등이 소개되었다. 또 『타이완문예순보』 제14호에는 스잉世英의 「타고르의 인생관과 세계관太歌爾氏之人生觀與世界觀」, 제18호에는 양산무楊山木가 번역한 가와카미 하지메河上肇의 「근대 경제 조직의 결함現代經濟組織之缺陷」 등을 소개하였다.

대개 『타이완문예총지』에서 소개한 타이완 밖의 사조들을 보면, 내용이 각양각색이고 범주가 광범위하기 때문에 타이완 사람들이 지식과 시야를 개척하여 세계의 움직임을 장악하고 서양 문명을 빠른 속도로 흡수하는 데 유리하였다. 때문에 대중 계몽의 '선봉'에 섰던 외국의 사조에 대해 천신과 양윈핑楊雲萍이 모두 긍정적인 평가를 내렸던 것이다.

지금까지 관련 자료들을 통해 1895년부터 1924년 신구문학논쟁이 발생하기 이전까지의 일제시기 타이완 전통문인들을 묘사하였다. 서양의 학문이 전해지면서 근대적 사물이 왕성하게 나타났고 새로운 시대의 자극 아래 전통문인들도 옛 문학 전범에 대해 성찰을 하게 되었으며 문학의 내용이 시대와 함께 변화하기를 바랬다. 언론도 근대문명이 타이완 전통 지식인의 변혁 의식을 유발하였음을 지적했다. 물질문화와 정신문화에 대한 인상 뿐 아니라 타이완 사람들의 생활과 사상의 변혁도 문장의 표현에 영향을 주었으므로 시대와 함께 변화하는 사상 감정과 사회생활을 더 적절히 표현하기 위해 문학도 반드시 개량되어야 한다고 설명하였다. 이로 인해 '새로움을 추구하자趨新'라는 구호가 결여되었어도 이미 미래 신문학의 흥기와 발전에 어느 정도 현실적 기초를 제공하였던 것이다.

구문인이 공개적으로 신문학운동을 고취하고 지지하기도 하였다.

예를 들어 '역사櫟社'의 시인 린쯔진이 1922년 『타이완문화총서台灣文化叢書』 제1호에 발표한 「문화의 의미文化之意義」에서 같은 해양 문화에 속하는 희랍의 문학을 거울로 삼아야 한다면서 "나는 타이완문학계에 반드시 혁신이 이루어져 종래의 고문체를 백화문체로 바꾸거나 로마자로 대체하여 사람들이 쉽게 읽을 수 있도록 해야 한다고 생각한다. 또한 시의 기능을 진작시키면 타이완 문화는 그 도움을 받아 일사천리로 발전하게 될 것"[39]이라고 주장했다. 신구문학의 교체 단계에서 제출된 린쯔진의 이 문장은 구문인들 속에서 출현한 신문학에 대한 찬성의 소리를 대표하고 있다. 린루이밍林瑞明 교수는 라이허賴和, 천쉬구陳虛谷 등 일세대 타이완 신문학 작가들이 이들로부터 계발과 영향을 받았을 것이라고 추정했다.[40] 따라서 만약 신구의 대립적 관계로써 당시 전통문인의 신문학에 대한 태도를 다룬다면 그 사이에 존재하는 다른 목소리와 표현은 사라지게 된다.

4. '신'과 '구'의 사이—과도기의 문학 창작

앞에서 서술한대로 새로운 시대를 맞이하여 전통문인들은 문학 개량의 길을 모색하며 수많은 개혁의 의견을 제시하였다. 실제 창작

39 林瑞明, 『台灣文學的歷史考察－台灣新文學運動理論時期之檢討(1920 ~1923)』, 台北 : 允晨文化, 1996, 11면.

40 위의 책, 12면.

에서도 일부 작가들은 새로운 지식과 새로운 사유를 작품 속에서 다루고 새로운 사물을 묘사하고자 노력하여, 작품의 제재에 일찍이 다루지 않았던 영역이 포함되었고 서사의 범위도 확대되었다. 새로운 사물 및 학문상의 원리와 법칙을 표현하기 위해 적지 않은 신조어가 등장했고 통속적이고 알기 쉬운 문학 언어가 사용되었다. 이 밖에도 서양문학의 창작기교와 문체를 도입하고 모방하여 구문학의 양식에 새로운 진전을 이루고 문학의 표현력을 더욱 풍부하게 만들었다.

1) 시가

시가에서는 리쉬칭李碩卿이 1912년에 발표한 「칠석에 감회를 서술하여七夕書感」 네 수 가운데 세 번째 수를 들 수 있다.

> 소식을 전해 천손에게 묻고자 하나, 은하수는 아득하여 전해지지 않는구나.
> 신선도 이리 속박이 많은데, 인간에게는 외려 자유결혼이 있구나.[41]

이 시에서는 은하수에 가로막혀 서로 소식을 전하지 못하는 견우와 직녀가 신선이지만 속박이 많아 오히려 평범한 인간들이 '자유로운 혼인'으로 쾌락을 얻는 것만 못함을 묘사하고 있다. 여기서 리쉬칭은 신조어를 사용하고 있는데 뜻이 분명하고 명확하여 누구다 다 이해할 수 있다. 같은 시기에 지은 또 다른 시 「칠석에 장난삼아 짓다

41 『台灣日日新報』 제4399호, 1912.8.28.

七夕戲作」에도 유사한 표현이 있다. "세상 사람들은 신선의 즐거움을 부러워하지만, 신선의 고통이 얼마나 큰 지는 알지 못한다네. 신선에게는 자유가 없으니, 월하노인에게 인연을 묻지 마라. 어찌하면 병체련並蒂蓮(한 줄기에 가지런히 핀 한 쌍의 연꽃으로 화목한 부부를 상징함)으로 태어나, 생생세세 연뿌리의 끊어지지 않는 실처럼 함께 지낼 수 있을까? 스스로 피고 지어 구속됨이 없으니, 수양하여 연꽃이 된다면 신선도 부럽지 않으리라."[42] 그는 여기서도 똑같이 '자유'라는 단어를 사용하였다.

그런데 흥미로운 것은 이 시가 『타이완일일신보』에 실릴 당시 시 뒤에 덧붙여진 짧은 비평의 내용이다. "서양 사람들이 말하는 연애는 신성한 것으로 신선도 부럽지 않은 것이 당연하다 할 것이다. 그러나 모름지기 「관저關雎」의 '즐겁지만 음란하지는 않은樂而不淫' 정도가 되어야 비로소 그 취지를 잃지 않는 것이라 하겠다. 그렇지 않으면 병체련은 곧 버들가지楊白花(불행하고 박복한 사람을 의미함)가 되어버릴 것이다"라고 한 것이다. 이 평자는 자유결혼한 보통 사람들이 견우와 직녀보다 행복하다고 했던 견해에 기꺼이 동의하였고 '연애는 신성하다'는 서양의 사상을 가져와 보통 사람도 신선을 부러워할 필요가 없다는 주장을 한 것이다. 이를 통해 당시 사람들이 이미 새로운 문명 관념의 영향을 깊이 받았음을 알 수 있다.

신조어 외에 새로운 사물들도 문인들의 묘사 대상이 되었다. 1902년에 린유춘林幼春이 지은 「축음기의 노래를 듣다 심생에게 보냄聽留聲機器歌卽贈沈生」이란 시를 보자.

---

42 위의 신문.

산당山堂의 조용한 밤 가라앉은 등불의 빛, 만물의 소리 닫혀 음산한 가을.

홀연 허공을 가르며 내리치는 뇌우에 놀라니, 애절한 현絃과 촉급한 관管이 뒤섞인 소리라네.

신기한 기계가 조화를 부려, 내 귀와 마음을 즐겁게 하네.

내 듣기에 서양인의 솜씨는 귀신이 부리는 조화 같다더니 과연 기차와 전선電線이 교묘하네.

진짜를 베끼는 도구가 이다지도 뛰어나니, 이러한 기계를 만드니 진실로 부끄럽지 않은가.

기관과 전동 백 가지 기교가 모여, 우리들의 귀와 감정을 즐겁게 하네.

아, 심생 그대는 현혹되지 말게, 작고 사소한 물건이 어찌 얘기할 만하겠는가.[43]

이 시에서는 좌중의 빈객들이 갑자기 축음기의 노래를 들었을 때의 놀람과 떨림을 묘사하여 신기한 기계의 기묘한 소리가 사람을 깊이 매혹시킴을 적절히 전달하였다. 다만 말미에 현혹되어서는 안 된다고 권계하는 내용이 들어간 것에 옛 풍격이 남아있는 점은 아쉽다.

1906년에 일본이 타이완에서 복권을 발행하자 그것을 주제로 한 시가 쓰여지기도 했다. 황디천黃砥臣의 「복권彩票」에 다음과 같은 구절이 있다. "다복이여 내게로 오라, 1등 한 번 하자꾸나. 우리는 알아야 하느니, 좋은 보물을 얻기 위해서는 하늘의 명을 쌓아야 한다는 것을."[44] 시의 내용은 덕을 쌓은 자가 자연히 재물을 얻게 된다는 전통적 사유에서 여전히 벗어나지 못하였지만, 시의 제목만은 새로운 색채로 가득하다.

---

43 시는 林幼春, 『南强詩集』, 台北 : 龍文, 1992, 11면 참조.

44 『台灣日日新報』 第2518號, 1906.9.19.

1913년 '영사瀛社' '추계음회秋季吟會'의 격발시제였던 「무선전신無線電」에 호응하여 참가자 옌윈녠顔雲年은 다음과 같이 시를 지었다. "소리도 그림자도 없이 갑작스레 울리는 천둥의 기세로, 갖가지 소식이 갔다 또 돌아온다. 만 리 밖 좋은 소식 어디에서 알았는가, 천기天機를 여기에서 빼앗아 왔구나."[45] 시인은 무선 전신의 빠른 전파 속도를 묘사함으로써 새로운 사물에 대한 당시 사람들의 경이로움을 표현하였다.

'영사'와 비교해보면 타이중台中 '역사'의 시회 활동에서는 이러한 '신제시新題詩'를[46] 창작하는 경우가 더 많았다. 푸시치傅錫祺가 편찬한 『역사연혁지략櫟社沿革志略』을 보면 1913년부터 1924년까지 안경, 분수대, 자동차, 전등, 공기 베개, 워싱턴, 연설 등이 '역사' 시인들이 창작에 사용한 새로운 제재가 되었음을 알 수 있다. 그 밖에 모집한 작품들 중에도 새로운 제재를 사용한 것이 있었다. 1918년에 저우웨이진周維金은 「국민성國民性」을 제재로 전 타이완을 대상으로 시종詩鐘(두 개의 관계없는 글자나 사물을 제목으로 칠언시를 짓는 문인들의 유희) 시 모집 활동을 벌였다. 장시류張息六는 "당년의 한족은 인의를 중시하고, 오늘날 유럽은 부강을 중시한다"[47]라는 시대 관념에 부합하는 작품으로 입선을 차지했다.

그러면 당시 시계詩界에 어떻게 해서 이러한 신제시 또는 새로운 사유를 갖춘 작품이 출현할 수 있었던 것일까? 서양 학문의 전파로부

---

45 『台灣日日新報』第4797號, 1913.10.14.

46 '新題詩'라는 표현은 일본에서 유래된 것으로 서양에서 온 새로운 사물을 대상으로 하는 시를 가리키며 만청시기의 중국에서도 이러한 종류의 작품이 적잖이 지어졌다. 夏曉虹, 『晩晴社會與文化』, 武漢 : 湖北教育, 2001, 151면 참조.

47 『台灣日日新報』第6626號, 1918.11.30 참조.

터 받은 자극이 물론 주요 동력이 되기는 하였지만 만청 신제시의 영향도 소홀히 할 수 없다. 앞에 서술했던 『타이완문예총지』의 중국문학 작품란에서 특별히 기간을 나누어 만청 시계혁명詩界革命의 대장격인 황쭌셴黃遵憲의 「인경로시초人境廬詩草」와 추펑자丘逢甲의 「영운해일루시초嶺雲海日樓詩草」를 실은 것을 보면 이러한 사실을 확인할 수 있다.

시대가 변함에 따라 시가의 문장도 더욱 통속적으로 변하였다. 신조어의 인용 외에도 작품이 더 많은 대중들에게 알려지기를 바라는 희망이 문장을 날로 평이하게 만드는 주요한 원인이었다. 1921년에 『타이완일일신보』는 황시즈黃錫祉의 「훈몽집격언訓蒙集格言」을 게재하였는데 작품의 앞부분에 이에 대한 신문사 편집자의 설명이 붙어 있다. 편집자는 "근래 사상계의 민중화가 점점 문학계 일반에 영향을 주어 그 체제가 통속적이고 평이하며 알기 쉬운 것을 의무적으로 취하니 중국의 백화문이 그 일례이다. 이 글은 신주新竹에서 온 것인데 글 가운데 취할 만한 것이 있어 여기에 다음과 같이 소개한다"라고 언급하였다. 이 문장을 통해 우리는 사상계의 혁신으로 당시 창작자들이 문학 대중화의 중요성을 깨달아 민중 계몽을 위해 문장을 쉽게 쓰기 시작하였음을 알 수 있다.

같은 시기 중국 '백화문'의 성과 역시 타이완 사람들에게 알려져 본받을 만한 대상이 되었다. 헌데 어떻게 전통문학이 대중을 계몽하는 임무를 맡게 되었을까? 또 어떻게 중국 '백화문'의 글쓰기 방식을 참작하여 받아들일 수 있었던 것일까? 황시즈의 「훈몽집격언」이 바로 이러한 구상의 실험작이라 할 수 있을 것이다.

훈몽집격언은 먼저 동자들에게 권한다.

처음의 기반은 비록 지극히 미미하나, 쓸모 있는 이는 늘 여기에서 이루어진다.

식자들에게 권고하니, 지식이 없다고 얕보지 마라.

얕은 데서 점점 깊은 곳으로 옮겨가는 것이니, 속어인 것을 나무라지 마라.

유아가 처음 먹는 것을 배울 적에, 올바른 예절을 배워야 한다.

밥알을 여기저기 떨어뜨리지 말고, 밥을 다 먹고 그릇을 내던지지 마라.

밥을 먹는데 다 먹지 않고, 늘 그릇에 밥을 남기면.

남의 집의 손님으로서, 이러한 행동은 진실로 수치스러운 것이다.

남이 밥 먹는 것을 보았을 때는, 자리를 떠나 급히 피해야 한다.

눈이 이를 계속 쫓으면, 탐을 내는 마음이 생기게 된다.

이러한 행동은 야만적인 모습이니, 그야말로 쓸모 있는 이가 되지 못한다.

음식을 먹을 때는 작게 잘라 먹어야, 맛을 알 수 있다.

조금씩 삼키면, 인후를 데지 않는다.

아버지와 어머니 된 자로서, 유아들을 올바르게 가르쳐야 한다.

어린아이가 아버지와 어머니의 이름을 부른다면, 부모가 교시教示를 잃은 것이다.

칭호에는 대소가 있음을, 어릴 때부터 가르쳐 습관이 되게 해야 한다.

입만 열면 남의 어머니를 욕하니, 말버릇이 정말 나쁘다.

서로 상대의 어머니를 욕하면서, 한 마디도 지지않는다.

말만 하면 남의 어머니를 욕하니, 입에서 정말 취할 것이 없다.

입이 거칠고 야만스러운 사람, 이것은 나쁜 마을의 예이다.

대소변을 볼 때, 똥을 눈다 오줌을 눈다 말한다.

가르치는 언어가 거치니, 진실로 아름답지 못하다.

아동이 처음 배울 때, 가장 중요한 것을 글자를 익히는 것이다.

머리는 자주 빗어야 하고, 몸은 자주 씻어야 한다.

침대에 누울 때 바람을 마주하지 않아야, 감기에 걸리지 않는다.
의자에 앉을 때는 단정히 해야지, 흔들거리는 것은 예의가 아니다.
놀리고 짓궂은 장난을 해도, 손을 대면 손해이다.
안면을 바꿔, 때리고 싸운다면, 진정 목숨이 불안하게 될 것이다.
잡다한 일이 이미 많다면, 어떻게 처리할 것인가.
일을 주도면밀하게 하려면, 일기장을 만들어라.
크고 작게 왕래한 일들을, 날마다 기록하면 실수가 없다.
부지런함은 서투름을 보충할 수 있고, 검약함은 청렴함을 기를 수 있다.
부지런한 이가 검약할 수 있는 법이니, 성공한 자는 이 두 가지를 갖춘 자이다.
인간의 만 가지 일들, 이를 모두 해결하기는 어렵다.
선악을 분명히 하여, 선은 행하고 악은 제거해야 한다.
훈몽집은 거의 백 장에 달하니, 격언은 마땅히 심득해야 한다.
글을 모른다고 얕보지 마라, 읽고 이해하면 진실로 유익하다.
백 장에 달하는 책을 만들어, 타이완 신주에서 출판하였다.
작자는 누구인가, 황시즈가 편록하였다.[48]

이 5언의 장시는 아동을 계몽하기 위해 지은 것으로 어려서부터 성장할 때까지 생활의 여러 가지 일들을 일일이 서술하였다. 문맥이 잘 통하고 용어 사용이 적절하여 노부인도 이해할 수 있으며 내용이 강력한 교화 작용을 지니고 있다. 특히 '鎭碗', '金金相', '味素', '燒著', '教呼慣' 등의 타이완어를 대량 인용하여 타이완 전통 시인들이 새로운 시대 조류에 순응하여 문학 개조에 심혈을 기울였음을 명확히 알 수 있다.

48 『台灣日日新報』 제7708호, 1921.11.16; 제7717호, 1921.11.25; 제7720호, 1921.11.28.

2) 산문

시가 이외에 산문의 창작에서도 새로운 양상이 출현하여 새로운 제목과 새로운 사유, 심지어는 백화문까지도 산문 작품 속에서 자주 볼 수 있게 되었다.

신주新竹의 문인 천푸취안陳福全이 1916년 12월에 발표한 「양력을 사용하자改用陽曆論」에서는 다음과 같이 논하고 있다.

> 세계 각국의 달력은 대개 두 가지로 나뉜다. 하나는 달이 지구를 열두 바퀴 도는 것을 1년으로 삼는 것으로 태음太陰을 방침으로 삼아 음력이라고 부른다. 하나는 지구가 태양을 한 바퀴 도는 것을 1년으로 삼는 것으로 태양을 일정한 기준으로 삼아 양력이라고 부른다. 이 음양의 두 가지를 가지고 논하자면 기묘한 상태와 특별한 이상이 있다. 달이 지구를 도는 것과 태양이 지구를 도는 것을 조사하여 고찰해보면, 둘 다 날짜의 표기가 될 수 있지만 여전히 우수리가 떨어지지 않는 시간이 있다. 달이 지구를 도는 데는 대략 29일 12시간 44분 2초 하고도 0.8(2.8초)이 걸리는데, 매달의 일수를 정하자면 부득이하게 먼저 나머지 수를 정리해야 한다. 그러므로 음력은 3년에 윤달이 하나 더해지고, 그러고도 완전하지 않은 시각이 있기 때문에 5년에 한 번 윤달이 있게 된다. 이에 근거하여 논하면 음력은 윤월이 있고 양력은 윤일이 있어서 음력은 달에 얽매이게 되어 태양과 서로 맞물리기 어려우니 여러 가지 불편함이 다 여기에서 나오는 것이다. 그러나 양력이 1년 24절기에 관여하는 바는 주천周天(육안으로 볼 수 있는 천체의 범위)의 365도에 딱 맞아 떨어진다. 이것으로 논하자면 양력도 경작과 파종, 상업 편제 예산에 편리하고 정치・경제적으로도 더욱 밀접한 관계가 있으며 아울러 관민의 융통도 얻었다. 타이완 신상紳商과

각계 인사들이 음력을 버리고 모두 양력으로 바꾸어서 문명의 혜택을 입고 유신의 선구자가 되기를 간절히 바란다.[49]

이 문장은 음력과 양력을 분석하여 논의하면서, 두 가지 역법의 유래와 시간 계산 방식을 각각 설명하고 마지막에는 양력이 근대 사회에 더 편리하다는 결론을 내리고 있다. 전체적으로 옛 논설체 문장과는 다른데, 제목에 시대적 의의가 있을 뿐 아니라 내용에서도 작자의 천문지식을 드러내었고 행문 사이에 백화를 많이 사용하였다. 이는 1920년대에서야 비로소 흥기했던 백화문운동보다 몇 년이나 이른 것이다. 거듭 강조하지만 천푸취안의 이와 같은 새로운 형식의 문장이 여기에만 그친 것이 아니다. 1924년 이전에도 「밤낮의 시간차이로 하루를 정확하게 정하는 방법晝夜里差正日論」, 「양력 사계의 구분법과 온도의 관계 기록陽曆四季之區分法與溫度關係錄」, 「시간이란 무엇인가原時」 등의 글을 남겼다.

다음으로 천푸취안의 동향 사람인 저우웨이진도 유사한 작품을 썼는데 그가 1915년에 게재한 「정신수양론情神修養論」에서는 다음과 같이 논하고 있다.

한편 우리는 이 세상을 살면서 초인적인 예지를 표현하게 되는데 거기에는 사상 구성력과 기관 편성력이라는 두 가지 항목이 크게 작용한다. 무릇 사상 구성의 결과는 정신이라 하고, 기관 편성의 결과는 신체라고 한다. 신체와 정신은 절대 떨어지지 않으며 그 관계는 자연의 이치이다. 그래서 정신 상태가

49 陳福全, 「改用陽曆論」, 『台灣日日新報』 第5898號, 1916.12.2 참조.

쾌활할 때 신체도 자연히 건강하다. 그러므로 우리의 몸과 마음은 일체의 결합으로써 그것의 경계를 나누어 선을 그으려 해도 구별할 수 없다. 무릇 우리가 웃거나 우는 상태는 실제로는 심신이 서로 연관되어 있는 것으로 불가사의한 기묘함이 있다. 이러한 관계를 가지고 논하면 비록 동물과 다를 바 없지만, 상관된 생활의 발양은 인도人道이다. 그러므로 그 몸과 마음은 자각을 통해 건강하고 온전함을 도모할 수 있는 것이다.[50]

이 글의 원문은 매우 길어 『타이완일일신보』에서 여러 차례 나누어 게재하였다. 저우웨이진은 신체가 몸과 마음 양대 부분을 포함한다고 주장하면서 심리 층면에 속하는 정신수양은 특히 중요하여 개인의 신체건강과 관련이 될 뿐만 아니라 국민성의 양성과도 관련이 되므로 대중들이 정신수양을 제고하기 위해 노력할 것을 호소하였다. 국민성의 양성을 언급한 것으로 1918년 저우웨이진이 신문지상에 게재한 「국민성 함양을 위한 논의涵養國民性之論說」를 들 수 있는데 그 글에서는 특별히 다음과 같이 언급하였다.

배운 뒤에야 국민들이 독자적인 특징을 가지고 스스로 세계에 설 수 있게 되며 위로 도덕과 법률로부터 아래로 풍속습관에 이르기까지 문학과 미술 모두 독립된 정신을 갖게 된다. 조부가 전하고 자손이 계승하여 하나의 단체를 형성하고 국가가 인민을 빌어 단체를 이루고 강국을 이룬다. 단체가 없으면 그 나라는 반드시 망하므로 국가를 강하게 하려는 자는 반드시 자존의 정신이 있어야 하며 그런 뒤에야 세계에 병립할 수 있다. 그렇지 않으면 다른 세계가 곧

50 『台灣日日新報』第5258號, 1915.2.7.

경쟁의 세계가 되어 약육강식하게 되니, 장차 다른 단체가 외부로부터 침입, 압박, 침탈하여 개인의 자유를 잃고 마침내 남의 노예가 될 것이다. 심하구나! 인성의 나약함이여. 그러므로 국가가 스스로 강해지려면 반드시 평범한 인물을 양성하여 하나의 국민으로서의 자격을 이루게 해야 한다.[51]

학습 여부가 사람의 성격 형성에 매우 큰 영향을 주므로 사람마다 반드시 학문에 뜻을 두어야 하며 일단 배움을 이루면 독립적인 정신을 가지게 되고 그것이 국민의 성격을 형성하니, 이것이 국가를 강성하게 하는 근본이 된다고 분석하고 있다.

상술한 두 편의 글을 통해서 대중들에게 문명지식을 전파하고자 했던 저우웨이진의 의도를 어렵지 않게 간파할 수 있다. 그 밖에 그가 1916년부터 1918년 사이에 쓴 「경제론」, 「종교약담宗教略談」, 「상식론」 등의 저술 의도 역시 여기에서 벗어나지 않는다. 이 시기의 한문 창작이 이미 은연중에 신구 과도시대 속에서 대중을 계몽하는 중대한 책임을 맡기 시작했음을 알 수 있다.

사실 위에 열거한 산문 창작들만 새로운 정신을 가지고 있었던 것은 아니다. 천푸취안은 신구문학논쟁 중에 장워쥔이 백화문의 사용을 강하게 제창하는 것에 맞서 "우리 타이완 사람들은 마땅히 언문이 일치되는 문체를 써야 한다. 각종 신문의 기사들처럼 간략하고 단순하며 쉽고 명확한 것이 어찌 시끄럽고 귀찮은 백화문만 못하겠는가?"라며 반박을 가했다.[52] 그의 말을 통해서 당시 사람들의 눈에는 당시의 신문기사도 이미 언문일치의 간단명료한 문장을 채용하여 명정

51 『台灣日日新報』 第6563號, 1918.9.28.

52 陳福全, 「白話文適用於台灣否」, 『台灣日日新報』 第9047號, 1925.7.17 참조.

시기(명대 鄭成功이 타이완을 수복했던 시기)이래 전통 문언문의 글쓰기 형식과는 판이하였음을 알 수 있다. 이 문장에서 천푸취안은 이러한 문장 서술방식이 중국의 백화문에 비해 훨씬 간결하고 요점이 있기 때문에 전통적인 문학계에 혁신이 이미 이루어졌음을 어렵지 않게 짐작할 수 있다고 강조하였다.

3) 소설

일제시기에는 타이완 사람들의 소설 창작 풍조가 활발히 일어났다. '타이완문사'에 부속된 기관 간행물인 『타이완문예총지』에서는 소설란을 마련하였고, 파오좐抛磚, 타오셴陶仙, 메이츠梅癡 등의 서명으로 잇따라 원고가 발표되었다. 예를 들어 잡지 제1호(1919)에는 '파오좐'이 열녀소설節烈小說 「치쿠젠 세이죠築前正孃」가 게재되었다. 이 작품은 일본 치쿠젠築前 하카다博多 아카마촌赤間村의 여자인 세이죠正孃가 절개를 지켜 두 지아비를 섬기지 않았던 이야기를 묘사하였다. 내용이 구식 소설의 열녀 사적 이야기와 비슷하고 문장도 문언을 채용하여 아직 새로운 경지에 이르지는 못했지만 전편에 등장하는 일본 지명과 인명, 그리고 이것을 창작배경으로 삼았다는 점에서 창작 시야의 돌파를 꾀하였음을 알 수 있다.

또 잡지 제3년 제7호에는 쥔산君珊의 소설 「파경중원破鏡重圓」이 실렸다. 이 작품은 서양인 레플케 마틴來弗魁馬汀 부부를 주인공으로 그 부인과 전남편이 헤어졌다 다시 결합하는 이야기를 묘사하였다. 소설 속에는 뉴펀들랜드紐芳德蘭와 아프리카 등의 외국 지명과 서양인들이 일상적으로 먹는 빵과 과일주스, 카페의 간단한 음료 같은 음식 습관이 등장하며 목사가 서양 사회에서 차지하는 중요한 지위가 예시되기도 한다. 이와 같은 서양화된 색채를 띠는 글쓰기는 전체적으로 전통 문언문의 어조를 띠는 서술 패턴 속에서 신구가 함께 보이는 과도기 작품의 특징을 더욱 잘 드러내준다.

일본과 서양의 지리, 경물 및 인정과 관련된 이야기가 점점 타이완 사람들의 주목을 받아 소설의 소재가 되었지만 만청시기 중국의 각종 사적들도 작품의 소재가 되었다. 예를 들어 1921년 8월의 『타이완문예총지』 제3년 제8호에 '민아이民哀'라는 작가가 만청의 일화를 소재로 하여 쓴 「호분중랑虎賁中郎」이라는 소설이 실렸다. 이 작품은 강남 여자인 루비훙陸碧紅이 그 해에 급제한 장원 쩡위안曾源에게 시집가는 전기 고사를 서술하였다. 제5년 제3호에는 '밍다오明道'라는 필명의 작가가 군벌 위에군粤軍과 구이군桂軍이 후이저우惠州에서 교전했던 일화를 담은 「정탄情彈」이라는 소설이 실렸는데, 효녀 쉬이구許懿姑가 불행하게도 적인 구이군의 손에 죽임을 당한 것을 묘사하였다. 작가는 이 총명하고 아름다운 여인의 죽음을 빌어 구이군의 불인不仁을 강렬하게 풍자하고 비판하였다. 서사 기교는 비록 여전히 졸렬하고 거칠지만 소설을 통해 시국을 비판하려는 의지가 적잖이 보인다.

『타이완문예총지』에 등장하는 소설창작란을 보면, 소설 창작이 당시 사람들에게 중시되었음을 알 수 있다. 따라서 소설 창작으로 명성을 얻는 사람도 나타나게 되었다. 타이완일일신보사台灣日日新報社의 기자인 리이타오李逸濤가 바로 그 가운데 한 사람이다. 그의 작품은 독자들에게 큰 환영을 받았지만 아쉽게도 원고가 그의 생전에 산실

되고 말았다.[53] 이 밖에 역시 『타이완일일신보』의 기자인 웨이칭더는 시인으로 이름이 알려져 있지만 실은 여러 편의 소설작품도 이 신문에 실은 바 있다. 현재 볼 수 있는 작품으로 1916년에서 1922년 사이에 발표된 「누구의 잘못인가是誰的過歟」, 「금룡사金龍祀」, 「비가당飛加當」, 「경국의 한傾國恨」, 「환주기還珠記」, 「내 잘못이야吾過矣」, 「인면창人面瘡」, 「천일화상天一和尙」, 「거울 속의 그림자鏡中人影」 등이 있다. 주목할 만한 것은 이 소설작품들이 새로운 경지를 담고 있고 이미 신식 소설의 맛이 있으며 작품의 편폭도 매우 길다는 것이다. 예를 들어 「누구의 잘못인가」는 1916년 9월 4일부터 1916년 11월 15일까지 모두 49회에 걸쳐 연재되었고, 「금룡사」는 1917년 5월 5일부터 연재를 시작하여 1917년 7월 29일까지 모두 54회가 실렸다. 「경국의 한」은 1917년 9월 19일부터 1918년 3월 15일까지 무려 88회가 실렸다.

웨이칭더가 신문에 발표한[54] 소설작품들을 살펴보면 모두 일본이나 서양 국가의 이야기에서 소재를 취하고 있다. 「내 잘못이야」는 파리 백화점의 여인 아이윈愛雲이 아버지를 찾는 아슬아슬한 과정과 영리한 계책으로 아버지를 개과천선하게 만드는 이야기를 담았다. 「비가당」은 닌자 기술忍術에 능한 이가노쿠니伊賀國 사람 카토 단조加藤段藏가 기이한 재주로 우에스기 겐신杉謙信과 타케다 신겐武田信玄에게 의탁하였는데, 사람됨이 흉악하고 잔인하며 냉혹하여 마침내 죽임을 당하게 되는 이야기를 묘사하였다. 일본 닌자 기술의 오묘함을 묘사한 내용이 사람들을 현혹시키지만 작품의 말미에 웨이칭더

53 '廣徵李氏遺稿' 소식, 『台灣日日新報』 第8506號, 1924.1.23 참조. 그렇지만 실제로는 『台灣日日新報』에서 여전히 李逸濤의 여러 소설 작품들을 볼 수 있다.

54 각 소설의 내용으로 볼 때, 몇몇 작품은 번역한 것인지 창작한 것인지 필자가 단정하기 어렵다.

스스로 "이 일은 당서唐書에 실려 있는 곤륜노崑崙奴와 같이 색다르고 기이하다. 곤륜노는 몽둥이로 맹해孟海의 개를 때려죽였고 비가당은 약으로 촌우村雨의 개를 독살하여 서로 매우 유사한 듯하지만 곤륜노는 협객이고 비가당은 사기꾼이다. 그가 일시의 작은 화를 이기지 못하여 괜히 바주八助를 죽이는 것을 보면 사람됨이 잔혹하고 각박함을 알 수 있으니 흉악한 인상을 가져야만 사람을 죽일 수 있는 것은 아닌 것이다"[55]라고 기록했다. 여기서 웨이칭더가 인심을 교화하는 사회적 역할을 중시했음을 알 수 있다.

그리고 작품 유형면에서 「환주기」가 직접적으로 탐정소설임을 표방한 것 외에 「경국의 한」 역시 탐정수사의 줄거리를 가지고 있는데 작품의 오락성이 매우 뛰어나며 상품화, 통속화된 색채를 숨김없이 드러내고 있다. 「금룡사」는 일본 여인인 슈운秀雲의 일생을 골간으로 하여 유신시대 인심의 교활하고 거짓된 면모를 서술하며 세정을 묘사하는 것 외에도 정치적 의제를 삽입하여 신시대 소설의 특징을 보여주었다. 「누구의 잘못인가?」는 범죄사건의 동기와 심리를 탐구하는 것을 주요 내용으로 삼아 탐정수사의 과정을 많이 묘사하였으므로 역시 탐정소설로 분류할 수 있다. 소설 속에서 마오쉬텅毛須藤이 사건 수사를 위해 연구 개발한 신식 과학 측정 기구를 여러 차례 소개하여 새로운 학문을 반영하는 역할을 하였다.

그렇다면 이 시기의 소설들은 어떠한 새로운 모습을 보여주었던 것인가? 웨이칭더가 1916년에 발표한 「누구의 잘못인가?」를 예로 들어 설명해보자. 먼저 「누구의 잘못인가?」의 머리말을 통해 이 소설

55 魏潤菴, 「飛加當」, 『台灣日日新報』 第6184號, 1917.9.14 참조.

의 창작이 법치 풍조의 영향을 받아 이루어졌음을 알 수 있다. 웨이칭더는 19세기 중반의 유럽을 고찰하였다. 당시 유럽은 이미 법치국가로 진화하였기 때문에 사회를 다스리는 원칙이 공정무사함을 추구하여 억울하게 죄를 뒤집어씌우거나 죄를 묵인하는 일이 없었다. 따라서 범죄 혐의를 조사하는 데 있어서도 모진 고문을 하는 폐해에서 벗어남으로써 헌정에서 명시한 자유에 부합하고 나아가 범죄자의 동기와 심리를 탐색하는 데도 힘썼다. 그러나 동시에 범죄자의 수법도 날로 새롭고 기이해져 범인을 체포하는 자들이 반드시 여러 방면으로 연구하고 고찰해야만 범죄자의 각종 행위를 이해할 수 있었다. 바로 이러한 배경하에 웨이칭더는 이 소설의 구상에 대해 다음과 같이 말하였다.

> 이 소설은 환상적이고 기이하다. 범죄자를 검거하려면 머리를 쥐어짜내야 하고 죄수를 잡으려면 노련한 관리의 수완을 다 동원해야 하며 그 결과는 항상 예상을 뛰어넘는다. 아깝다! 배우지 못하고 세심하지는 않으며 인내심도 없는 자로 하여금 그 일을 담당하게 하였으니 어찌 사건의 진상이 밝혀지는 날이 올 수 있겠는가? 이 작품은 제목을 「흑상기黑箱記」라고 해도 괜찮을 것이다. 그러나 '누구의 잘못인가?'라고 지은 것은 바로 범죄 동기가 다름을 밝히기 위한 것이다. 작자의 작은 의도가 이에 반영되어 있다.[56]

이 소설은 두 가지 방면에 주목하고 있다. 범인을 체포하는 자가 사건의 실마리를 잡아내기 위해 안간힘을 쓰는 것과 범죄자의 교활

---

56 『台灣日日新報』第5813號, 1916.9.4

하고 교묘함과 범행수법의 다양함을 함께 서술하였는데 이 둘이 서로 경쟁하게 만들어 줄거리의 변화가 파란만장하다. 소설의 내용도 이 두 가지 방향으로 전개되었다. 이야기는 영국인 루부蘆部 공작의 딸 '쑤이위안遂願'이 목걸이를 도난당하고 이로 인해 목숨을 잃는 것으로부터 시작된다. 범죄학자 마오쉬텅毛須藤이 초빙되어 최면 방법을 이용하여 용의자 거얼바葛爾八를 조사하게 되지만 거얼바는 호송 도중에 몰래 도주하고 만다. 이후 그는 계속해서 여러 건의 살인사건에 연루되는데 각종 과학 측정 기구를 사용한 경찰 측의 계속된 수사에 쫓기게 된다. 결국 연쇄 살인사건의 배후 조종자가 공작의 아우인 루부 박사로 밝혀진다. 진상이 밝혀진 뒤 "루부 박사는 만년필의 필촉으로 자신의 가슴을 찔렀다. 선혈이 뿜어져 나와 마치 파란색 잉크와 섞인 듯이 붉은색에서 자줏빛으로 바뀌었다. 박사는 이것이 만얼뚠蠻爾頓, Maretton배에 두었던 독이라고 말했다." 자살로써 이 기이한 사건은 마침내 해결된다. 그런데 루부 박사의 범죄 동기는 무엇인가? 이 소설은 다음과 같은 말로 결론을 맺고 있다.

> 지금 유럽의 학설은 정신은 문명화되어 있지만 육체는 야수인 반수半獸주의가 크게 번성하고 있다. 지금의 제1차 세계대전은 사람들을 수도 없이 죽이고 있으므로 정신상으로도 야수라고 할 수 있다. 루부 박사는 이학계의 권위자였으나 일단 유인원에게 물리면서 유인원의 야성을 가지게 되는 것을 면치 못하였으니 나머지는 미루어 짐작할 수 있다. 옛날 다윈達爾文은 원숭이가 인류의 조상이라고 하였다. 지금 개화된 여러 나라들이 입으로는 문명을 말하지만 마음속에서는 늘 유인원의 본성이 나타나고 있다. 최근 국내외에서 일어나는 여러 사건들과 남의 나라를 침략하는 데서도 볼 수 있는데 어찌 유독 루부 박사

> 한 명 뿐이겠는가? 하느님이 인자하다고 하였던가? 어째서 착한 사람은 쉽게 나쁜 일을 하게 만들고, 나쁜 사람은 잘못을 고쳐 선한 일을 하기 어렵게 하는 것인가. 세계가 개화할수록 전쟁의 재난은 더욱 거세지고, 루부 씨처럼 본래 박사이고 학식 있는 사람이 마침내 유인원의 수단을 행하게 되니 인류는 장차 어찌할 도리가 없는 것인가? 아! 이것이 누구의 잘못인가?

루부 박사는 야성을 지니고 있는 유인원에게 물려서 야수와 같은 행위를 하게 되고 이로 인해 여러 차례 범죄를 저지르게 된다. 위의 내용으로 볼 때 이 소설은 본래 인성의 근본을 고찰한 것이지만 또 한편으로는 이를 빌어 제1차 세계대전의 폭력성을 규탄하고 반수인半獸人인 루부 박사로 유럽의 개화된 국가들을 빗대어 말하고 있다. 동양과 서양이 힘을 겨루던 시대에 이 소설은 강렬한 풍자의 뜻을 담고 있다.

하나 덧붙이자면 앞에 인용한 웨이칭더의 머리말 말미에서 "작자의 작은 의도가 이에 반영되어 있다"라고 한 것을 보면 이 소설의 원작자가 웨이칭더 본인이 아니며 아마도 그가 번역한 작품인 듯하다. 그러나 이상의 작품은 사상적 주제와 내용의 구성 혹은 줄거리의 배치와 인물 심리, 표현 방식 등을 막론하고 모두 참신한 경지를 갖추고 있어 당시 독자들이나 창작자들에게 새로운 안목을 열어주었고 타이완 사람들의 시야를 한층 더 넓혀주었다.

과도기의 타이완 소설에서 최소한 다음과 같은 특징을 찾아 볼 수 있다. 『타이완문예총지』와 『타이완일일신보』에 실린 몇몇 작품들, 「치쿠젠 세이죠」, 「파경중원」, 「호분중랑」, 「정탄」, 「금룡사」, 「경국의 한」, 「내 잘못이야」 등을 보면 대개 여성을 주요 인물로 삼고 있다. 부녀자의 각기 다른 처지를 빌어 각종 사회 문제를 탐구하고 있는데, 여성 정절의 귀중함, 유신 사회 속 여성의 탐욕과 허영으로 인한 갈등, 여성의 결혼 자주권, 가정 속 여성의 처지 문제 등을 서술하고 있어 작가가 부녀자의 지위를 중시한 것을 알 수 있다.

『타이완일일신보』에 게재된 작품들은 대부분 연재소설이었으며 그중 많은 작품이 탐정소설이었다. 이러한 통속적인 작품은 분명하게 대중오락적 기능을 담당하고 있지만 동시에 대중을 계몽하고 독자를 교육하는 임무 또한 지니고 있었으며 그런 점에서 경시할 수 없는 진보적인 역할을 하였다.

5. 뒤늦게 시작된 타이완의 신문학

1895년 이후 몇몇 타이완 전통문인들은 새로운 국면에 적응하기 위하여 앞에서 서술한 바와 같이 사상과 문학의 혁신과 개량에 참여하였다. 이 때문에 전통문학의 흐름 속에는 '새로움'을 향해 매진하는 저류가 흐르고 있었다. 그런데 타이완 신문학의 맹아는 어째서 1920년 이후가 되어서야 구체화 되었던 것일까? 어째서 1924년 신구문학논쟁이 일어난 이후에야 성립하게 된 것일까? 일제시기의 타이완은 일본, 중국과 특수한 관계였기 때문에 중일 양국의 문학개량운동이 매스미디어나 기타 교류 경로를 통해 타이완에 지대한 영향을 주었을 것인데 타이완의 신문학은 왜 이토록 늦게 시작된 것일까? 타이완 사람들은 중일 양국에서 일어난 문학계의 변화를 알지 못했던 것인가? 1924년 11월 장워쥔은 「엉망진창인 타이완문학계糟糕的台灣文學界」에서 다음과 같이 언급하였다.

> 타이완처럼 작은 섬의 미성숙한 문학계는 스스로 혁신하는 것을 알지 못했을 뿐이다. 그러나 근래 몇 십년간 일본문학계의 맹렬한 포성과 최근 7, 8년간 중국문학계의 외침이 모두 그들 사이에 끼어있던 작은 섬 하나를 움직이지 못했다고 해서 타이완은 이미 감각이 마비되어 버렸다고 한다면 타이완이 너무도 가엾게 보이지 않겠는가![57]

장워쥔 스스로도 타이완이 중국과 일본 문학의 자극과 영향을 받아 문학의 창작 형태를 변화시켰어야 한다고 여기고 있었다. 그러면 실상은 어떠하였는가?

먼저 일본과 타이완의 관계를 살펴보자. 식민교육체제 속에서 교학 활동이나 교과서, 시장에서 판매하는 일본과 관련된 도서들은 타이완이 (일본)제국의 근대문학 작품이나 신문학 관념을 접할 기회를 제공하였고 신문학의 생존 공간을 조성했다. 신문이나 잡지와 같은 매체들은 당시 일본인들의 언문일치체 작품을 실었다. 예를 들면 1899년에는 '세이난세西南生'가 타이완에서 지리 조사를 하면서 느낀 바를 『타이완일일신보』에 발표하였고 1900년에는 칸신코오館森鴻가 이전에 중국 대륙을 여행하고 쓴 유기 작품인 「가볼 만한 산수模山範水」를 몇 달 동안 연재하였다. 사쿠라 타츠야마佐倉達山가 1910년에

57 張我軍, 「糟糕的台灣文學界」, 『台灣民報』 2卷 24號, 1924.11.21 참조. 張光正 編, 『張我軍全集』, 北京 : 台海, 2000, 6면에서 재인용.

발표한 「십오 년 전의 꿈十五年前の夢」 역시 비슷한 문체로 창작되었고, 『타이완문예총지』는 심지어 창간 첫 호에 '소쿠이시'가 역술한 「나쓰메 소세키전」을 실어서 일본 근대문학의 중요한 대가를 전문적으로 소개하였다. 이처럼 타이완 사람들은 메이지유신 이후의 일본 근대문학 단계를 이미 어느 정도 알고 있었다. 물론 타이완 사람들이 일본의 통치를 받게 된 후부터 일본어를 배웠기 때문에 일본의 근대문학을 본받는 것을 넘어 문학을 창작하는 것까지 나아가는 것은 결코 쉬운 일이 아니었다. 그렇지만 1920년대는 타이완이 이미 30여 년간 일본의 통치를 받은 시점인데 어째서 일본어로 창작된 신문학 작품이 드물었던 것일까?

중국 만청의 문학개량 사조는 타이완 사람들에게 분명 생소하지 않았을 것이다. 특히 1911년 문학개혁운동에서 가장 영향력이 있었던 량치차오梁啓超가 타이완에 왔기 때문에 문학혁명을 추진했던 그의 사적을 전파하는데 더욱 유리했을 것이다. 앞에서 거론한 『타이완문예총지』에서는 만청 문단의 대가 황쭌셴과 추펑자의 시가 작품을 대량 게재하기도 하였다. 신중국의 백화문운동에 관해서는 1920년 7월부터 천신, 황차오친, 천돤밍, 황청충黃呈聰 등이 잇달아 백화문 사용을 고취하는 논의를 발표하여 타이완 사람들도 이미 그것을 알고 있었다. 그러나 그 이전의 신문지상에서도 간혹 소개의 글이 있었는데, '서우지오守舊'가 1920년 4월 4일에 쓴 「사장계의 악화詞章界之惡化」는 당시 중국 문단의 표현에 대해서 다음과 같이 설명하고 있다.

> 중국 사장계의 논법은 그 묘처를 한 글자도 덧붙이거나 뺄 수 없는 경지에 이르렀다. 아! 의심할 여지가 없도다! 근래의 선비들은 지엽적인 학문末學을

추구하고 실리에 급급하게 되어 사장을 하는 데 있어 전심을 다하는 자가 줄어들고 날로 졸렬한 데로 흐르고 있다. 요즘 중국의 문화를 보면 그 운동의 새로운 조류가 여러 가지인데, 하나는 서양의 문자를 직역한 것이고, 두 번째는 로마자를 혼용하자고 주장하는 것이며, 세 번째는 새로운 글자를 만들자는 것이고, 네 번째는 백화자의 사용을 주장하는 것이다.[58]

이 문장에서 알 수 있듯이, 중국 사장계의 새로운 조류에 대해 충분히 파악하고 문자 개혁의 네 가지 방안을 명확히 제시하였다.

따라서 지금까지 서술한 내용을 종합해보면, 1895년부터 1924년까지의 타이완은 이미 일본과 중국의 문학개량운동 및 창작실천에 관한 개황을 듣거나 접해본 적이 있었는데, 어째서 타이완 신문학의 첫걸음이 이처럼 늦어지게 된 것일까? 또한 구문학계의 한 차례 문학개량활동이 있은 이후에도 어째서 일본이나 중국의 신문학 관념 및 창작성과를 신속히 받아들여 신문학이 하나의 풍조를 이루지 못했던 것일까?

1923년에 차오진超今(황자오친인 듯하다)이란 필명의 작가가 『백화한문보白話漢文報』 일로 덴 켄지로田健治郎 총독을 방문하여 다음과 같은 대답을 얻었다.

국민들에게 지식을 보급하고 문화를 계몽하고자 한다면 그것은 실로 좋은 생각이다. 나도 지금 상하이와 샤먼 등 중국 각지의 신문을 사서 그들의 최근 논설에서 모두 백화를 사용한 것을 보았으니, 이전에 비해 크게 진보했다고

58 守舊, 「詞章界之悪化」, 『台灣日日新報』 第7117號, 1920.4.4 참조.

할 수 있다. 백성들의 지식을 계발하려면 이러한 방법을 사용하는 것이 좋다. 예전에 나는 타이완 한학자들에게 당신들은 어째서 중국에서 현재 유행하는 것과 같은 백화를 쓰지 않느냐고 물은 적이 있다. 그들은 중국은 땅이 너무 커서 각 지역마다 사투리가 있기 때문에 그들이 쓴 것을 우리도 알아보지 못하며 우리가 쓴 것을 그들도 이해하기 어렵다고 대답하였다. 이 말도 일리가 있으니 내가 평소에 『수호전』을 즐겨보는데 『수호전』과 같은 백화는 나도 이해할 수가 있지만 만약 사투리를 쓴다면 내가 이해할 수 없게 될 것이다![59]

이 인터뷰 원고를 통해 당시 일본 관방은 타이완이 중국의 백화문을 사용하는 것을 막지 않았으며 백화문 사용을 방해한 것은 도리어 타이완 전통문인들이었음을 알 수 있다. 그들이 반대했던 이유는 백화문이 중국의 사투리를 언어 기초로 삼았기 때문에 타이완 사람들이 알아들을 수 없고 문자로 기록된 뒤에도 알아볼 수가 없었기 때문이다. 그러고 보면 타이완 신문학이 늦어지게 된 요인은 문제의 관건이 여전히 전통문인들에 있는 것 같다.

그러나 앞서 서술한 논점으로 돌아가 보면 전통문인은 시대의 새로운 국면을 맞이하여 문학개량운동과 새로운 제목, 새로운 사상을 담은 창작을 하였다고 하는데 이러한 새로운 변화를 추구하는 동력이 어째서 구문인들로 하여금 용감하게 신문학의 도래를 맞이하거나 신문학의 전범을 받아들이도록 하지 못했던 것일까? 백화문이라는 기초적 언어의 문제가 보편적 인정을 얻기 어려웠던 것 외에 여전히 다른 이유들이 있었던 것이 아닐까?

59 超今, 「田總督訪問記」, 『台灣民報』 第1號, 1923.4.15, 12면 참조.

일제강점 초기의 타이완 문단을 보면 비록 당시 일본은 이미 근대문학의 궤도에 발을 들여놓았지만 타이완에 와서 식민 통치 업무를 하던 일본 관리는 오히려 대부분 한학적 배경을 가지고 있고 한시를 잘 쓰던 자들이었다. 통치정책을 고려하여 일본은 결코 경솔하게 제국의 근대문학을 타이완에 끌어와 소개하지 않았고 일부러 한문과 한시를 계속 사용하여 타이완 사람들과 교류하였다. 이러한 상황은 오히려 타이완 전통 한문학의 발전이 중도에 그치지 않게 하여 일본어 글쓰기가 빠르게 형성될 가능성을 간접적으로 억제하였다. 아울러 1924년에 일어난 신구문학논쟁은 단지 일본어 신문학이 끼어들지 못하게 하는 데에 영향을 주었다. 타이완 사람들은 한시가 없어지지 않아야 문화전통이 계속 이어질 수 있고 또 일본 야마토문화 / 문학과 거리가 생겨 동화되지 않을 수 있다고 생각했으니 이것이 그들이 기대할 수 있는 가장 좋은 결과였던 것이다.

1896년 이후 일본 관원들은 자주 한시를 매개로 관료와 명사들의 모임이나 시 모집 교류徵詩交流 등의 활동을 전개했다. 미즈노 준水野遵, 도이 코고쿠土居香國, 가토 시게토加藤重任, 쿠로에 코오黑江蛟는 용산사龍山寺에서 '관월아회觀月雅會'를 열었다. 제4대 총독 코다마 겐타로는 1899년 '남채원南菜園'에서 시인들을 초청해 잔치를 열었고, 1905년 민정장관 고토 신페이後藤新平의 관저 '조송각蔦松閣'이 낙성되자 시를 모집하여 타이완 사람들과 함께 읊는 행사가 열렸다. 1921년에 덴 켄지로 총독은 타이완 시인들과 차를 마시며 시를 짓고 그것을 모아 출판하기도 하였다. 이러한 일본인들의 행보는 할양 시기 타이완에 한문학의 존멸에 대한 전통문인들의 우려를 풀어주었다. 뿐만 아니라 그 후에도 일본인들의 조치로 인해 한시의 지위가 더욱 확고해지고 구문인들이 사회에서 향유했던 영예로운 신분과 타이완 문단에서 구문학이 차지하는 지위가 더욱 공고해졌다. 이렇게 함으로써 구문학에 지속적이고 안정적인 성장의 공간과 구조를 제공하였음은 의심할 여지가 없다.[60] 일본인 통치하의 사회에서 구문학의 지위를 유지하는 방법을 모색하는 것은 은연중 문학 전통의 옹호, 문화 명맥의 연장, 국가와 민족의 승인 견지, 사회 지위의 확립 등의 다중적인 의미를 내포하게 되었다.

이와 같이 타이완에 왔던 일본 관원이나 문인들이 한시 / 한문을 문단교류의 주요 매개체로 삼았기 때문에 타이완은 일본 통치 초기에 과거의 구문학 위주의 문학사회를 확립하였다. 따라서 1895년부터 1924년 사이에 타이완 사람들이 일찍이 제기 또는 실천하였던 문학개량활동은 그 개혁의 주체가 여전히 구문학을 사고의 중심으로 두는 데서 벗어나지 못하였다. 또한 모든 개혁이 신문학의 태동을 촉진하는 작용을 가지고 있기는 하였지만 당시 개혁을 시행하는 자들의 사유는 대체로 구문학에서 발생하고 있었던 것이다. 그러므로 타이완 과도기의 문학개량운동은 본질상 구문학에 그 뿌리를 두고 있어 개화의 결과도 필연적으로 구문학 자체에 종속되고 어떠한 '형태 변화'나 '질적 변화'도 구문학의 전범에서 벗어나지 못하게 되었다.

따라서 이 시기에 설령 문학 관념이나 창작에 대한 태도가 점점 신문학으로 나아가고 신문학의 도래에 유리한 상황이 되었더라도 현실세계에서 여러 구문인들이 신문학의 전범을 보는 시각은 여전히

60 이상에서 서술한 바는 일본인들이 타이완 사람들과 漢詩로 소통하고 교류하였던 상황과 그 배후의 문화 / 문학적 의의와 관계가 있다. 졸고, 「日治時代台灣詩社林立的社會考察」, 『台灣風物』 47卷 3期, 1997, 43~88면 참조.

'이질적인 것'(서양문학에 가까우며 타이완 본래의 문학전통을 내포하지 않는 산물)이었으며 심지어는 도무지 맞지가 않았다. 그런 까닭에 1895년부터 1924년 사이에 구문학이 시도한 개혁의 변화는 전통문학으로 하여금 신문학으로 향하는 움직임을 만들어 내었지만 그 내재적인 면에서는 동시에 이후 신문학을 반대하고 배척하게 되는 필연적 인자를 가지게 되어 일단 신문학이 출현하면서 둘 사이에 대립이 발생하는 것을 피할 수 없게 되었다.

이처럼 구문인 / 구문학 내부에 '새로운 것을 맞이하면서도迎新' '새로운 것을 반대抗新'하는 모순적인 문학구조가 잠재되어 있었다. 또한 당시의 외재적 환경인 사회 분위기 역시 구문인 / 구문학으로 하여금 더욱 더 위협을 느끼게 하였다. 새로운 시대하에 새로운 학문이 흥성하여 한문학을 위주로 하는 한학의 부진을 초래하였기 때문이다. 서세동점으로 서양의 문화가 빠르게 전해져 고유의 인륜도덕에 영향을 주고 전통문화의 근본을 뒤흔들었으므로 많은 전통문인들이 한학의 앞날을 근심하고 걱정하였다. 게다가 '신문학'이 새로운 학문 및 서양 문화와 서로 긴밀하게 의지하는 관계였기 때문에 구문인들이 신문학을 대할 때 의심하고 우려하게 만들었고 곧 충돌을 일으키게 되었다.

따라서 1895년부터 1924년 동안에 타이완 전통문인들이 진행했던 문학개량과 혁신활동에는 그들이 신문학을 수용하여 그것으로 문학적 실천을 추구할 수 있는 가능성이 담겨 있기도 했지만 동시에 구문학의 본위를 수호해야만 하는 필연적 메커니즘이 들어 있기도 했다. '새로운 것을 받아들이는 세력迎新'과 '옛 것을 고수하는 세력守舊'이 줄다리기하고 충돌하는 이러한 긴장관계는 타이완 신문학이 싹트고

튼튼해지는 데 영향을 주었다. 이 때문에 1924년 장워쥔이 신구문학 논쟁에 불을 지피고 구문학을 향해 힘껏 비난과 공격을 퍼부은 후에야 비로소 구문학계 속에서 신문학을 향해 접근하는 잠재적 역량이 재차 소환 또는 응집하게 되었고 신문학에 찬동하는 신세대의 소리를 얻게 되었다. 나아가 '신문학'을 탄생시키는 거센 생명의 흐름을 모아 앞을 향해 세차게 쏟아내기를 그치지 않음으로써 비로소 신문학 시대가 진정으로 도래하였음을 선포하게 되었다. 일단 신문학의 창작 환경이 정착되고 한문 신문학을 계승하게 되자 그다지 환영을 받지 못했던 일본어 신문학도 1930년대 이후에는 더 많은 주목을 받아 점점 빛을 발하게 되었다.

6. 나가며

이 글은 '신구문학의 대립'이라는 타이완문학사관을 돌아보고, 이러한 문제의식의 기초 위에서 한 걸음 더 나아가 타이완 구문학과 신문학 사이의 변증관계를 탐구해보고자 하였다. 필경 문학의 발전은 전통의 생기와 자양분이 있어야 하는 것인가, 아니면 반드시 전통과의 단절을 거쳐야만 비로소 실현 가능성을 얻게 되는 것인가? 만약 전통 문학이 신문학의 양분이 될 수 있다면 어째서 신구문학 사이에 대립과 충돌이 일어나게 되는 것인가?

탐색 과정에서 필자는 이제껏 타이완 신문학의 흥기를 언급할 때

거의 주목하지 않았던 구문인 / 구문학이 새로운 시대가 도래하였을 때 시도하였던 변화와 혁신의 과정을 발굴하였다. 전통문인들의 소설과 희곡의 교화기능에 대한 관심이나 시계詩界 개혁의 진행, 또는 산문 문장의 통속화 제의 등은 사실 구문인들에게 이미 문학을 보는 '새로운 안목'이 생겨났음을 보여준다. 이 당시 구문인들은 전통문학을 대할 때 확실히 이전과는 다른 새로운 감정적 의도와 자각적 태도를 가지고 있었다. 이러한 태도가 창작 과정 속에 내면화되면서 새로운 문학 형태를 구조화하는데 기여했다.

하지만 현실 환경에서는 사회, 정치, 문화 등 여러 가지 요소의 통제로 인해 전통문학이 그 주류적 지위를 공고히 할 필요도 있었다. 그렇기 때문에 일단 신문학의 출현에 직면하면 문학의 생태 환경이 크게 변화할 것에 대한 우려가 생겨 둘 사이에 대립과 긴장 관계가 형성되고 원래 있었던 연계 관계도 중단된다. '유신'의 문학 진행과정이 마침내 '수구'라는 외투에 가려진 것처럼 보이게 되는 것이다. 이러한 과도기의 문학 역사는 확실히 파란과 기복이 있고 대화의 긴장감이 충만하므로 그것이 가진 문학적 의미를 더욱 자세히 따져볼 만한 가치가 있다.

본고에서는 과도기 구문학의 개혁과정을 검토하면서 그 가장 중요한 동력이 바로 시대 변화에서 비롯되었음을 지적하였다. 그러므로 이러한 혁신과정을 타이완 전통문인들이 '근대성'을 추구하는 면모의 축소판으로 볼 수 있다. 타이완 구문인이 세계와 접했을 때의 심경과 처지를 통해 여러 구문인들이 서양의 물질문명에 깊이 매료되었고 서세동점의 과정에서 점점 신학과 서학, 구학과 한학 중 어느 한 쪽도 버려서는 안 된다는 것을 깨닫게 되었음을 알 수 있었다. 그러나 서양의 정신문명이 전통문화의 핵심에 침투한 이후 타이완 사회의 윤리 관계는 붕괴되고 고유한 도덕이 상실되게 되었고 문화가치의 방향에 위기가 출현하였다. 이때 몇몇 구문인들은 '전통의 재구성'을 선택하여 서양문화를 비판하거나 전통에 새로운 의미를 부여하는 방식으로 동양문화를 수호하기 위한 목소리를 내었다. 이것이 전통문인들이 근대사회를 맞이하면서 보여준 다양한 모습이다.

타이완어 문학 전파의 이데올로기 구축*

일제 통치시기 타이완 백화문운동의 문학 전파 전략

린치양林淇瀁

1. 들어가며－식민지의 정체성 혼동

타이완 신문학의 발전과 1917년의 중국 신문학운동은 모두 19세기 말엽의 국제적 상황과 내부 사회변화의 영향을 받았다. 뿐만 아니라 유럽에서 새로 일어난 사조들과 민족자결운동의 영향으로, 문학을 통해 '정체되어 있던 구전통의 근본을 새로운 문화로 대체하려는' 신문화운동이 전개되었다.[1] 중국의 신문학운동과 타이완의 신문학운동의 발생은 다소 시기 차이가 있지만, 야기된 효과는 대략 비슷했다. 저우처쭝周策縱은 중국의 5・4운동을 다음과 같이 설명하고 있다.

---

* 이 글은 진혜정이 번역하였다.

1 周策縱, 『五四與中國』, 台北 : 時報, 1979, 172면에서 중국의 5・4운동의 발생과 전개에 관하여 심도 있는 분석을 하였으므로 자세한 내용은 이 책을 참조.

'5·4'의 성과는 이데올로기 변화에 있었다. 전통적인 정치구조와 농업경제가 새로운 공·상업으로 대체되면서 신사紳士와 지주 및 관료들은 더 이상 그들의 혁혁한 지위를 회복할 수 없게 되었다. 비록 수많은 지식인들도 이들과 같은 출신이었지만, 공·상업의 지지하에서 그들 역시 새로운 기원을 위해 한마음으로 협력하여 분투했다. 이러한 변화는 실로 놀라웠다. 전통적인 모든 것들이 동요되고 심지어는 모두 사라져 더 이상 남은 것이 없었다. 이 새로운 변화는 이제 막 꽃을 피우고 있었으며 문인들의 포부와 시야 역시 점점 넓어졌다.[2]

이러한 특징은 1920년에 시작된 타이완 신문화운동에도 마찬가지로 적용된다.

또 하나의 공통점은 양자 모두 '계몽운동이 지닌 최대의 과제'와 직면했다는 점이다. 예스타오葉石濤의 말을 예로 들면 "그것은 구시대의 어문을 개혁하고 구어화된 백화문을 채용함으로써 대중들이 배우고 쓰기에 쉬운 백화문을 통해 세계의 신사조를 받아들이고 흡수해서 민족정신을 발양하게 하는 것이었다."[3] 다시 말해 이러한 두 개 문학 / 문화운동과 그것의 전파에 있어 문자의 혁명은 우선적으로 해결해야 할 과제였다. 또한 백화문운동을 통해 신문학이 전파되어야만 대중의 이데올로기를 변화시키고 이후 신문학 / 신문화의 발전에 영향을 미칠 수 있었다.

그러나 20세기 초기의 타이완은 일본의 통치를 받고 있었다. 일본 치하의 신민이었던 타이완 지식인들은 중국 지식인들에 비해 기이하고 모순된 정치적 곤경에 처해있었다. 그들은 일본의 식민통치를

2 위의 책, 231면.

3 葉石濤, 『台灣文學史綱』, 高雄 : 文學界, 1987, 21면.

받으며 정치적으로 일본 국민에 속해있었다. 하지만 그들은 중국에 대한 강렬한 '조국의식'을 지니고 있었으며 민족동질성의 측면에서 조국의 품으로 돌아가기를 희망했다. 그러나 또한 그들은 타이완사회에 절실했던 민족해방문제에 직면할 수밖에 없었다.[4] 타이완사회를 개혁하고 민간인들을 계몽하여 타이완의 자주성을 쟁취하고자 하였던 것이다. 이러한 세 가지의 문제들로 인해 타이완인은 정체성의 혼란을 겪고 있었다. 그리하여 타이완 신문학운동 과정에 상호 모순되는 이데올로기가 구성되어 이후 수많은 논쟁을 불러 일으켰다.

가장 두드러지는 예가 바로 타이완 백화문운동의 전개와 논쟁 그리고 종식이다. 그중 언어문자개혁에서 시작된 문학의 전파 과정을 분석하고 향토문학논쟁에서 드러나는 '타이완화문話文' 담론을 정리함으로써 1930년대에 시작되어 현재에 이르는 타이완 주체론이라는 이데올로기의 구축 과정을 밝혀낼 수 있을 것이다.

2. 언어·문학의 전파와 이데올로기에 관하여

언어는 인류의 생활에서 결정적인 작용을 한다. 언어학자 사피어Sapir와 그의 제자 워프Whorf는 우리의 사고과정 및 우리가 보는 세계

4 롄원칭은 "타이완 신문화운동의 기본 사상은 타이완인들의 반일적 민족자결 및 민족주의 사상이었다. 종합해서 말하자면 머리끝부터 발끝까지 타이완 신문화운동은 민족해방의 정치운동과 병존하고 있었으며, 상호 간에 분리해낼 수 없을 정도의 밀접한 관계를 가지고 있었다"고 말했다.

가 모두 언어와 문화구조에 의해 만들어진 것이라고 지적했다.[5] 때문에 언어가 표현하는 의미와 반응 및 그것이 재현해내는 이데올로기는 또한 문화의 형식과 내용을 정의한다. 대부분의 문학혁명이 문학 언어의 전복에서 시작되어 사회문화의 변화를 이끌어내는 것을 볼 때 이러한 관점은 분명 근거가 있다고 할 수 있다. 일본 통치기 타이완 신문학의 발전을 보더라도 형식적・내용적 언어혁명의 거센 움직임 속에서 '재현'의 이데올로기를 찾아낼 수 있다.

여기서 분명히 해야 할 것은 '재현representation'이 우리가 알고 있는 '반영'과 다르다는 점이다. 재현은 '구조화와 형상화, 선택과 드러냄의 적극적인 운용을 의미한다. 그것은 단순히 기존 의미를 전송하는 것이 아니라 사물의 의미를 생산하는 적극적인 노동이다. 다시 말해 그것은 의미의 실천과 생산, 즉 '의미화 실천signifying practice'을 말한다.'[6] 이데올로기는 이러한 재현과정과 언어기호의 전파과정을 통해 더 잘 드러나게 된다. 기호학의 거장인 볼로시노프는 '현실의 굴절refract은 모든 이데올로기의 기호 속에 존재하고 있으며 서로 다른 사회이익의 추구라는 엇갈림 속에서 결정되는 것'이라고 지적한 바 있다.[7]

언어는 사회이익을 굴절시킬 수 있다. 때문에 하버마스Juergen Habermas가 말한 것처럼 언어의 실천은 인간을 권력의 속박에서 벗어날 수 있게 해준다. 하버마스는 사회가 일work・상호작용interaction・권력power이라는 세 가지 이익으로 결합된 복합체라고 여겼다. 이 세 가지 이익은 각

5 Littlejohn, *Theories of Human Communication*, 3rd ed., CA : Wadsworth, 1989, p.130; Hall, "The Rediscover of Ideology-Return of the Repressed in Media Studies", in Gurevitch M. et al(eds), *Culture, Society and the Media,* New York : Routledge, 1990, p.66.

6 Hall, ibid., p.64.

7 Volosinov, *Marxism and the Philosophy of Language*, New York : Seminar Press, 1973, p.23.

각 '기술이익technical interest', '실제이익practical interest', '해방이익emancipatory'으로도 부를 수 있다. 사람들은 이익에 따라 권력의 억압으로부터 도망치려고 한다. 이때 언어가 '해방이익'의 도구 역할을 담당한다. 이러한 언어는 우선 청자를 설득시킬 수 있어야 하고 다음으로 청자가 적합한 때에 언술을 정리해서 이해할 수 있어야 한다.[8] 하버마스의 개념을 타이완 신문학논쟁에 적용하여 관찰한다면 장워쥔張我軍이 어째서 당시 구문학에 선전포고를 했으며 어째서 타이완화문논쟁이 곧이어 발생했는지 이해할 수 있다. 이는 문학논쟁이 언어사용의 문제를 넘어 해방이익의 측면에서 고려되었다는 점을 시사한다. 다시 말해서 신문학 언어는 타이완 지식인들이 중국의 구문화와 일본의 신문화라는 권력적 억압에서 벗어나 타이완의 신문화를 만들어내기 위해 필요한 전파 전략이기도 했던 것이다.

언어는 문화의 표현이며 문화는 다시 사회단체 · 계급의 생활방식과 가치관의 재현에서 비롯된다. 때문에 언어실천은 이데올로기의 작동을 담아내야 한다. 알튀세는 이데올로기가 생활에서 제공되는 모든 재현구조와 담론을 통해 인간이 '자신과 실제상황 사이의 상상적 관계' 안에서 생활하도록 한다고 여겼다. 하지만 그는 이데올로기가 상상만이 아니라 '진정한' 혹은 '실질적'인 것이라고 생각했다. 왜냐하면 이데올로기는 실천의 결과에 영향을 미칠 수 있기 때문이다.[9] 문화연구자인 스튜어트 홀은 언어란 특정한 의미를 생산해 내는 중개물이기에 '의미작용signification' 역시 권력투쟁의 장이라는 점을 강조했다.[10]

---

8 Littlejohn, op. cit., pp.145～147.

9 Althsser, *For Marx*, London : Allen Lane, 1969, p.233

의미작용은 진실하고도 강대한 사회력이다. 그것은 논쟁적이고 충돌적인 사회문제에 개입하여 최후의 결과에 영향을 미치려고 한다. 사건에서 의미작용은 투쟁의 장의 일부분이다. 집단적인 이해를 통해 만들어지기 때문에 사회적으로 인정되는 어떤 결과를 효과적으로 동원할 수 있다. 이런 점에서 이데올로기는 일종의 '물질적 힘'이 될 뿐 아니라 그것이 도달한 효과의 '진실' 속에서 진실함을 가진다. 동시에 그것은 하나의 투쟁의 장(상호 경쟁이라는 정의에서)이자 투쟁의 전리품이다.

일본 통치기 타이완 문화계몽론자들이 직면했던 일본의 '동화정책'과 그에 대한 언어적·이념적 투쟁 중에서[11] 백화문운동은 그러한 '의미작용의 정치학'을 구체화한 것으로 볼 수 있다. 타이완의 신문학가들은 백화문운동을 통해 구사회의 구식 중국문화에 대한 투쟁을 시도하면서, 대중언어(타이완 어문)에 의한 지식인 언어(일본 어문, 중국 어문)와의 투쟁도 시도하였다. 타이완 작가들은 타이완 어문을 사용하여 문학을 전파하고 타이완 신문화라는 이데올로기적 구조를 확립하고자 했다. 이러한 전략은 또한 당시 타이완문학가들이 '언어를 정치적 정체성 획득과 항쟁의 기호로 발전시키고' '족군族群의 존재와 행위, 지식의 핵심을 분명히 드러내어'[12] 그람시가 말한 '문화적 헤게모니cultural hegemony' — 문화적 지도권을 통해서 영향력을 가지는 전제계급 연맹 혹은 통치자 — 에 대항하는 데 애썼음을 보여준다.

일본 통치기의 타이완은 두 가지의 '문화적 헤게모니'에 직면하고

---

10 Hall, op. cit.

11 이에 관한 내용은 林淇瀁, 「日治時期台灣啓蒙論述的反挫－『台灣新民報』系的同化主義表意」, 『書寫與拼圖－台灣文學傳播現象研究』, 台北 : 麥田出版社, 2001, 97～122면 참고.

12 黃宣範, 『語言, 社會與族群意識』, 台北 : 文鶴, 1993, 175면.

있었다. 가장 직접적인 것은 물론 일본 통치자로, 총독부는 교육과 미디어의 통제에 의한 합법적이고 정당한 문화적 지도권을 쥐고 있었다. 다른 하나는 잘 드러나지 않지만 종족 정체성에서 비롯된 문화적 패권인 중국문화였다. 당시의 타이완에는 구문학 전통을 통해 중국문화가 지식인 계급 전반에 스며들어 있었다.

3. 신화의 재해석—타이완 신문학 담론의 기초

타이완은 1895년 일본의 식민지가 되었다. 1915년까지 약 20년간 타이완인들은 무력항쟁으로 일본에 저항했으며 시라이안西來庵사건이 일본군에 진압되면서 '무장항일'이 끝나고 '비무장항일'의 단계에 접어들었다. 그러나 어느 단계이든 타이완인들의 저항은 "기본적으로 반일민족의식에 바탕을 둔 민족자주를 목표"로 하고 있었다.[13]

표면적으로 볼 때 타이완인들이 일본의 통치를 받기 전 이미 중국정부(청나라)의 통치를 212년간(1683~1895) 받은 것은 분명한 사실이다. 한족의 대량 이주로 인해 한족 위주의 사회가 형성되었으며 한족의 문화가 모든 사회구조 속에서 굳건한 이데올로기적 재현 효과를 지니고 있었다. 많은 중국 문인들이 거쳐 가면서 타이완에 중국의 전통 구문학이 이식되고 언어문자를 통해 구축한 한족 문화의 의미작

13 王詩琅, 『日本殖民地體制下的台灣』, 台北 : 衆文, 1980, 66~68면.

용 시스템이 형성되었다. 민족 혈연관계와 문화기호의 전승으로 타이완인들은 당연히 이민족인 일본의 통치를 받아들일 수 없었으며 일본의 국가 메커니즘에 대항했다.

그러나 좀 더 깊이 들여다보면 청나라로부터 통치를 받기 이전 타이완에 '국가'의 개념이 없었다는 점을 간과할 수 없다. 원주민(가오사족高砂族, 산간지역 원주민) 및 핑푸족平埔族(평야지대에 살던 원주민 및 초기 정착민)은 이 섬의 최초의 주인이었다. 이후 한족이 이주해 와서 타이완을 개간하였고 네덜란드와 스페인이 타이완을 점령하였다. 청나라 통치기까지 타이완에 이주해온 한족은 대부분 '살길이 없어 동도東都(당시 타이완을 지칭)로 가려고 생각'한[14] 유민이었다. 이 점에서 "청조 시대의 역사는 이주자들이 어떻게 청나라의 격리정책에 반항하면서 다른 한편으로 자신들의 힘을 확대시켰는지를 보여준다."[15] 이러한 역사적 맥락에서 보면 타이완은 정치와 경제적 이익에서 모두 중국과 충돌하였음을 알 수 있다.

지리적 요소 및 사회구조와 언어의 변화발전 면에서 보자면 '깊은 해구烏水溝'로 이루어진 타이완해협과 여름철의 태풍은 타이완과 중국대륙의 소통을 가로막았다. 때문에 갖은 고생을 겪으며 타이완에 온 한족 이주민들은 다시 돌아가지 않고 타이완에 뿌리내리고 살게 되었다. 이로 인해 '중국과 다른 습속'[16]을 가진 사회구조와 생활권이

14 청 도광道光 년간에 복건성에서 발행한 『歌仔冊』에 「勸人莫過台灣歌」가 수록되어 당시 타이완에 건너간 한족들의 비애를 그리고 있다. "살길이 없어 동도로 가고자 했네. 바닷가에 이르러 몰래 넘어갔네. 배가 작은 건 괜찮다네. 생사는 하늘에 맡기니. 마른 곡식과 고구마, 야채 말린 것을 실었네. 열 명이 배에 올랐는데 아홉 명이 구토를 하네. 바닷물로 입을 헹구고 뱃사공은 화를 내었네. 하늘의 도움으로 가까스로 동도에 이르렀네." 이 글에서 타이완으로 건너온 한족들의 중국 사회를 버리고 떠나온 심정을 알 수 있다. 王育德, 『台灣－苦悶的歷史』, 東京 : 台灣青年社, 1984, 72～73면을 참고.

15 위의 책, 70면.

형성되었다. 그리고 복건성과 광동성 출신 이주민들이 타이완에 정착한 후 '민남어도 광동어도 아닌' '타이완어'가 형성되어[17] 타이완어에 중국 민남어의 '해양어' 특색이 나타났다.[18]

이처럼 종족적으로는 한족이 주류가 되고 언어는 '타이완어'를 쓰는 타이완사회는 사실상 사피어와 워프가 말한 '언어의 문화구조'를 만들어 냈다. 이것이 타이완적인 이데올로기를 재생산하고 타이완 문화의 형식과 내용을 결정지었다. 타이완 백화문운동은 이러한 구조 위에서 출현한 것이다. 타이완 신문학혁명 역시 이러한 조건과 배경 위에서 불붙은 것으로 단순히 민족주의에 의해서만 촉발된 것이 아니다. 이러한 기초 위에서 우리는 타이완신문학운동과 중국 5・4 운동 간의 표면적으로는 유사하지만 사실상은 상이한 본질적 차이를 이해할 수 있다.

일반적으로 타이완 신문학의 출발점으로 여겨지는 장워쥔의 「5・4신문학의 불씨를 뿌려라撒播五四新文學火種」[19]를 살펴보자. 1924년 4월 21일, 베이징에서 공부하던 장워쥔은 도쿄에서 발간한 『타이완민보』에 「타이완 청년에게 보내는 편지致台灣青年的一封信」를 발표하였

16 우즈광吳子光은 자신의 『一肚皮集』에서 "민남과 광동에는 각각의 풍속이 있는데 타이완에 이주하여 생활한 이후에 또 다른 풍속을 만들어 냈다"라고 말했는데 바로 이것을 일컫는 말이다. 위의 책, 95면에서 인용.

17 許極燉, 『台灣話文流浪記』, 台北 : 台灣語文研究發展基金會, 1988, 68~69면.

18 鄭良偉, 『演變中的台灣社會語文』, 台北 : 自立晚報,1990, 84~87면.

19 秦賢次는 「台灣新文學的奠基者張我軍」, 1993, 40면에서 장워쥔이 '타이완문학과 대륙문학의 불가분의 혈연관계를 지적하고 있다'고 강조하고 있다. 이와 유사한 시각은 타이완문학사를 연구하는 중국학자들의 글에서 많이 보인다. 예를 들면 리우덩한劉登翰 등이 편집한 『台灣文學史』, 福州 : 海峽文藝, 1991, 396면에서는 장워쥔을 '조국의 신문학운동의 궤적을 지침으로, '신문학의 전당'을 추진하여 중요한 선구자가 되었다'라고 말한다. 또한 바이사오판白少帆 등이 편집한 『現代台灣文學史』, 瀋陽 : 遼寧大學, 1987, 76면에서도 "조국 대륙의 반제반봉건의 '5・4' 신문화운동 정신과 연관이 있다", "타이완 신문학발전에서 언어적 측면의 기치를 수립하고 중화민국의 존엄성을 보호했다"라고 언급하는 등 이와 유사한 관점들이 많다.

다. 이 글에서 그는 타이완청년들에게 '사회를 개혁'하는데 있어 마르크스의 '계급투쟁'을 모범으로 삼아야[20] 하며 "매일같이 겉모양만 그럴싸한 시를 지어 시와 운문의 노예가 되거나 팔고문八股文 따위를 논하며 선인들의 구린내를 끌어안고 있지"말 것을 호소했다. 그 해 11월 21일, 같은 잡지에 「엉망진창인 타이완문학계糟糕的台灣文學界」를 발표하여 타이완의 중국 구문학을 '무덤속의 해골'이라 맹렬히 비판하였다. 그는 타이완청년들이 '일본문학의 맹렬한 포성과 7, 8년 사이 중국 신문학계 전사들의 포효 소리' 등을 사표로 삼아 '진부하고 위축된 문학계를 일신하기'를 희망했다. 다음 해 1월 1일, 장워쥔은 또다시 구문학계를 뒤흔든 「힘을 합쳐 시든 풀더미 속의 낡은 전당을 부수자請合力拆下這座敗草欉中的破舊殿堂」라는 제목의 글을 발표한다. 여기에서 그는 '중국 구문학의 죄악의 씨앗이 시든 풀더미 속의 낡아빠진 작은 사당을 암암리에 남겨두고는 구차한 목숨을 부지하고 있다'고 비판했다. 동시에 후스胡適의 '팔불주의八不主義'와 천두슈陳獨秀의 '삼대주의三大主義'를 글의 결론으로 삼았다.

장워쥔이 1924년에 발표한 이 세 편의 문장을 통해 당시 그의 생각을 정리할 수 있다. 그는 타이완청년들이 중국과 일본 양국의 문학계를 본받아 타이완에서 '구문학의 씨앗'을 제거하고 타이완의 신문학을 창조해 내기를 희망했다. 장워쥔은 이것이 마르크스주의와 부합하는 사회변혁의 이데올로기 투쟁이라고 생각했다. 여기서 장워쥔이

20 장워쥔이 당시에 사회주의 신봉자였음에 주목하는 사람들은 매우 드물다. 이 글에서 그의 이데올로기를 드러낸 것 이외에도 1925년에 '타이완 프롤레타리아 청년'이라고 스스로 이름 지은 '타이베이청년독서회'에 가입한 바 있으며 그 이후 타이완화문을 고취했던 『伍人報』의 주요 인물인 왕완더王萬得(타이완공산당)와 함께 독서회의 위원으로 선발되었다. 台灣總督府, 『台灣總督府警察沿革誌, 第二篇－領台以後の治安狀況』, 中卷 『台灣社會運動史』, 台北 : 台灣統督部警務局, 1939, 883면.

'신문학'을 언어 투쟁으로 보고 문학을 통해 사회를 개혁하고자 했음을 알 수 있다. 그는 언어의 해방으로 하버마스가 말하는 '해방이익'을 달성하여 구중국의 문화 패권에서 벗어나 해방을 이루어야 한다고 생각했다. 다시 말해 장워쥔은 '5・4운동'에서 이데올로기적 영감을 얻어 타이완의 구사회 문인계급을 통제하고 있는 한족문화 이데올로기를 투쟁의 대상으로 보고 '신문학혁명'을 전개했던 것이다.

장워쥔의 주장에서 드러나듯이 장워쥔이 '5・4'신문학운동을 전파한 것은 목적이 아니라 수단이었다. 그는 후스의 '반전통'적 이데올로기를 받아들여 백화문운동을 제창했다. 백화문은 옛 중국문화의 청산과 타이완 구사회 개조라는 두 가지 목표를 겨냥하고 있었다. 예스타오의 시각은 날카롭다.

> (일본 통치기) 구시와 시문학단체의 왕성한 발전은 타이완사회에서 (중국) 민족주의가 고양되어 있었다는 사실을 대표하는 동시에, 본토 부르주아계급의 세력과도 밀접한 관계가 있었음을 보여준다. 장워쥔은 구지식인들을 비판하고 있는데 이는 장워쥔의 민족주의가 이미 구문인들이 가지고 있던 '청나라 유민'식의 민족주의와는 다른 대륙의 신해혁명과 5・4운동의 영향하에서 만들어진 근대적 민족주의이며 민주와 과학에 경사된 민족주의라는 것을 설명해준다.[21]

그러나 예스타오는 장워쥔이 타이완의 진보적 지식인들과 마찬가지로 마르크스 사회주의의 영향을 받은 점을 의도적으로 무시하였다.

한편 장워쥔이 중국 5・4운동의 영향 아래 타이완 신문학운동을

21 葉石濤, 앞의 책, 23면.

주장한 것이 아니라는 사실은 『타이완청년台灣青年』에서도 확인할 수 있다. 『타이완민보』의 전신인 『타이완청년』은 1920년 도쿄에서 발간되던 초기에 '세계문화 추세로부터 낙후된' 타이완문화를 제고하기 위해 '일제히 일어나라! 일제히 전진하라!'며 타이완청년들의 각성을 촉구하였다.[22] 1921년 『타이완청년』 2권 5호에서도 이런 내용이 강조되고 있다.

> 우리 세대 청년들의 이상과 사명은 우리 타이완을 전면적인 억압으로부터 해방시키고, 질서 있고 자유로운 문화사회 생활을 실현하여, 세계개조라는 대업에 공헌하는 데 있다. 이러한 목적을 달성하기 위해 외부로부터의 어떠한 장애나 구사상으로부터의 어떠한 배척이든 그것들에 대항할 각오가 되어있어야 한다. (…중략…) 신문화 운동에 참여하거나 사회의 건전한 발전을 도모하는 신세대 선각자들은 모두 이 신생 『타이완청년』에 협력하길 바란다.

이 글을 장워쥔이 3년 후에 발표한 「타이완청년에게 보내는 편지」의 내용과 비교해보면 장워쥔이 『타이완청년』의 영향을 먼저 받고 다시 5·4운동에 호응하여 타이완의 '신문화운동'을 제창했다고 보는 편이 합리적이다.

문학개혁과 관련하여 천신陳炘이 『타이완청년』 창간호에 쓴 「문학과 직무文學與職務」라는 글을 살펴볼 필요가 있다. 그는 문학이 '문화를 계발하고 민족을 진흥시키는 것을 직무로 해야 한다'고 강조하

---

22 『台灣青年』 창간호의 「卷頭之辭」(일어, 백화)를 보면, 이러한 타이완청년 문화개혁을 호소하는 권두언 및 글들이 『台灣新民報』 계열의 주조였음을 알 수 있다. 타이완 신문학사를 연구하는 학자들은 종종 당시 타이완청년들의 대표적 언어였던 일본어로 쓴 글들을 경시하는 경향이 있는데 이는 논증에 착오를 범하는 것으로 유감스러운 일이라 할 수 있다.

며 당시 타이완 구문학계가 '가식적이고 진리를 구하지 않으며 보수적이고 지엽적인 일만 한다'고 비판하였다. 그는 문학이 '진보적 사상을 전파하고 우매한 사람들을 깨우치며 인도주의 정신을 고취시켜 사회혁신 추진을 임무로 삼아야 한다'고 주장하였다. 그리고 '근래 민국(당시 중국)의 신학문이 백화문을 장려'하는 것과 같이 타이완 작가들도 '언문이 일치된 문체를 사용하기를 바란다'고 말한다. 이를 통해 장워쥔 이전에 도쿄의 타이완청년들도 이미 중국 백화문운동에 주목하고 있었음을 알 수 있다.[23]

이후로 이와 유사한 언급이 점차 늘어났다. 천돤밍陳端明의 「일용문고취론日用文章鼓吹論」을 보자. 그는 이 글에서 "중국은 이미 오래전에 백화문을 사용하고 언문일치를 이루었"는데 "우리 타이완의 문인들이라고 어찌 수수방관할 수 있겠는가", "용감하게 문학개혁을 제창해야 한다"고 주장했다. 시기상 천신과 천돤밍 모두가 장워쥔보다 빨리 중국신문학운동의 백화문 개념을 타이완에 소개하고 있다. 다시 차이페

---

23 이와 유사한 글은 무척 많으나 장워쥔의 주장이 출현하기 전에 이미 『台灣新民報』 계열 잡지에 게재된 글만을 예로 들면 다음과 같다.
1920 : 우커지吳克己, 「台灣青年自覺論」(『台灣青年』 제1권 4호), 차이톄성蔡鐵生, 「台灣青年之大責任」(『台灣青年』 제1권 5호)
1921 : 황자오친黃朝琴, 「隨便談談」(『台灣青年』 제2권 4호), 간원팡甘文芳, 「實社會と文學」(『台灣青年』 제3권 3호, 일본어), 천돤밍, 「日用文鼓吹論」(『台灣青年』 제3권 6호, 제4권 1호에 재 등재됨).
1922 : 양셴장楊賢江, 「學生與新思潮」(『台灣』 제3년 1호), 차이페이훠蔡培火, 「新台灣の建設と羅馬字」(『台灣』 제3년 6호, 일본어).
1923 : 황청충, 「論普及白話文的新使命」(『台灣』 제4년 1호), 황자오친, 「漢文改革論」(『台灣』 제4년 1, 2호), 슈후성秀湖生, 「歐戰後の中國思想界」(『台灣』 제4년 5호, 일본어), 선팡위안沈芳園, 「文化の普及と創造」(『台灣』 제4년 7호, 일본어) 등.
이상의 글들은 모두 장워쥔이 타이완의 청년들을 향한 글을 발표하기 이전에 중국 5·4문학혁명을 소개한 것이다. 그중에서 간원팡, 천돤밍, 차이페이훠, 황청충, 황자오친 등의 주장은 이미 시작된 타이완문학과 문자 개혁을 이끌었고 그 이후 타이완 백화문운동에 상당한 영감을 가져다주었다.

이휘가 발표한 「신타이완의 건설과 로마자新台灣の建設と羅馬字」를 살펴보자. 일본어로 쓴 이 글은 언어와 문자의 사용에 있어 "로마자의 보급이야말로 타이완문화의 기반을 닦는 일"이므로 로마자로 "타이완어 문화를 보급"하자고 강조하였다.[24] 황청총黃呈聰은 「백화문 보급의 새로운 사명을 논하다論普及白話文的新使命」라는 글에서 백화문학사에 대한 후스의 연구를 기초로 타이완이 독창적인 문화를 창조하려면 "중국의 완전한 백화문에 구애받지 말고 우리가 평소에 사용하는 언어를 사용하여 절충적인 백화문을 만드는 것도 괜찮다"고 하였다. 황자오친黃朝琴은 「한문개혁론漢文改革論」에서 타이완인들은 '말과 글이 일치하지 않는 한문'을 버리고 '타이완백화문강습회'를 창설해야 한다고 주장한다. 또한 언문일치체를 사용하면 "몇 년 후 타이완의 문화는 분명히 새로운 모습이 될 수 있다"고 주장했다. 황더스黃得時는 "이 두 편의 글이 타이완문학의 개혁을 주장한 최초의 문장이며 타이완 신문학운동의 선각자적 목소리라고 할 수 있다"라며 긍정했다.[25]

장워쥔이 1925년 「힘을 합쳐 시든 풀더미 속의 낡은 전당을 부수자」를 발표하기 전 황청충은 이미 같은 잡지에 「반드시 타이완 특유

---

24 차이페이휘는 이 글을 발표한 이후에 다시 『台灣民報』(1923) 제13호(14~16면), 제14호(12~14면)에 중복 등재했다. 이는 당시 일본에 거주하고 있던 타이완의 청년 지식인들이 전적으로 중국 5・4의 영향만을 받은 것이 아니라 '타이완인 자신의 행복'이라는 사고에 기반하고 있었음을 보여주는 것이다.

25 '타이완의 신문학운동이 5・4의 영향을 받았는가'에 관해서 1954년 타이베이시 문헌회는 당시에 문학운동에 참여했던 사람들을 소집해 좌담회를 개최하였다. 참석자들은 우신롱吳新榮 등 21명이었으며, 그중에서 두 번째 의제가 바로 이것이었다. 좌담회에 참석한 사람들은 다음과 같이 간단한 결론을 내렸다(廖漢臣이 결론지음). "신문학 발생 당시의 타이완은 근본적으로 식민지였기 때문에 청년들은 다음과 같은 상황이었다. ① 도쿄 유학생들은 민주주의의 자극을 받았다. ②5・4의 영향을 받아 신문화의 건설을 제창하고 기간물의 발행을 창도했다. ③ 타이완 내의 구문학에 대한 반감이 생성되었다. ④ 정치적 운동의 압박으로 지식인들의 출로가 막혔다." 台北文獻會, 「北部新文學新劇運動座談會」, 『台北文物』, 3卷 2期, 1954, 5~6면.

의 문화를 만들어야 한다應該著重創設台灣特種的文化」는 제목으로 글을 발표하여 5・4운동과 중국문화의 그림자에서 벗어나고자 했다.

> 현재 타이완 문화에는 두 가지 조류가 있다. 하나는 극단적으로 보수적인 고유의 문화이며 다른 하나는 극단적으로 일본의 문화를 모방하는 문화이다. 이 두 가지 조류는 서로 뒤섞여 있는데 조화의 방법을 발견해내지 못한다면 앞으로 두 극단으로 나아가게 될지도 모른다.
>
> 우리 타이완은 고유한 문화를 가지고 있다. 여기에 외부의 문화에서 좋은 것을 가려내 조화를 이루어 타이완 특유의 문화를 만들어 낸다면 이 특유의 문화는 타이완의 자연환경 즉 지형・기후・풍토・사람・산업・사회제도・풍속・습관 등에 적합할 것이다. (…중략…) 맹목적으로 고급문화를 모방하지 않고 특유의 문화를 만들어낼 수 있다면 비로소 타이완적인 특성을 발휘할 수 있을 것이다. (…중략…) 만약 이렇게 노력하지 않고 동서양의 각종 문화에 휘둘리거나 중국의 문화에 치우치거나 일본 혹은 서양의 문화에 치우쳐 이중 삼중의 생활이 된다면 이것은 아무런 도움이 되지 않는다.

타이완 신문학사를 연구하면서, 단지 베이징의 타이완 유학생이었던 장워쥔의 주장만 보고 그 이전부터 존재했던 『타이완청년』 및 『타이완』, 그리고 당시 도쿄에 있던 재일 타이완유학생들의 타이완 문화 개조에 관한 주장들을 간과한다면 당시에 이미 20여 년이나 일본의 통치를 받아온 타이완을 일본의 문화계와 전혀 관련 없는 곳으로 고립시키는 결과를 낳는다. 그렇게 되면 타이완의 신문학 또한 5・4의 영향으로 시작되었으며 5・4의 수용과 영향은 장워쥔이 '기초'한 것이라는 거친 결론을 내릴 수밖에 없다.

4. 타이완어 문학운동의 이데올로기 구축

스튜어트 홀이 '언어적 실천은 이데올로기적 작용을 동반한다'고 했듯이 타이완 신문학 발전과정에서도 문학계가 어떠한 언어와 문자를 사용해야 하는가에 대해 격렬한 '의미작용'의 논쟁이 진행되었다. 타이완 작가들이 황청충의 '특유의 문화'와 유사한 의미 작용을 통해 '타이완'이라는 이데올로기를 구축하고 이를 통해 타이완인들의 '집단적 사회이해'를 창출하고자 했음은 분명하다. 그러므로 타이완문학의 본토 담론은 타이완 국가의식이 뚜렷해지면서 확립되었으며 일제강점기 타이완 신문학 발전은 '중국 백화문으로 중국문학을 창작'하는 것에서 '타이완 말과 글로 향토문학을 창작'하는 것으로, 다시 '타이완 자신의 문학을 창작'하는 것으로 변화하였음을 알 수 있다.[26]

그러나 엄밀히 말해 타이완 신문학운동에서 '중국 백화문으로 중국문학을 창작'하는 것, '타이완 말과 글로 향토문학을 창작'하는 것, 그리고 '타이완 자신의 문학을 창작'하는 것까지의 과정은 시기상의 구분이 그다지 명확하지 않다. 1920년부터 1933년까지는 "일련의 문자개혁운동이 일어나는데, 어떤 이는 백화문을, 어떤 이는 로마자를, 또 어떤 이는 타이완화문을, 심지어 에스페란토어를 제창하는 사람까지 있어 각각의 주장이 일치하는 것이 없었다."[27] 이러한 논의들은 명확하게 드러나기도 하고 숨겨져 있기도 하면서 거의 동시에 출현했다. 그러나 크게 보아 타이완 신문학논쟁사에서 1920년대는 주로

26 游勝冠, 「日據時代台灣文學本土論的興起」, 『文學台灣』 2期, 1992, 175~176면.

27 廖毓文, 「台灣文字改革運動史略」, 『台北文物』 3卷 3期, 1954, 107면.

장워쥔과 타이완 구문학 시단의 신구문학논쟁에 집중된 시기, 1930년대는 비교적 대규모의 향토문학(타이완화문) 논쟁이 출현한 시기로 구분된다.

장워쥔과 타이완 구시인의 신구문학논쟁은 중국 5·4운동이 타이완 신문학에 영향을 미쳤기 때문이라고 볼 수도 있다. 하지만 정확히 말하면 장워쥔이 강조한 '신문학'은 타이완에서의 중국 고유문화에 대한 '언어영역의 투쟁'으로 보아야 한다. 그는 타이완 신문학이 한문으로부터 해방되고 구 중국 문화계의 권력으로부터 벗어나기를 희망했던 것이다. 랴오한천廖漢臣이 "구문학의 부패는 당시 신문학운동이 추진된 주요한 동기이자 또한 신문학운동이 제거하려 했던 점이었다"[28]고 지적한 것도 바로 그런 의미였다.

신구문학논쟁은 분명 구 중국문화의 이데올로기 패권에서 벗어나려는 투쟁에서 큰 효과를 발휘했다. 그러나 한편에서는 중국의 새로운 백화문을 모델로 '타이완인의 말을 중국어와 일치시키자'는 주장이 대두되었다. 그러므로 진정으로 '타이완' 이데올로기를 구축한 것은 1930년대의 '타이완화문운동' 및 이로 인해 일어난 '향토문학논쟁'에서 시작된 것으로 보아야 한다.

'타이완화문운동' 및 그것이 야기한 '향토문학논쟁'의 이면에는 복잡한 시대 배경과 전파 전략이 자리 잡고 있다. 시대적으로 예스타오가 지적한 바와 같이 '식민지 타이완의 현실상황'이 장워쥔의 주장과는 '전혀 반대 방향으로 돌아가'고 있었다. 일본어를 통한 지식 전파가 민족의식에 위배되었고 전통적 고문을 의사소통의 도구로 삼는

28 廖漢臣, 「新舊文學之爭－台灣文壇一筆流水帳」, 『台北文物』 3卷 2期, 1954, 28면.

것도 문제가 있었으며 장위쥔이 제창한 '백화문' 역시 '문자'일 뿐 '말'은 아니었다. 여기서 '언어와 문자는 항일민족운동에서 가장 중요한 일환'이라는 시대적 요청하에 '타이완어 문학의 구상이 싹을 틔우는 기초'가 형성되었다.

언어를 하나의 투쟁 전략으로 삼자는 견지에서 차이페이훠는 로마자로 한자를 대체하여 타이완어를 표기하자고 하였다. 이 밖에도 일찍이 1924년에 장위쥔이 「타이완 청년에게 보내는 편지」를 발표할 당시 사회주의 신봉자였던 롄원칭連溫卿이[29] 「언어의 사회적 성질言語之社會的性質」에서 유사한 견해를 밝힌 바 있다. 그는 "말은 비록 사람이 하는 것이지만, 인간은 말이라는 것의 의미에 속박당하고 지배당한다"고 했다. 때문에 롄원칭은 "언어는 매일매일의 생활에서부터 나오는 것이지 어느 날 하늘에서 뚝 떨어진 것도 외국에서 들어온 것도 아니다", "경제적이든, 정치적이든 관계없이 우리 타이완인은 우리의 타이완어를 개조하여 사회생활의 요구에 부응해야 한다"라고 주장했다. 더 나아가 '음운학 연구를 통해 거짓 글자들을 없애고' '단일한 표준 발음'과 '문법'을 확립시켜야 한다고 타이완어 개혁에 관한 의견을 제출했다.[30] 타이완어에 대한 롄원칭의 주장은 이미 언어와 이데올로기의 관계를 논하는 단계로까지 발전하고 있었다. 이는 장위쥔과는 달리 그가 1930년대 타이완어 문학운동가들보다 앞선 '선견지명'을 지니고 있었음을 증명해준다.[31]

---

29 롄원칭은 당시 타이완의 유명한 사회주의 청년이었으며, 장위쥔과는 같은 시기에 '타이베이 청년독서회'에 가입해 있었다. 그 이후 사회주의파의 영향을 받은 후기 타이완문화협회의 주간이 된다. 그의 기본적인 주장은 개조 이후의 문화협회 강령인 '대중문화를 촉진시켜 앞으로 전진하자'는 것이었다. 台灣總督府, 『台灣總督府警察沿革誌, 第二篇－領台以後の治安狀況』, 中卷『台灣社會運動史』, 191・204면.

30 連溫卿, 「言語之社會的性質」, 「將來之台灣語」, 『台灣民報』 2卷 19號, 1924・3卷 4號, 1925.

1930년대에 이르러 '타이완화문운동'의 기초담론이 되었던 '향토문학' 개념이 잇달아 제기되었다. 처음으로 '향토문학' 개념을 제기한 사람은 정쿤우鄭坤五[32]이며 황스후이黃石輝, 궈추성郭秋生이 그 뒤를 이었다. 그런데 그들이 '향토문학'을 제창하기 전에 타이완어가 이미 관심을 받고 있었다는 사실을 주목해야 한다. 차이페이훠의 로마자 운동과 롄원칭의 타이완어 문법에 대한 주장 외에 당시 신문학계의 강렬한 비판을 받고 있던 한시漢詩 시단 역시 롄헝이 타이완어 '구명운동'을 벌이고 있었다.

롄야탕連雅堂은 1929년에 『타이완민보』에 「타이완어 정리의 단서台語整理之頭緖」, 「타이완어 정리의 책임台語整理之責任」 등의 글을 연이어 발표하였다. 그는 "나는 타이완인으로서 타이완어를 할 수 있지만 타이완어의 글자를 쓰지 못하고 타이완어의 의미를 분명히 할 수 없기에 자괴감을 느낀다. 나는 타이완인이다. 그것이 어려운 일임을 알지만 어렵다고만 느껴서는 안 된다. 나는 타이완의 언어가 날이 갈수록 사라져 가고 그로 인해 민족정신이 쇠퇴하는 것이 두렵다. 나의 책임이 너무나 크다"라고 자책하였다. 또한 "내가 타이완어를 정리하는 것은 타이완어가 나날이 소멸되어 가는 것이 두렵기 때문이다. 이는 젊은이들이 동토(일본)로 유학하고 돌아올 때면 이미 타이완어를 잊어버리기 때문이다. 오늘날의 벼슬아치들이나 심지어는 마을의 하급관리들마저 타이완어를 부활시키는 것을 하찮게 여긴다"라

31 莊淑芝, 『台灣新文學觀念的萌芽與實踐』, 台北 : 麥田, 1994, 226면.

32 랴오위원(1955)와 예스타오(1987) 모두 이를 인용하여 말했다. 중국학자들의 타이완문학사는 대부분 황스후이를 인용한다.(리우덩한 외 편, 1991; 바이사오판 외 편, 1987) 정쿤우가 『三六九小報』에 실린 타이완의 산가山歌에 스스로 제목을 붙인 「台灣國風」 등 일부 소품문에서 타이완어로 작품을 쓸 것을 강조하고 있다.(랴오위원, 1979, 488면)

고 말한다. 때문에 롄야탕은 "타이완어가 나날이 소멸되기에 정리하지 않을 수 없다. 보존하고 발전시켜야 한다"라고 강조했다.

차이페이훠와 롄원칭으로부터 롄야탕에 이르기까지 1920년대 타이완어의 문자화 과정은 당시 타이완문학과 문화계에 공통으로 등장했던 '타이완인'으로서의 자아동일시 및 이로부터 발생한 타이완어 문학의 형성과정과 그 배후의 '타이완' 이데올로기의 구축을 보여주고 있다. 이것은 장워쥔의 '중국 백화문' 주장 이전에 제시된 황청충의 문화 창조를 통한 타이완어 개조론이 실제화된 과정이다. 또한 이후의 타이완화문 담론이 광범위한 문학 영역으로 번져가는 계기이기도 했다.

이러한 과정을 거쳐 1930년 황스후이의 '향토문학론'이 제출되기에 이른다.[33] 같은 해 8월 16일에 황스후이는 『오인보伍人報』 제9호부터 11호까지 3회에 걸쳐 「어떻게 향토문학을 제창하지 않을 수 있는가怎樣不提唱鄉土文學」라는 글을 발표하였다.

> 당신은 타이완 사람이다. 당신의 머리는 타이완의 하늘을 이고 있고, 발은 타이완의 땅을 밟고 있다. 눈이 바라보는 것은 타이완의 상황이며 귀로 듣는 것은 타이완의 소식이다. 시간을 거쳐 온 것은 타이완의 경험이며 입으로 말하는 것 역시 타이완의 언어이다. 따라서 당신의 서까래 같은 건필로 꽃을 피우는 아름다운 펜으로 마땅히 타이완의 문학을 써나가야 할 것이다.

33 이하의 '향토문학'과 '타이완어 문학'에 관한 담론들은 대부분 우서우리吳守禮의 『近五十年來台語研究之總成績』과 랴오위원의 선문집에서 인용하였다. 우서우리의 책 중 「台灣方言文獻」에 기재되어 있는 바에 따르면 황스후이, 궈추성 및 이들과 연관된 타이완어 문학논쟁의 문헌은 랴오한천 및 황춘칭黃純青이 당시에 스크랩해 놓았던 것에서 따온 것이다. 랴오위원은 랴오한천이다.

황스후이는 '타이완인' 이데올로기를 깨우침으로써 타이완이 일본이나 중국과는 상대적으로 다른 '경험'과 '언어'를 가지고 있다는 점을 강조였다. 그리고 타이완 작가들이 '타이완어를 사용하여 산문을 쓰고 타이완어를 사용하여 시를 짓고 소설을 창작하며 가요를 만듦으로써 타이완의 사물들을 묘사해야 한다'고 주장한다. 이어서 그는 '향토문학' 건설의 3대 원칙을 구체적으로 제시했다.

1. 타이완 말로 각종 문예를 창작한다. ① 타이완 말로 할 수 없거나 또는 타이완에서 쓰이지 않는 언어는 배제시킨다. 예를 들어 '다마피打馬屁'는 '푸성파오扶生泡'로 바꾸어 쓴다. ② 타이완 특유의 토착어를 늘린다. 예를 들어 '워먼 我們(우리)'은 타이완에서 때로는 '란làn, 咱'로, 때로는 '운wùn, 阮'으로 쓰이므로 구분을 분명하게 한다.
2. 타이완 음으로 읽는 것을 늘린다. 어떤 글자를 쓰건 필요할 때는 토착음으로 읽는다.
3. 타이완에서 일어나는 일을 묘사하여 문학가들이 사실적인 창작의 길을 걷도록 한다.

이 글은 발표되자마자 타이완문학계의 주목을 받았다. 황스후이는 계속해서 타이중台中의 『타이완신문』(1931.7.24)에 「향토문학을 다시 논하다再談鄉土文學」라는 글을 발표하였다. "① 향토문학의 기능 ② 묘사의 문제 ③ 문자의 문제 ④ 언어의 정리 ⑤ 독음의 문제 ⑥ 기초문제 ⑦ 결론"의 일곱 개 부분으로 이루어진 이 글에서 그는 '향토문학' 건설을 거듭 주장하고 있다. 결론 부분에서는 더 나아가 '동인들을 규합하여 향토문학연구회를 조직하자'고 주장하였다.

황스후이의 논지는 매우 분명하다. 그는 '향토문학'의 목적을 '타이완 사물'을 묘사하는 것에 두면서 동시에 "문학은 힘들게 사는 대중들의 감동을 불러일으킬 수 있어야" 하지만 그 언어는 통치자의 언어(일본어)를 사용하거나 봉건계급의 언어(중국 고전한문)를 사용해서는 안 된다고 주장한다. 또한 귀족화된 신지식인의 언어(중국 백화문)를 사용해서도 안 되며 반드시 대중들이 상용하는 타이완어 말과 글을 사용해야 한다고 주장한다.

여기에서 황스후이가 논문을 발표한 『오인보』의 배경에 대해서 설명하고 넘어가야겠다. 타이완 총독부의 『경찰연혁지警察沿革誌』의 분류에 의하면 『오인보』는 '무산계급 문화운동' 중 한 유파의 소산으로 "타이완 내의 공산당 중앙이 일본 공산당과의 연계하에 1928년 말부터 세력을 넓히기 시작"하여 1930년 6월에 "문예잡지의 발행을 통해 선전선동을 하고 이로써 당의 영향을 확대하고자 계획한" 잡지라고 언급하고 있다. 왕완더王萬得, 저우허위안周合源, 천량자陳兩家, 장선위江森鈺, 장자오지張朝基 5명이 출자하여 발행한 잡지였기 때문에 『오인보』라는 이름이 붙었으며, 황스후이 역시 이에 가담하여 '지방위원'을 맡고 있었다.[34] 『오인보』는 창간된 이후 여러 차례 일본 당국에 의해 발행을 중지 당했고 15호까지 발행한 후 『공농선봉工農先鋒』으로 개칭되기도 했다. 이후 양커페이楊克培의 『타이완전선台灣戰線』과 합쳐졌다가 같은 해 12월에 폐간된 이 잡지는 총독부에 의해 '타이완 무산계급 문예운동의 전초'로 정의되었다.[35]

34 『伍人報』의 지방위원을 맡은 것 이외에도, 황스후이는 공산주의파가 개입하여 조직을 개편한 이후의 '台灣文化協會'에서 중앙 상임위원 겸 조사부장(1928.12), 여성부장(1929.12)을 맡고 있었다. 『台灣總督府警察沿革誌, 第二篇－領台以後の治安狀況』, 中卷『台灣社會運動史』, 215・248면.

『오인보』의 이데올로기적 배경과 황스후이가 그 지방위원이었다는 사실로 볼 때 그의 '향토문학' 담론과 타이완어 문학운동의 시발점에는 타이완본토 이데올로기(언어적 측면)와 마르크스 공산주의 이데올로기(정치적)가 중첩되어 있었음을 알 수 있다. 다시 말해 일제강점기 타이완어 문학의 전파는 기본적으로 '의미작용의 정치'라고 일컬을 수 있으며 타이완 좌익문학가들이 타이완어 문학을 통해 구 중국문화의 패권에 저항하고 통치계급과 지식인 계급의 언어(일본어, 중국어)와 투쟁하고자 구축한 이데올로기의 행동모델이라고 할 수 있다.[36] 황스후이의 말을 예로 들어보겠다.

> 타이완은 다른 곳과 구별되는 별천지로 정치적 관계에서는 중국어로 지배가 불가능하고 민족적인 관계에서는 일본의 표준어로 지배가 불가능하다. 그러므로 타이완의 실제 삶에 적용되는 타이완의 독립된 문화를 건설해야 한다고 주장하는 것이다.

이 밖에 황스후이의 뜻에는 동의하지만 방법이 다소 달랐던 궈추성과 그가 편집을 주관하던 잡지 『남음南音』도 있다.[37] 1931년 7월 7

---

35 『台灣總督府警察沿革誌, 第二篇－領台以後の治安狀況』, 中卷『台灣社會運動史』, 291～292면.

36 바이사오판 등 중국의 학자들이 황스후이의 주장을 접할 때면 늘 그와 궈추성에 대해 '신문학이 민족의 입장에 서기를 주장하고 노동자와 농민 대중을 향하며 민간문예를 중시해야 한다는 의견은 적극적이며 적용할 만하다', '민족의식과 지방색을 강조하는 것과 문학이 대중을 향하여 나아갈 것을 촉구하는 것 등이 모두 그들의 적극적인 작용을 발휘한 것이다'라고 긍정적인 평가를 한다. 이러한 관점은 황스후이와 궈추성의 논점에서 마르크스 공산주의의 이데올로기를 발견했기 때문이지만 그 안에 있는 '타이완'의 이데올로기를 고의적으로 '중국' 민족의식으로 왜곡시키고 있다.

37 『南音』은 궈추성이 타이완어 문학에 대한 주장을 발표하고 얼마 되지 않은 1931년 가을에 조직되었다. 구성원들은 궈추성 이외에도 라이허賴和, 좡추이성莊垂勝, 예룽중葉榮鐘, 천펑위안陳逢源 등 모두 12명이었다. 1932년 1월에 정식으로 창간호를 발행했다.(廖漢臣,「台灣文學

일, 궈추성은 『타이완신문』에 2만 여 자에 달하는 「'타이완어문학' 건설을 위한 제안建設'台灣話文'一提案」을 연재하였다. 이 글은 전체가 네 부분으로 이루어져 있으며 각 절의 주제는 다음과 같다. ① 문자 성립의 과정 ② 언어와 문자의 관계 ③ 언어와 문자의 괴리에 관한 역사적 현상 ④ 특수 환경에 있는 타이완인. 이 중 가장 주요한 주장은 '특수 환경에 있는 타이완인' 이었다.

궈추성은 일본의 차별교육으로 타이완의 문맹률이 높아졌다는 이유로 일본 당국의 '동화주의'에 반대했다. 그는 일본문자든 중국문자(문언문, 백화문)든 간에 '말과 글이 일치하지 않는다'고 생각했기 때문에 '타이완의 문맹을 치료'하기 위해서는 타이완어 문자를 반드시 만들어야 한다고 생각했다. 그러나 그는 차이페이훠가 주장한 '로마자'에 대해서는 회의적이어서 한자를 기본으로 하여 타이완어 문자를 만들 것을 주장했다. 그는 아래의 5개 원칙을 제시했다.

① 먼저 해당 단어와 완전히 일치하는 한자가 있는지 고증한다.

② 뜻은 같되 발음이 약간 다른 것은, 말의 소리는 버리고 글자의 소리를 따른다.

③ 뜻은 같으나 발음이 많이 차이가 나는 것은 기존에 성립된 숙어(예를 들면 '風雨' fēng yŭ)대로 쓰고, 기타는 소리 나는 대로(예를 들면 '落雨', lò hó') 쓴다.

④ 글자의 음과 말의 음이 서로 같으나 글자의 의미와 말의 의미가 다른 경우

年表」, 『台灣文獻』 15卷 1期, 1964, 279～280면) 『南音』의 발간사에서는 '어떻게 사상과 문예를 보편화할 것인가?', '어떻게 많은 사람들에게 사상과 문예의 생산품을 받아들일 수 있도록 할 수 있을까?'의 두 가지 사명을 강조하고 있다. 여기에서도 역시 궈추성의 타이완어 문학 개조의 기본 이념이 드러난다. 이 외에도 『南音』은 '타이완어 문학 토론란'을 특별히 만들어 타이완어 문학이 '실천시기에 들어가게' 모두가 함께 토론하기를 희망했으며, '이는 힘없는 일개 잡지의 영광에 한정된 것이 아니라, 우리 타이완 문화대로를 보수할 최고의 수리공이라 할 수 있다'고 강조했다. 『南音』과 타이완어 문학운동의 관계에 대한 내용은 깊이 연구할 만한 가치가 있다.

또는 글자와 말의 의미는 같으나 관습적으로 오해될 소지가 있는 것은 일률적으로 사용하지 않는다.

⑤ 이상의 결점을 보완하기 위해서는 새로운 글자를 창조해서 사용한다.

이 글이 발표된 후 같은 해 8월 29일과 9월 7일에 궈추성은 또 다시 같은 제목으로 『타이완신민보』에 속편에 해당하는 「건설방면에 대해 덧붙이는 말對建設方面饒舌饒舌」을 발표하였다.

이 글에서 그는 황스후이가 주장한 연구회 조직・독해본 편찬・사전의 편찬 등의 의견에 동의하는 한편 그것이 '실질적인 효력'을 가지려면 가요와 당시에 유행하던 민가를 정리하는 '기초작업'이 선행되어야 한다고 여겼다. 그 외에 「본격적인 건설本格的建設」에서 그가 '타이완 말은 유치해서 문학과 시가 될 수 없다', '타이완 말은 매끄럽지 않고 너무 거칠며 고상함과는 거리가 멀다'며 의심하는 '타이완문학청년들'의 의견에[38] 반박했다는 사실은 더욱 주목할 만하다. 그는 '우리가 제안한 새로운 문자들은 파도만 보고 바다는 못 보는 편파적이고 근거가 없는 것이 아니고 바닷가에 서서 바다 전체를 관망하는 것과 같다. 따라서 이것은 타이완인의 지위를 굳건히 수립하는 것이다'라고 강조하고 있다. 그는 타이완 말이 유치하다는 문학청년들을 질타하면서 "창조하라! 더 우수한 타이완 말을 창조하라! 문학의 이기利器가 될 수 있는 타이완 말을 창조하라"고 말한다.

---

38 전형적인 관점으로는 장워쥔의 논점이 대표적이다. 장워쥔은 일찍이 타이완 문단에서 제기된 타이완어를 사용하여 문학언어를 개조하자는 제의에 대해 다음과 같이 반문했다. "타이완어는 문자로 표현될 수 있는가? 타이완어에 문학적 가치가 있는가? 타이완어는 합리적인가?" 또한 동시에 "우리의 언어는 토속언어이며 문자가 없는 저속한 언어이다. 대다수가 불합리한 말들이다"라고 강조했다.

> 문언문도 좋고 백화문도 좋고 일본어도 좋고 세계어라도 상관없다. 타이완에서 쓰이고 타이완 말을 향상시킬 수 있으며 타이완 사람의 몸에 섭취되어 우아한 타이완 말로 소화될 수 있다면 그 어떤 것이든 현재의 타이완 말이며 이러한 타이완 말은 그 어디서든 섭취할 양분을 발견할 수 있을 것이다.

궈추성의 타이완어 문학 건설론은 이미 일본 통치기 이후의 타이완어 문학 전파의 핵심의제를 언급하고 있다. 그것은 바로 타이완어를 타이완문학의 자족적인 언어로 하되, 타이완인이 사용하고 있는 각종 언어들을 배척하지 않음으로써 주체적 지위subject position를 가진 타이완문학을 찾아내는 것이었다.[39] 1930년대 궈추성의 견해는 언어를 중심으로 타이완문학의 주체를 바라본 선각자적 발상이었다고 할 수 있다.

황스후이와 궈추성의 '향토문학', '타이완화문 건설'론은 순식간에 타이완 문단에 열띤 토론을 불러일으켰다. 수많은 사람들이 이 논쟁에 참여하면서 논쟁은 2년간 이어졌다.[40] 린루이밍林瑞明은 다음과 같이 지적한다.

---

39 유사한 관점을 샹양向陽도 언급한 바 있다. 1988년 샹양은 일본학자 오카자키 이쿠코岡崎郁子가 방문했을 때 그녀와 대담하면서 "(타이완의) 이러한 언어의 다원적인 변화로 보건대 '한자·로마자 표기방식'을 사용해야만 타이완어가 더욱 발전성을 가질 수 있고 나아가서 자족적인 시스템을 수립하여 세계적인 언어가 될 수 있다"라고 말했다. 샹양의 이러한 생각은 실질적으로는 '새로운 타이완어'로 순수한 타이완어의 계승과 사용을 강조하지 않으면서도 현행 타이완에서 사용되는 타이완어(河洛語, 객가어, 원주민어 등을 포함), 베이징어, 일본어, 영어의 혼합적 사용을 배척하지 않는 것으로 타이완의 현실과 타이완의 언어생태 체계의 변화를 반영하여 타이완어 문학의 근거로 삼는 것이다.

40 논쟁은 주로 찬성, 반대, 수정의 3가지 의견으로 나뉘었다. "타이완어 문학을 지지하는 쪽에는 황스후이, 정쿤우, 궈추성, 좡수이싱莊遂性, 황춘칭, 리셴장李獻璋, 황춘청黃春成, 칭윈擎雲, 라이허 (…중략…) 등이 있었으며, 중국 백화문을 지지하는 사람으로는 위원, 커푸克夫, 뎬런點人, 밍훙明弘, 웨펑越峰 (…중략…) 등이 있었다." 그들의 주요 논쟁장은 『台灣新聞』, 『台灣新民報』 및 『南音』의 세 잡지였으나 관련 자료들은 대부분 유실되었다.

이 두 차례의 논쟁은 타이완 신문학운동이 내용과 형식면에서 더 큰 자주성을 드러낼 것을 요구하고 있으며 중국 백화문의 표현방식의 범주에서 벗어나 타이완문학 자체를 직시하고 있다.[41]

다시 말해, 타이완화문운동은 타이완어를 타이완문학의 언어로 삼아 타이완인과 타이완 사회를 표현하고자 했다. 이 운동은 문학 전파 전략의 하나였으며 타이완의 대중을 주체로 한 이데올로기 수립의 노력이었던 것이다. 타이완 신문학 발전 과정 속에서 상술한 두 사람의 견해는 문학도구론의 한계를 벗어나지 못하고 있다. 하지만 타이완의 현실사회 및 대중들의 입장에서 진행된 타이완 백화문운동이 이후 장기간 진행된 타이완 신문학운동사에 타이완어 문학의 씨앗을 뿌린 것은 분명하다.

5. 나가며—타이완어 문학 전파의 주체성

이상의 문학사 분석을 통해 우리는 타이완어 문학 전파 운동이 타이완인의 주체성 추구과정의 일환이었음을 알 수 있다. 이러한 주체성 추구는 타이완 신문학운동이 시작된 이래 아래와 같은 몇 가지 이데올로기적 투쟁 과정을 겪었다.

41 林瑞明, 『台灣文學與時代精神－賴和硏究論集』, 台北 : 允晨, 1993, 253면.

우선, 타이완의 도쿄 유학생들이 1920년 『타이완청년』을 창간하여 타이완청년들에게 '총체적인 억압으로부터 타이완의 현재 상황을 해방시키'고, '신문화운동에 참여하자'고 부르짖었다. 동시에 문학이 '문화계발과 민족진흥을 그 임무로 해야' 하며, "문명사상을 전파하고 무지한 사람들을 각성시키며 인도주의 정신을 고취시키고 사회의 혁신을 추진하는 것을 그 임무로 삼아야 한다"고 주장하였다. 이 밖에도 당시 중국이 상당기간 백화문을 사용함으로써 언문일치를 성공시킨 점을 모델로 타이완 작가도 반드시 '용감하게 투쟁하고 제창하여 문학을 개혁할 것'을 요구하였다. 이 단계에서 매우 분명한 것은 타이완 신문학의 조류가 일본의 통치 패권에 맞서 해방을 요구했다는 점이다. 또한 중국 백화문의 언문일치를 모델로 문화계발과 민족 진흥이라는 목적을 달성하고자 했다는 점도 분명하다. 여기에서 언급되는 문화・사회・민족은 모두 고향 '타이완'에서 출발한 것이다. 이는 당시 타이완청년들이 타이완 국가의식 형성을 통해 일본의 통치에 대항하고자 노력했음을 보여주는 것이다.

두 번째로 타이완 사회와 문화를 개조하고자 할 때 언어(타이완어)를 사용하여 어떻게 '일본 대 타이완'의 이데올로기 투쟁에서 승리할 것인가가 문제였다. 이에 천신・천돤밍에 이어 차이페이훠가 로마자로 타이완어를 표기할 것을 주장했으며 황청충은 "중국과 같은 완전한 백화문에 구애되지 말고 우리들이 평소 사용하는 언어를 첨가시켜 절충적인 백화문을 만드는 것도 괜찮으며" 이것으로써 "특유의 문화를 창조해 내자"고 했다. 황자오친은 타이완인은 '말과 글이 일치하지 않는 고문'을 버리고 "말과 글이 일치하는 문체를 사용하여 말과 글을 근거로 하여 듣는 사람이 쉽게 기억하고 쉽게 쓸 수 있도록 해야 한다. 형식에 얽매이지 않고 전고를 사용하지도 않으며 붓 가는대로 쓰는 것이 바로 그런 것이다"라고 주장했다. 이 당시 타이완 신문학개혁은 이미 중국 한자문화의 이데올로기를 벗어나 있었다.

뒤이어 등장한 이가 장워쥔이다. 타이완 신문학운동사에서 장워쥔의 주장이 상당한 영향력을 끼쳤던 점은 부인할 수 없다. 그러나 장워쥔이 신문학의 목적을 제창했듯이 도쿄의 타이완 유학생들도 '사회개조'를 요구하며 '마르크스적 계급투쟁의 모델'을 제창했다는 점을 간과할 수 없다. 동시에 장워쥔이 중국에서 유입된 전통 구문학을 강하게 비판하고, 타이완청년들이 일본문단과 중국 문단의 혁명전사들을 본받아 "진부하고 위축된 문학계를 일신하기"를 바랐다는 점 또한 주목해야 한다. 장워쥔의 논점은 중일 양국문단의 신문학운동을 배워 타이완청년들이 '중국 구문학의 악의 씨앗'을 제거하고 타이완적인 신문학을 창작해야 한다는 것이었다. 타이완 주체 이데올로기 구축을 위해 장워쥔은 타이완 구사회 문인계급의 한자문화 이데올로기 제거를 투쟁 목표로 삼고 있었다. 즉, 그는 중국 백화문 제창을 통해 타이완 구사회와의 투쟁을 추진한 것이다. 다시 말해, 그에게 있어 '5・4'는 목표가 아니라 수단이었던 셈이다.

마지막으로 타이완 주체 이데올로기 구축이라는 목표에 더 근접했던 것은 타이완화문운동이다. 차이페이훠가 로마자를 제창하고 장워쥔이 중국 백화문을 소개하던 1924년 당시 롄원칭은 "경제적, 정치적인 이유야 어쨌든 우리 타이완인들은 우리의 타이완어를 개조해서 사회의 요구에 부응해야 한다"고 주장했다. 1930년대에는 황스후이가 '향토문학'을 제창하였고 궈추성이 '타이완의 백화문을 만들 것'을 주장했다. 이는 일본어, 중국 백화문과 구별되는 독자적 타이완문학어로서 타이완화문에 대한 견해를 제기한 것이다.

이처럼 타이완의 특수성으로부터 언어의 특수성을 강조하고 이로써 일본이나 중국과 다른 '타이완'의 이데올로기 구조를 드러내고자 한 견해들은 1920년대 타이완 지식인의 '백화문' 운동보다 더 크게 타이완의 '집단적 사회 이해collective social understandings'를 강화시켰다고 할 수 있다.[42] 이러한 노력은 구식 한문학계의 지지를 받기도 했다. 예를 들어 『삼육구소보三六九小報』 같은 잡지나 롄야탕 등의 학자는 기본적으로 신문학계로부터 배척당한 구식 한문문단에 있었으나 '타이완어', '타이완인'으로서의 정체성 획득이라는 면에서는 신문학계와 만나고 있었다. 이로써 타이완어 문학은 1930년대 들어서 '타이완인의 주체의식'과 중첩되고 있음을 알 수 있다.

애석한 점은 1920년에 시작된 타이완 주체 이데올로기 구축이 결국 1937년 일본 총독부의 한문사용 전면 금지조치와 전쟁의 발발로 중단된 사실이다. 한자를 주요표기 수단으로 하는 타이완화문운동과 타이완 신문학 창작은 일본 국가 메커니즘의 직접적인 억압을 받게 되었다.[43] 그러나 타이완인 의식을 핵심으로 하는 타이완 신문학은 이미 지난 20년간 예스타오가 말한 것처럼 '자주적 길'을 걸어왔다.

---

42 홀의 관점을 근거로 하면 '의미작용signification'은 "진실한 동시에 매우 강력한 사회적 힘이며 논쟁성과 충돌성을 가진 사회의제에 개입하여 그 결과에 영향을 미친다." 이러한 의미작용의 개입하에서 집단적 사회이해가 창조되며 이로 인해 의미작용은 특정한 결과에 대한 사람들의 동일화를 효과적으로 동원해 낼 수 있는 수단이 된다. 이러한 관점에서 이데올로기는 '특별한 힘'에 그치는 것이 아니라 진실한 힘이기도 하다. 그것의 효과는 진실한 것이기 때문이다.

43 1934년에 총독부는 이미 '台灣社會教化協議會'를 성립하고 '台灣社會教化要綱'(『台灣時報』, 1934.5)을 발표하여 '국어(일본어)보급화 운동' 및 타이완인에 대한 강제적 창씨개명, 일본 종교로의 개종 요구를 추진할 준비를 하고 있었다. 史明, 『台灣人四百年史』(중국어판), San Jose, CA : Paradise Culture Associates, 1980, 294면 참조.

고향을 떠난 30여 년의 시간 동안, 타이완은 이민족의 강력한 식민통치를 받고 있었다. 경제・사회・문화・교육의 각 방면에서 거대한 변화가 있었고 이러한 사회적 배경하에서 타이완의 신문학은 자주적인 길을 갈 수 밖에 없었다. 정확하게 말하자면 피해갈 수 없는 길이었다는 것이 낫겠다.[44]

타이완 백화문운동을 되돌아 볼 때 우리는 타이완어문학 보급의 배후에 복잡한 식민정치, 경제적 상황이 있음을 알 수 있다. 이 외에도, 백화문운동이 어떻게 언어와 기호를 전환시켜가며 타이완인의 주체적 이데올로기를 확립했는지를 알 수 있다. 또한 이러한 이데올로기를 통해 어떻게 외래 통치자와 '조국'이라는 문화적 헤게모니에 저항했는지도 알 수 있다. 결국 '타이완화문운동'으로부터 40년 후 중화민국 체제하인 1970년대에 들어서 비로소 타이완문학가들은 타이완어로 시를 창작하기 시작하고 1980년대 후반에 타이완어 문학이 더 고조되어 끊어진 역사가 다시 이어졌다. 이 시기에는 타이완의 주체성 이데올로기가 현저하게 재구축되었고 '집단적 사회이해'의 여정이 지속적으로 개척되었다.

44 葉石濤, 앞의 책, 28면.

일제강점기 타이완 신구문학논쟁 다시 읽기*

원인, 과정, 결과를 다시 생각한다

예롄펑葉連鵬

1. 들어가며

현재 타이완문학계에서 중국의 백화문으로 창작해야 한다는 사고는 당연한 논리로 받아들여지고 있다. 문언문을 사용하는 작가와 시인은 극소수에 지나지 않으며 고전시를 예로 든다면 부분적으로 한학에 기반을 두고 있는 노시인들을 제외하고 고전시를 창작할 수 있거나 조금이라도 이해할 수 있는 사람들은 대부분 중문과 출신뿐이다(사실 중문과의 교수와 학생들도 고전시를 창작할 수 있는 이는 소수에 불과하다). 이러한 결과를 야기한 원인은 한두 가지가 아니지만 그중 1920년대 중기에 벌어졌던 신구문학논쟁이 가장 핵심적인 요인이라고 할 수 있다. 때문에 타이완의 신문학 역사를 이야기하는 것은 이 논쟁의

* 이 글은 이현복이 번역하였다.

시말을 이해하지 않고서는 불가능하다. 수년간 이미 많은 사람들이 신구문학논쟁의 과정을 연구 주제로 다루었지만 결론은 거의 대동소이했다. 대다수의 사람들은 구문학이 시대의 조류에 부합하지 않았기 때문에 신구문학의 논쟁에서 공격의 대상이 되었던 것이고 신문학 진영은 압도적으로 승리할 수 있었다고 믿었으며 또 논쟁이 종결되면서 구문학은 점진적으로 쇠퇴했고 신문학은 번영가도를 달려 문단의 주도적 위치를 차지했다는 생각을 받아들였다. 아래의 인용문을 보자.

> 쌍방은 서로에게 대립각을 세우며 논쟁을 벌였다. 그러나 이 논쟁에서 신문학을 주창한 사람들이 승리했고 구문인은 결국 침묵에 빠져들었다.[1]

> 사실상 논쟁이 일어나면서 바로 신문학이 우위를 점했다. 반면 구문학은 곧장 공격 대상으로 전락했으며 결국은 내분에 휩싸이기까지 했다.[2]

> 구문학은 일본 당국의 후원을 받았기 때문에 신문학은 정치적으로는 타격을 입은 채 억압받았다. 그러나 신문학은 뜨는 해였다. 논쟁은 최종적으로 신문학이 승리를 고하는 것으로 일단락됐다.[3]

> 20년대에 들어서면서 구문학은 붕괴한 반면 신문학운동의 의의는 보다 잘 드러났는데 그것은 문자적으로 문언과 백화의 차이만이 아니라 문학의 기능

1 中華民國文藝史編纂委員會,『中華民國文藝史・台灣光復前的文藝概況』, 台北 : 正中書局, 1975.
2 陳少廷,『台灣新文學運動簡史』, 台北 : 聯經出版事業公司, 1977, 33면.
3 古繼堂,『台灣新詩發展史』, 台北 : 文史哲出版社, 1989.

과 가치 그리고 문학의 임무와 책임 등에서 하늘과 땅만큼의 큰 차이를 보여주었기 때문이다.[4]

구문학은 한계를 안고 있고 또 뒤떨어진 느낌이었기 때문에 몇 차례 격렬한 교전을 치룬 후에는 이미 더 이상 싸움을 이어나갈 여력이 없었고 그 기세는 날이 갈수록 꺾여갔다. 반면 신문학은 비타협적 혁명정신으로 급격히 세력을 확장해 문단을 주도하였고 발전적인 미래를 만들어갔다. 이것은 문학혁명운동이 결정적 승리를 획득했음을 보여준다.[5]

이러한 관점들이 비일비재했기 때문에 일반 독자들은 쉽게 그것을 받아들이고 사실로 여겼다. 그러나 정말 그러했을까? 사실 이것들은 의심해보아야만 할 관점들이었다. 이들 저작이 인용하고 있는 자료를 살펴보면 이들 대다수가 양윈핑楊雲萍의 「타이완소설선 서台灣小說選序」,[6] 황더스黃得時의 「타이완신문학운동개관」, 랴오한천廖漢臣의 「신구문학의 다툼－타이완 문단의 모든 기록新舊文學之爭－台灣文壇一筆流水賬」[7] 등의 논조를 답습하고 있고 특히 랴오한천의 문장은 신구문학논쟁에 대해 체계적으로 다룬 전문적인 문장이었기 때문에 후발 문학사가들 거의 모두가 이 문장으로부터 영향을 받았다.[8] 양

4 彭瑞金, 『台灣新文學運動四十年』, 台北 : 自立晚報出版社, 1992, 2면.

5 劉登翰 등 주편, 『台灣文學史(上卷)』, 福建省 : 海峽文藝出版社, 1991, 368면.

6 원래는 李獻璋 編, 『台灣小說選』에 수록되어 1940년 12월 출판 예정이었으나 인쇄 중 발행금지 되었다. 본문은 또 李南衡 主編, 『日據下台灣新文學・明集 5』, 台北 : 明潭出版社, 1979에도 수록되었다.

7 두 글은 『台北文物』 3권 2기, 3권 3기, 4권 2기, 1954년 8월, 1954년 12월, 1955년 8월에 나누어 연재되었다. 또 李南衡 主編, 『日據下台灣新文學・明集 5』, 台北 : 明潭出版社, 1979에도 수록되었다.

8 예를 들어 천샤오팅陳少廷의 『台灣新文學運動簡史』와 량밍슝梁明雄의 『日據時期台灣新文

윈핑과 랴오한천은 신문학가로서의 기치가 선명하며 따라서 그들의 견해는 본위주의本位主義를 벗어나기 어렵다. 게다가 역사는 늘 '이긴 자의 역사'였다.

현재 신문학이 모든 것을 장악하고 있고 구문학은 거의 역사가 되어버린 상황에서 독자들은 당연히 신문학의 입장에서 논쟁의 결과를 바라보기 십상이다. 구문학가의 주장이 부재한 상황에서 설령 양윈핑, 황더스 및 랴오한천 등의 논법이 이치에 맞는다 하더라도 '평면적'이라는 결함은 피할 수 없기 때문에 독자들은 이에 대해 회의해야 하고 신중히 증명해야 하며 증거를 바탕으로 논지를 펼쳐야 한다. 무조건적으로 받아들일 수 있는 것이 아니라는 것이다.

일반 문학사가들이 거의 신문학에 치우친 논설을 편 것에 반해 웡성펑翁聖峰은 진즉부터 연구자들에게 신구문학을 '공평하게 대할 것'을 격한 어조로 호소했었다. 그는 "절대로 신문학을 연구한다는 핑계로 구문학에 대해 의식적으로든 무의식적으로든 무시하거나 부정하지 말라. 그렇게 한다면 '오늘의 입장으로 과거를 보지以今律古' 못하고 일제강점기 타이완문학사의 진상에서 멀어지게 될 것이다"[9]라고 말했다. 웡성펑의 호소는 최근까지 이어졌고 황메이링黃美玲과 스이린施懿琳 등이 이와 같은 입장을 취했다. 이들은 고전문학의 입장에서 신구문학논쟁을 다시금 새로이 조명했다.[10] 본고의 일부 관점과

學運動研究』, 台北 : 文史哲出版社, 1996는 가장 상세하게 일본 강점기 신구문학논쟁의 시말을 소개하고 있는 두 저작이라고 할 수 있다. 그러나 두 저작은 대부분 랴오한천廖漢臣의 글을 저본으로 삼아 서술되고 있으며, 그중에서도 천샤오팅陳少廷의 저작이 특히 그러하다.

9 翁聖峰, 「論日據時期台灣新舊文學之硏究不宜偏廢」, 『台灣文學觀察雜誌』 第8期, 1993.9, 22면.

10 본고 대부분을 완성한 후에야 황메이링과 스이린 두 학자가 이미 이 의제를 다루었고, 필자의 일부 관점이 그들과 비슷하다는 것을 알았다. 黃美玲, 『連雅堂文學硏究・連氏與台灣新文學運動』, 台北 : 文津出版社有限公司, 2000; 施懿琳, 「日治時期新舊文學論戰的再觀察－

두 학자의 견해는 다소 일치하는 면이 있다. 그러나 두 학자는 논쟁의 원인과 결과를 비교적 적게 다루었고 또 아직 수정해야할 여지가 많이 남아있다. 진상에 보다 더 다가서고 기존의 병폐를 그대로 답습하지 않기 위해서는 당시의 사료를 다시 살펴 논쟁의 시말을 이해할 필요가 있다고 생각한다. 그러했을 때 이 시기의 역사적 진실이 드러날 것이다.

2. 논쟁의 원인

1915년 타이난에서 일어난 시라이안西來庵봉기가 실패한 후 타이완 민중은 더 이상 무의미한 희생을 피하려고 하였고 이에 유혈 저항운동은 점차 감소 추세로 돌아섰다. 게다가 1895년부터 1915년까지 일제가 강점한 지 이미 20년의 세월이 흘러 통치 기초가 공고화되었기 때문에 조직과 재정적 배경이 부족한 타이완인들이 현대화된 무기를 갖춘 일본제국에 대항하기는 쉽지 않았다. 무장 항일운동이 불가능한 상황에서 정치적 항일은 그나마 취할 수 있는 방법이었다. 소위 정치적 항일이라는 것은 정치적 수단을 동원하여 일본인과 대결하고 입법을 통해 정치 참여의 기회를 얻어 최종적으로 자치를 획득하는 것을 목적으로 하는 운동이었다. 이렇게 타이완인들의 유혈을

兼論其對台灣古典詩壇的影響」, 『從沈光文到賴和－台灣古典文學的發展與特色』, 高雄 : 春暉出版社, 2000 참조.

줄이고자 하는 전략은 1907년 이미 량치차오가 린셴탕林獻堂에게 언급한 것이었다. 량치차오는 다음과 같이 말했었다.

> 중국은 앞으로 30년간 타이완인들이 자유를 쟁취하는 싸움에 도움을 줄 능력이 없을 것이다. 때문에 타이완 동포들은 절대로 경거망동해서는 안 되며 무의미한 희생을 치러서는 안 된다. 제일 좋은 것은 아일랜드 인들이 영국에 대처했던 방법을 본받아 일본 중앙 정계의 실력자와 두터운 교분을 맺음으로써 타이완 총독부의 정치를 견제하고 타이완인들을 지나치게 억압하지 못하도록 하는 것이다.[11]

이후 린셴탕은 확실히 이 목표를 향해 매진했었다. 이러한 정치적 수단을 채택하기 위해서는 우선 타이완인들의 공통된 인식을 모아 거대한 민의의 힘을 결집할 필요가 있었다. 그래야 일본 당국에 영향을 끼칠 수 있기 때문이었다. 그러나 당시 타이완인민들 대다수가 교육을 받지 못했기 때문에 사상적으로 계몽되기 어려웠고 공통된 인식을 응집시키는 것도 어려웠다. 유일한 길은 문화적 항일로 먼저 방향을 트는 것이었다. 오직 타이완 전체 백성에게 문화 사상의 교육을 시행하여 민지를 계발해야만 공통된 인식을 모으고 자립자강의 실질적인 목적에 이를 수 있었다. 왕민촨王敏川은 "우리 타이완 문화가 진보하지 않은 이유는 발전할 수 있는 능력을 갖추지 못했기 때문이다. 그렇기 때문에 사람들의 자각을 일깨우고자 하는 것이다. 그렇다면 장차 어떠한 방법을 취할 수 있겠는가? 교육 보급에 시비를 논하

11 葉榮鐘 편, 『林獻堂先生紀念集』 卷一, 林獻堂先生紀念集編纂委員會, 1960, 15면 참조.

지 말아야 한다. 사회의 문명을 계발하기 위해서는 먼저 고상한 문화를 흡수해야 한다. 특히 세계의 조류에 순응해야만 한다. 그렇게 해야 민지가 나날이 개발되며 문명으로 나아갈 수 있다. 그러기 위해서 내외의 다양한 사조를 폭넓게 소개해야 할 것이다. 그렇지 않으면 효과를 볼 수 없다"[12]라고 말했다.

그래서 타이완의 지식인들은 신문화운동을 기획하기 시작했던 것이다. 신문화운동을 추진하기 위해서 가장 중요한 첫걸음은 민중으로 하여금 글자를 알도록 하는 것이었다. 식자識字가 이루어진 후 독서를 통해 신지식을 흡수하고 민중의 사상을 개조하는 목적을 이룰 수 있었다. 당시 타이완인 절대다수는 문맹이었기 때문에 신문화 운동의 주요한 목표는 민중의 식자일 수밖에 없었던 것이다. 그러나 당시 타이완인 중 소수 경제적 상황이 좋은 가정을 제외하고 일반 농촌 자제들이 공학교에 들어가 일본 교육을 접하기는 쉽지 않았다. 그렇지만 교육을 받지 않으면 생활 상 많은 불편이 수반될 수밖에 없었다. 그래서 많은 사람들이 자제를 민간에서 개설한 서당으로 보내 간단한 교육을 받게 했다. 이런 상황에서 일제강점 초기의 타이완에는 한문中文을 이해하는 사람이 일문을 이해하는 사람보다 훨씬 많았다.

게다가 민족의식이 더해져 문자로서 중문을 민중교육 보급의 도구로 삼는 것은 자연스러운 일이었다. 그러나 서당에서 가르치는 한문은 과거科擧 시대로부터 내려온 문언문의 구식 문자 교육이었다. 이러한 문언문 시스템은 수천 년을 경과하여 다듬어져 온 것으로 정련된 문자를 능숙하게 사용하기 위해서는 장기간의 학습과 탐색을

12 王敏川, 「『台灣青年』發刊之趣旨」, 『台灣青年』 創刊號, 1920.7.12.

요했다. 게다가 이러한 문자는 서구 사회에서 발전된 신사물이나 신명사를 소개하는 데 확실히 난점이 있었다. 즉 문언문은 이미 신문화운동이 요구하던 '빠름快'과 '표준準'에 부합하지 못했던 것이다. 이런 상황에서 문자의 개혁은 필연적인 추세가 되었다. 문자의 개혁은 문학의 개혁을 촉발하였고 문학의 개혁은 신문학의 수입과 구문학의 배척을 불러왔다. 공격을 받은 한 쪽은 당연히 집단적으로 반발하였고 1920년대 중기 신구문학논쟁은 이로 인해 발생하였다.

정리하자면 논쟁의 발생은 타이완인들의 항일의 요구에서 기인한 것이었다. 무장 항일이 불가능한 상황에서 정치적 항일을 채택할 수밖에 없었고, 정치적 항일의 중심은 신문화운동의 추진이었다. 신문화운동을 추진하기 위해서 민중은 글자를 알아야 했고 그래서 문자개혁운동은 반드시 수행되어야만 했다. 문자개혁운동은 신문학혁명의 촉발로 이어졌고 신문학혁명은 필연적으로 구문학을 공격할 수밖에 없었으며 공격받은 측은 약세를 드러내길 원치 않았기 때문에 대규모의 논쟁이 발발하게 된 것이다.

상술한 내재적 근원이 신구문학논쟁의 발생을 이끌었다. 그런데 신구문학논쟁의 도화선이 문자개혁운동과 신문학운동이었지만 이들 운동에 영향을 끼친 기타 요인들을 여기서 살펴볼 필요가 있다. 량밍슝梁明雄은 세계적 조류의 충격, 5·4사조의 자극과 격발음擊缽吟에 대한 반동을 타이완 신문학운동의 3대 요인으로 들었다.[13] 이 세 가지 요소는 확실히 타이완 신문학운동에 큰 영향을 주었지만 해당 논문에서 깊이 있는 토론이 이루어졌기에 필자는 더 이상 부언하

13 梁明雄, 『日據時期台灣新文學運動研究』, 台北 : 文史哲出版社, 1996, 제3장 참조.

지는 않겠다. 다만 타이완문학사 상 논의할 가치가 있는 안건이 제시되었는데 그것은 바로 일제강점기 타이완 신문학 발전에 일본과 중국 중 어느 쪽이 보다 깊은 영향을 끼쳤는가 하는 문제였다. 이 문제에 대해 여러 해에 걸쳐 중론이 오갔다. 린팡녠林芳年 같은 경우는 일본의 영향이 비교적 크다고 생각했다. 그는 다음과 같이 말했다.

> 당시 일본 관헌의 통제하에 있던 타이완에서 신문학운동 종사자 대다수는 일문을 이해하고 있었지만 중문에 대한 이해는 한계가 있었다. 게다가 일본정부의 통제하에서 조국의 문학 간행물을 구하기는 쉽지 않았다. 한편 일본내지에서 출판된 문학잡지가 끊임없이 유입되었고 각 파의 간행물이 골고루 갖추어져 있었다. 그리고 해외 유학생의 다수는 일본 유학생이었다. 조국으로 유학한 경우는 당시 '염분지대'에서 한 두 예를 찾아볼 수 있을 뿐이었다. 이렇게 본다면 타이완 신문학운동에 가장 큰 영향을 준 것은 일본이었다.[14]

반면 황더스黃得時는 중국 5·4운동의 영향이 비교적 크다고 생각했다. 그는 다음과 같이 말했다.

> 타이완 신문학운동의 내원에 대해 필자는 줄곧 일본의 영향이 크다고 생각해왔다. 그러나 최근 『신청년』, 『타이완』, 『타이완민보』 전체를 살펴 본 후 생각을 바꾸게 되었다. 일본의 영향이 있었다는 생각에는 변화가 없지만 그러나 그것이 크다고는 할 수 없고 5·4운동의 영향력이 이에 비해 상대적으로 더 크다는 것이다. 예를 들어 『타이완민보』의 모든 목차를 살펴보면 5·4운동 아니

14 林芳年, 「鹽分地帶作家論」, 『鹽分地帶文學選』, 台北 : 林白出版社, 1979, 39면.

> 면 전체 중국문학을 논하고 있다는 것을 알 수 있다. 일본문학의 영향은 나중의 일이었다. 왜냐하면 당시 도쿄 유학생 중 일문으로 문장을 쓸 수 있는 자는 그리 많지 않았기 때문이다.[15]

필자는 이러한 관점을 보다 정확히 판단하기 위해서는 이를 두 가지로 나누어 생각해 보아야 한다고 생각한다. 첫째는 '신문학'의 정의이며 둘째는 각기 다른 시기로 나누어 논하는 것이다.

① 만약 타이완 '신문학'에 대한 정의가 문언문을 사용하지 않고 창작한 일체의 문학을 일반적으로 지칭하는 것이라면 일본어의 영향이 비교적 크다고 할 수 있다. 왜냐하면 당시 타이완의 지식인들은 대다수 일본어 서적과 신문, 잡지에 의존해 새로운 자료와 소식을 흡수하고 있었기 때문이다. 그것에는 세계 각국의 우수한 문학 작품 및 문학 이론이 포함되어 있었고 당연히 창작 기법 역시 포함되어 있었다. 게다가 일제강점기 문학은 전체적으로 보아 질과 양에 걸쳐 모두 일문 작품의 성과가 두드러졌다. 이러한 관점을 빌린다면 일본이 중국에 비해 더 많은 영향을 끼쳤다고 할 수 있다. 그러나 '신문학'의 정의가 한자 백화문으로 창작한 문학이라고 한다면[16] 중국의 영향이 더 크다. 왜냐하면 당시 비교적 일찍부터 백화문을 제창한 황청충黃呈聰, 황자오친黃朝琴 등은 모두 중국을 여행하며 직접 중국 문자와

15 「傳下這把香火－「光復前台灣文學」座談會」, 『聯合報』 副刊, 1978.10.22 참조.

16 지금 타이완문학을 논한다면 당연히 일본어 작품을 무시할 수는 없다. 그러나 당시 신구문학 논쟁에서 사실 일문은 배제되었고 논쟁 당시 소위 신문학은 한자 백화문으로 창작한 문학이었다. 이점에 대해서는 아직 많은 문학사가들이 주의를 기울이지 않거나 판단 착오를 하고 있다. 그래서 일문작품을 신문학의 성과에 포함시킴으로써 신문학의 위세가 구문학을 압도했다는 증거로 삼으려고 하는 것이다. 이 점에 대해서는 신구문학논쟁의 영향을 논할 때 보충 설명을 할 것이기에 여기서는 잠시 접어두기로 한다.

문학 개혁 후의 결과를 바라보고 느낀 바가 있어 백화문 보급을 제창했기 때문이다.

황청충은 "나는 금년 6월 중국에 가서 백화문 보급 상황을 살펴보았는데 편리함이 이만저만한 것이 아니어서 보급의 필요성을 더욱 절감하였다"[17]고 말했다. 신문학 진영의 좌장격인 장워쥔張我軍은 베이징에서 공부한 타이완 유학생이었고 이외에 신문학을 찬성한 쑤웨이린蘇維霖, 라이허賴和 등도 모두 중국 대륙에 체류했었다. 타이완 신문학운동은 중국 신문학운동에 바로 이어서 일어났는데 진행 추이도 중국 신문학운동과 동일하여 문자의 개혁에서 시작되어 문학 개혁으로 나아갔다. 장워쥔이 구문학을 공격하고 신문학을 제창하는 데 바탕을 둔 '이론'은 거의 후스胡適 등 중국에서 백화문을 제창한 인사들의 방법을 '답습'한 것이었다. 이런 각도에서 보자면 중국의 타이완 신문학운동에 대한 영향이 비교적 크다고 할 수 있다.

② 타이완 신문학의 발전에 근거해 살펴본다면 시기적 상이함은 상이한 영향을 야기하는 요소가 된다. 타이완의 신문학은 『타이완청년』, 『타이완』, 『타이완민보』 등 몇 가지 간행물에 의지해 천천히 성장해 왔다. 이들 간행물을 창간한 이들은 일군의 일본 유학생들이었다. 그들은 일문을 통해 신지식을 흡수하고 세계의 조류를 습득해서 새로운 타이완의 문화를 만들고 타이완의 민지를 계발하고자 했다. 그래서 그들은 이들 잡지를 창간했던 것인데 이들 잡지가 나타남으로 해서 신문학운동이 뒤이어 나올 수 있었다. 때문에 신문학운동의 최초 원인을 탐색하면 일본문화의 영향이 비교적 크다고 할 수 있다.

---

17 黃呈聰, 「論普及白話文的新使命」, 『台灣』 第4年 第1號, 1923.1.

이후 장워쥔 등이 뒤이어 중국의 신문학혁명 전반을 소개했는데 이때는 당연히 중국의 영향이 컸다. 이어 일본어를 사용하여 창작하는 사람도 점차 많아져서 양자는 어깨를 나란히 하게 되었다. 그러나 점차 상황은 일본으로 기울어갔고 1937년 타이완 총독부가 신문·잡지에서 한문의 사용을 금지하자 타이완문학은 의심할 여지없이 일본의 영향을 받게 되었다.

이상 두 가지를 종합해 보면 타이완의 신문학운동은 문화적 모국(중국)과 식민지 모국(일본) 양측의 영향을 모두 받았기 때문에 분리해서 살피면 그것이 더욱 분명히 드러나는 반면, 둘을 합쳐서 살피면 누구의 영향력이 큰지를 판정하기가 쉽지 않다. 어쨌든 타이완의 신문학운동이 갖가지 요소의 영향하에 전개되어 나왔고 또 신지식인들의 신문학 추동과 구문학에 대한 공격이 구문학 진영의 불만을 야기했기에 타이완 역사에 전례가 없는 논쟁이 전개되었던 것이다.

3. 논쟁의 과정

랴오한천은 1924년에서 1942년에 걸친 신구문학논쟁의 과정을 3기로 나누어 설명하였다. 그는 "첫 단계는 신구 두 대립 진영이 서로 대립하던 시기이고, 다음 단계는 구문학 진영이 공격을 받은 시기이며 마지막 단계는 구문학 진영이 내홍을 겪은 시기이다[18]"라고 말했다. 필자는 랴오한천이 말한 제3기 논쟁(『풍월보風月報』 및 『남방』에서 벌어진 논쟁)은 사실상 신구문학 간의 논쟁으로 보기 어렵고 독립된 시학 논쟁으로 보아야 한다고 생각한다. 억지로 신구문학논쟁과 함께 토론하고자 한다면 그저 논쟁 후의 영향으로 보아야 할 것이다. 그는 이 시기를 구문학 진영의 '내홍'이라고 보았는데 '내홍'이라고 본다면 그것은 구문학 진영 내의 '집안일'일 뿐이지 신문학과는 관계가 없다. 이것을 어떻게 신구문학논쟁이라고 할 수 있겠는가? 게다가 『풍월보』 및 『남방』의 논쟁에서 '내홍'이라는 글자를 쓸 수 있는가도 논의가 필요하다.

웡성펑은 이에 대해 다른 관점을 제시하였다.

> 이것은 응당 구문인들이 시대의 변화에 대응하는 일종의 자성으로 보아야 하지 랴오한천이 말한 신문학에 대한 긍정이 '내홍'을 불러일으켰다는 관점으로 볼 수는 없다. 만약 랴오한천을 따라서 다른 의견이 있다는 것을 내홍으로 보고 자아의 와해로 본다면 『타이완문예』, 『타이완신문학』 등이 제 갈 길을 찾아가는 것도 내홍이라 하고 신문학에 대한 자아부정이라고 보아야 한단 말인가?[19]

필자는 본고의 논조 전개에 있어 기존 연구로부터의 영향을 피하고자 논쟁의 원전 자료에 근거해 타이완 신구문학논쟁을 준비기·격전기·여파기의 3기로 나누어 설명하겠다.[20]

---

18 廖漢臣, 「新舊文學之爭－台灣文壇一筆流水賬」, 李南衡 主編, 『日據下台灣新文學·明集 5』, 台北 : 明潭出版社, 1979, 410～457면

19 翁聖峰, 「論日據時期台灣新舊文學之研究不宜偏廢」, 『台灣文學觀察雜誌』 第8期, 1993.9, 15면.

20 이것은 대략적인 구분으로 경계선을 확연히 가르기가 쉽지는 않다. 격전기와 여파기의 경계선도 불분명하다. 본고에서는 장워쥔의 참여 여부에 따라 구분하였는데 신구문학 진영 간 '싸움'의 격화에서 장워쥔은 절대적인 열쇠를 쥔 인물이었기 때문이다.

1) 준비기

1920년 『타이완청년』이 창간된 후부터 '준비기'가 시작되어 장워쥔이 「타이완청년에게 보내는 편지致台灣青年的一封信」를 발표한 때에 일단락되었다고 할 수 있다. 이 시기 이미 다수의 사람들이 백화문으로 문언문을 대체하여 사용하였고 문언문의 결점을 함께 논하였으며 중국에서 사용하는 백화문을 모방할 것을 제안하였다. 이때는 백화문 혁명의 실질적인 움직임이 있었지만 아직 구체적으로 구문학을 공격하지는 않았기 때문에 구문학 진영도 응전에 나서지 않고 있었다. 그래서 단지 한 진영의 토론에 지나지 않았지만 뒤이어 나타난 실제 논쟁에 영향을 미쳤기에 필자는 이 시기를 '준비기'라고 정의한 것이다.

『타이완청년』 창간의 목적은 신문화운동의 추진과 관련이 있었다. 교육을 보급하기 위해 이 시기 그들은 이미 문학의 기능 문제와 문자의 사용 문제를 사고하고 있었다. 천신陳炘의 「문학과 직무」, 간원팡甘文芳의 「실사회와 문학」, 천돤밍陳端明의 「일용문 고취론」 등을 예로 들 수 있는데 특히 그중 천돤밍의 글은 가장 일찍 문자 개혁의 문제를 언급한 문장이었다. 그는 시문은 예술이며 그래서 고심하여 그려내야 하지만 일용문은 분명하고 쉽게 써야 한다고 생각했다.[21] 이 세 편의 글은 문자와 문학개혁운동의 서막을 열었지만 그들

21 신구문학논쟁을 다룬 논문이 적지 않다. 廖漢臣의 「新舊文學之爭－台灣文壇一筆流水賬」, 梁明雄의 「日據時期台灣新文學運動研究·新舊文學之爭」, 施懿琳의 「日治時期新舊文學論戰的再觀察－兼論其對台灣古典詩壇的影響」 등이 있다. 본고의 편폭이 긴 관계로 논쟁과 관련된 문장을 인용하지는 않겠다. 상술한 글을 참고하기 바란다. 특히 施懿琳의 문장은 조리가 분명하다. 본고는 그들이 논급하지 않은 문장을 간략히 설명하고 이에 집중하도록 하겠다.

의 문장에서 두 편(천신, 천돤밍)은 문언문으로 쓰였고 한 편(간원팡)은 일문으로 쓰여 모범으로서의 역할을 하지 못했고 영향력도 그리 크지 않았다.

1923년 1월 『타이완청년』이 잡지 『타이완』로 개편된 후 황청충의 「백화문 보급의 새로운 사명을 논한다論普及白話文的新使命」와[22] 황자오친의 「한문개혁론」 두 편의 문장을 싣고 백화문 혁명을 전면적으로 제창하였다. 황청충은 우선 타이완 문화가 진보하지 못한 원인을 문자의 문제에서 찾았다. 그는 "우리 사회는 민중이 쉽게 책과 잡지를 보고 편지와 책을 쓰는 데 이용할 수 있는 보편적인 문자를 갖고 있지 못하기 때문에 세계의 사정에 밝지 못하고 사회의 이면은 암흑상태이며 민중은 우매한 상태에 빠지게 되었다. 그래서 사회는 활기를 잃었으며 이것은 진보를 가로막는 직접적인 원인이 되었다"라고 말했다. 그래서 그는 반드시 개혁을 추진해야 하며 전면적으로 백화문을 보급해야 한다고 생각했던 것이다.

이어서 그는 절을 나누어 백화문 보급의 중요성을 논하였다. 황자오친은 「한문개혁론」 및 「속한문개혁론」에서 18절에 걸쳐 한문 개혁의 필요성과 절박성을 상세히 논하였다. 그는 '한문이 세계에서 가장 배우기 어려운 문자'라고 여겼다. 그래서 중국은 떨쳐 일어서지 못했다는 것이다. 그는 현재 중국은 이미 개량을 시작했으니 타이완도 이를 본 따 백화문 강습회를 열어 운동을 추동해야 한다고 주장했다. 황청총과 황자오친의 문장은 준비기에 가장 중요하고 가장 잘 쓰인 논문이라고 할 수 있다. 많은 타이완인들로 하여금 백화문의 가치

22 이 논문의 출처는 본고 부록 표1 참조. 이하 인용되는 논쟁 문장은 특별한 주를 달지 않는 한 모두 이 표를 참조.

와 편리성을 깨닫게 했고 그 해(1923) 4월 발행된 『타이완민보』가 백화문을 사용하게 함으로써 시대에 큰 획을 그었다. 『타이완민보』의 창간사를 살펴보자.

> 이번 신간호에서는 평이한 한문을 사용하여 민중의 지식을 충실히 담아내고자 한다. 본보의 종지는 타이완의 문화를 계발하고 동포의 원기를 진작시키며 타이완의 행복을 도모함으로써 동양의 평화를 구하고자 함에 있다.[23]

백화문을 사용한 『타이완민보』의 출현에 힘입어 타이완의 백화문 혁명운동은 비로소 추동의 가능성을 확보할 수 있었고, 이후 전개된 신구문학논쟁에서 신문학 진영은 『타이완민보』를 주요 전장으로 삼아 구문인에 맹렬한 공격을 가할 수 있었다. 『타이완민보』가 발간된 후 슈후秀湖[24]는 1권 4호에 「중국 신문학운동의 과거・현재・미래」를 발표하여 중국 신문학운동의 전체 형세를 타이완인들에게 소개했다. 개혁의 소리가 울려 퍼지던 와중에 가오관우高冠吾의 「한문자 개혁에 대한 소견漢文字改革之管見」은 조금은 다른 목소리를 내었다. 그는 "무릇 언어 개혁에는 두 가지 방법이 있다. 하나는 근본적인 개조이고 다른 하나는 국부적인 개조이다. 근본적 개조는 희생이 크며 실행하기 어렵고 효과를 보기도 쉽지 않아 국부적인 개조의 느린 진행만 못하다. 나 역시 한문자漢文字 개혁의 설에 동조하지만 그러나 개혁의 방법에 있어서는 일정한 순서가 있어야 한다고 생각한다. 이는 신발이 맞지 않는다고 발을 깎거나 체한다고 밥을 먹지 않는 것과

23 慈舟(林呈祿), 「創刊詞」, 『台灣民報』 第1號, 1923.4.15 참조.
24 秀湖의 '湖'는 원문에는 '潮'로 오기되어 있다. 이를 정정한다.

같다"라고 말했다. 또 "한문자를 개혁하려면 먼저 한문자를 연구해야 한다. 한문의 근본을 등한시하면서 큰 소리로만 '개혁! 개혁!'하고 외치는 것은 논리가 맞지 않다"고도 말했다. 가오관우는 주로 표음자모를 개량하여 사용하는 것에 반대하였다.

그의 전문을 보면 백화문을 사용해야 한다는 언급은 없는 반면 국부적인 한문자 개혁의 필요성은 인정했다. 아울러 개혁을 주장하는 다수가 근본적으로 한문에 대한 이해가 없다는 것을 은연중 비판하고 있다. 마지막으로 그는 다음과 같이 말했다. "한자의 국부적인 개혁의 요지는 간단한 글자를 사용하면 의미의 이해가 쉬워진다는 것이다. 이점이 중요하다. 국내의 학자 다수를 모아 사전을 만드는 일은 더 늦출 수 없다. 이를 외면하고 단지 개혁만을 이야기하는 데 대해, 나는 그것이 가능하다고 생각지 않는다." 그가 말한 한문자 개혁은 '정리한다는 의미에서의 개혁'이다. 그는 8조의 개혁 방안을 열거했는데, 여기에는 '고문이 간략하고 현대문이 번잡하다면 고문을 따른다', '고문에 있는 것이 현대문에서 틀렸다면 수정한다', '고문이 있는데도 현대문에서 새로 첨가한 것이 있으면 삭제한다' 등의 조항이 있다. 그는 현재 필요한 일로 새로운 사전의 편찬을 뽑았던 것이다. 가오관우의 개혁과 백화문을 제창한 자들 간에는 거리가 있었기 때문에 그의 의견은 어떠한 반향도 불러일으키지 못했다.

가오관우를 이어 『타이완민보』 1권 14기에는 '룬후이성潤徽生'이라는 필명의 논자가 「문학을 논하다論文學」를 발표하여 타이완인들이 구문학을 중시하고 신문학 창조에 대해서 부정적인 것을 비판하였다. 구문학은 너무나 어렵기 때문에 타이완인들은 모든 정신적 역량을 시사詩社와 문학에 낭비하고 있다는 것이다. 그는 인류가 학습해야 하는 것이 문학만이 아니라 공학, 농학, 경제학, 정치학 등이 있으며 이것들에 대해서도 알아야 한다고 생각했다. 문학에 대해서는 단지 '의견을 표현하면 되는 것이고 무슨 대구니 운이니 하는 것은 소용없는 일이다'라고 말했다. 그는 아울러 "문학은 인류의 진화와 밀접한 관련이 있다. 문학이 어려우면 인류의 진화는 지지부진해지거나 퇴화할지 모른다. 만약 이렇게 어려운 문학을 창작이 용이한 문학으로 바꾼다면 진화의 속도는 자연적으로 빨라질 것이다"라고 주장했다. 룬후이성은 문언문의 한계와 백화문의 쓸모에 대해 정확하게 인식하고 있었지만 그의 이 문장은 문언과 백화가 혼용되어 있었고 심지어는 많은 부분이 매끄럽지 못했다. 이를 통해 당시 사람들이 백화문을 써서 문장을 지어야 한다고 생각하고 있었고 또 시도를 하기도 했지만 대다수가 제대로 된 문장을 짓지 못했고 룬후이성 역시 거기에서 벗어나지 못했다는 것을 알 수 있다.

이러한 상황에 대해 스원치施文杞와 이민逸民, 林耕餘은 함께 쓴 글을 통해 타이완인들이 쓴 백화문은 정확하지 않아 사람들이 못 알아본다고 비판했다. 스원치는 「타이완인이 지은 백화문에 대한 의견對於台灣人做的白話文的我見」에서 '문법을 잘못 사용할 뿐 아니라 때로는 완전히 아무 의미 없는 어구를 사용하기도 한다'고 지적했다. 이민은 「타이완에서의 백화문 연구에 대한 의견對在台灣研究白話文的我見」에서 타이완인들이 쓰는 어구가 "때로는 타이완의 방언이고 때로는 옛 중국의 백화이며 때로는 변형된 타이완의 방언이다. 예를 들면 '夏休', '都合', '頂上', '紹介' 등이 있다"고 말했다.

스원치는 이러한 점에 근거해 다음과 같이 제안하였다. "최선의 방법은 백화문으로 쓰인 책을 다독하고 중국에서 백화문 관련 책을 수입하여 참고하는 것이다. 그렇게 한다면 이른 시간 안에 실마리를 찾을 수 있을 것이다." 이민은 "한학의 뿌리를 어느 정도 알아야 국어를 이해하며 '중국 국어'를 써낼 수 있을 것이다"라고 주장하는 한편 아울러 "타이완에서 백화문을 열성으로 제창하는 여러 선생님들이 타이완에 국어를 연구하는 '중국 국어'기관을 설립하고 시세의 요구에 부합해 부족한 점을 보완한다면 이미 싹을 보인 백화문은 한 걸음 더 전진할 수 있을 것이다"라는 희망을 피력했다.

기본적으로 스원치와 이민 두 사람은 모두 타이완인들이 중국을 본받아야 하며 중국의 백화문을 배워야 한다고 생각했다. 그렇게 해야 중국과 이어질 수 있다고 생각했던 것이다. 그들은 자신의 방언만 발전시켜 다른 성의 사람들이 알지 못한다면 진보할 수 없을 뿐 아니라 오히려 퇴보할 수밖에 없다고 생각했다.

우리는 '준비기'에 여러 사람들이 문자의 개혁문제에 집중했으며 백화문으로 문언문을 대체할 것을 주장했음을 알 수 있다. 백화문 제창자들은 일본 유학생에서 점점 중국 유학생으로 옮겨갔다. 당시 타이완의 신지식인들은 백화문 사용을 주장했지만 백화문에 대해 아는 것이 많지 않았기 때문에 소수의 중국 유학생들이 자연적으로 백화문 추진 세력의 주력이 되었다. 장워쥔은 그중 두각을 나타낸 인물이었다. 그러나 그는 이후 벌어진 향토화문鄉土話文 논쟁의 씨앗을 뿌린 사람이기도 했다.[25] 장워쥔이 나타남으로써 준비기는 종막을 고하고 신구문학논쟁은 정식으로 격전기로 접어들었다.

---

25 張我軍 등이 실행한 신문학은 중국의 백화문을 이용하여 창작한 문학이기 때문에 타이완인들에게 중국의 話文은 글文이지 말話이 아니었다. 그래서 뒤에 黃石輝 및 郭秋生 등이 '台灣話文'을 제창하자 廖毓文, 林克夫, 朱點人 등이 이에 반대하였고 이 문제는 1930년대 큰 규모의 논쟁으로 번졌다.

2) 격전기

장워쥔이 「타이완청년에게 보내는 편지」를 발표한 후 1925년 8월 26일 『타이완민보』에 「신문학운동의 의의」를 발표하기까지가 이 시기이다. 이 시기의 신문학 진영은 장워쥔이 주장主將인 셈이었고 구문학 진영에서는 롄야탕連雅堂, 정쿤우鄭坤五, 뤄슈후이羅秀惠 등이 중요 인물이었다.

백화문운동이든 신문학운동이든 타이완에게는 모두 혁명적인 행위였다. 혁명은 큰 지진이 없다면 일어나기 힘든 법이다. 타이완의 신지식인들이 백화문운동을 추진하고 신문학을 제창하고 구 문단을 개조하고자 단속적으로 몇 편의 문장을 발표하는데 그치고 토론을 거쳐 피차간 고하의 판정을 내리지 않았다면 그 효과는 제한적이었을 것이다. 안타깝게도 『타이완청년』이 창간된 후 백화문을 추진한 지 3, 4년이 흘렀지만 구문학(문언문) 진영에서는 어떠한 반응도 없었다. 이러한 교착 상황은 장워쥔이 논쟁에 뛰어들고 나서야 구조적으로 변화되었다. 베이징에서 유학한 장워쥔은 1924년 4월 『타이완민보』에 「타이완 청년에게 보내는 편지」를 발표함으로써 잔잔하던 타이완 문단에 파문을 일으켰다. 이 문장에는 두 가지 초점이 있었다. 첫째 그는 타이완에서 사회운동에 종사하는 자들에게 단결과 의지력, 그리고 희생을 요구했다. 왜냐하면 사회운동은 본래 한 번에 모든 것을 이룰 수 있는 것은 아니기 때문이었다. 그리고 이어서 구문학에 대해 공격을 가했다.

> 제군들은 어찌 유용한 책을 읽어 사회에 실제로 써보지는 않고 매일 사이비

같은 시나 읊으며 『시운합해詩韻合解』의 노예나 되거나 혹은 무슨 팔고문 같은 선인의 구역질나는 문장이나 짓고 있단 말인가. (타이완의 시문은 진정한 문학적 가치를 가진 것이라고는 없으며 게다가 개혁은 생각지도 않은 채 두엄더미에서 수천 년을 굴러왔을 뿐이고, 그래서 그것에 종사했던 사람 역시 온몸에 똥칠을 했을 뿐이다.) 자신을 과시하기 위해 자칭 시옹詩翁이니 시백詩伯이니 하면서 줄곧 수선만 떨어댔을 뿐이다.

장워쥔의 비평은 충분한 화력을 갖고 있었고 그래서 타이완의 구문단에 맹렬한 포격을 가할 수 있었다. 타이완의 시문이 문학적 가치를 가져보지 못했다는 말은 과장된 점이 없지는 않지만 그리고 고전문학을 두엄더미에 비유한 것 역시 과한 면이 있지만 당시 타이완 문단에 확연히 많은 병폐가 있었던 상황에서 그가 내린 독한 처방은 어쩔 수 없는 선택이었다. 또 도전성이 강한 장워쥔의 언사로 인해 논쟁이 벌어짐으로써 오랜 시간 적수를 기다리던 신문학 진영으로서는 결국 고대하던 반응을 얻어낸 것이기도 했다.

일반적인 문학사가들은 구문학 진영에서 가장 먼저 신문학 진영의 도전에 응전했던 이가 롄야탕이라고 보고 있다. 그러나 사실 「타이완 청년에게 보내는 편지」가 발표된 후 얼마 지나지 않아 쑨스양孫世揚이 먼저 롄야탕이 편찬한 『타이완시회台灣詩薈』에서 백화문 사용을 주창했던 이들을 비판했다. 그는 「문학 소견文學管窺」의 말단에 다음과 같이 적고 있다.

요즘 사람 중에는 서구의 언문일치를 추앙하여 구문을 버리고 백화를 사용하자고 하면서 전적典籍과 아언雅言을 죽은 문학이라 치부하는 자들이 있다.

> 그들은 문학에 이치와 질서가 있음을 알지 못하며 고금을 구별하지 못하니 생사와 무슨 관련이 있겠는가? 무릇 과학이라는 것은 사물의 정리를 탐구하는 인류의 공언公言으로서 국토와 민정에 따라 다름이 있을 수 없다. 문학은 인정을 발휘하는 것으로 인정의 호오와 취사는 정해져 있지 않다. 풍속에 따라 곡절이 달라져 이것과 저것의 미와 악이 다르고 장과 단이 다른 법이다. 오늘날 서구의 문학이라고 하는 것은 희곡, 소설 등을 일컫는다. 혹자는 신기한 것을 따라가 남의 것으로 이 땅의 문학을 평하려고 하는데, 내가 보기에 그것은 문학을 모르는 것이라고 할 수 있다.

쑨스양은 구문학이 죽은 문학이라는 생각을 거부했다. 그는 문학의 형식은 여러 번 거듭해서 바뀔 수 있지만 그 자체에 법칙이 있어 변하지 않는 부분이 있다고 생각했다. 게다가 사람마다 문학을 감상하는 시각이 다르다. 서구인들은 희곡과 소설을 중시하는데 이러한 희곡과 소설의 언어는 중국어로는 백화문이 더 적합하다. 그러나 타이완의 환경은 달라(시를 위주로 한다) 한 마디로 쉽게 결론 내릴 수는 없다고 그는 생각했다. 쑨스양의 이 글이 꼭 장워쥔을 조준했다고는 말할 수 없지만 장워쥔의 글이 발표된 후 이 문장이 나왔던 것도 사실이고 또 어느 정도는 그런 뜻도 있었다고 할 수 있다.

「문학 소견」이 발표된 후 롄야탕은 『타이완 시회』 제6호의 '문초文鈔'란의 '여묵餘墨'을 통해 풍자적인 어조로 다음과 같이 말했다. "한유가 말하길, '이백과 두보의 문장은 만 장 길이로 타오르는 불꽃과 같은데 어리석은 자들이여 무슨 까닭으로 멋대로 훼손하려는가, 하루살이들이 큰 나무를 흔들다 한들 무너질까. 가소롭구나. 그대들 자신의 힘이.'" 당시 롄야탕은 이미 많은 사람들이 구문학을 폐하고 신문학을 제창하고 있다는 사실을 알고 있었다. 그는 '자신만만하여' 그들이 성공하지 못할 것이라고 생각했다. 구문학을 전복하려는 시도는 그의 눈에는 하루살이가 큰 나무를 흔드는 꼴로 밖에는 보이지 않았던 것이다.

신문학 진영에서는 장워쥔을 이어 쑤웨이린蘇維霖이 「20년간의 중국 고문학 및 문학혁명 약술二十年來的中國古文學及文學革命的略述」을 발표하여 중국문학혁명의 상황을 재차 소개하였다. 또 장겅張梗은 「구소설 개혁문제를 논한다討論舊小說的改革問題」라는 장문을 『타이완민보』에 연재하여 구문인들을 비판하였다. "고인古人들을 추수하기나 좋아하고 선인들의 말투나 좇으면서 이십세기의 살아있는 문장을 짓지는 못한 채 생명이 끊어져가는 죽은 고문古文만 붙들고 있다. 활개를 편다느니 득의양양이라느니 말을 해대는데 그것들이 생명이 빠져버린 시체라는 것을 어찌 알겠는가? 외관은 번드르르하지만 사실은 이미 생기라고는 없고 맥이 끊어져 버렸으니 도대체 장점이 있기는 한 것인가?"

장겅 외에 '첸페이前非'라는 필명을 쓴 이는 「타이완민보는 왜 문언문을 사용하지 않는가?台灣民報怎樣不用文言文呢?」라는 제목으로 백화문이 문언문에 비해 좋은 이유를 설명하고 문언문을 사용하지 않는 연유를 언급했다. "본보는 일부러 어려운 글자를 쓰고 독창성 없이 남의 것만을 베껴서 사람들에게 그저 달이 뜨고 꽃 피는 풍경, 차와 술이 있는 한가한 삶이나 보여줄 뿐인 문장을 지으려하지 않는다. 또 붓을 놀려 단장이 끊어지는 듯 슬픔을 토로하는 문장이나 색정이 가득한 시부詩賦를 써서 푸념을 늘어놓으려는 것도 아니다." 첸페이는 『타이완민보』가 소식과 정보를 사람들에게 전하여 그들의 민지를 계발하려 한다면 당연히 백화문을 사용해야 한다고 생각했다. 아울러 그는 구문학은 이미 음풍농월하는 도구로 전락하였기 때문에 사회적 가치를 상실했다고 생각했다.

신문학진영의 연이은 발언은 원래는 신문학혁명에 별로 관심이 없었던 롄야탕의 인내심을 자극했고 결국 그는 폭발하고 말았다. 그는 린샤오메이林小眉의 「타이완영사台灣詠史」의 서발序跋을 통해 이렇게 자신의 생각을 풀어놓았다.

> 오늘날 학자라고 하는 사람들은 육예六藝는 읽어 보지도 않고, 백가百家는 접해 보지도 않고 이소離騷와 악부樂府는 들어 보지도 않고 나불나불 떠들어댄다. "한문을 폐하라! 한문을 폐하라." 그리고 더해서 신문학을 제창하고 신체시를 고취하면서 고적을 쓸모없다 말하고 자신들이 시대의 유행이라 자처한다. 그런데 나는 모르겠다. 소위 '신'이라는 것을 그들의 어디서 찾을 수 있는지. 그 소위 '신'이라는 것을 보더라도 그저 서구인들의 소설이나 희극 나부랭이 같은 것일 뿐일진대, 그 국물 한 방울이라도 구해 맛보고는 희희낙락하는 꼴이라니, 우물에 갇힌 개구리가 아니고 무엇이란 말인가. 그들이 어디 드넓은 바다를 알 수 있겠는가. 아, 슬프도다!

이 글을 통해 롄야탕은 당시 사람들이 구문학을 거듭 공격하고 신문학을 제창하는 상황에 대해 불편한 심기를 드러내었다. 이 발언은 장워쥔을 자극했고 그는 「타이완문학계를 위해 통곡한다爲台灣的文學界一哭」을 써서 이에 응답했다.

장워쥔은 「타이완 청년에게 보내는 편지」를 발표하여 장겅, 첸페이 등의 반응을 불러일으킨 후 뒤이어 「엉망진창인 타이완문학계糟

糕的台灣文學界」를 써서 더욱 날을 세워 타이완문학계를 공격하였다. 그는 타이완문학계가 혁신을 이해하지 못하고 시가 무엇인지 조차 모른 채 문학을 힘 있는 세력에 영합하는 도구로만 여기다가 결국 '진흙탕에 빠져 죽고 말 것이다'라고 비판하였다. 「엉망진창인 타이완문학계」를 쓰고 난 후 장워쥔은 롄야탕의 상술한 반응을 접하고는 이에 대해 곧바로 「타이완문학계를 위해 통곡한다」를 발표하여 롄야탕을 공격하였다. 그는 롄야탕이 신문학을 반대하지만 신문학이 무엇인지조차 모르는 사람이라고 공박했다. 그리고 이에 흥이 난 듯 계속해서 「힘을 합쳐 시든 풀더미 속의 낡은 전당을 부수자請合力拆下這座敗草叢中的破舊殿堂」를 발표하였다. 그는 타이완문학은 중국문학의 지류이기 때문에 본류에 어떤 변화가 있다면 지류도 따라서 변화해야 한다고 생각했다. 중국문학계는 이미 혁명을 맞이하였고 구문학의 전당 역시 이미 무너져 내렸는데, 유독 타이완만 이 낡은 옛 전당을 고수하고 있다는 것이다. 그는 모두 나서서 이 마지막 남은 옛 전당을 파괴하자고 주장했다. 그는 이 글에 바로 이어 「격발음의 유일한 의의絶無僅有的擊缽吟的意義」를 써서 당시 타이완에 성행하고 있던 '격발음' 활동에 대한 맹렬한 공격을 가하였다.

1925년 1월5일 '먼후루성悶葫蘆生'이라는 필명의 사람이 『타이완일일신보』에 「신문학을 논한다新文學之商榷」을 발표하였다. 이 글은 「엉망진창인 타이완문학계」를 겨냥한 글이었다. 여기서 그는 타이완에서 백화체 신문학이라고 말하는 것이 그저 보통의 한문에 '了' 몇 개를 더하거나, 말끝에 '馬', '嘮', '尼', '矣' 등의 글자를 붙여서는 자전에도 없는 글자를 만들어 낸 것에 지나지 않는다고 비판했다. 그는 신문학가들은 '촌부가 비녀를 아무런 순서 없이 마구 꽂아서 사람들의 비웃음을 불러일으키는 꼴'이라고 풍자했고 아울러 장워쥔이 한학에 대한 소양도 없으면서 구문학을 공격했다고 비판하였다.

'먼후루성悶葫蘆生'의 글에 대한 응답으로 두 편의 글이 발표되었다. 하나는 장워쥔이 쓴 「먼후루성을 폭로한다揭破悶葫蘆生」였고 다른 하나는 '반신구半新舊'라는 필명의 사람이 발표한 「「신문학을 논한다」를 논한다「新文學商権」的商権」였다. 장워쥔은 먼저 누군가가 결국 신구문학을 주제로 자신과 토론하기를 원한다는 사실에 기쁘다고 말하고(이를 통해 보면 장워쥔이 계속해서 격한 언사를 사용한 것에는 다른 뜻이 있는 것이 아니라 사람들과의 필전을 통해 신문학을 추동하기 위한 것이었음을 알 수 있다) 이어 '먼후루성悶葫蘆生'의 문장은 말이 되지 않는 소리를 하고 있으며 그가 신문학을 전혀 이해하고 있지 못한다고 말했다. 장워쥔은 '먼후루성悶葫蘆生'의 논점을 조목조목 비판했다. '반신구'는 「「신문학을 논한다」를 논한다」을 써서 장워쥔을 응원하는 한편 '먼후루성'에게 마구잡이 비판은 아무런 소용이 없으며 시간이 난다면 토론문이라도 몇 편 쓰는 것이 더 의미 있는 일일 것이라고 충고했다.

1925년 1월 29일 저명한 고전시인인 정쿤우는 정쥔워鄭軍我라는 필명으로 『타이난신보』에 「장워쥔에게 보내는 편지致張我軍一郎書」를 발표하였다. 이 글은 「힘을 합쳐 시든 풀더미 속의 낡은 전당을 부수자」를 표적으로 삼은 것이었다. 정쿤우는 우선 장워쥔의 논조가 과격하고 문인의 자격을 상실했다고 지적하면서도 반면에 장워쥔 글의 사고가 비범하고 그가 언급한 팔불주의八不主義는 시대의 병폐를 정확히 짚어내고 있다는 찬사를 보냈다. 그러나 정쿤우는 타이완 문단이 병을 앓은 후 쇠약해진 노인처럼 원기가 부족한 것일 뿐이며 때문에 과도한 운동이 아닌 점진적인 개혁이라는 처방전이 필요하다고 주장했다.

그는 당시 타이완에 시사詩社가 난립하던 상황을 변호하기도 했다. 그는 시사는 한학을 보호하기 위해 세워진 것으로 그만한 공로가 있기 때문에 장워쥔 같은 이가 함부로 비방해서는 안 된다고 말했다. 정쿤우는 또 장워쥔에게 그가 추진하고 있는 백화문이 베이징어를 말하는 것인가라고 질의하면서 "왜 하필 관음官音에 구애되어 '我等'을 '我們'으로, '最好'를 '很好'로 억지로 바꾸려 하는가? 이는 쓸데없는 사단을 만들어 내는 것일 뿐이다. 가까운 것을 버리고 멀리 있는 것을 취하는 꼴이 뱀 그림에 발을 그리는 것과 같다. 도대체 그 이익이 어디에 있단 말인가?"라고 꼬집었다. 마지막으로 장워쥔에게 '불손한 문자'를 거둬들여야 모두를 적으로 만드는 일도 피하고 재주를 부리다 일을 망치는 것도 피할 수 있을 것이라고 충고했다.

정쿤우의 문장에 대해 장워쥔은 「정쥔워에게 보내는 답신復鄭軍我書」로 회답했다. 그는 정쿤우가 '이치'가 아닌 '정'으로 일을 처리하려 한다고 지적했다. 아울러 「장워쥔에게 고하는 편지告張我軍一郎書」의 모든 내용에 대해 세세하게 반박했다. 예를 들어 그는 자신이 제기한 백화문은 후스가 말한 '국어의 문학'이지 베이징어가 아니라는 주장을 거듭 피력했다. 사실 장워쥔의 이러한 대응은 정쿤우의 질의에 대한 제대로 된 답이 되지 못했다. 왜냐하면 타이완의 실제 상황에 비춰보자면 이러한 '국어의 문학'으로서의 백화문은 타이완인들이 학습하는 데 있어 하나의 장애였으며 또 그러하기에 '내 손으로 내가 말한 것을 쓴다我手寫我口'라는 원칙에 위배되는 것이었기 때문이다. 장워쥔은 평정심을 가지고 정쿤우에 반응할 수 없었고 정쿤우 역시 이후 이에 대해 말을 삼갔기 때문에 장워쥔의 주장에 대한 더 이상의 논박은 이어지지 않았다.

이 밖에도 '츠칸왕성赤嵌王生'은 「장워쥔에게 고한다告張一郎」을 썼는데 "『타이완민보』는 타이완 문화를 촉진하여 민지를 계발하기 위해 창간되었다. 내가 그 저술과 논설을 읽어보니 무릇 정으로서 사람을 꾀고 이치로서 사람을 인도하기는 하지만 사람들의 마음을 얻지는 못했다"라고 말하고 이어서 장워쥔을 향하여 "아무리 글을 읽어봐도 그릇된 견해로 가득 차 있고" 자신을 위인이라고 자처하여 눈에 아무 것도 보이지 않는다고 그를 비판하였다. 일찍이 장워쥔은 타이완의 시인들은 너무나 많고 게다가 늘 상투적인 말만 사용한다고 비판했었다. 츠칸왕성은 이에 대해 "무릇 시를 읊조린다는 것은 경景을 보고 그 정情을 풀어낸 것이다. 손이 가는 대로 자구를 가져와 그 마음에 따라 새겨 넣는 것일 뿐으로 눈에 띄는 결점이 없다면 이것이 가작이랄 수 있다. 여기에 어찌 상투어를 쓴다는 것이 문제가 되겠는가"라고 대응했다. 그리고 상투어를 쓸 수 없다면 입에 발린 말들 예를 들어 『민보民報』에서 늘 하는 말인 '삼백육십만 동포', '정의와 인도' 등도 없애야 하는가라고 반문했다.

츠칸왕성이 장워쥔을 타이난 사람 장경으로 오해하였기 때문에 장워쥔은 『타이완민보』 3권 5호 「수감록隨感錄」에서 더욱 더 조롱하였다. 그는 "당신들이 말하는 경景, 당신들이 말하는 정情이란 것은 『시운합벽詩韻合壁』, 『패문운부佩文韻府』를 넘어서지 못하기" 때문에 당신들이 지어내는 시라고는 모두 쭉정이에 지나지 않는다고 비판했다. 또 츠칸왕성이 민보의 글자와 순문학의 글자 운용을 비교한 일을 들어 이로써 '당신이 말하는 학식이 무엇인지' 알 수 있다고 비꼬았다.

구문학 진영에 속하는 다른 이들의 비판도 이어졌다. 장워쥔이 계속해서 구문학가가 신문학을 이해하지 못한다고 비판한 것에 대해 롄야탕은 다시 한번 『타이완시회』 제13호 전기傳記란의 「여묵」을 통해 신문학가들이 고전문학에 대해 연구하지 않는다고 반박했다. 그는 "오늘날 서양문학을 숭배하는 자들은 굴원과 이백의 시를 읽을 줄도 모르면서 그것을 연구한다고 하는가?"라고 반문했다. 장워쥔의 시비조의 언사 때문에 롄야탕 이외에도 많은 구문인들이 익명으로 『타이완일일신보』의 '시시비비'란을 통해 장워쥔을 집단적으로 공격하였다. 그러나 대부분은 그저 마구잡이 욕설에 지나지 않았다. 장타이랑張太郎 같은 이는 "장워쥔은 개처럼 마구 짖어댄다. 제정신이 아니다"라고 말했고 반구선생半舊先生 같은 이는 "장워쥔이 도대체 누구야! 종일 미친 듯이 짖어대기만 한다. 옛것을 잊고서 어찌 새 것을 안단 말인가. 정신 나간 인사 같으니라고"라고 말했다. 이와 같은 언사들은 너무 많아 일일이 열거할 수 없을 정도였다. 이들 익명의 문인들이 '시시비비'란에 뱉어놓은 욕설에 장워쥔도 약해 보이기 싫었는지 『타이완민보』의 「수감록」을 통해 끊임없이 이에 대해 대응을 했기 때문에 쌍방은 모두 비이성적인 싸움에 빠져들고 말았다.

그 밖에 구문학 진영에서 '시벗一吟友'의 「신문학평의新文學平議」, 황산커黃衫客(황자오좐黃晁傳)의 「장워쥔의 수감록을 논박한다駁張一郎隨感錄」, 자오루蕉麓, 羅秀惠의 「『타이완민보』를 읽고서閱報之感言」 등은 모두 신문학 진영에 질의를 던진 글이었다. 특히 자오루蕉麓의 글(『여화보黎華報』에 게재되었는데 지금은 실전되었다)에는 첸페이와 장워쥔 두 사람의 글(모두 「수감록」에 실려 있다)에 대한 그의 반응이 담겨 있었다.

1925년 5월 롄야탕은 『타이완시회』 제17기의 '여묵'란을 통해 상황을 두 가지로 정리했다. 그는 우선 시는 반드시 운韻이 있어야 하는데 신체시는 운이 없으며 이러한 특징은 채다가採茶歌(청대 차 생산 지역에서 유행한 노래) 혹은 타유시打油詩(평측과 운에 구애받지 않는 통속 해학시) 등이 신체시 보다 비교적 강하게 나타난다고 지적했다. 둘째 그는 구시의 표현 방법에는 부賦・비比・흥興 세 가지가 있는 반면 신체시에는 부賦 하나만 있기 때문에 그저 사실寫實의 방법만 남아있고 함축을 결핍하고 있다고 말했다.

롄야탕의 질의에 대해 장워쥔은 「수감록－롄야탕 선생의 글을 읽고隨感錄－一讀棠先生的縱談」을 통해 답했다. 그는 "당신은 한 시대에는 한 시대의 특색이 있다고 말하면서 왜 현대인이 현대시를 쓴다는 것을 반대하는 겁니까? 만약 그저 현대시에 운이 없다는 것(실은 운이 있습니다)을 반대하시는 것이라면 당신 자신이 음률에 대해 제대로 이해하지 못한다는 사실을 탓해야 할 겁니다"라고 비판했다. 현대시가 채다가와 타유시만 못하다는 비평에 대해서도 장워쥔은 롄야탕이 시의 본질과 문학적 취향에 대한 이해가 낮기 때문이라고 폄하했다. 그는 시의 내용이 음률보다 중요하다고 생각했던 것이다. 부・비・흥 문제에 대해서는 정면대응을 하지는 않았고 단지 "'시에는 육의가 있다詩有六義'는 것만 알고 시를 논해야 한다면 너무나 경박한 상태를 피할 도리가 없다"라고 간략한 평을 남겼다.

1925년 8월5일 신주新竹의 천푸취안陳福全이 「백화문을 타이완에 적용할 수 있는가?白話文適用於台灣否?」를 『타이완신보』에 발표하였다. 그는 지금까지 타이완에서 제창된 백화문은 '보아도 글이 아니며 읽어도 소리가 되지 않는다'고 하면서 이는 '향토의 언어를 관화官話에 섞은 것'으로 타이완에서 관화를 이해하는 사람은 '백사장에서 모래알

찾기와 같이 어렵기 때문에' 순수한 관화로 글을 쓰는 것을 타이완에서 추진하기 어렵다고 말했다. 만약 복잡한 타이완의 언어와 문자를 섞어 쓰면 '각기 다른 언어를 사용하는 다른 종족들이 같이 살고 있어' 이 역시 문제가 있다. 그래서 천푸취안은 먼저 타이완 주민의 언어를 통일하지 않고서는 타이완에서 백화문을 적용하기는 어렵다고 생각했다. 천푸취안은 문자 문제에 있어서도 받아들일 만한 의견을 상당히 많이 갖고 있었다. 그러나 신문학 진영은 이 문제에 대해서는 정면으로 대응하지 않았다. 다만 장워쥔은 그들의 말은 토어일 뿐으로 문자가 없는 하급언어이자 문학적 가치가 없기 때문에 중국의 백화문을 배워야 한다는 입장을 취했다. 타이완어를 이렇게 열등한 언어로 바라보는 그의 시선은 그가 다소 사실에 어두웠음을 말해준다.

이어서 장워쥔은 「신문학운동의 의의」를 발표하였다. 그는 논쟁이 진행된 3, 4개월 동안 구문학 진영 대부분에서 핵심에 접근하는 발언은 나오지 않았기 때문에 반박할 가치가 없다고 말했으며 그래서 이후 백화문 건설에 집중하고 더 이상 구문인의 반격에는 신경 쓰지 않겠다고 말했다. 장워쥔의 이러한 선언은 신구문학논쟁의 격전기가 종결되고 여파기로 들어섰음을 알리는 소리였다.

3) 여파기

장워쥔이 「신문학운동의 의의」를 발표한 이후를 기점으로 여파기라고 할 수 있는데 본고에서는 그 하한선을 1929년 말까지 잡는다. 장워쥔은 「신문학운동의 의의」를 발표한 후 사람들에게 백화문 쓰기를 가르치는 『중국국어문법』을 쓰고는 더 이상 논쟁에 참여하지 않았다. 장워쥔이 발을 뺀 후 신문학 진영에서는 장사오셴張紹賢의 「한 시인의 강연一個詩人的講演」, 쯔워성自我生의 「시전시광詩顚詩狂」, 양윈핑楊雲萍의 「무제록無題錄」 등의 글이 이어지면서 구문학 및 구문인에 대한 공격이 계속되었다.

1926년 1월 3일과 5일 『타이완일일신보』에 '한 기자一記者'의 「신구문학 비교」가 발표되었다. 이 글은 일곱 가지 각도에서 신구문학의 차이를 비교하여 논의를 총결하고자 했으며 다방면에 걸친 비교를 통해 최종적으로 구문학이 신문학보다 우월하다는 것을 증명하고자 했다. 이 글이 발표되자 본래 방관자적 태도를 취하고 있던 라이허가 더 이상 참지 못하고 논쟁에 뛰어들었다. 그는 「『타이완일일신보』의 「신구문학비교」를 읽고」에서 '한 기자'의 글 각 항목에 대해 조목조목 자신의 의견을 피력함으로써 상당히 객관적인 태도로 신구문학의 단점을 비교하였다.

그러자 필명 '라오성창탄老生常談'이 「소위 신시의 문자에 대해對於所謂新詩文字」를 써서 이 글에 대해 반박했다. 그는 타이완 신문학 작품은 내용적으로 '키스, 포옹, 연애'와 같은 것이 대부분으로, 그것이 구국구족救國救族이나 사기진작을 가능하게 한다는 주장을 신뢰할 수 없다고 비판했다. 그는 라이허가 말한 '막 일꾼도 사람이며 그들도 감정을 가지고 있다. 그들의 외침이 시인들의 신음과 비교하여 가치가 없다고는 말할 수 없다'라는 논조에 대해서도 비판했다. 그는 막 일꾼 대부분이 쌍소리를 입에 달고 살기 때문에 그들의 나쁜 말을 하나하나 다 묘사한다면 타이완의 향토노동문학은 결코 우아한 문학의 전당에 들 수 없을 것이라고 주장했다. 아울러 신문학가들이 서양인의 찌꺼기를 주워 담기에 급급하다는 말도 덧붙였다. 그는 서양인들의 말이라는 것은 사실 대부분 자신들(중국인 혹은 타이완인)의 선조들이 가지고 있던 쓸모없는 찌꺼기 같은 것일 뿐이라고 생각했으며 이런 이유로 신문학자들에게 구 문학 연구에 힘쓸 것을 주문했던 것이다.

'라오성창탄'의 문장에 대해 라이허 역시 「노선생에 삼가 답한다謹復某老先生」을 써서 재차 반박했다. 그는 "신문학의 구성은 당연히 서양 문화의 원소와 융합될 수밖에 없다"고 인식했으며 그것이 결코 서양인의 찌꺼기를 주워 담는 것은 아니라고 생각했다. 노동대중의 쌍소리는 비록 비속하기는 하지만 가장 자연스럽고 진실이 담겨있는 외침으로서 그 가치를 말살할 수는 없다는 것이 그의 주장이었다. 끝에 가서 그는 "만약 정신을 개조할 수 있다면 구 형식이라도 이를 이용하여 작자의 심리를 충분히 표현할 수 있으며 이 역시 큰 환영을 받을 것이다"라고 호소했다. 사실 라이허가 강조한 것은 문학작품이 정감을 진실하게 반영해야 하며 무병신음無病呻吟해서는 안 된다는 것이었다.

라이허 이후 천쉬구陳虛谷가 「타이완시단을 위해 통곡한다爲台灣詩壇一哭」, 「북보의 곡조 없음을 논박한다駁北報的無腔笛」를, 예텐라이葉天籟, 즉 葉榮鐘가 「타락한 시인」 등 문장을 발표하여 계속해서 구문인의 염치없음과 물불을 가리지 않는 명예욕을 비판하였다. 구문학 진영 역시 이에 응답했지만 신구문학논쟁의 격전기는 이미 지나간 뒤여서 이 시기의 토론은 대다수가 단편적인 발언에 지나지 않았다. 여기에서는 이것들을 더 이상 일일이 열거하지는 않겠다.

여파기에서 가장 중요한 것은 '타이완 신문학의 아버지'라는 라이허가 논쟁에 참여했다는 것이다. 그 자신이 고전문학적 소양이 높았기 때문에 비교적 객관적으로 신구문학의 강점과 약점을 바라볼 수 있었고 창작에 힘썼기 때문에 그의 주장은 비교적 설득력을 갖출 수 있었다. 여파기에 들어선 후 장워쥔은 더 이상 토론에 참여하지 않았다. 구문인 중 일부는 계속해서 아첨을 일삼기도 했지만 이와 반대로 일부는 깊은 반성을 하기도 했다. 또 신문학을 찬성하는 사람들은 점차 창작으로 나아갔다. 이러한 상황에서 격렬했던 신구문학논쟁은 점차 일단락을 짓게 되었고 문단 역시 천천히 평정을 회복해 갔다. 물론 이후에도 논쟁은 일어났지만 이는 본고의 요지가 아니므로 생략한다.

4) 논쟁 과정에 대한 몇 가지 판단

(1) 논쟁의 과정은 표면적으로는 격렬하기 그지없었지만 자세히 살펴보면 논쟁 문장의 내용 면에서 평정심을 유지한 토론은 적고 주관적인 감정으로 흘러간 논쟁이 많다는 것을 알 수 있다. 굳이 따진다면 신문학 진영이 비교적 우세를 점하고 있었다고 할 수 있었다. 장워쥔은 필전筆戰의 고수였다. 그는 도발적인 언사를 잘 이용했으며 기세로 상대방을 압도했다. 또 상대방의 허점을 잡으면 그 기회를 놓치지 않고 맹공을 퍼부어 상대방을 숨 쉴 틈 없이 몰아쳤다. 그러나 이렇게 비타협적이고 비관용적인 태도는 많은 사람들의 반감을 샀고 이로 인해 집단적인 공격의 대상이 되어야 했다. 오히려 평정심을 잃은 토론은 점차 '서로 비방하는 문학'으로 흘러갔다. 장워쥔은

이론을 말하는 데는 능했지만 사람들의 모범이 될 만한 좋은 작품을 짓지는 못했고 사람들을 설득할 만한 고전문학적 소양도 부족했다.[26]

이런 상황에서 구문학을 '없애는 것만이 잘 하는 일이라고 생각했으니 늘 사람들에게 공격받을 구실을 제공하였던 것이고 구문학을 이해하지 못한다는 비판을 받기 십상이었던 것이다. 이해하지 못하는데 비평할 수 있는 자격이 어디에 있냐는 것이었다. 구문학을 전복하는 것은 둘째 치고라도 만약 장워쥔이 라이허나 양윈핑처럼 구시舊詩를 창작할 수 있는 능력을 갖추고 구문학을 비평했다면 그 효과는 사뭇 달랐을 것이다. 양윈핑 같은 이는 십대에 이미 『한 사람의 수기一陳人之手記』나 『음초집吟草集』과 같은 구문학 작품을 출판했었다. 신구문학논쟁이 경과한 10여 년 후 롄야탕이 그와 한담을 나눈 적이 있었다. 신문학운동 당시의 상황을 이야기하면서 롄야탕은 "당시 나는 당신 같은 사람이라야 구문학을 공격할 자격이 있다고 생각했다. 왜냐하면 당신은 구문학을 이해하고 있었기 때문이다"[27]라고 말했다. 롄야탕의 이 말은 당시 많은 구문인들의 생각을 대변하고 있다. 그래서 구문학가들은 장워쥔의 욕설에 가까운 비판을 들었을 때 이성을 잃은 채 욕설로 맞대응을 하거나 아예 무반응으로 일관하였던 것이다.

그들은 그의 말을 미친 자나 무지한 자의 헛소리로 여겼다. 말로써는 그(장워쥔)를 이길 수가 없고 또 마음속으로는 더 말해야 무슨 소용

---

26 사실 張我軍은 고전문학을 공부했던 경험이 있다. 그러나 신구문학논쟁의 과정에서 張我軍은 결코 고전문학으로 사람들을 설득할 수 없었다. 張我軍이 고전문학을 학습한 과정에 대해서는 秦賢次, 「台灣新文學運動的奠基者－張我軍」, 張恒豪 편 『台灣作家全集－楊雲萍, 張我軍, 蔡秋桐合集』, 台北 : 前衛出版社, 1991 참조.

27 楊雲萍의 「『人人』雜誌創刊前後」를 참조. 원래는, 『台北文物』 3卷 2期에 실렸지만, 여기서는 李南衡 主編, 『日據下台灣新文學・明集 5』, 台北 : 明潭出版社, 1979, 330면 인용.

이겠냐는 생각이 들어(결국 신문학은 구문학을 무너뜨릴 수 없는데 굳이 길거리 싸움 같이 서로 싸우며 욕설을 할 필요가 있겠는가?) 그들은 더 이상 변론에 나서지 않았다. 그 결과 구문학가들이 논쟁에서 지고 '비판의 대상이 되어' '더 이상 변론의 힘이 없었다고' 후세 문학사가들의 평가가 내려졌던 것이다. 사실 토론의 결과를 좀 더 자세히 살펴보면 많은 구문학가들이 심리적으로 그들과 논쟁하는 것이 근본적으로 하등 '쓸모없는' 일이라고 여겼다는 것을 알 수 있다. 주요 구문인들이 '냉담함'을 유지한 결과 논쟁은 내용적으로 열기를 잃어버리고 말았다.

(2) 구문인 외에 중립을 유지했던 사람들 다수는 침묵을 유지한 채 무관심한 눈으로 논쟁을 지켜보았다. 이것은 그들이 신문학에 동조하기는 했지만 구문학이 갖고 있는 기존의 가치 역시 인정하고 있었기 때문이었다. 그런 상황에서 그들은 구문학을 죽음으로 내몰 필요는 없다고 생각했던 것이다. 천징보陳鏡波는 다음과 같이 이 일을 기억하고 있었다.

> 그 당시 신구문학논쟁이 왕성하였다. 나도 구문학을 공격하는 몇 편의 문장을 읽고 나서 거의 한시와 시사의 난립을 공격하려고 생각했었다. 그러나 한편으로는 시학은 문학의 일부분일 뿐 결코 전체일 수 없는데 그렇게 얼굴을 붉혀가면서 싸워야 할까 하는 생각도 했다. 구시가 비록 무병신음하기는 하지만 나름의 장점도 있고 신체시 역시 신체시(백화시)로서의 묘미가 있다. 그렇다면 구시를 싫어하는 사람은 좋은 작품을 써내면 되는 것이다. 좋은 시는 신구를 가리지 않는다. 어쨌든 독자들은 사람의 심금을 울리는 가장 좋은 작품을 구분할 수 있다. 따라서 나는 그들의 논쟁에 관심이 없었다. 강 건너 불구경하듯 그들의 열띤 모습을 바라보기만 할 뿐이었다.[28]

장워쥔 등의 사람들이 빈틈을 주지 않고 구 문단을 몰아침으로써 '결국' 일부 구문인들이 논쟁에 참여하게 되었고 이 때문에 토론을 통해 피차 우열을 과시하겠다는 그들의 목적은 어느 정도 달성될 수 있었다(신문학을 추진했던 사람들이 희망했던 결과이다). 그러나 과격한 논조 때문에 적지 않은 이들이 돌아섰고 오히려 구문학에 대한 동정적인 분위기가 일어나기도 했다. 그래서 그 득과 실을 셈하는 것은 사실 어려운 일이라고 할 수 있다.

(3) 장워쥔이 구문인을 공격했던 소재들, 예를 들어 '음풍농월', 격발음 및 타이완 문단의 병폐 등에 대해서 롄야탕은 이 논쟁이 있기 이전에 이미 비판을 가했었다.[29] 두 사람의 견해는 상통하는 면이 많았음에도 왜 장워쥔이 구문인의 결점을 공격했을 때 롄야탕은 구 문인의 대표가 되어 그들을 끝까지 지키려고 했던 것일까? 이것은 아마 두 가지 요인에서 기인했을 것이라 생각된다. 하나는 자연적인 본능이다. 무릇 종種이 같은 공간에서 생존하기 위해서는 상호 간 경쟁을 피할 수 없다. 여기에 서로 간의 양보란 있을 수 없다. 그러나 일단 외적의 침입을 받게 되면 곧 힘을 합쳐 총구를 밖으로 겨냥하게 되고 그러한 상황은 외적이 사라질 때까지 지속된다. 외적이 사라지면 다시 원래의 상태로 돌아와 내적 투쟁에 돌입하게 되는 것이다. 롄야탕은 타이완 문단의 병폐에 대해 불만을 갖고 있었지만 결국은 구문학 집단에 속하는 인사였다. 구문학이 신문학의 공격을 마주했을 때 그

28 陳鏡波, 「軟派文學與拙作」, 李南衡 主編, 『日據下台灣新文學・明集 5』, 台北 : 明潭出版社, 1979, 400면. 원문은 『台北文物』 3卷 3期, 1954.12.

29 連雅堂은 1907년 『台南新報』에 擊缽吟을 반대하는 내용의 「台灣詩界革命論」을 게재함으로써 『台灣新聞』 기자인 陳瑚의 불만을 자아냈다. 양자 간의 필전에는 역시 많은 사람들이 참여했다. 비록 신구문학논쟁이 시작된 후이기는 했지만 連雅堂은 『台灣詩薈』에서 구 시인들의 병폐를 비판했었다.

역시 자신의 편견을 버리고 다른 구문인들과 함께 통일전선을 형성해 구문학을 보위할 수밖에 없었던 것이다.

다른 원인은 아마도 장워췬에게서 기인한 것일 것이다. 장워췬이 구시를 극력 반대했을 때, 롄야탕이 참을 수 없었던 것도 바로 이 지점이었다. 롄야탕은 시의 격률, 대구, 압운 등의 형식을 중시했고 이 때문에 신체시에 대해 상당한 불만을 품고 있었다. 그가 보기에 신체시는 정말로 시라고는 볼 수 없었다. 누군가 '이도저도 아닌' 시로 원래의 시를 대체하고 있는 상황에서 결국 그 자신이 나서서 그것을 제지해야 된다고 생각했던 것이다. 이 때문에 그는 신문학가들의 공격대상이 되었고 '보수'의 대명사가 되었다. 필자가 생각하기에 이러한 결과(자신이 원래 비판했던 대상의 하나가 되어 버린 것을 말한다)가 나온 것은 롄야탕으로서도 생각지 못했던 일이었다.

4. 논쟁의 결과

타이완 역사에서 전례 없던 신구문학논쟁이 지나간 후 논쟁은 몇 가지 영향을 남겼다. 구문학 진영의 일부 고전시인들도 타이완의 구시단이 많은 병폐를 안고 있다는 것을 의식하게 되었고 그리하여 자아검토와 자아비평을 진행하였으며 1941년 『풍월보』와 『남방』 등에서 시작된 '타이완 시인 7대 병폐' 논쟁과 같은 움직임도 나타났다. 신문학 진영으로서는 확실히 발전의 호기를 잡을 수 있었다. 아울러 반제반봉건의 전통을 세울 수 있었고 적지 않은 백화문 문예 간행물이 이를 기화로 탄생의 울음을 터뜨릴 수 있었다. 그 영향을 받아 신문학 창작의 대열에 발을 디딘 사람도 부지기수였다. 이러한 점은 의심할 여지없는 사실이었다. 그러나 재검토가 필요한 부분도 있다. 많은 문학사가들은 이 논쟁의 영향을 늘 과장하려는 경향을 보여 왔다. 그들은 논쟁이 지난 후 신문학의 성세는 구문학 진영을 압도했다고 여겼으며 신문학은 이것을 기회로 삼아 타이완문학 판도의 대부분을 장악했다고 생각했다. 또 바이사오판白少帆 등이 주편한 『현대타이완문학사』에서도 이렇게 이야기를 하고 있다.

> 공전의 규모로 진행되었던 이 신구문학논쟁은 비교적 분명히 신구문학 각각의 이점과 병폐를 드러냈다. 이 후 1926년과 1929년에 여전히 신구 각 진영 간의 논쟁이 있었지만 그것은 그저 이미 진행되었던 논쟁의 여파에 지나지 않았다. 다시 말해 신구문학논쟁의 승부는 이미 결정되어 있었다. 이 논쟁의 작용과 의의는 실로 중대했다. 우선 이것은 일본 식민지 당국의 지지를 받던 타이완 구 문단에 심대한 타격을 가했다. '격발음'이 타이완인민을 우롱하던 효과가 크게 약화되었으며 구문학의 몰락은 가속화됐다. 그리고 구시인 중 애국 문인들의 각성이 촉진되었다. 다음으로 타이완 문단에 조국으로서의 대륙 신문학의 영향력이 한 층 더 확대되었다.[30]

위에서 인용한 문학사가들의 논점은 정확하다 할 수 있는가? 사실 이것들은 재고할 필요가 있는 문제들이다. 우선 당시 일본어로 창작

---

30 白少帆 等 主編, 『現代台灣文學史』, 瀋陽 : 遼寧大學出版社, 1987, 43면.

된 작품이 '신문학'의 성과에 포함될 수 있는가라는 문제를 검토해야 한다. 필자는 이 문제에 답하기 위해서는 반드시 당시 사람들이 어떠한 말을 했는가를 살펴보아야 한다고 생각한다. 당시의 논쟁 문장을 자세히 살펴본다면 독자는 논쟁 당시에 지칭됐던 '신문학'이 사실은 한자 백화문을 사용하여 창작된 작품이지 일본어 작품은 아니라는 사실을 분명히 알 수 있을 것이다.

그 까닭은 한편으로는 당시 대부분의 타이완인들의 일본어 수준이 우수한 문학작품을 창작하기에는 부족했기 때문이며 다른 한편으로는 만약 신문학이 일본어 창작물이라고 한다면 아마 논쟁의 필요성이 없거나 혹은 근본적으로 논쟁이 필요하지 않았을 것이기 때문이다. 일본어를 찬성하는 측은 일본의 지지를 받았을 것이고 분명 우위를 점했을 것이다. 신구문학논쟁이 일어난 까닭은 구문학이 병폐를 지니고 있었고 그래서 '개혁'이 필요했기 때문이며 신구문학이 똑같이 한자 계통에 속했기 때문에 '개혁'이라는 주장이 관철될 수 있었던 것이다. 필자는 뒤이어 나타난 일본어 작품의 발생은 필연적인 결과이지 반드시 신구문학의 영향이라고는 할 수 없다고 생각한다.

순수 일본어 간행물인 『폴모사福爾摩沙』가 1933년 도쿄에서 창간됐을 때는 일본이 타이완을 통치한 지 이미 30여 년이 흐른 상태였다. 당시 타이완 섬 내의 지식인들 절대 다수는 일본 교육을 받아서 중국어보다도 더 고급스러운 일본어를 사용할 수 있었다. 신구문학논쟁이 일어나지 않았다고 하더라도 그들은 여전히 일본어를 사용하여 창작하였을 것이다. 원인은 다른 것이 아니라 그 당시의 문인들이 능동적이든 피동적이든 모두 일본어 교육을 받아 일본어를 통해 새로운 정보를 받아들였기 때문이며 일본어로 사고할 수 있었기 때

문이다. 그들에게 일본어 창작은 지극히 당연한 일이었던 것이다.[31]

신구문학논쟁이 벌어지던 당시에 일본어 작품은 과연 신문학의 범위에 포함될 수 있었을까? 논쟁의 과정으로 보았을 때 그런 일은 없겠지만 일본어 작품을 제외한 나머지를 신문학으로 본다면 그 신문학은 논자들이 말한 '비타협적인 혁명정신으로 흥기하여 문단을 주도하고 발전의 전망을 개척'할 수 있는 그런 것이었을까? 아래의 왕진장王錦江, 詩琅의 주장은 이러한 회의에 대한 우리의 판단에 도움을 줄 수 있을 것이다.

> 10년 전의 신문학운동은 중국문학혁명의 영향을 받아 한문으로 출발했었다. 그러나 요 몇 년 사이에 일본어는 조금씩 발전을 거듭해 왔지만 한문 진영은 진전을 이루지 못하고 오히려 쇠퇴 일로를 걷고 있다. 주류 역시 점점 일본어 쪽으로 기울어져가고 있고 수준 있는 작품 역시 여기서 나오고 있다. 최근 한문의 이와 같이 비참하고 부진한 경향은 더욱 분명해졌다.[32]

왕진장이 이 글을 썼을 때는 1936년이었다. 우리는 여기서 당시 한자를 써서 창작한 백화문은 이미 몰락하고 있었음을 알 수 있다. 그는 한자 백화문이 곤경에 처했다는 사실을 말해주는 예를 몇 가지 들었다. 양쿠이楊逵가 창간한 『타이완신문학』은 중국어와 일본어를 함께 사용하여 발간된 잡지였다. 그러나 중국어 원고는 상당히 적은 수

31 여기서 교육의 영향이 크다는 것을 알 수 있다. 예를 들어 필자의 모어인 閩南語는 집안에서는 모두 사용하지만 어릴 적부터 중국어 교육을 받기 때문에 현재는 이미 중국어로 사고하는 것이 습관이 되어있다. 오늘날 필자가 閩南語 문학 작품을 쓰고 싶다면 먼저 중국어로 '생각한' 후에야 閩南語로 고쳐 쓸 수 있다. 게다가 잘 쓸 수 있다고 말할 수도 없다. 이를 통해 당시 일본어 교육을 받았던 문학가들의 처지를 이해할 수 있다.

32 王錦江, 「一個試評－以'台灣新文學'爲中心」, 『台灣新文學』 1卷 4號, 1936.5.4.

가 기고되었고, 1권 3호의 편집인은 이에 대해 "본지는 창간 이래 3기를 발행해왔는데 지금까지 한문으로 된 평론이나 연구를 보지 못했다"[33]라고 탄식하기도 했다. 왕진장은 또 다음과 같이 주해를 달았다.

> 평론, 소설, 시를 막론하고 신인이 나타나지 않고 있다. 아직 현역으로 활약하고 있는 몇을 제외하고 『남음南音』이래의 맹장들은 대부분 부진한 채 침묵을 지키고 있다.[34]

한문 진영 자체의 부진 외에도 우리는 작가, 문인집단, 간행물의 수에서 신구문학 양측의 발전을 비교할 수 있다.

작가의 경우 상세한 인원수를 통계내기는 어렵지만 아래의 자료를 가지고 비교할 수 있다. 일제강점기에 규모가 가장 컸던 신문학 그룹은 1934년 5월 6일 성립된 '타이완문예연맹'이었다. 이 연맹에는 당시 거의 모든 신문학 작가들이 포함되어 있었다. 라이밍훙賴明弘의 기억에 따르면 제1차 타이완 문예대회의 초청자 명단에는 모두 94명의 이름이 있었다.[35] 당시 출석했으나 명단에는 없던 사람을 포함한다 하더라도 불과 백여 명 정도에 지나지 않았다. 그러나 1932년 타이베이에서 개최된 '전타이완시인대회全島詩人大會'에 참여한 고전시인은 적어도 이백여 명은 족히 되었다. 이 시인 대회는 일본 통치 당국이 주관한 것이었기 때문에 많은 유명 시인들이 참석하지 않았다. 타이완에 도대체 얼마나 많은 고전시인들이 있는가에 대해서는 지

---

33 『台灣新文學』 1卷 3號, 1936.4.1, 97면 참조.

34 王錦江, 「一個試評－以'台灣新文學'爲中心」, 『台灣新文學』 1卷 4號, 1936.5.4.

35 賴明弘, 「台灣文藝聯盟創立的斷片回憶」. 원래 『台北文物』 3卷 3期, 1954.12.10에 게재되었고, 李南衡 主編, 『日據下台灣新文學・明集 5』, 台北 : 明潭出版社, 1979에도 게재되었다.

금 남아있는 자료로는 알 길이 없으나 당시 시를 지을 수 있는 사람(시가 반드시 좋은 작품일 필요는 없다)은 보수적으로 계산한다하더라도 천 명 이상은 되었다. 때문에 작가의 수에 있어서 구문인은 확연히 신문학 작가들을 압도했다.

신문학 진영에서 비교적 이름이 알려진 문인집단은 타이완예술연구회, 타이완문예연맹, 타이완문예협회, 타이완문예가협회 등이 있었는데 다 합쳐도 열 개가 되지 않았다. 그러나 일제강점기 설립된 고전시사는 랴오이진廖一瑾의 정리에 따르자면 총수가 이백 개를 넘었다.[36] 이것을 보면 구문학 문인집단은 신문학 문인집단보다 훨씬 많은 수가 존재했다는 것을 알 수 있다.

양측이 가지고 있던 간행물을 살펴보자. 논쟁 당시 신문학가들은 『타이완민보』를 고수했고 구시인들은 한문란을 두고 있던 『타이완일일신보』, 『타이난신보』, 『타이난신문』을 주요 논쟁의 장으로 삼고 있었다. 『타이완민보』를 구독하던 사람들을 모두 신문학 지지자라고 할 수 없고,[37] 또 상술한 3종의 일본계 신문을 구독하던 사람들을 모두 구문학의 지지자라 할 수 없지만 이들의 판매량이 두 세력을 비교하는 자료가 될 수는 있다. 「타이완인의 대변인－타이완민보台灣人的喉舌－台灣民報」를[38] 보면 『타이완민보』는 1925년 7월 12일부터 순간에서 주간으로 개편됐고 같은 해 8월 26일 '창립 5주년 및 일만 부 돌파'를 축하하는 임시 특간을 발행했다. 『타이완민보』는 이 시기가 되어서야 판매량

---

36 廖一瑾, 「台灣詩社繫年」 제2장 제4절, 『台灣詩史』, 台北 : 文史哲出版社, 1999의 필자 통계 결과를 참조.

37 翁聖峰, 「論日據時期台灣新舊文學之研究不宜偏廢」, 『台灣之學觀察雜誌』, 第8期, 1993.9, 10~12면. 이 점은 翁聖峰의 문장에서 심도 있는 토론을 전개하였으므로 더 자세히 설명하지 않기로 한다.

38 葉榮鐘, 『日據下台灣政治社會運動史』, 台中 : 晨星出版有限公司, 2000, 622면.

이 만 부(1925년 타이완 총인구수는 3백 99만여 명이었다)를 넘어섰던 것이다.

반면 당시 『타이완일일신보』는 18,970부, 『타이난신보』는 15,026부, 『타이난신문』은 9,961부[39]로 세 신문의 부수를 합산하면 근 4만 부가 되었다. 게다가 이들은 모두 일간으로 『타이완민보』가 순간이든 주간이든 발행부수만으로 계산하면 적어도 30배 이상이었다. 신문에 있어서 신문학 진영은 구문학 진영에 필적할 수가 없었다. 잡지에서도 신문학 진영은 조금도 우위에 있지 않았다. 신문학 진영은 적지 않은 문예잡지를 발간했다. 예를 들어 『사람들』, 『칠음련탄七音聯彈』, 『남음』, 『선발부대』, 『제일선』, 『타이완문예』, 『타이완신문학』 등이 있는데 발행부수는 그리 많지 않았고[40] 수명도 그리 길지 못했다. 전체적으로 보아 구문인들은 자신들의 작품을 발표할 공간을 신문학가들 보다는 많이 갖고 있었다.

정리하자면 구문학 진영은 작가, 문인집단, 발표 공간 그 모두에서 수적으로 신문학 진영을 압도하고 있었다. 가치문제를 제외한다면(가치를 말한다면 신문학의 표현은 구문학보다 깊이가 있었다. 그러나 가치는 본고의 중심에서 벗어난 논제이다) 신구문학논쟁이 종결된 후 어떠한 관점으로 검토하고 비교해 보아도 신문학은 '결정적인 승리를 거머쥐었고' 구문학은 '일방적으로' '저항할 힘조차 없다'라는 평가의 근거를 찾을 수는 없다.

일부 논자들은 신구문학논쟁 이후 상황을 주목하여 구문학이 여전히 타도되지 않았고 세력 역시 신문학에 비해 컸다고 주장했다. 그

39 葉榮鐘, 「台灣人的喉舌－台灣民報」의 同註. 『台灣新聞』의 발간부수는 「台灣人的唯一喉舌－台灣民報」, 『日據下台灣新文學・明集 5』, 台北 : 明潭出版社, 1979 참조.

40 張深切은 「台灣文藝的使命」에서 "현재의 『台灣文藝』는 발행부수가 천 부에 불과하고 매월 수십 여부가 남아돌고 있으니, 괴로울 따름이다. 왜 우리의 예술은 이리도 커 갈수 없단 말인가?"라고 말했다. 『台灣文藝』 2권 호, 1935.5를 보라. 『台灣文藝』 조차 발행부수가 이런 상황에서 다른 잡지는 더 낙관할 수 없는 상황이었던 것이다.

러나 그들은 이러한 결과를 구문학에 대한 일본인들의 지지 탓으로 돌렸다. 랴오한천廖漢臣은 이렇게 말했다.

'신구문학논쟁'은 이론적으로는 일찍부터 우열이 결정이 나 있었다. 그러나 실제 신문학은 처음부터 끝까지 구문학을 무너뜨릴 수는 없었다. 이것은 분명한 사실이다. 당시 구문학은 이미 변질되었고 존재 가치가 훼손되어 있었다. 그러나 일본 정부의 지지가 있었다. 제2차 세계대전이 발발하자 일본 정부는 노예화 정책에 가속도를 붙여 타이완 언어 중 중국어 사용을 금지했다. 그러나 타이완 전체에 걸쳐 백여 개의 시사는 여전히 법외의 우위를 누렸고 중국어로 간행된 『시보詩報』는 박해를 피할 수 있었다.[41]

량밍슝梁明雄도 다음과 같이 말했다.

논쟁의 결과가 비록 이론적으로는 신문학의 우위로 끝났지만 그러나 구시인들은 일본 정부의 비호와 종용을 받고 있었기 때문에 타이완 전체의 시사詩社는 감소 없이 오히려 증가했으며 격발음도 더 흥성하였다. 제2차 세계대전 발발 후 일본 정부는 노예화 정책을 가속화했고 중국어 사용 금지조치가 내려진 후에도 시사와 그들이 발행한 『시보』는 구차한 목숨을 이어갈 수 있었다. 그러나 신문학은 박해를 받아 정체와 몰락의 길에 들어섰다.[42]

상대적으로 볼 때 신구문학 사이에서 일본인들은 확실히 구문학

41 廖漢臣, 「新舊文學之爭－台灣文壇一筆流水賬」, 李南衡 主編, 『日據下台灣新文學・明集 5』, 410～457면.

42 梁明雄, 『日據時期台灣新文學運動硏究』, 1996, 79면.

을 더 지지하였다. 그러나 신문학이 끝내 구문학을 사멸시킬 수 없었던 까닭은 결코 이러한 이유 때문만은 아니었다. 1937년 일본인들은 타이완인들이 한문을 사용한다는 점에서 신구문학을 동일시했으며 단지 정도의 차이만 있을 뿐이라고 생각했다. 구문학에서 『역사櫟社』 제2집은 내용적으로 일본인들에게 불리하다고 판단되어 간행 금지조처를 받았다. 신문학이 구문학을 타파할 수 없었던 진정한 원인은 사실 신문학의 '능력부족' 때문이었다. 생존 조건이 중국 신문학처럼 성숙하지 못했기 때문에 일정 정도의 발전에 이르자 스스로 쇠락하기 시작했던 것이다. 왕진장은 신문학(한문으로 창작된 백화문 문학)의 쇠락 원인을 다음과 같이 언급했다.

> 당초 한문을 출발점으로 삼은 타이완문학이 왜 쇠락하기 시작했는가? 필자는 여기에 여러 이유가 개입되어 있다고 생각한다. 첫째, 창작자 및 독자층의 교육 문제를 들 수 있다. 둘째, 중국 문화 혹은 중국문학과 접촉의 기회가 없었다. 셋째, 타이완문학은 어떠한 언어로 표현되어야 하는가라는 문제의 답이 아직 확정되지 않았다. 넷째, 직업 작가군이 확고히 자리 잡지 않았다.[43]

마지막 네 번째 직업 작가의 문제는 분명 영향 요인의 하나이기는 하지만 당시 보편적으로 빈곤했던 타이완에서 이것은 그리 중요한 요인이 되지는 못했다고 생각된다. 직업작가가 되는 것 자체가 지극히 어려운 일이어서 오늘날같이 부유한 타이완에도 이는 드물게 볼 수 있는 일이기 때문이다. 그러나 앞의 세 가지는 비교적 중요한 요

43 王錦江, 「一個試評－以'台灣新文學'爲中心」, 『台灣新文學』 1卷 4號, 1936.5.4.

인이라고 할 수 있다. 타이완의 신문학운동은 중국 신문학운동을 답습해 동일한 이론을 도입하고 동일한 논쟁을 벌였다. 그런데 어째서 중국의 신문학운동은 공전의 성공을 이룩한 반면 타이완의 신문학운동은 구문학을 일거에 사멸시키지 못하고 심지어 중도에 쇠락의 길에 들어섰던가? 필자는 양자의 발전 상황을 살펴봄으로써 다음과 같은 결론을 얻을 수 있었다.

1) 언문일치의 어려움

장워쥔 등은 문언문과 일상 구어 간 차이가 너무 크기 때문에 중국 백화문을 채택해야 한다고 주장했다. 그러나 당시 타이완인들이 일본어로 된 '국어' 외에 일상에서 사용하는 언어는 종족에 따라 민남어閩南語, 객가어客家語, 원주민 각 부족 언어로 나뉘어 있었다. 타이완인들에게 중국 백화문은 여전히 '문文'이었지 '말'이 아니었고 그래서 '내 손으로 내가 말하는 것을 쓴다我手寫我口'는 경지에 다다를 길이 없었다. 일반인들이 순전한 백화문을 배우는 것이 어렵고 글쓰기에 참여하는 작가가 적은 상황에서 중국 백화문의 발전은 자연적으로 한계를 가질 수밖에 없었다.

2) 교육의 미비

중국 대륙은 매우 광활하여 많은 지방의 사람들이 다 같이 국어(백화문)를 배우기에는 상당히 어려움이 있었다. 그렇지만 정부가 백화문을 지지하고 있었고 민국 9년(1920) 2월에는 이미 전국 초등학교에 백화문 교본을 전면적으로 사용한다는 통고가 내려졌기 때문에 백화문 혁명은 빠른 속도로 성공을 거둘 수 있었다. 그러나 타이완에서 중국 백화문을 배우는 것은 선천적으로 불가능했고 교육 역시 이를 뒷받침 할 수 없었다. 백화문을 추진했던 선배들의 수많은 노력에도 불구하고 다수의 사람들은 그것을 받아들이기 쉽지 않았다.

3) 중국 문화, 문학과의 접촉 어려움

이상 두 가지의 불리한 요인이 있지만 타이완인들이 쉽게 중국 문화를 흡수하고 중국의 신문학 작품을 읽을 수 있었다면 적어도 작가들의 중국어 창작 능력을 높일 수 있었고 독자들의 감상 능력도 높일 수 있었을 것이다. 그러나 일본인들이 언론을 통제하고 있던 상황에서 중국 서적을 구하기가 쉽지 않았고 이는 타이완인들의 학습 창구의 감소로 이어졌다.

4) 우수한 문학 작품의 결핍

장워쥔 등이 비록 이론에는 능했지만 작품의 수준은 이와 동등한 위치에까지 이르지 못했다. 후에 라이허와 같은 주요 작가들이 나타났지만 순수하게 한자 백화문으로 창작하는 작가나 일정한 수준에 오른 작품은 여전히 가뭄에 콩 나듯 적었다. 우수한 작품의 수가 절대적으로 부족했기 때문에 유행을 일으킬 수 없었고 라이허와 양서우위楊守愚 등에 기대어 유지되던 것도 그나마 시간이 지남에 따라 어려워졌다. 이러한 상황에서 우수한 청년들을 백화문 진영으로 끌어 모으는 것은 더욱 어려워졌고 이 때문에 운동은 자연히 실패하고 말았던 것이다.

5) 고전시 존재의 필요성

당시 타이완은 일본인의 고압적 통치하에 있었기 때문에 일본인을 비판하거나 시국을 논하는 사람들은 쉽게 관방의 관심 대상이 되었다. 많은 사람들이 자신의 안위를 위해 붓을 꺾거나 구시를 이용하여 창작을 하였다. 고전시는 함축적이고 불명확한 표현적 특징이 있었기 때문에 비교적 쉽게 시인의 본래 생각을 감출 수 있었다. 이러한 시간적, 공간적 환경에서 타이완의 구시는 존재의 필요성을 유지할 수 있었던 것이다.

6) 백화소설의 전통의 결핍

중국 신문학 혁명 이전에도 이미 『유림외사儒林外史』, 『노잔유기老殘遊記』와 같은 수많은 우수한 백화소설이 존재해서 사람들은 비교적 쉽게 백화문 문학 작품을 접할 수 있었다. 그러나 타이완에는 이런 백화소설의 전통이 존재하지 않았다. 그래서 신문학 혁명을 타이완에 이식하려고 했을 당시에는 단지 '시'를 표적으로 공격할 수밖에 없었다. 전체 문학 혁명에 있어 유독 논쟁의 대상이 됐던 것이 시(중국의 學衡派는 신시를 반대하고 구시 전통을 보호할 것을 극력 주장했다)였기도 했다. 하물며 당시 장워쥔 등이 창작하거나 수입했던 신시 작품들은 아직 성숙하지 않아 대중을 설득하기란 쉽지 않았고 지지자도 당연히 감소할 수밖에 없었다.

1920년 중기 신구문학논쟁을 기화로 타이완의 신문학은 크게 일어설 수 있었고 우세를 점할 수 있었다. 또 라이허와 같은 몇몇 우수한 작가가 출현하기도 했다. 무엇보다도 반제반봉건의 전통을 세울 수 있는 기회를 잡았다. 그러나 신문학은 시종 구문학을 무너뜨리지 못했다. 그렇기 때문에 현재 신문학이 대세가 되어버린 상황을 빌미로 신구문학논쟁 후 신문학이 전체 타이완 문단을 장악했다는 결론에 대해 필자는 쉽게 동의할 수 없다. 사실 지금의 타이완이 백화문 천하가 될 수 있었던 것은 태평양 전쟁 후 국민당이 타이완에 들어와 국어 교육을 추진해 신구문학의 주객을 전도시켰기 때문에 가능했다. 고전문학은 그때서야 천천히 역사 속으로 사라졌고 백화문은 또 그제서야 진정으로 득세할 수 있었다.

5. 나가며

1920년대의 신구문학논쟁은 타이완 신문학운동에 있어 중요한 이정표였다. 황청충, 황자오친, 장워쥔, 라이허 등의 노력이 이어지면서 타이완의 신문학은 뿌리를 내리고 발전할 수 있었으며 고전문학이 독점하던 판국을 끝낼 수 있었다. 일본인의 강압적 지배하에 타이완의 신문학이 아름다운 꽃을 피우고 반제반봉건의 전통을 수립할 수 있었다는 사실은 더 없이 귀중한 일이 아닐 수 없었다. 이에 대해서는 장워쥔 등의 고심어린 추진에 그 공을 돌리지 않을 수 없다. 그러나 논쟁의 과정에서 그들의 구문학 비판은 한 가지 기준으로 시비에 관계없이 모든 것을 부정하는 것과 다르지 않았다. 그만큼 결함을 갖고 있었던 것이다. 당시 타이완의 구 문단은 확실히 많은 문제를 지니고 있었다. 이것 역시 신문학이 흥성했던 이유의 하나라 할 수 있다. 그러나 타이완에는 여전히 '역사櫟社'의 사람들 이 풍격 있는 시인들이 많이 남아있었고 또 많은 이들이 한족문화의 보존에 마음을 쏟고 있었다. 장화彰化의 '숭문사崇文社', '응사應社', 펑후澎湖의 '서영음사西瀛吟社', '한학연구회漢學研究會' 등이 그 예이다. 이들은 모두 긍정적인 시각으로 보아야 할 인물들이지 아첨에만 능하다고 욕먹을 만한 구문학가들은 결코 아니었다. 양얼차이楊爾材의 「농촌탄農村嘆」을 보자.

> 오호라 우리 타이완 농촌, 일 년 내내 고생뿐이로구나.
> 밤낮으로 일해도 가난만 더 할 뿐.

돼지나 주는 고구마채로 늘 배는 주리고 논밭은 남에게 넘어간 지 오래.
힘을 다해 일하지만 주리기만 하니 이 참상을 누구라 이야기할꼬?
쌀은 일본으로 이출되고 공급은 제한된다는 얘기만 들린다.
곡식 값을 내리라는 령에도 생계는 점점 어려워지기만 한다.
같은 나라 같은 땅인데 어찌 이리도 다른가?
같은 백성인데 언제까지 같은 대접 받기를 기대해야 하나?
백성은 먹는 것을 본으로 하고 나라는 농사를 보배로 삼는다.
농민을 힘들게 하지 말지어다.
슬픔의 눈물이 두건을 적시운다.[44]

이 시는 일제강점기에 쓰였고 그 시기 출판된 『영주시집瀛州詩集』에 실려 있다. 이러한 시는 타이완 고전시 가운데서 쉽게 그 예를 찾아볼 수 있다. 때문에 구시는 절대로 장워쥔이 말한 것처럼 소용없는 것은 아니었다. 게다가 고전시가 가지고 있는 함축적인 특성은 타이완과 같은 환경에서는 꼭 필요한 것이었다. 1937년 일본 총독부가 신문과 잡지에 한문 금지령을 내린 후 많은 신문학가들이 다시 구시로 돌아왔다. 라이허, 양서우위, 차이추퉁蔡秋桐에게서도 구시 작품을 볼 수 있다. 당시의 시대적 상황에서 쓸모가 있었던 것이다.

많은 문학사가들이 이 논쟁의 역사를 논할 때 늘 신문학에 지나치게 편중하고 구문학을 악의 화신마냥 그리는 경우가 많다. 심지어는 신구문학논쟁 후 구문학은 일시에 패하고 신문학이 문단을 장악했다고 잘못 이해하고 있기도 하다. 본고는 당시 논쟁의 문장과 관련

44 楊爾材, 『近樗吟草・卷一』, 嘉義 : 近樗草堂, 1953, 7면.

자료를 다시 읽어봄으로써 어느 정도는 상술한 문학사가들의 관점에 착오가 있었음을 증명했다. 사실 논쟁이 지난 후 신문학가들은 발전하기는 했지만 시종 구문학을 무너뜨리지는 못했다.

필자는 본고를 통해 신구문학논쟁의 원인, 과정과 결과에 대해 새로이 사고하고 독자에게 다른 각도의 관점을 제시하는 한편, 당시의 논쟁문장을 가능한 데로 모아 일람표를 작성하였다. 독자들이 이 논쟁의 과정을 이해하는 데 도움을 줄 것이라고 생각한다.

45 이 표는 지금까지 나온 표 가운데서 신구문학논쟁 관련 문장을 가장 완전하게 수록한 것으로서 독자들이 당시 논쟁의 개황을 잘 이해할 수 있도록 돕기 위해 만든 것이다. 아쉬운 것은 표에 제시된 문장 중 상당수가 아직 원문이 발견되지 않았다는 것이다. 또 당시 『台灣日日新報』, 『台南新報』와 같이 구문학 진영에서 논쟁과 관련된 詩文이 가장 자주 투고되었던 『台灣新聞』은 지금 유실된 상태이다. 그렇지 않다면 아마도 더 많은, 그리고 더 완전한 논쟁 관련 문장들을 찾을 수 있었을 것이다.

〈표〉 신구문학논쟁 관련 문장 일람표 45

작자	편명	간행물	호수	날짜	비고
陳炘	文學與職務	台灣青年	창간호	1920.7.12	文言文
甘文芳	實社會與文學	台灣青年	3권 3호	1921.9.15	日文
陳端明	日用文鼓吹論	台灣青年	4권 1호	1922.1.20	文言文
黃呈聰	論普及白話文的新使命	台灣	4년 1호	1923.1.1	
黃朝琴	漢文改革論	台灣	4년 1호	1923.1.1	
黃朝琴	續漢文改革論	台灣	4년 2호	1923.2.1	
秀湖	中國新文學運動的過去現在和將來	台灣民報	1권 4호	1923.7.15	
高冠吾	漢文字改革之管見	台灣民報	1권 13호	1923.12.11	文言文
潤徽生	論文學	台灣民報	1권 14호	1923.12.21	
施文杞	對於台灣人所做的白話文的我見	台灣民報	2권 4호	1924.3.11	
逸民	對在台灣研究白話文的我見	台灣民報	2권 4호	1924.3.11	'林耕餘'라는 필명 사용
張我軍	致台灣青年的一封信	台灣民報	2권 7호	1924.4.21	
蘇維霖	二十年來的中國古文學及文學革命的略述	台灣民報	2권 10호	1924.6.11	
孫世揚	文學管窺	台灣詩薈	제5호	1924.6	
棠	文鈔 — 餘墨	台灣詩薈	제6호	1924.7	
張梗	討論舊小說的改革問題	台灣民報	2권 17호에서 2권 23호	1924.9.11에서 1924.11.11	
前非	台灣民報怎樣不用文言文呢?	台灣民報	2권 22호	1924.11.1	
雅堂	「台灣詠史」跋	台灣詩薈	제10호	1924.11.15	본문 표제 없음
一郎(張我軍)	糟糕的台灣文學界	台灣民報	2권 24기	1924.11.21	
一郎	爲台灣的文學界一哭	台灣民報	2권 26호	1924.12.11	
林熊祥	我對於漢文的感想	台灣詩薈	제12호	1924.12.31	
張我軍	請合力拆下這座敗草叢中的破舊殿堂	台灣民報	3권 1호	1925.1.1	
悶葫蘆生	新文學之商榷	台灣日日新報		1925.1.5	
張我軍	絶無僅有的擊缽吟的意義	台灣民報	3권 2호	1925.1.11	
講新話	是是非非	台灣日日新報		1925.1.12	
棠	傳記 — 餘墨	台灣詩薈	제13호	1925.1.15	

작자	편명	간행물	호수	날짜	비고
張太郎	是是非非	台灣日日新報		1925.1.16	
半新長老	是是非非	台灣日日新報		1925.1.16	
半舊先生	是是非非	台灣日日新報		1925.1.16	
壞東西	是是非非	台灣日日新報		1925.1.16	
鳴鼓生	是是非非	台灣日日新報		1925.1.19	
赤崁王生	告張一郎	台灣日日新報		1925.1.20	
張我軍	揭破悶葫蘆	台灣民報	3권 3호	1925.1.21	
咄咄生	胡適之之奴僕	台灣日日新報		1925.1.27	
鄭軍我	致張我軍一郎書	台南新報		1925.1.29	鄭坤五의 가명
半新舊	「新文學之商確」的商確	台灣民報	3권 4호	1925.2.1	
一郎	隨感錄	台灣民報	3권 4호	1925.2.1	
張三	謝台灣文學界諸公	台灣日日新報		1925.2.3	「詩壇」란에 실림
吳爾蔽	讀張我軍大作書此以贈	台灣日日新報		1925.2.3	「詩壇」란에 실림
一吟友	新文學之平議	台灣日日新報		1925.2.6	
張我軍(一郎)	隨感錄	台灣民報	3권 5호	1925.2.11	
蔡孝乾	爲台灣的文學界續哭	台灣民報	3권 5호	1925.2.11	
張我軍(一郎)	隨感錄	台灣民報	3권 6호	1925.2.21	
張我軍	文學革命運動以來	台灣民報	3권 6호에서 3권 10호	1925.2.21에서 1925.4.1	
張我軍	復鄭軍我書	台灣民報	3권 6호	1925.2.21	
一郎	隨感錄	台灣民報	3권 7호	1925.3.1	
張我軍	詩體的解放	台灣民報	3권 7호에서 3권 9호	1925.3.1에서 1925.3.21	
張我軍	研究新文學應讀什麼書	台灣民報	3권 7호	1925.3.1	
楊雲萍	編後記	人人	제1호	1925.3	
黃衫客	駁張一郎隨感錄	台南新報		1925.3.28	
	詹炎錄	台灣日日新報		1925.4.3	
前非	隨感錄	台灣民報	3권 14호	1925.5.11	
棠	詩鈔 — 餘墨	台灣詩薈	제17호	1925.5.15	

민족상상과 대중노선의 접속*

1930년대 타이완화문논쟁과 모어문학운동

샹양向陽

1. 들어가며—민족 · 대중 · 향토

1930년대에 발생한 향토문학과 타이완화문논쟁에 대한 연구성과가 증가하고 해방 후 타이완문학에 대한 논의와 실천이 강화됨에 따라, 그 과정 뿐 아니라 언급된 내용에 있어서도 이미 상당한 정도로 실체가 밝혀졌다. 그러나 일제하의 타이완 식민지 문학의 복잡성에 대한 분석은 아직까지 미흡한 편이다.

1954년 랴오위원廖毓文이 발표한 「타이완 문자개혁운동사략台灣文字改革運動史略」[1]은 다수의 인용문을 활용하여 1922년에서 1933년 사이에 일어난 타이완 문자개혁운동 과정을 추적했다. 이를 계기로 해

* 이 글은 장동천이 번역하였다.

1 廖毓文, 「台灣文字改革運動史略」, 『台北文物』, 第3卷 第3~4期, 1954.12 · 1955.5. 이후 李南衡編, 『日據下台灣新文學－文獻資料選集』, 台北 : 明潭出版社, 1979에 수록되었다.

방 후 타이완학계에 일제강점기 타이완 신문화운동 중에 나타난 언어개혁 문제에 대한 재평가가 시작되었다. 이 글에서 랴오위원은 거시적 관점에서 타이완의 문자개혁 운동이 타이완 신문화운동 발생 이후 '언어보급 방법에 대해 특별하게 고려해야 했던' 시대적 요구에 따라 나온 것이라고 주장했다.[2]

그는 일제강점기 문자개혁운동이 '백화문운동', '로마자운동', '타이완화문話文운동' 등 세 가지로 나뉘며, 타이완화문운동은 다시 '타이완 말 보존운동', '타이완화문운동'의 두 가지로 분류된다고 했다. 중국 백화문의 지지자임에도 불구하고 랴오위원은 매우 객관적으로, 타이완화문운동에 대한 찬성과 반대자의 언술을 각각 상당한 분량으로 서술하였다. 그리하여 후대의 연구자들에게 일제강점기 타이완문학과 그 언어 논쟁들에 대한 조감도를 제공한다. 그렇지만 더욱 주목할 것은 그가 일본 '식민지 문화'로서의 타이완 문화의 복잡성에 대해 지적하고 있다는 점이다.

랴오위원은 타이완 '식민지 문화'의 복잡성이 무엇인지 구체적으로 분석하고 있지는 않다. 11년 동안 타이완문학계에는 중국 5·4 백화문학을 모델로 삼아야 한다는 주장(백화문운동)과 서구의 로마자를 모델로 해야 한다는 주장(로마자 운동), 그리고 한자로 타이완화문話文을 창조해야 한다는 주장이 출현하였다. 여기에 1937년 총독부가 한문 사용을 폐지한 이후 전개한 일어 전면 사용까지 포함한다면, 식민지 타이완의 언어상황은 중국 백화문, 서구 로마자 알파벳, 타이완화문, 그리고 식민통치자의 제한적인 일본어 사이에서 매우 복잡하게

2 廖毓文, 위의 글.

배회하고 있었던 셈이다.

어떤 문자를 써야 타이완문화를 효과적으로 발전시킬 것인가? 어떤 언어를 통해 문학을 창조해야 타이완문학의 격에 맞을 것인가? 이 질문들은 식민지 타이완의 지식인들을 '문화 정체성cultural identity'[3]의 곤경 속으로 몰아넣었다. 이 시기 타이완문학계에서 논쟁이 끊임없이 일어나게 된 것도 이 때문이었다. 백화문운동 시기에 출현한 '신구문학논쟁', 타이완화문운동 시기에 나타난 '타이완화문논쟁', 그리고 차이페이훠蔡培火가 주장한 로마자 운동이 아무런 반향도 불러일으키지 못했던 것 등의 사실은 모두 문화 정체성 면에서 식민지 지식인들의 방황과 갈등을 설명해준다.

이러한 문화 정체성의 방황과 갈등의 복잡성은 심층적으로 보아 타이완 지식인들이 자기신분에 대해 느끼는 정체성의 곤경과 관련이 있다. 필자는 일찍이 문화전파와 정치적 측면에서 이러한 곤경을 분석한 바 있다.

> 그들은 일본 식민지 치하의 피식민자로 정치적으로 일본 국민에 속했고 종족적으로는 '조국(중국 대륙을 의미함 — 역자주)에 대한 감정'도 가지고 있어 언젠가는 조국의 품으로 돌아갈 것이란 기대를 갖고 있었다. 다른 한편에서 그들은 타이완 인민과 사회가 공통으로 직면한 민족해방 문제에 봉착해 있었는데, 타이완 사회를 개혁하고 민지民智를 계발하여 타이완의 자주성을 쟁취

3 문화연구의 대가 홀Stuart Hall은 문화 정체성을 크게 두 가지로 정의한다. 첫 번째는 '일종의 공유되는 문화', '공통의 역사경험과 문화기호'를 반영하는 것으로써 하나의 민족인 우리에게 안정되고 불변하며 연속적인 관계와 의미의 틀을 제공하는 것이다. 두 번째는 역사와 문화, 권력의 부단한 '유희'에 굴종하는 것으로써 "과거의 서사는 각기 다른 방식으로 우리의 위치를 규정하고 우리 역시 다른 방식으로 과거 서사 속에서 위치를 규정하게 된다. 이렇듯 아이덴티티는 바로 우리가 각기 다른 방식에 부여하는 이름 짓기이다."

해야 한다는 절박한 생각도 품고 있었다. 이 세 가지 문제는 상이한 신분적 정체성에서 오는 당혹감에서 비롯된 것이었다. 따라서 (…중략…) 향후 타이완 신문학운동사에서 일어나는 수많은 논쟁과 논란의 주축을 형성하게 된다.[4]

신분과 문화 정체성의 심층구조에서 볼 때 1930년대에 발생한 타이완화문논쟁에서 어떤 언어를 사용할 것인가에 대한 논쟁의 배후에 타이완 지식인들의 민족상상이 내포되어 있음을 알 수 있다. 베네딕트 앤더슨Benedict Anderson의 말을 빌자면, 이러한 민족상상은 모두가 상상의 '문화 가공물cultural artifacts'이며, 서로 독립된 역사적 힘이 복잡하게 얽혀드는 과정에서 자발적으로 모아진 결과인 것이다.[5] 그렇기 때문에 타이완화문논쟁에서의 쟁론은 일종의 민족상상에 관한 아이덴티티 논쟁이라고 할 수 있다. 즉, 타이완인 / 중국인 / 일본인이라는 이 세 가지의 민족상상이 그 안에 개입됨으로써, 이 논쟁은 단순히 어떤 언어가 전파에 가장 이로울 것인가, 혹은 어떤 문자를 쓸 때 타이완문학의 특성을 잘 나타낼 수 있는가 하는 문제에만 머물 수 없었다. 표면적으로는 어휘사용에 대한 논쟁으로 보이지만 그 이면에는 새로운 민족문학과 문화내용을 만들어내자는 뜻이 포함되어 있었다. 그리고 행동과 실천을 통해 민족과 민족문화를 창조하고자 하는 엄숙성도 내포하고 있었다.

1930년대 타이완화문논쟁의 또 다른 복잡성은 문화 정체성뿐만 아니라, 이데올로기 투쟁까지 동반되었다는 데 있다. 일본 학자인 마

4 林淇瀁, 「台語文學傳播的意識形態建構－以日治時期台灣白話運動爲例」, 台北 : 淡水工商管理學院, 『台灣文學硏討會』, 1995.

5 Benedict Anderson, 吳叡人譯, 『想像的共同體－民族主義的起源與散布』, 台北 : 時報, 1999, 9면.

츠나가 마사요시松永正義는 이 시기의 향토문학논쟁이 서로 모순되는 '민족적 계기'와 '민중적 계기'를 포함하고 있다고 했는데,[6] 이는 매우 의미심장한 견해라고 하겠다. '민중적 계기'는 타이완화문논쟁의 기반에 계급성 문제가 내포되어 있었다는 의미이다. 이 점은 타이완화문운동의 추진자들, 나아가 논쟁자들이 맑스주의를 신봉하는 좌익 지식인들이었다는 사실과 관련된다. 예를 들어 타이완화문에 대한 생각을 처음으로 제기한 황스후이黃石輝는 당시 '무산계급 문화운동'의 중요한 기간지였던 『오인보伍人報』의 지방위원이었다.[7] 뿐만 아니라 당시 일본 무산계급 문학이 타이완 전체 신문학운동에 '깊고 굳건한' 영향을 끼치고 있던 터였다.[8] 그 밖에 눈여겨볼 것은 당시 좌익 지식인들이 정치와 문화운동의 주도권을 장악한 이후 타이완의 정치, 문화, 문학계 사상이 계급성을 띤 '대중문화'를 실천하는 방향으로 전환하고 있었다는 점이다.[9] 이에 따라 문예대중화는 타이완화문논쟁에서 매우 중요한 근간이 되었다. 그리고 대중노선 또한 타이완화문운동의 언술 속에 수용되어 계급노선의 구체적이고 실질적인 징표로 자리 잡았다.

---

6 松永正義, 「關於鄉土文學論爭(1930～1932)」, 葉笛 譯, 『台灣學術研究會誌』 第4期, 1989.12.

7 『台灣總督府員警沿革誌, 第二編－領台以後の治安狀況(中卷), 台灣社會運動史』, 台北 : 台灣總督府警務局, 1939의 기재에 따르면, 『오인보』는 '무산계급 문화운동'의 일환으로 분류되며 '타이완 섬 내부 공산당 중앙이 일본 공산당과의 연락하에 1928년 말 이래 세력을 확장한 것'으로 1930년 6월에 왕완더王萬得, 저우허위안周合源, 천량자陳兩家, 장썬위江森鈺, 장자오지張朝基 등이 출자한 신문이다. 5인이 출자해서 이름도 『오인보』라고 했으며 황스후이는 '지방위원'으로 기재되어 있다.

8 王錦江(王詩琅), 「台灣新文藝運動史稿－台灣文藝作家協會及台灣藝術研究會」, 『南方週報』 第3期, 1948.2, 5면.

9 정치와 문화운동 방면의 방향전환으로는 1927년 타이완 문화협회가 분열된 후 좌익이 주도권을 잡고 제기한 "타이완 대중의 문화 보급을 취지로 하는" 강령을 꼽을 수 있다. 문학상의 방향전환으로는 『오인보』, 『홍수洪水』, 『명일明日』, 『적도赤道』 등 좌익 간행물이 출현한 것을 들 수 있다.

우측으로는 민족문화를 내세우고 좌측으로는 대중문화를 고취하는 가운데 민족주의적 상상과 사회주의적 주장은 서로 모순되는 것 같아 보인다. 하지만 둘은 1930년대의 '향토문학' 논쟁 속에서 상호 조화되는 이데올로기로 '절합articulate'될 수 있었다. 1930년 8월 16일 황스후이가 『오인보』에 발표한 「어찌 향토문학을 제창하지 않을 수 있나怎樣不提倡鄉土文學」라는 글은 이 잡지의 9호에서 11호까지 세 번에 걸쳐 연재되면서 타이완 백화문운동의 서막을 열었고, 이후 두 번에 걸쳐 민족주의와 사회주의(민족과 대중 / 민족성과 계급성)노선을 둘러싼 논쟁을 촉발하였다.

2. 타이완 상상—대지 · 인민 · 언어

천수룽陳淑容은 자신의 논문에서 황스후이의 '향토문학'이란 "노동군중을 대상으로 하며 내용면에서는 타이완의 사물을 묘사하고 형식상 타이완화문으로 쓴 것"[10]을 말하며 그 주장은 두 가지 층위, 즉 '민족적인 것과 계급적인 것'을 내포한다고 말했다.[11] 이런 견해는 명확성과 안목을 갖춘 것이다. 그러나 더 깊게 분석해야 할 여지가 있다. 황스후이가 당시에 발표한 텍스트를 다시 한 번 검토해보자.

---

10 陳淑容, 『1930年代鄉土文學・台灣話文論爭及其餘波』, 台南師範學院 鄉土文化研究所 碩士論文, 2001, 48면.

11 陳淑容, 앞의 글, 54면.

황스후이의 '향토문학' 주장은 민족주의와 관련한 타이완 상상으로 가득 차 있다. 가장 많이 인용되며 해방 후 타이완문학 담론의 기반이 된 단락을 발췌해보면 아래와 같다.

> 당신은 타이완 사람이다. 당신의 머리는 타이완의 하늘을 이고 있고 발은 타이완의 땅을 밟고 있다. 눈이 바라보는 것은 타이완의 상황이며 귀로 듣는 것은 타이완의 소식이다. 시간을 거쳐 온 것은 타이완의 경험이며, 입으로 말하는 것 역시 타이완의 언어이다. 따라서 당신의 서까래 같은 건필로 꽃을 피우는 아름다운 펜으로 마땅히 타이완의 문학을 써나가야 할 것이다.
>
> 타이완의 문학을 어떻게 쓸 것인가? 그것은 바로 타이완의 말로 글을 짓고 타이완의 말로 시를 쓰고 타이완의 말로 산문을 쓰고 타이완의 말로 소설을 쓰고 타이완의 말로 곡을 지어 타이완에서 일어나는 일들을 묘사하는 것이다.[12]

황스후이의 주장 속에는 '타이완'을 일본, 중국과 구분하고 '타이완문학'을 당시 일본문학과 중국문학의 판도에 속하지 않는 것으로 구분하려는 의도가 드러나 있다. 때문에 그것은 농후한 타이완 민족주의 의식을 담고 있다고 할 수 있다. 앤더슨은 민족의식의 기원에 대해서 세 가지를 언급했다. 그 하나는 생산 시스템과 생산 관계(자본주의), 두 번째는 전파매체(인쇄물), 세 번째는 인간 언어 운명의 다양성이다. 이 세 가지 힘이 상호작용하여 인쇄 언어print-languages를 형성할 때 비로소 상상의 공동체가 형성될 수 있다는 것이다.[13] 황스후이는

---

12 黃石輝, 「怎樣不提唱鄉土文學(一)」, 『伍人報』 第9期, 1930.8.16

13 B. R. O. Anderson, 앞의 책, 53~56면. 앤더슨에 따르면 인쇄언어가 '민족의식의 기초를 마련하는' 힘에는 세 가지가 있다고 했다. 첫째, 통일을 만들어내는 교류와 전파의 장은 민족 상상공동체의 배아를 형성한다. 두 번째, 언어에 새로운 고정성을 부여하면, 장시간이 지난 후

'타이완화문'을 사용해서 '타이완의 문학'을 쓸 것을 제안하였다. 이는 타이완 말이 '타이완 문文'(인쇄언어)이 되게 해야 한다는 것으로 무의식중에 타이완 상상을 응집한 민족의식을 만들어낸 것이었다. 이 민족의식은 구체적인 '타이완의 하늘', '타이완의 땅', '타이완의 상황', '타이완의 소식', '타이완의 경험', 그리고 '타이완의 언어'에 기초한 것이다. 이것들을 통해 '타이완' 땅에 대한 정체성이 구체적으로 감지되는 것이다. 따라서 황스후이의 향토문학 주장의 핵심은 '타이완 상상'을 만들어내는 데 있다고 할 수 있다. 타이완(땅)은 이 상상 공동체의 모체이며 타이완 사람(인민), 타이완 말(언어)은 이 타이완 상상의 두 날개가 된 셈이다.

그렇지만 사회주의자인 황스후이의 '타이완 사람'에 대한 상상은 분명하게 계급적 관점으로 기울어졌다. 그것은 마르크스주의의 '무산계급' 관점에서 비롯된 것이었다. 황스후이가 강조한 향토문학이 타이완 말을 사용해야 하는 또 다른 이유는 민족주의에서 비롯된 것이 아니라, '노동하는 광대한 군중을 대상으로 했'기 때문이었다.

> 당신은 광대한 군중을 감동시키고 자극할 수 있는 예술작품을 쓰려고 하는가? 당신은 광대한 군중들이 당신과 같은 느낌을 받기를 바라는가? (…중략…) 당신이 지배계급의 대변인이건 아니면 노동 군중의 지도자이건 당신은 반드시 노동하는 광대한 군중을 대상으로 삼아 문예를 창작해야만 한다.[14]

언어가 '주관적 민족관념'에 지극히 중요한 오래된 이미지를 만들어 낸다. 세 번째, 기존의 행정적 방언과 다른 권력 언어를 만들어낸다. 간단하게 말해서 앤더슨은 '인쇄언어'가 구체적으로 민족의 상상공동체를 정착시키는 주요한 매개라고 주장한다.

14 黃石輝, 「怎樣不提唱鄉土文學(三)」, 『伍人報』 第11期, 1930.9.1.

여기에서 명확하게 알 수 있는 것은 황스후이의 '대중문학'관이 강렬한 무산계급 의식을 담고 있다는 점이다. 황스후이의 관점에서 식민제국 일본의 언어와 조국(중국)의 백화문白話文은 모두 '지배계급'의 언어이지 무산계급 '노동대중'의 언어가 아니었다. 타이완의 노동대중이 사용하는 타이완 말이어야만 비로소 그에 합당한 것이다. 이것은 계급의식을 기초로 하는 이데올로기 투쟁이다. 황스후이는 의식적으로 타이완 무산계급(노동대중)이 사용하는 언어로 스튜어트 홀Stuart Hall이 제기한 '반항적 집단의식'과 '집단적 자각'이 내포된 새로운 형식(대중을 대상으로 하는 향토문학)을 수립하고자 했다.[15] 그럼으로써 당시 지식인들이 지배계급의 언어로 창작한 일본어문학과 중국백화문학에 대항하고자 했다. 그 목적 중의 하나는 물론 부르주아와 이데올로기 투쟁을 벌이는 것이었다.

황스후이의 향토문학 주장은 이렇게 '민족적이면서도 계급적'인 이중적 면모를 드러낸다. 때문에 상호 모순적인 이데올로기 사이의 간극을 보여준다. 향토문학을 단지 타이완 프로계급을 위해서만 제창한다면 전 세계의 프로계급들이 어떻게 그것을 공유할 것인가? 향토문학을 단지 타이완 민족주의를 위해서만 한다면 마르크스주의의 무산계급 무국적론에 저촉될 수밖에 없다. 황스후이처럼 마르크스주의를 신봉했던 라이밍훙賴明弘은 황스후이의 논리에 대해 이 같은 의문을 제기했다.[16] 그에 대한 황스후이의 답변은 간단했다. 그는 무

---

15 Stauart Hall, "The rediscover of Ideology-Return of the repressed in media studies" In M. Gurevitch et al. (Eds.), *Culture, Society and the Midia*. London : Methuen, 1982, pp.56~90.

16 賴明弘, 「俺達の文學の誕生について――つの提議」, 『台灣新聞』, 1931.12.24. 그의 질의는 '세계의 프로계급' 입장에서 발언한 것인데 그는 타이완 말로 타이완 프로계급문학을 쓰는 것에 반대하고 '세계어'를 사용하여 세계 프로계급을 위해 창작할 것을 주장하였다. 陣淑容, 앞의 책, 67~68면에서 재인용.

산계급의 요구란 하나의 완전한 '인간'의 삶을 사는 것이며 타이완의 객관적인 정세를 볼 때 프로문학은 마땅히 '초계급'적이어야지 칼로 자르듯이 '어떤 특정한 계급에 한정할 수 있는 것이 아니'라고 했다.[17] 비록 '초계급'이란 말의 의미는 분명치 않지만 황스후이의 주장은 한 걸음 더 나아가 방향성을 명확히 해주었다. 타이완 말로 노동대중을 위한 타이완문학을 창작하는 것은 민족주의에 우선적 지위를 부여하고 사회주의를 다음 순위에 두어 타이완의 노동대중에게 인간적인 삶을 살도록 하자는 것이다.

타이완 사람의 타이완어 문학을 수립하기 위해 뒤따르는 문제는 어떻게 언어를 문자로 바꿀 것인가 하는 것이었다. 타이완 말이 문학언어 또는 전파 능력을 가진 '인쇄언어'가 되기 위해서는 반드시 일련의 어문규칙이 있어야 했다. 이에 대해 1930년 황스후이는 '향토문학' 건설의 3원칙을 제기한다.

1. 타이완 말로 각종 문예를 창작한다. ① 타이완 말로 할 수 없거나 또는 타이완에서 쓰이지 않는 언어는 배제시킨다. 예를 들어 '다마피打馬屁'는 '푸성파오扶生泡'로 바꾸어 쓴다. ② 타이완 특유의 토착어를 늘린다. 예를 들어 '워먼我們(우리)'은 타이완에서 때로는 '란làn, 咱'로, 때로는 '운wùn, 阮'으로 쓰이므로 구분을 분명하게 한다.
2. 타이완 음으로 읽는 것을 늘린다. 어떤 글자를 쓰건 필요할 때는 토착음으로 읽는다.
3. 타이완에서 일어나는 일을 묘사하여 문학가들이 사실적인 창작의 길을 걷도록 한다.[18]

17 黃石輝,「台灣話文討論欄－答負人」,『南音』第1卷 第8期, 1932.6.13

그 후 황스후이는 다시 『타이완신문』에 「향토문학을 다시 논한다再談鄕土文學」라는 글을 발표하였다. 이 글은 ① 향토문학의 쓰임 ② 묘사문제 ③ 문자의 문제 ④ 언어의 정리 ⑤ 독음의 문제 ⑥ 기초문제 ⑦ 결론'의 7절로 구성되어 있다. 여기서 그는 다시금 '향토문학' 제창의 의도에 대해서 피력했다. 결론에서 황스후이는 한 걸음 더 나아가 '동지를 규합하여 향토문학연구회를 조직할 것'을 주장하였다.[19] 타이완화문의 어문규칙은 여기에 와서 하나의 기초적인 윤곽을 갖추게 된다.

타이완화문운동의 또 따른 리더는 궈추성郭秋生이었다. 그는 『타이완신문』에 2만여 자에 달하는 「'타이완화문' 수립에 대한 하나의 제안建設'台灣話文'一提案」을 연재・발표하였다.[20] 전체 글은 4개의 절로 나뉘는데 첫 번째 절에서는 문자성립 과정을, 두 번째 절에서는 언어와 문자의 관계를, 세 번째 절에서는 말과 글이 괴리된 역사적 현상을, 네 번째 절에서는 타이완 사람만의 특수한 환경을 논했다. 이 글에서 궈추성은 일본 식민통치 당국의 '동화주의'에 반대하는 입장에서 일본어건 중국어(문언문과 백화문)건 '언문일치가 되지 않는다'고 하면서 '타이완 말을 문자화한' 타이완화문을 수립해야 한다고 주장한다. 또한 그는 한자를 도구 삼아 타이완화문을 만들어야 한다는 해법을 내놓았다. 타이완 말을 문자로 정착시킬 방법으로 그는 어문처리에 관한 다섯 가지 원칙을 제시하였다.[21]

---

18 黃石輝, 「怎樣不提唱鄕土文學(三)」. 본 인용문은 정리를 거친 것이다.

19 黃石輝, 「再談鄕土文學」, 『台灣新聞』, 1931.7.24

20 郭秋生, 「建設'台灣話文'一提案」, 『台灣新聞』, 1931.7.7. 이 글은 연재 방식으로 게재되었다. 이 글의 요지는 吳守禮의 『近五十年來台語研究之總成績』(등사유인물), 台北 : 저자 인쇄, 1955에서도 보인다.

21 郭秋生의 앞의 글. 다섯 가지 원칙이란, 첫째 먼저 해당 단어와 완전히 일치하는 한자가 있는

1931년 8월 29일과 9월 6일에 궈추성은 「'타이완화문' 수립에 대한 하나의 제안建設'台灣話文'一提案」이라는 글을 『타이완신민보』에 발표하였다.[22] 그는 연구회를 조직하고 독본과 사전을 만들자는 황스후이의 제안에 동의했다. 하지만 더 기본적인 일이 '문맹층에 대해' 탐색하는 것이기 때문에 가요와 민요의 정리부터 시작해야 한다고 생각했다. 더 주목할 만한 점은 '본격적 건설'에 관한 궈추성의 관점이다. 그는 '타이완 말은 유치해서 문학과 시가 될 수 없다', '타이완 말은 매끄럽지 않고 너무 거칠며 고상함과는 거리가 멀다'[23]라며 타이완화문에 반대한 당시 '문학청년'들에 대해 "우리가 제안한 새로운 문자들은 파도만 보고 바다는 못 보는 편파적이고 근거가 없는 것이 아니고 바닷가에 서서 바다 전체를 관망하는 것과 같다. 따라서 타이완인의 지위를 굳건히 수립하는 것이다"고 말한다. 그는 타이완 말이 유치하다는 문학청년들을 질타하면서 "창조하라! 더 우수한 타이완 말을 창조하라! 문학의 이기利器가 될 수 있는 타이완 말을 창조하라"고 말한다.

지 고증한다. 두 번째, 뜻은 같되 발음이 약간 다른 것은, 말의 소리는 버리고 글자의 소리를 따른다. 세 번째, 뜻은 같으나 발음이 많이 차이가 나는 것은, 기존에 성립된 숙어(예를 들면 '風雨')대로 쓰고, 기타는 소리나는 대로(예를 들면 '落雨') 쓴다. 네 번째, 글자의 음과 말의 음이 서로 같으나 글자의 의미와 말의 의미가 다른 경우, 또는 글자와 말의 의미는 같으나 관습적으로 오해될 소지가 있는 것은 일률적으로 사용하지 않는다. 다섯 번째, 이상의 결점을 보완하기 위해서는 새로운 글자를 창조해서 사용한다.

22 郭秋生,「建設'台灣話文'一提案」. 이글은 상, 하 두 편으로 상편은『台灣新民報』379期, 1931.8.29, 하편은 380期, 1931.9.7에 발표되었다.

23 전형적인 논자로는 장워쥔張我軍이 있다. 그는 일찍이 1925년, 타이완 말을 통해 문학을 개조하자는 제안이 나왔을 때 다음과 같이 반문했다. "타이완 말을 문자로 표현할 수 있는가? 타이완 말에 문학적 가치가 있는가? 타이완 말은 합리적인가?" 동시에 그는 "우리의 말은 토착어이며, 문자가 없는 하급 말로서, 대부분 불합리한 말들이다"라고 말했다(張我軍, 「新文學運動的意義」, 『台灣民報』 67期, 1925.8.26). 그 밖에 랴오위원廖毓文, 린커푸林克夫 등도 유사한 관점을 제기했다.

문언문도 좋고 백화문도 좋고 일본어도 좋고 세계어라도 상관없다. 타이완에서 쓰이고 타이완 말을 향상시킬 수 있으며 타이완 사람의 몸에 섭취되어 우아한 타이완 말로 소화될 수 있다면 그 어떤 것이든 현재의 타이완 말이며 이러한 타이완 말은 그 어디서든 섭취할 양분을 발견할 수 있을 것이다.[24]

"바닷가에 서서 바다 전체를 관망하는 것과 같다. 따라서 타이완인의 지위를 굳건히 수립하는 것이다"는 말에서 알 수 있듯이 궈추성의 타이완화문 수립론은 일제강점기 타이완어 글쓰기의 핵심적인 문제에 맞닿아 있었다. 그는 '현재의 타이완 말'이란 개념을 내세워 타이완 사람이 사용하는 각기 다른 언어를 배척하지 않고 '타이완 사람의 몸에 섭취되어 우아한 타이완 말로 소화될 수 있는' 것으로써 주체성을 갖춘 타이완문학을 형성할 수 있다는 견해를 밝혔다.[25]

1930년대 타이완화문운동의 가장 큰 의의는 '타이완 사람'의 민족상상과 '타이완 말'의 대중노선을 강조했다는 데 있다. 민족상상과 대중노선의 협공 대상은 분명했다. 민족상상은 식민통치자인 일본을 겨냥한 것이었고, 대중노선은 구사회 속에 남아있는 옛 중국문화, 그리고 식민사회에 존재하는 새로운 일본 문화를 향한 것이었다. 그

24 郭秋生, 「建設'台灣話文'一提案(下)」, 『台灣新民報』 380期, 1931.9.7

25 유사한 관점을 샹양向陽도 언급한 바 있다. 1988년 샹양은 일본학자 오카자키 이쿠코岡崎郁子가 방문했을 때 그녀와 대담하면서 "(타이완의) 이러한 언어의 다원적인 변화로 보건대 '한자·로마자 표기방식'을 사용해야만 타이완어가 더욱 발전성을 가질 수 있고 나아가서 자족적인 시스템을 수립하여 세계적인 언어가 될 수 있다"고 말했다. 자세한 것은 오카자키 이쿠코, 陳思 역, 「做爲一個台灣作家－台灣文學的新課題」, 『自立晚報』 副刊, 1991.4.26 참조. 샹양의 이러한 생각은 실질적으로는 '새로운 타이완어'로 '순수한 타이완어의 계승과 사용을 강조하지 않으면서도 현행 타이완에서 사용되는 타이완어(河洛語. 객가어, 원주민어 등을 포함), 베이징어, 일본어, 영어의 혼합적 사용을 배척하지 않는 것으로 타이완의 현실과 타이완의 언어생태 체계의 변화를 반영하여 타이완어 문학의 근거로 삼는 것이다. 상세한 것은 샹양, 「從泥土中翻醒的聲音」, 『自立時報』 副刊, 1991.6.16~21.

목적은 결국 타이완의 주체적 문화 정체성을 갖춘 타이완문학의 건설에 있었다. 논쟁 중 중국의 백화문을 사용하자는 랴오위원의 주장에 대해 황스후이는 다음과 같이 답변했다.[26]

> 타이완은 다른 곳과 구별되는 별천지로 정치적 관계에서는 중국어로 지배가 불가능하고 민족적인 관계에서는 일본의 표준어로 지배가 불가능하다. 그러므로 타이완의 실제 삶에 적용되는 타이완의 독립된 문화를 건설해야 한다고 주장하는 것이다.[27]

타이완 주체의식이 분명하게 드러난 글이다. 이처럼 1930년대 타이완화문운동은 타이완 민족정체성 형성을 주된 목표로 삼고 있었다. 린루이밍林瑞明은 이것이 타이완 신문학운동 발전과정에서 '내용과 형식면에서 더욱 크게 자주성을 추구한 것이자 타이완의 정체성을 직시한 것으로 중국 백화문의 표현방식에 종속되지 않는' 발전이라고 말한다.[28] 또 뤼싱창呂興昌은 이 운동이 '정치에서건 민족에서건 중국이나 일본과 뚜렷하게 구별한' 것이며 진정으로 타이완에 부합되는 독립문화와 문학을 건설하려는 것[29]이었다고 평가했다. 이들의 평가는 역사적 사실에 근거한 결론이라고 할 수 있다.[30]

---

26 廖毓文은 타이완화문을 반대한 대표적인 논자였는데, 그의 반대논리는 문학이 "전 세계에 공통되는 도구"라는 점에서 출발한다. 그는 황스후이가 '문을 닫아 안을 지킴閉門守戶'으로써 '타이완 말로 된 타이완문학만을 고수'해서는 안 된다고 주장했다. 자세한 것은 廖毓文의 「給黃石輝先生－鄕土文學的吟味(二)」, 『昭和新報』 141期, 1931.8.8 참조.

27 黃石輝, 「我的幾句答辯(上)」, 『昭和新報』 142期, 1931.8.15

28 林瑞明, 『台灣文學與時代精神－賴和研究論集』, 台北 : 允晨, 1993, 253면.

29 呂興昌, 「頭頂台灣天脚踏台灣地－論黃石輝台語文學兮觀念佮實踐」, 『台灣文學與社會－第二屆台灣本土文化國際學術硏討會論文集』, 台灣師範大學國文系, 1997, 227면.

30 물론 이 말에 반박한 학자도 있다. 예를 들면 뤼정후이呂正惠는 타이완화문운동의 목적이 "중

3. 논쟁의 장場—타이완·중국·세계

위에서 1930년대 타이완화문논쟁의 주요 주장과 그 심층적 의미를 살펴보았다. 여기서 더 나아가 몇 가지 문제를 분석해 보겠다. 첫째, 타이완화문논쟁의 장場에서 부르디외Pierre Bourdieu가 말한 '장場의 투쟁이나 그 문화 전략의 방향성을 통제하는'[31] 권력이 어떻게 나타나는가. 둘째, 정반正反 두 입장의 위상은 어떠한가. 셋째, 1930년에서 1934년까지 지속된 두 차례 논쟁에서 정반 두 입장은 타이완문학의 지향점에 대해서 어떤 태도를 취했는가.

당시 논쟁의 장에 있었던 랴오위원廖毓文의 회고에 따르면 1930년대 타이완화문논쟁(향토문학논쟁)은 크게 '반대론'과 '찬성론'의 양측으로 나뉜다고 한다. '반대론'의 반대 이유는 두 가지였다. '하나는 향토

국과 관계를 단절시키는 데 있는 것이 아니라 그와 반대로 객관적인 어려운 조건하에서 한문화漢文化의 한 가닥 명맥을 보존하고자 하는 데 있"으며, '자주성'이라는 분석은 "역사의 진면목을 거스르는 것"이고 "역사를 왜곡하는 것"이라고 했다. 상세한 내용은 뤼정후이, 「三十年代「台灣話文」運動平議」, 『殖民地的傷痕－台灣文學問題』, 台北 : 人間, 1996, 10면 참조.

31 부르디외는 장이론을 통해 '장'은 사회적 지위와 직무가 만들어낸 공간이며 장의 성질은 이러한 공간 속에서 개인이 점유하는 지위와 직무에 따라 결정되기 때문에 서로 다른 지위와 직무는 직무 점유자 사이의 관계에서 서로 다른 네트워크 시스템이 나타나게 하고 장의 성질에도 차이를 띄도록 한다고 주장한다. 또 장은 자기장처럼 권력 궤도가 구성하는 시스템이며 장 속에서 정당성을 취득하여 지위를 갖는 사람들(예를 들면 학자나 작가)은 장의 투쟁이나 문화전략의 방향성을 통제하는 사람들이라고 말한다. 그 외에도 부르디외는 문화생산의 장을 '상징적인 상품 시장The market of symbolic goods'과 같은 것으로 보았다. 문화의 장은 서로 다른 역할과 기능, 그리고 상호 간에 연관성을 가지는 행동주체와 기구로 구성되는데 그 역할과 분담은 대략 문화 상품의 생산자, 2차 생산자, 그리고 전파자로 나뉜다. 상징적인 상품 시장에서 문화상품은 상품 자체의 상업적인 가치 외에도 또한 상징적 상품으로서의 특수한 문화적 가치를 갖게 된다. 전자는 대규모의 생산을 위주로 하며 그 목적은 시장의 수요(문화생산장의 규모에 따른)에 부합하는 것이고 후자는 작품의 공공적 의의Public meaning의 추구를 통해 문화가치로 인정받는 것을 위주로 하며 고도의 자주성(생산장을 제한하는)을 내포한다고 한다. 자세한 것은 Pierre Bourdieu, "The Production of Belief-Contribution to an Economy of Symbolic Goods", *Media, Culture and Society* 2, 1980, pp.261~293 참고.

문학을 반대하는 것이고 다른 하나는 타이완화문을 반대하는 것이다.'[32] 논쟁에서 양측의 차이를 분명하게 나타내기 위해 랴오위원의 주장을 표로 만들면 아래와 같다.

〈표〉 타이완화문논쟁(1930~1932)의 주장들

태도	반대론		찬성론
	향토문학 반대	타이완화문 반대	개조 / 건설론
이유	1. 향토문학 내용 빈약, 시대성과 계급성 없음. 2. 황스후이는 "지방마다 자기 말이 있기에 향토문학을 주장하는 것이다"고 했는데 이론적으로 말이 되지 않는다. 문학의 구성조건은 이렇게 단순하지 않다.	1. 타이완 말은 조잡하고 유치하여 문학의 도구로 쓰기에 부적합하다. 2. 타이완 말이라고 해도 각기 달라서(민남어와 광동어는 각각의 차이와 특징이 있다), 따를 만한 표준이 없다. 3. 타이완화문은 중국인들이 알아볼 수 없다.	1. 실용주의를 채택하여 한문漢文을 정리한다. 2. 뜻을 취하여 근본으로 삼고, 음은 부차적인 것으로 취급한다. 3. 독립적인 타이완어로 개조해 가되, 첫째로 샤먼厦門 말(민남어)과 일치시키고, 두 번째로 중국어와 공통성을 갖게 한다.
주창자	랴오위원, 린커푸林克夫, 주뎬런朱點人		황춘칭黃純青
지지자	랴오위원, 린커푸, 주뎬런, 라이밍훙賴明弘, 위에펑越峰 등.		황스후이, 정쿤우鄭坤五, 궈추성, 좡수이싱莊遂性, 황춘칭, 리셴장李獻璋, 황춘청黃春成, 징윈擊雲, 라이허賴和 등.
주요입장	타이완이 중국의 일부분이며, 타이완과 중국은 영원히 분리될 수 없다고 인식. 또한 타이완 특유의 지방문화를 표나게 내세우는 것에 반대.		타이완은 하나의 특수한 지역이라고 인식하고, 타이완의 실제 생활에 적응하는 타이완의 독립문화를 수립할 것을 주장.

자료 출처 : 랴오위원, 「台灣文字運動改革史略」[33]

랴오위원의 회고는 찬성과 반대파를 함께 거론하여 참고할 가치가 있다. 뿐만 아니라 그는 찬반의 대립이 중국 백화문 대 타이완화문논쟁 이면에 숨겨진 중국 정체성 대 타이완 정체성의 대립을 드러낸 것으로 묘사함으로써 쌍방이 위치한 장과 문화적 전략을 명료하게 보여주고 있다. 더 자세하게 살펴보면 이 논쟁이 또한 내용론, 형

32 廖毓文, 「台灣文字改革運動史略」, 『台北文物』 第3卷 第3~4期, 1954.12·1955.5.
33 廖毓文, 앞의 글 참조.

식론과도 이어져 있음을 알 수 있다. 내용론은 타이완문학이 무엇을 서술할 것인가(세계문학 혹은 향토문학)의 문제를 다루었고 형식론은 타이완문학이 어떤 언어(중국 백화문 또는 타이완화문)를 사용할 것인가의 문제를 다루었다. 찬반 양측은 서로 논쟁을 진행하는 가운데 내부적으로 자신들의 주장을 수정해갔다.

이제 실제 논쟁을 살펴보도록 하자. 황스후이가 주창한 '향토문학'에 대해서 랴오위원과 주뎬런, 그리고 린커푸 세 사람이 내놓은 질의는 '향토문학'의 내용에 대한 반박으로 귀납된다. 황스후이는 노동계급이 사용하는 언어(타이완어)로 타이완 사물을 묘사하는 '향토문학'을 주창하였는데 이에 대해 랴오위원은 독일 향토문학이 내용면에서 '매우 빈약하고 시대성이 없으며 계급성도 없'어서, 이미 '자취조차 존재하지 않는다'고 반박했다.[34] 또한 주뎬런은 독일작가 로세게스Roseegges의 소설 『나무꾼의 집*Holzneehthaus*』을 '향토문학의 대표작'이라 하고, 황스후이에게 "당신들이 주창하는 것이 어떤 향토문학이냐"고 반문했다.[35] 기본적으로 "향토문학은 매우 절실하며 필연적이기도 하다"고 생각했던 린커푸는 "지방마다 자기 말이 있기에 향토문학을 해야 한다"는 황스후이의 논리를 반박했다. 린커푸는 "중국 백화문을 타이완 사회에 보급시켜서 대중이 중국어를 알아듣고 중국인들도 타이완문학을 이해하도록 해야 한다"고 주장하였다.[36]

이들 세 사람의 논점은 같지 않았다. 랴오위원과 주뎬런은 '향토문학'이 결코 세계문학의 주류에 편입될 수 없으며 내용에서 계급성도

34 毓文, 「給黃石輝先生－鄉土文學的吟味(一)」, 『昭和新報』 140期, 1931.8.1.
35 點人, 「檢一檢鄉土文學」, 『昭和新報』 144期, 1931.8.29.
36 克夫, 「鄉土文學的檢討－讀黃石輝君的高論」, 『台灣新民報』 377期, 1931.8.15.

결여되어 있다고 생각했다. 또 린커푸는 향토문학의 필요성을 인정하지만 타이완화문에 의한 향토문학의 수립이 장차 타이완과 중국 사이의 언어 전파를 단절시킬 것이라고 비판하였다. 이 논쟁에서 린커푸의 논의만 당시 타이완 지식인들이 떠안고 있던 중국 대 타이완 정체성이라는 문제를 건드렸다. 그 밖의 논자들은 '향토문학'의 정의에 대해서만 견해를 피력했으며 이마저도 깊이가 없었다.

'향토문학'의 의미를 정확히 파악한 사람은 황스후이의 주장을 지지한 푸런負人, 莊垂勝이었다. 1932년 그는 『남음』의 창간호에서 이렇게 말한다.

> 각 신문지상에서 불똥이 튈 정도로 격렬하게 다투고 있는 황스후이, 랴오위원, 커푸, 주톈런 선생 등 제위의 논쟁은 오로지 이 '향토문학' 네 글자의 제목 안에서 온 도시가 떠나갈 듯이 요란을 떨고 있다. (…중략…) 황 선생이 말씀하신 뜻 안에서 이 네 글자는 "타이완화문을 완성하고 타이완문학을 건설하자", (…중략…) '문학의 타이완어'와 '타이완어의 문학'이라는 의미를 내포하고 있는 것인 듯하다.

이 같은 설명은 「건설적인 문학혁명론建設的文學革命論」(1918.4)에서[37] 후스胡適가 중국 신문학이 '국어의 문학, 문학의 국어'를 창조해야 한다고 한 것과 그 논지가 같다. 같은 시기의 중국 백화문학도 이처럼 주장했고 순조롭게 문학혁명을 완성했으므로 타이완에 맞는

37 胡適, 「建設的文學革命論」, 『新青年』 4卷 4期, 1918.4. 이 주장의 중점은 '자기 시대의 말을 해야 한다', '한 시대에는 그 시대의 문학이 있다', 그리고 '국어의 문학, 문학의 국어'라는 주장에 있는데 황스후이의 향토문학 수립 논의는 이에 근접해 있다.

'문학의 타이완어'와 '타이완어의 문학'을 창조하자는 타이완화문운동(향토문학) 역시 정당성을 가진다고 하겠다. 랴오위원, 주뎬런, 린커푸 등의 반대론은 사실상 타이완화문이 타이완문학 개혁에서 정당성을 얻는데 아무런 영향도 미치지 못했다.

내용론은 어문 내용의 개조 외에 앞 절에서 언급한 민족입장과 계급입장 사이의 논쟁도 포함하고 있다. 먼저 민족입장에 대한 논쟁을 살펴보자. 전술한 린커푸의 중국 대 타이완 정체성 논의는 일찍이 황스후이가 '향토문학'을 주장하기에 앞서 이미 존재하고 있었다. 1921년 '타이완문화협회'가 성립되면서 이미 '타이완은 타이완인의 타이완이다'라는 주장이 나왔다.[38] 1928년 타이완 공산당이 성립되었을 때 그 강령에는 '타이완 민족의 독립'과 '타이완 공화국의 건설'이 주장되었다.[39] 정치와 사회운동에서 타이완은 민족 정체성에 기반한 상상의 공동체였고 이미 당시 타이완 사회의 주류 의식이었다.

그렇지만 타이완문학이 중국의 백화문을 채용해야 할지 아니면 타이완화문을 써야 할지 문제는 여전히 논쟁거리였다. 장워쥔이 주창한 '백화문운동'을 예로 들면 그의 목표는 "백화문학을 건설하여 문언문학을 대체하고, 타이완 언어를 개조하여 중국의 국어로 통일하자"는 것이었다.[40] 이 논리에 대한 비판에 따르면[41] 장워쥔이 제창

---

38 『台灣總督府員警沿革誌, 第二編－領台以後の治安狀況(中卷), 台灣社會運動史』(台北 : 台灣總督府警務局, 1939, 168～176면)의 기재에 따르면 총독부는 타이완 문화협회의 "타이완은 타이완인의 타이완이다"라는 주장이 타이완인들에게 "타이완은 우리 타이완 사람 스스로가 통치해야 한다"라는 취지를 고취하는 음모라고 주장한다.

39 위의 책, 592～593면에서 인용. 타이완 공산당 성립시기에 발표한 '정치대강政治大綱'은 모두 13개 조로 이루어져 있고 '타이완 민족의 독립'과 '타이완 공화국의 건설'은 제2조와 제3조 항목으로 들어있다.

40 張我軍, 「糟糕的台灣文學界」, 『台灣民報』 2卷 24號, 1924.11.21.

41 '정쥔워鄭軍我'는 분명 '장워쥔'을 겨냥한 필명이었다. 타이완 말로 읽으면 '鄭軍我'과 '鄭坤五'

하는 것이 단지 '베이징 말'일 뿐 '타이완에 원래부터 있던 평이한 말'이 아니다. 그리고 타이완 작가들에게 중국의 백화문을 쓰도록 강요하는 것은 "쓸데없이 힘을 더 들이는 것이고, 가까운 길을 버리고 먼 길을 가는 것이며 뱀 몸뚱이에 발을 그리는 격"이다.[42] 1930년대의 타이완화문논쟁은 이처럼 '중국 백화문 대 타이완화문'이라는 대립적 인식의 여파라고 할 수 있다. 중국 백화문을 사용할 것을 주장한 랴오위원이나 린커푸 등의 의견(표 1 참조)도 기본적으로 장워쥔의 견해에서 크게 벗어나지 않는다. 황스후이는 이들에 대한 답변에서 타이완 정체성의 문제를 지적한다.

> 내가 향토문학을 제창하기 이전에 이미 사방에서 사람들이 반대할 것을 일찌감치 예측했었다. 하나는 구 문학을 지지하는 저 선비양반들이다. 다른 하나는 야마토大和의 혼을 찬미하는 '신사파'들이다. (…중략…) 다른 하나는 중국에 유학한 학벌파들이다. (…중략…) 중국어를 배우고 나니까 벌써 타이완 말을 경멸하게 되었나 보다. (…중략…) 마지막으로 의존성이 강한 민족주의자들이다. (…중략…) 그들은 타이완 사람들은 결국 한漢 민족이며 중국과 다른 문학을 해서는 안 된다고 한다. 그래서 또한 향토문학을 반대하려 든다.[43]

이 말은 타이완화문논쟁에서 민족 입장에 관한 논쟁의 초점을 상당히 적실하게 지적한 것이다. 중국에 기댈 것인가? 아니면 타이완

는 발음이 유사한데, 쉬청장許成章은 동일인이라고 주장한다. 자세한 것은 許成章, 「光復後之藝文」, 『許成章作品集5－評論』, 高雄 : 春暉, 2000, 139면.

42 鄭軍我, 「致張我軍一郎書」, 『台南新報』, 1925. 1. 29. 廖毓文, 「台灣文字改革運動史略」, 『台北文物』 第3卷 第3～4期, 1954.12・1955.5에서 재인용.

43 黃石輝, 「鄉土文學的再檢討－給克夫先生的商量」, 『昭和新報』. 陳淑容, 『1930年代鄉土文學・台灣話文論爭及其餘波』, 台南師範學院 鄉土文化研究所 碩士論文, 2001에서 재인용.

에 있어 온 타이완 말로 타이완문학을 수립하여 '중국과 다른 문학'의 길을 갈 것인가?

두 번째 시기(1933~1934)에 이 논제가 다시 거론되었다. 1933년 9월 5일 '댜오산쯔貂山子'라는 서명을 쓴 허춘시何春喜가 「타이완 향토문학 형식의 수립에 대한 소견對建設台灣鄉土文學形式的芻議」이라는 글을 발표하였다.[44] 그는 '표음부호'(로마자와 한자 부수)를 사용하여 타이완화문을 수립하자고 주장하여 다시 한 번 논쟁을 불러일으켰다.[45] 간략히 정리하자면, 논쟁은 주로 타이완화문을 발음부호로 표시할 것인가 아니면 한자로 표시할 것인가 하는 문제와 관련되었다. 반대를 표시한 이는 린위에펑林越峰이었다. 그는 중국의 백화문을 채용할 것을 주장하면서도 "우리 타이완 사람의 손에서 나온 작품은 가능한 한 중국인의 작품보다 더욱 타이완화 되어야 한다"고 강조했다.[46] 이어서 토론에 가세한 사람으로 자오리마趙櫪馬, 우이성吳逸生, 린커푸, 추춘룽邱春容, 황스후이, 궈추성郭秋生, 랴오위원, 장선치에張深切, 라이밍훙, 주뎬런 등이 있다.[47] 여기에서는 가장 극렬한 입장 차이를 보였던 두 사람의 주장을 대비해서 살펴보기로 한다.

찬성파 중에서 궈추성은 기본적으로 타이완화문을 지지하는 동시에 타이완문학혁명과 중국문학혁명의 다른 점을 구별하였다. 그는 '중국문학혁명은 중국의 문학혁명이지 우리 타이완의 문학혁명은 아니'기 때문에 '중국 백화문의 껍데기를 억지로 빌려오는 것은 타이완

44 貂山子, 「對建設台灣鄉土文學形式的芻議」. 위에펑越峰, 「對「建設台灣鄉土文學形式的芻議」的異議」, 『台灣新民報』 914號, 1933.9.5에서 재인용.

45 廖毓文, 앞의 글 참조.

46 越峰, 「對「建設台灣鄉土文學形式的芻議」的異議」, 『台灣新民報』 914號, 1933.9.5.

47 陳淑容, 앞의 글, 86~101면 참조.

의 객관적인 현실을 바로 보는 것이 아니'라고 하였다. 또한 타이완 사람은 "타이완어의 특색에 따라 자연스럽게 가치 있는 문학을 창조할 것이지 중국에서 가져올 것은 아니다"고 말했다.[48]

반대론자중 상대적으로 적극적이었던 사람은 라이밍훙이었다. 그는 계급주의를 고수하면서도 중국 민족주의에서 비롯된 격앙된 어조로 다음과 같이 말한다.

> 타이완 사람은 중국의 한 지역 사람이기도 하다. 타이완 사람들은 여전히 중국에서 전해진 풍속 습관과 문화에서 벗어날 수 없다. 언어 역시 중국의 지역 언어에 불과하다. 바꿔 말하자면 (…중략…) 우리 타이완 사람들은 결국 한자를 쓸 수밖에 없으므로 이전 사람들의 노력을 이어받아 무조건 중국 백화문을 받아들여 우리 타이완 신문학 건설의 표현도구로 삼아야 할 따름이다![49]

다시 계급주의와 관련된 논쟁을 살펴보자. '향토문학'의 제창자인 황스후이는 마르크스주의의 신봉자였다. 하지만 민족적 정체성 면에서 그의 인식은 '구' 문인의 그것에 가까웠다. 계급적 견해에서 그는 또한 전통 지식인들을 초월하는 프로사상을 지니고 있었다.[50] 이러한 특징은 그가 타이완화문에 관한 논쟁에서 '광대한 노동대중'의 타이완어를 창작언어로 사용할 것을 강조한 점에서 자연스럽게 이해될 수 있다. 향토문학을 주장한 황스후이와 그 반대자들(예를 들면 랴오위원, 주뎬런, 그리고 그 후에 논쟁에 가담한 라이밍훙 등)은 사실상 프로문

48 이상의 문장은 궈추성, 「還在絶對的主張建設'台灣話文」」, 『台灣新民報』 980~988號, 1933.11.11~19면에서 인용.

49 賴明弘, 「絶對反對建設台灣話文摧翻一切邪說」, 『新高新報』 410~417號, 1933.2.2~3.23.

50 陳淑容, 앞의 글, 54~55면.

학의 계급적 입장으로부터 출발하고 있었다. 그들 모두 마르크스주의자이기 때문이다.

비록 랴오위원의 민족주의가 중국으로 기운 면이 있지만 계급주의 관점에서 그는 다음과 같이 향토문학에 반대하는 이유를 설명한다. 그는 "객관적인 현실이 요구하는 또한 역사적이고 필연적이며 사회적인 가치를 목적으로 하는 문학은 이른바 '볼셰비키'의 '프로문학'"[51]이라고 했다. 이는 그가 향토문학을 반대하는 원인이 부분적으로 프로문학의 국제주의(또는 세계주의)에 대한 인식에서 비롯되었음을 보여준다. 라이밍훙의 계급주의적 입장은 더욱 명확하다. 1931년 12월 24일 그는 『타이완신문』에 「시골사람으로서의 감상做個鄉土人的感想」을 발표했다. 그는 '타이완 프로계급을 위해 무산대중을 목표로 삼으며' '전세계 프로계급을 위해 힘을 다하자'는 입장에서 '장저우漳州와 샤먼廈門 이외의 지역에서는 통용 가치가 없는' 향토문학에 반대했다. 그리고 '더 널리 쓰이며 폭넓은 소통성을 가진 중국 백화문'을 사용하자고 주장했다.[52] 이와 같은 향토문학 반대론에 대해서 황스후이의 답변은 간결하고 명확했다. 그는 라이밍훙의 반대론이 '객관적인 상황을 무시한 것'이며 완전한 '인간'적 생활을 향한 무산계급의 요구에 위배되는 것이라 하였다. 또한 당시 타이완이 직면한 문제는 "계급을 초월한 문제이지 어떤 특정한 계급의 일이나 요구에 한정된 것은 아니다"라고 말했다.[53]

51 '普魯文學'은 바로 '자산계급 문학'이며, 이와 상대적으로 '普囉文學'은 '무산계급문학'이다. 毓文, 「給黃石輝先生－鄉土文學的吟味(二)」; 點人, 「檢一檢鄉土文學」, 『昭和新報』 144期, 1931.8.29에서도 비슷한 논점을 보인다.

52 陳淑容, 앞의 글, 51면에서 재인용.

53 黃石輝, 「台灣話文討論欄－答負人」, 『南音』 第1卷 第8期, 1932.6.13, 26～27면.

여기서 알 수 있는 것은 계급주의에 대한 민족주의적 대립이다. 1933년 타이완 백화문논쟁이 두 번째 단계로 진입하면서 라이밍훙은 더욱 강렬한 어조로 향토문학에 반대하는 주장을 발표하였다. 내용론에서 라이밍훙은 유럽 향토문학의 발전을 토대로 향토문학과 도시문학은 모두 부르주아의 문학이며 '대중에 위배되는 반동문학'이라고 지적하면서[54] 그 전에 황스후이가 제기한 '향토문학은 초계급적인 문제'라는 주장에 대해서도 반박문을 내놓았다.[55] 그렇지만 이런 주장들은 이데올로기와 문화적 헤게모니를 둘러싼 권력투쟁이라고 보아도 무방할 것이다.[56]

두 번째 단계(1933~1934)로 진입한 타이완화문논쟁에서 주목할 만한 것은 당시 일본어 글쓰기 장場에 대한 토론이다. 1933년 9월 4일 칭예淸葉는 『타이완신민보』에 「독자성을 지닌 향토문학의 건설－나의 향토문학관」이라는 글을 발표했다. 그는 넓은 의미에서 "향토문학은 절대 전원과 농촌에 국한되지 않는다"라고 주장했다.

> 향토는 대지와 긴밀하게 연계되어 있고, 모든 사람의 마음속에 깊은 감정을 남긴다. 때문에 나는 타이완 전체를 나의 향토로 여기고 이 향토에서 나온 모든 문학을 향토문학이라 부르기를 주장한다. 당연히 도시문학, 전원문학, 농민문학, 좌익문학, 혹은 기타 특정분야의 전문적인 문학 등을 막론하고 모두 이에 포함된다.[57]

54 賴明弘, 「對鄕土文學台灣話文徹底的反對(二)」, 『台灣新民報』 956號, 1933.10.29. 陳淑容, 앞의 글, 81면에서 재인용.

55 賴明弘, 「絶對反對建設台灣話文摧翻一切邪說(二)」, 『新高新報』 411號, 1934.2.9. 陳淑容, 앞의 글, 81면에서 재인용.

56 또한 櫪馬(趙啓明), 「幾句補足」, 『台灣新民報』, 1933.9.26이 있다. 그렇지만 이런 요지와는 무관하다. 陳淑容, 앞의 글, 82~83면에서 재인용.

타이완의 일어작가로서 칭예의 이 말은 향토문학이 바로 타이완문학의 본질임을 밝혀 라이밍훙 등이 내용론에서 제기한 향토문학과 도시문학의 대립을 해소시켰다. 그런데 더욱 중요한 것은 칭예가 문학의 계급성을 논한 다음 부분에 있다.

> 최근에 계급성이 없는 문학은 문학이 아니라는 말이 있는데 정말 그러한가? 나는 타이완을 나의 고향으로 여기고 그것을 하나의 사회로 간주하여 그 속에서 모든 계급문제를 관찰하고 연구해 온 결과 (…중략…) 모든 문학유파를 하나로 합쳐서 각자 자기의 역할을 하게 하여 독특한 타이완문학을 창조하는 것이 (…중략…) 내가 여기에서 주장하는 독자성인 것이다. 이런 특색을 언급하는 동시에 지방적인 색채도 필요하기 때문에, 타이완문학을 향토문학으로 보는 것이다.[58]

이 글은 타이완 민족성이 프로 대중의 계급성보다 중요하다고 강조하고 있다. 이러한 비좌익적 관점은 좌익 사상이 지배적인 타이완 문화계에서 보기 드문 관점이었다. 이어 1933년 12월에 출판된 『폴모사』에 류제劉捷의 「1933년의 타이완문학계」와 우쿤황吳坤煌의 「타이완의 향토문학을 논하다」가 추천되어 실렸다. 류제는 1931년 이래 향토문학 논쟁이 '장차 타이완문학사에서 휘황찬란한 한 페이지를 장식할 것'이라 했다. 이어 제1절에서 향토문학을 다루면서 향토문학이 일본어 글쓰기 장에서 거둔 수확을 거론하고 반대론자들이 제기한 향토문학의 '예술적 협애함'과 '국제적 공동연대에서의 낙오'에 대해

57 清葉, 「獨自性を持つ台灣文學の建設－私の鄉土文學觀」, 『台灣新民報』 13號, 1933.9.4; 吳枚芳 역, 「具有獨自性的台灣文學之建設－我的鄉土文學觀」, 『文學台灣』 38期, 2001.4, 47~51면.

58 清葉, 앞의 글, 번역 중 일부는 저자가 수정. 예컨대 '계층'은 원문을 따라 '계급'으로 정정.

반박하였다. 그는 또 “나는 단지 우리의 삶을 묘사한 진정한 타이완 문학이라면 모두 향토문학으로 부른다”고 말했다.[59] 이 단계에 이르러 타이완의 일어작가들은 ‘향토문학’의 의미를 확대하여 일어로 쓰인 타이완문학 역시 ‘향토문학’의 틀 안에 편입하려고 했다. 이는 두 번째 단계의 타이완화문논쟁에서 가장 특수한 의견이었지만 논자들의 주목을 받지 못했다. 부르디외의 장이론에서 말하는 ‘장의 투쟁과 문화전략의 방향을 통제하는’ 권력투쟁은 여기에서 드러나게 된다.

우쿤황의 주장은 칭예나 류제의 그것과 확연하게 다르다. 일본어 글쓰기에 대한 긴 논술에서 우쿤황은 향토문학이 반드시 민족성과 계급성을 갖추고 있어야 한다고 강조한다. 공산주의자로서 그는 하나의 세계관을 향토문학 논의의 틀로 삼았다.

> 타이완 또한 세계의 한 작은 지역 중 하나이다. 그러나 일단 세계 역사의 한 페이지에 편입되면 예외란 없다. 타이완 역시 세계적인 경제공황이나 사상적인 파도의 충격에서 벗어날 수 없다. 공포와 혼란의 물결 속에서 나날이 빈곤화되는 계급사회의 갖가지 면모들, 즉 끼니조차 제대로 때우지 못하는 농민들의 모습들, (…중략…) 노동자들의 몸부림, 거리를 헤매는 실업자, 몰락한 중산계급, 그리고 이런 현상에 따라 더욱 얽히고 복잡해지는 세기말의 자살, 강도, 강간 (…중략…) 등의 사회불안 현상이 나타난다. 그리고 또 다른 측면으로는 이런 약소계급 위에 군림하는 통치계급은 이 세계 역사에서 소외된 남쪽 섬의 구석구석을 장악하였다.[60]

---

59 劉捷, 「1933年の台灣文學界」, 『フオルモサ』 第2期, 1933, 31~34면. 번역본으로는 우메이팡吳枚芳이 번역한 「1933年的台灣文學界」, 『文學台灣』 38期, 2001.4, 42~46면이 있다. 여기에서는 번역본을 참조하지 않고 저자가 직접 번역.

60 吳坤煌, 「台灣の鄉土文學を論ず」, 『フオルモサ』, 第2期, 1933, 8~19면. 번역본으로는 펑

이어서 우쿤황은 무산계급 문학의 관점에서 '향토문학'을 논하면서 향토문학이 '역사적 유물이며 또한 구문학의 전통에 근거하여 배양된 문학'임을 주장했다. 그것의 민족적 색채가 종종 '무산계급을 지배하는 문화적 코카인으로 이용되었'기 때문에, 그가 보기에 '향토문학'은 '신흥 민족주의에 영합하는 파시스트 문학'을 형성하는 동시에 현 단계에서 '공산주의에 대한 반동문화의 역할'을 수행하는 것이었다. 이런 문제를 해결하기 위해서 그는 스탈린의 말을 인용하여 무산계급하의 민족문화 노선을 견지해야 한다고 말한다. "그 문화내용은 공산주의적이고 형식은 민족적이어야 한다. 목적은 대중에게 국제주의의 정신을 교육하여 견고한 공산주의 사회를 건설하는 데 있어야 한다"는 것이다.[61] 바꾸어 말하자면 우쿤황이 보기에 향토문학도 단지 일종의 과도적인 문학형식에 불과하며 민족성은 단지 도구이고 계급성만이 본질과 목적이었던 것이다.

이 단계에서 일본어 글쓰기 장에서 제기된 '향토문학' 주장은 이미 현저하게 향토문학과 타이완화문의 연결을 절단하고 바로 프로문학의 계급성문제를 거론하고 있었다. 여기서 타이완화문, 중국 백화문, 일본어 등은 국제공산주의사회를 완성하기 위한 '도구'에 지나지 않았다. 분명한 것은 랴오위원이 타이완 문자개혁을 다룬 주장에서도 의도적으로 자신이 이전에 신봉했던 '프로'에 대한 논의를 생략했다는 점이다.

지금까지 1930년부터 1934년까지 두 차례에 걸쳐 진행된 향토문

쉔彭萱이 번역한 「論台灣的鄉土文學」, 『文學台灣』 38期, 2001.4, 27~41면이 있다. 여기에서는 필자가 직접 번역했다..

61 吳坤煌, 앞의 글. 필자가 직접 번역했다.

학과 타이완화문논쟁에서의 두 가지 쟁점을 분석해 보았다. 하나는 타이완화문, 중국 백화문, 일본어 사이에서의 언어선택에 관한 민족주의적 논쟁이고, 나머지 하나는 글쓰기 전략 면에서 민족주의 혹은 계급주의라는 향토문학의 이념 노선 선택에 관한 논쟁이었다. 이것이 1930년대 타이완화문논쟁의 핵심 주제라 할 것이다. 기본적으로 타이완화문의 개조와 건설에 찬성하는 논자들 사이의 관련 논쟁은[62] 내부적인 논의이자 표현 방식에 관한 기술적인 문제에 속하는 것이므로 본고에서는 더 이상 논하지 않기로 한다.

4. 나가며 – 민족상상과 대중노선의 접속

1930년대에 발생한 타이완화문운동과 그 논쟁은 한 마디로 일본 식민지 통치하의 타이완 좌익 지식인들이 민족 정체성을 구축하고자 시도한 과정이었다. 그 과정은 일본 식민지 문학으로서 타이완문학이 품은 복잡성을 드러냈다.

분석을 통해 타이완문학계가 신문학운동 초기에 백화문운동과 로

62 陳淑容의 연구는 두 단계의 '타이완화문을 수립하기 위한 논쟁과 실천'을 매우 상세하게 다루어서 참고할 만하다. 간략하게 살펴보면 첫 번째 단계(1930~1932)는 주로 한문으로 어떻게 타이완어를 정초할 것인가의 세부문제를 둘러싼 것이었으며 논쟁 참여자는 황스후이, 궈추성, 황춘칭, 좡추이성, 라이허, 리셴장 등이었다. 두 번째 단계(1933~34)는 한문을 채택할 것인지 아니면 로마자 알파벳을 사용할 것인가에 대한 논쟁인데 이것은 댜오산쯔의 제안에 의해 시작되었고 논쟁 중 차이페이훠가 추진한 로마자 운동, 그리고 동시대에 논의되었던 대중문학, 민간문학 등의 주제와도 연결되었다.

마자 운동을 전개한 이후 타이완어를 기초로 독특함을 갖춘 '타이완화문'을 창조해낼 이론을 건립하고 실천하기 시작했음을 살펴볼 수 있었다. 1930년에서 1934년에 이르는 짧은 기간 동안 두 차례 일어난 타이완화문논쟁은 식민지 타이완의 복잡한 언어와 글쓰기 상황, 그에 따른 각기 다른 생각들을 보여주었다. 타이완의 작가와 문학 이론가들은 타이완어와 중국 백화문, 로마자 알파벳, 그리고 일본어 사이에서 배회하면서 어떤 언어를 사용하여 민족의 상상공동체를 표현할 것인가를 고민하였다. 또한 계급주의를 실천함으로써 식민지 타이완의 사회현실을 반영한 타이완문학을 수립하고 식민지 타이완의 노동대중을 위로하고 계몽할 방법을 고심했다. 이 논쟁에 참여한 논자들은 공통적으로 초조함을 느끼고 있었고 모두가 그것을 절박한 임무라고 생각하였다.

이러한 초조와 절박감은 지식인마다 다른 '문화 정체성'으로 표현되었다. 일부 논자들은 타이완어와 타이완 사람, 그리고 타이완의 상황 사이의 불가결한 관계를 견지하여, '타이완화문'으로 타이완문학의 독특성을 표현함으로써 일본문학, 중국문학과 구별되는 타이완문학을 건설하고자 했다. 다른 논자들은 타이완문학이 반드시 중국의 백화문을 사용해서 중국의 지방문학이 되어야 한다고 주장했다. 일본어 글쓰기에 익숙해진 이론가들은 타이완의 향토를 반영할 수 있기만 한다면 언어의 종류에 상관없이 타이완문학(향토문학)의 정당성에 손색이 없다고 했다. 나머지 논자들은 한자를 폐기하고 로마자 알파벳을 사용하여 타이완문학을 창작하자고 했다. 여기서 식민지 지식인들의 문화 정체성의 복잡성이 분명하게 드러난다.

뿐만 아니라 당시 타이완 지식인들의 문화 정체성 차이는 민족 정체성 차이로 이어졌다. 타이완 / 중국 / 일본 이 세 가지 민족 정체성의 혼란은 그들이 공유하는 상상의 공동체와 그에 수반되는 안정과 불변, 연속성의 문화적 틀, 즉 타이완 / 중국 / 일본인으로서의 민족적 정체성을 갖지 못하도록 했다. 타이완화문 / 중국 백화문 / 서구 로마자 알파벳 / 일본어라는 문화 정체성 사이의 논쟁으로 인해 그들은 부득이 역사, 문화, 권력에 굴복할 수밖에 없었다. 이는 서로 다른 시각으로 식민지 경험을 정의한 결과였다. 이 이름 짓기의 논쟁은 실로 복잡하였지만 한편으로는 고통스런 피식민 경험을 표현한 것이기도 했다. 이러한 상황은 1970년대 타이완어 문학 주장이 대두된 이후 지금까지도 여전히 타이완문학의 토론장 속에 존재하고 있다.

흥미로운 점은 이 두 차례 논쟁의 논자들이 대부분 좌익 지식인들이었다는 것이다. 그들의 문화 정체성과 민족상상은 각각 다르지만 마르크스주의를 견지하는 계급주의 노선은 일정정도 중첩되었다. 계급성에 관한 주장과 대중화의 인식에서 특히 그러한 점이 드러난다. 황스후이, 궈추성, 린커푸, 랴오위원, 주뎬런, 라이밍훙으로부터 일어 글쓰기를 제기한 우쿤황에 이르기까지 그들은 하나같이 마르크시즘의 신봉자로서 타이완문학이 반드시 대중노선을 견지해야 하며 무산계급 문학으로서 봉건적인 고전 한문학과 자본주의 색채를 가진 일본 신문학과 투쟁해야 한다고 확신하였다. 그러나 또한 계급성에 대한 인식의 차이로 인해 황스후이처럼 '초계급'론을 주장한 사람이 있는가 하면 라이밍훙처럼 '무산계급'론을 주장한 사람도 나오는 등 모순이 발생하기도 했다.

이러한 모순 이외에 논쟁에 참여한 좌익 지식인들은 또한 하나같이 민족주의와 충돌하게 된다. 황스후이, 궈추성은 타이완의 특수성,

타이완화문과 중국 백화문의 차이를 강조하고 더 나아가 타이완 사람이 타이완 말을 하고 타이완 글을 써야한다는 가치관을 강조했다. 라이밍훙은 '무조건 중국 백화문을 수용할 것'을 견지하면서 '중국 백화문이야말로 타이완화문'이라고 인식했다. 이 두 사람 사이에 나타나는 민족상상은 판이하게 다르다고 할 수 있다. 민족이 상상된 '문화적 인공물'이라는 베네딕트 앤더슨의 말과 같이 타이완화문논쟁에 참여한 좌익 지식인들이 상상한 민족 또한 저마다 차이점을 가지고 있었다. 우쿤황처럼 스탈린주의 성향이 강한 좌익 지식인들의 민족상상 만이 '코민테른'에 대한 신념에 의해 포기될 수 있는 것이었다. 이 점에서 보면, 해방 후에 싹트기 시작한 타이완어 문학운동과 논쟁은 사회주의 전통과 단절되었기 때문에 비교적 이런 모순을 피해갈 수 있었다. 그러나 1977년 향토문학논전과 그 이후 예스타오葉石濤와 천잉쩐陳映眞이 갈라서는 과정에서 이러한 타이완 대 중국의 갈등은 다시 나타나게 된다.

본고는 서두에서 일본학자 마츠나가 마사요시松永正義의 타이완화문(향토문학) 논쟁에 관한 관점을 거론한 바 있다. 그는 '민족적 계기'와 '민중적 계기' 사이의 모순이 존재함을 지적하였다. 이러한 관점은 매우 중요하다고 할 수 있다. 그렇지만 본고에서 당시의 주장이 담긴 텍스트들을 면밀하게 검토한 결과, '민족적 계기' 안에는 또한 더욱 구조적인 '타이완 상상'과 '중국 상상', 그리고 색깔은 흐리지만 '일본 상상'이라는 세 가지 상상이 혼재하고 있음을 알 수 있었다. 그리고 '민중적 계기' 안에서도 마찬가지 양상이 나타났다. 해방 후 타이완어 문학운동은 시작부터 타이완 민족주의 면모를 드러냈다.[63] 그 사이 여러 논쟁이 나타났지만, 정치, 경제적 사회구조의 타이완화, 민주화에 따라 민족상상과 대중노선은 서로 교차되고 있었다. 설령 전자의 색채가 짙고 후자는 옅다고 할지라도 1930년대 황스후이와 궈추성의 타이완화문 수립 주장과 순조롭게 연결되어 타이완어 문학 작가와 작품이 많이 배출되었다.[64] 황스후이와 궈추성이 주장했던 '타이완어의 문학'이 어느새 그 초보적 형태를 드러낸 것이다.

---

63 해방 후 타이완문학과 타이완 민족주의의 관계에 대해서는, 린양민林央敏, 『台語文學運動史』, 台北 : 前衛, 1997 수정판을 참조할 만하다.

64 張春凰・江永進・沈冬青 著, 『台灣文學概論』, 台北 : 前衛, 2001. 학자인 리친안李勤岸은 본서의 서문인 「台語文學新世紀新面貌」에서 타이완어 문학의 구체적인 성과를 거론하는데 여기에는 정량웨이鄭良偉와 쩡진진曾金金이 편찬한 『大學台語課本』 2冊(遠流), 린양민林央敏이 기획한 『台語文學一甲子』 3冊(前衛), 황징롄黃勁連이 기획한 『台語文學大系』 14冊 등이 있다.

개똥현실주의糞現實主義와 황민문학*

1940년대 타이완 문단의 정체성 논쟁

류수친柳書琴

1. 들어가며

전쟁이 한창이던 1943년 2월, 장원환張文環, 하마다 하야오濱田隼雄, 니시카와 미쓰루西川滿 등은 타이완 총독부 황민봉공회皇民奉公會가 설립한 제1회 타이완문화상의 문학상을 받았다. 심사위원 가운데 한 명이었던 타이베이제대台北帝大 교수 쿠도 요시미工藤好美는 시상식 다음 달에 「타이완문화상과 타이완문학台灣文化賞與台灣文學」에서 소설부문 수상자 니시카와 미쓰루, 하마다 하야오, 장원환의 대표작에 대해 평론하였다. 그는 니시카와의 겸손함과 장원환의 현실주의 문학에 대해서 호평하였지만 하마다의 『남방이민촌』에 대해서는 많은 비판을 가하였다.[1] 이로 인해 오랫동안 긴장된 관계를 유지해오던

* 이 글은 김희경이 번역하였다.

『타이완문학』과 『문예타이완』의 문학가들 사이에서 다른 민족, 다른 입장을 지닌 작가들 간에 논쟁이 일어나게 되었다.

이렇게 불거진 '개똥현실주의논쟁糞現實主義論戰'은 전시 문단에서 가장 중요한 문예논쟁이다. 하지만 니시카와 미쓰루가 주도했던 『문예타이완』과 장원환 등이 주도했던 『타이완문학』이라는 양대 문학 집단의 이데올로기 논쟁은 그 연원이 이미 오래된 것이었고, 40년대 초기에 '외지문학'과 '지방문학' 등의 논의에서도 서로 대립구도를 이루고 있었다. 그러니까 쿠도 요시미의 글은 그저 도화선에 불과한 것이었다. 논쟁 발생은 전시체제와 문예통제 및 일어주의의 영향이 뒤얽힌 결과였다. 문단의 주도권 쟁탈과 관련된 이러한 논쟁은 겉으로 보기에 유파간의 논쟁과 전범典範에 대한 논의인 것 같지만 실제로는 식민지 전시 문화통제의 폭력성에서 기인한 것이었다.

1941년 5월에 창간된 『타이완문학』은 타이완 작가와 타이완 사람들의 입장에 공감하는 재在타이완 일본인사들로 이루어진 진영이었다. 이 집단은 지방문화와 지방문학을 구실로 삼아 대정익찬운동大政翼贊運動하에서 문학가들의 자주적 공간을 존속시킬 틈을 찾아냈다. 주도자였던 장원환도 고향을 그린 민속풍의 글쓰기를 통해 동화정책과 다른 생활이념과 가치를 제창했다.[2] 그러나 1942년 8월부터 이듬해 봄까지 일본군이 솔로몬해전과 남태평양해전에서 크게 패하고 타이완 전시통제가 강화됨에 따라 그들이 힘들게 유지하고 있던

---

1 工藤好美, 「台湾文化賞と台湾文學」, 『台灣時報』 279號, 1943.3, 98~110면 참조.

2 필자는 일찍이 張文環이 타이완으로 돌아온 이후에 독특한 문화항쟁 논리와 문학서사 책략으로 편집과 창작의 양 방면에서 본토 문단을 움직인 공헌에 대해 토론을 한 적이 있다. 「謎一樣的張文環－日治末期張文環文學中的民俗風」, 第二屆台灣本土文化學術研討會, 師大國文系主辦, 1996.4 등 참조.

국면도 마침내 생사존망의 위기를 맞이하게 되었다.

1942년 11월 '일본문학보국회'가 주최한 제1회 '대동아문학가대회'가 일본에서 개최되었다. 장원환, 하마다 하야오, 니시카와 미쓰루, 룽잉쭝龍瑛宗 등은 타이완 작가를 대표하여 위만주국僞滿洲國, 몽강蒙疆(몽고와 신장 자치국), 남경南京 정권이 참석한 이 대회에 참석하였다. 그리고 12월에 이 네 명의 타이완 작가들은 타이완으로 돌아간 뒤 당국의 계획 아래 각종 간행물이나 공개적인 장소에서 대회에 참가한 감회를 발표하였다. 그리고 '대동아문학가대회'를 주제로 하여 몇 개월간 지속되었던 선전 공세와 포고가 끝나자 총독부는 즉시 '일본문학보국회'의 회원을 타이완으로 불러들여 문학보국 선전을 하게 하였다.

1943년 2월 말, '일본문학보국회'의 토가와 사다오戶川貞雄 일행은 '타이완문학봉공회' 설립을 축하하기 위해 타이완에서 강연을 하였다. 토가와는 '문학가의 각오文學者的覺悟'라는 주제로 문학가는 반드시 '황민의 일원'이라는 신념을 견지해야 한다고 강조하였다. 1943년 4월 29일 '타이완문학봉공회'와 '타이완미술봉공회'가 타이완의 '황민문화운동'[3] 추진을 목표로 '황민봉공회'의 기치 아래 성립되었다. 그 성립대회에서 문학으로 '봉사의 임무奉仕之臣節'를 완성하는 것이 최고의 영광이며 문학가는 반드시 앞장서서 사상전과 문화전의 선두에 나서야 한다는 점이 강조되었다. 1940년부터 1941년 사이에 성행했던 지방문화론, 지방문학론과 비교해보면 이 시기 문학정책은 문학가가 '문학보국', '결전문학'의 이념과 행동을 가지고 더욱 적극적

3 濱田隼雄,「文學時評」,『文藝台灣』6卷 3號, 1943.7.1, 85~86면.

이고 직접적으로 결전체제에 협조할 것을 요구하였다.[4] '타이완문학봉공회'의 새 정책 중 '황민자각', '봉사의무' 등의 요구는 곧 하마다 하야오, 니시카와 미쓰루 등이 타이완 문단을 향해 외치는 비난의 목소리를 뒷받침했다.

논쟁에서 수많은 공격을 받았던 장원환은 당시 「가시밭길은 계속된다荊棘之道繼續著(茨の道は續く」라는[5] 제목의 수필을 발표하여 자신의 문학적 입장을 표명하였다. '가시밭길'이라는 단어는 일찍이 왕바이위안王白淵이 그의 시집을 명명할 때 썼던 말이다. 전시 타이완문학을 이끄는 인물이었던 장원환이 이런 민감한 상황에서 무엇 때문에 '가시밭길'이라는 말로 자신의 문학적 입장을 표명했던 것일까?

1943년의 이 문학논쟁은 '황민문학' 의제로 인해 역대로 적지 않은 관심을 받아왔다. 필자 외에도 쩡젠민曾健民, 타루미 치에垂水千惠, 자오쉰다趙勳達, 린진리林巾力 등이 이에 관해 훌륭한 논문을 썼다.[6] 필자는 '황민문학'의 목적이 제국 일본이 마지막 좌익문예전통의 색채를 띤 타이완 현실주의 문학을 깨끗이 청산하는 데 있었다고 생각한다. 본고에서는 먼저 논쟁의 경과 및 그것과 '황민문학' 출현의 관련

---

4 柳書琴, 「戰爭與文壇－日據時期台灣的文學活動」, 台灣大學歷史所碩士論文, 1994.6, 137～151면 참조.

5 張文環, 「茨の道は續く」, 『興南新聞』, 1943.8.16. 중역본 「荊棘之道繼續著」은 陳萬益 主編, 『張文環全集』 卷6, 豊原 : 台中縣立文化中心, 2002, 162～163면에 수록.

6 관련 연구 성과는 다음을 참고하라. 曾健民, 「評介'狗屎現實主義'論爭」, 『噤啞的論爭』, 台北 : 人間, 1999年 9月, 109～123면; 垂水千惠, 「糞realism論爭之背景－與『人民文庫』判斷之關係爲中心」, 鄭炯明 編, 『越浪前行的一代－葉石濤及其同時代作家文學國際學術研討會論文集』, 高雄 : 春暉出版社, 2002.2, 31～50면; 柳書琴, 「誰的文學? 誰的歷史?－日治末期文壇主體與歷史詮釋之爭」, '台灣文學史書寫國際學術研討會'論文, 行政院文建會・成功大學台灣文學系主辦, 2002.11, 1～25면; 趙勳達, 「大東亞戰爭陰影下的'糞寫實主義'論爭－以西川滿與楊逵爲中心」, '楊逵文學國際學術研討會'論文, 國家台灣文學館・靜宜大學台灣文學系主辦, 2004.6.19～20, 1～29면; 林巾力, 「西川滿'糞現實主義'論述中的西方, 日本與台灣」, 『中外文學』 34卷 7期, 2005.12, 145～174면.

성을 설명하고자 한다. 다음으로 논쟁 속에서 『타이완문학』 집단이 어떻게 왕바이위안의 시고詩稿를 통해 30년대 타이완 좌익문화운동 정신의 근원으로 거슬러 올라갔으며 이를 통해 어떻게 전시에 고뇌하던 본토 문단을 격려하였는지 정리하고자 한다. 마지막으로 전시 본토 문단을 대표하는 작가 장원환이 어떻게 탈식민주의 성격을 띤 '고향 / 전통'이란 인문지리 서사를 통해 식민통치에 의한 지방문화 파괴와 왜곡에 대응하였고 '대동아공영권大東亞共榮圈'에 위배되는 민족적 상상을 전개하였는가를 분석하고자 한다.

2. 1943년의 문학 논쟁—개똥현실주의 논쟁

'타이완문학봉공회'가 성립되기 직전 문단 통제정책이 막 새로운 국면으로 접어들 때쯤 대동아전쟁에서 승리하고 타이완 문화 인사들이 '직업보국職業報國(職域奉公)'을 통해 사상전에 협조하게 만들 목적으로 '타이완문화상'이 창설되었다. 이로 인해 등장한 쿠도 요시미의 평론에 대해 하마다 하야오가 「비문학적인 감상非文學的な感想」[7]에서 반론을 제기하면서 일제시기 타이완 마지막 논쟁의 서막이 열렸다.

타이완에 체류하는 동안 장원환, 뤼허뤄呂赫若, 룽잉쭝, 우줘류吳濁

7 濱田隼雄, 「非文學的な感想」, 『台灣時報』, 1943.4, 74~79면. 중역본 「非文學性的感想」은 黃英哲 主編, 『日治時期台灣文藝評論集』 雜誌篇・第四冊, 台南 : 國家台灣文學館籌備處, 2006.10, 128~133면에 수록.

流, 왕바이위안 등의 타이완 작가들과 친밀하게 교유했던 쿠도 요시미[8]는 타이베이제대 문정학부文政學部 조교수로 「타이완문화상과 타이완문학」이라는 글을 통해 점잖은 학원파 평론 풍격과 문예 비평 능력을 유감없이 드러내었다. 이 글에서 그는 먼저 제1회 '타이완문화상' 시상 항목의 배치에 약간의 결함이 있음을 객관적으로 검토하였다. 아울러 이를 통해 타이완 시단에 출현한 세기말의 퇴폐성과 타락한 낭만주의가 드러낸 현실도피의 불량한 경향을 지적하였다. 수상 작가들에 대한 평론에서 그는 작품과 현실의 연관관계와 관련기교 및 작품의 역사관에 대해 매우 자세하게 분석하였다. 작품들을 비교 평가하는 방식으로 쿠도는 장원환이 '처음부터 어떠한 분위기 속으로도 빠져들지 않았던 것'이라고 평함으로써 니시카와 미쓰루를 은밀히 풍자하였다. 같은 방식으로 '아마도 타이완 작가들 중에서 장원환 만큼 철저한 현실주의자는 없을 것'이라며 하마다 하야오를 격려하고 이를 통해 장원환의 현실주의 문예의 특징과 성과를 드러내는 동시에 그 자신이 주장한 '역사적 현실주의'의 문예주장을 나타냈다.

하마다에 관한 평론은 이 글의 가장 마지막 부분에 배치되었는데 분량이 상대적으로 짧고 비판이 매섭다. 쿠도와 같이 현실주의 문예 창작에 힘썼던 하마다는 전시 국책 또는 일본민족발전의 입장에 서서 동타이완(台東 지역) 일본 농업이민들의 힘겨운 개척사를 『남방이민촌』으로 작품화했다. 쿠도는 이에 대해 긍정하지 않았을 뿐만 아니라 하마다의 허위적 역사관과 작품의 비현실성을 비판하였다.

---

8 工藤好美(1899~?)는 大分縣 사람이다. 와세다대학 영문과를 졸업하고 富山고등학교 교수를 지냈다. 1928년 台北帝大가 창립될 때 文政學部 조교수가 되어 일본의 통치가 끝날 때까지 서양문학과 영문학을 가르쳤다. 『台北帝國大學一覽』, 1928 참조. 타이완에 있는 동안 타이완 국적의 작가 張文環, 呂赫若, 龍瑛宗, 吳濁流, 王白淵 등과 친밀하게 교유했다.

> 소설의 후반부에서 대동아전쟁이 시작되고 이민촌이 더 남쪽으로 옮겨가게 되는 것이 문제의 초점이 되면서 줄거리가 갑자기 내리막길로 치닫게 된다. 내가 말하려는 것이 바로 여기에서 드러나는 역사관이다. 하마다의 역사관은 지금까지도 작가의 실제적인 신념이 되지 못하였을 것이다. 말하자면 단지 외부에서 주어진 정부의 명제를 작가가 과거의 사실에다 억지로 갖다 붙인 것이다.[9]

남진南進 국책 아래 하마다가 웅대한 뜻과 기대를 주입한 일본민족의 남방개척 이야기는 결국 다음과 같은 비참한 평가를 얻었을 뿐이었다.

> 하마다의 소설이 바로 이른바 '조사를 아주 잘한 소설'이라고 할 수 있는데 그의 소설이 결국 사람들에게 허구적인 느낌을 주게 되는 까닭이 바로 여기에 있다.[10]

제1회 타이완문화상의 수상자 가운데 한 사람이었던 하마다에게 이러한 평가는 상당히 참기 어려운 것이었다고 할 수 있겠다.

타이베이제대 교수로부터 혹평을 받은 다음 달, 하마다는 「비문학적인 감상」을 발표한다. 이 수필에서 그는 자신감 상실과 불쾌한 심정을 내비쳤다. 문장의 첫머리에서 그는 겸손한 필치로 지난 해 가을에 참가한 '대동아문학가대회'가 그에게 가져다준 충격과 그 후 몇 개월 동안 부단히 반성하며 '새로운 타이완문학'을 모색한 심정을 토로하였다. 그는 비록 모든 것이 아직 생각 중에 있고 두서도 없지만 "상

---

9 工藤好美, 「台灣文化賞與台灣文學」, 黃英哲 主編, 『日治時期台灣文藝評論集』 雜誌篇・第四冊, 115면에 수록.

10 위의 글.

을 받은 나는 그저 마음속에서 우러나와 문학봉공에 지성을 다 하면 될 뿐이고 내 작품 속에서 구체적으로 황민의 길을 표현해내면 될 뿐[11]"이라고 하였다. 그 뒤의 단락에서는 결연한 어조로 대동아의 '위대한 이상' 아래 '타이완의 문학'이 나아갈 방향에 대해 이야기하였다.

하마다 하야오를 연구한 마츠오 나오타松尾直太에 따르면 하마다는 이 글에서 '결전하의 타이완문학이 나아갈 방향에 대한 다른 작가들의 견해에 불만을 표시'하고 있다. 때문에 그는 자신의 대표작 『남방이민촌』의 노선에 만족하지 않고 새로운 창작 실천을 모색했다. 그럼으로써 그가 '대동아문학가대회'에 참여한 뒤 '문학보국'을 결심하게 되었음을 보여주고 있다는 것이다.[12]

쿠도 교수가 제기한 타이완 내 낭만주의와 현실주의 문예에 관한 검토에 대해, 그는 타이완의 낭만주의문학이 현실에서 벗어나 있고 현실주의문학은 자연주의의 말류가 되었다고 비판하였다. 아울러 대부분의 '본도인 작가本島人作家(타이완 작가)'들이 '현실의 부정적인 측면만 묘사하는 것'을 지적하고 '황민으로서 본도인들의 비적극성과 부정적 태도를 비판'하였다. 하마다의 비판은 타이완 문단이 황민화운동과 결전태세에 대해 적극적이지 않은 점을 지적한 것이다. 때문에 수상자 중 한 명이자 본토 문단의 대표 인물인 장원환으로서는 이에 대응하지 않을 수 없었다.

장원환은 곧바로 5월 1일에 발간된 『타이완공론』에서 타이완 작가들이 비판 받는 것은 안타까운 일이지만 가장 마음 아픈 것은 이로

---

11 濱田隼雄, 「非文學的な感想」, 『台灣時報』, 1943.4, 128면.

12 松尾直太, 「濱田隼雄研究－日本統治時期台灣1940年代的濱田文學」, 成功大學歷史所碩士論文, 2001.6, 192～194면 참조.

인해 나타난 전체 문단의 수준 저하 문제라고 밝혔다. 하마다가 타이완 작가들의 창작의 질이 떨어졌다고 비평하자 장원환은 이를 조소하며 비평 방면의 수준 역시 높지 않다고 비판한 것이다. 이 밖에도 하마다는 반드시 일본고전을 학습해야 황도정신皇道精神을 이해할 수 있다고 생각했지만 장원환은 그렇게 생각하지 않았다. 장원환은 바로 타이완문학의 수준이 낮기 때문에 문학가가 절박하게 노력을 기울여야 하며 문학이 절대로 현실의 임무에서 도피하지 않아야 한다고 생각했다. 이외에 황민화운동이 국민정신운동의 요체이므로 정신건설 임무의 성격을 띠고 있는 문학이 황민의 입장에 서서 의무를 다해야 한다고 생각했다.

장원환은 '정신적 임무'를 중심으로 타이완 작가의 문학 활동과 국민정신 총동원, 황민화운동 등의 '(관제)정신운동'을 함께 논하였다. 그리하여 자신과 여타 타이완인 작가들의 문학활동이 국책에 위배되지 않음을 밝힘으로써 하마다의 비난을 교묘하게 피해갔다. 그러나 날로 고조되는 긴장된 분위기는 결코 이것으로 끝나지 않았다. 타이완 내 일본인 작가들의 영수였던 니시카와 미쓰루도 타이완 작가들을 강하게 비판하였다.

> 줄곧 타이완문학의 주류로 여겨져 왔던 개똥사실주의(원문은 糞realism이다—필자)는 완전히 메이지明治 이후 일본에 전해진 구미문학의 수법이다. 적어도 우리 같이 벚꽃을 열렬히 사랑하는 일본인들은 절대로 거기에서 공명을 얻을 수 없다. 그것은 그저 싸구려 인도주의의 부스러기들에 불과하며, 거칠고 저속하고 비판정신을 묘사한 것이 조금도 없고 그 안에 일말의 일본전통도 존재하지 않는다.

> 나는 이것이 특히 타이완인 작가들의 공통적인 병폐로 진정한 현실주의는 결코 그런 것이 아니라고 생각한다. 이러한 작가들이 심술궂은 계모나 가족 간의 갈등 등과 같은 나쁜 풍속들에 대해 묘사하는 동안 타이완의 젊은 세대는 근행보국대勤行報國隊나 지원병의 형식으로 활발한 행동력을 보이고 있다. 현실을 완전히 무시한 소위 현실주의 작가들이란 참으로 아이러니하지 않은가?[13]

니시카와 미쓰루는 타이완문학이 '개똥현실주의'임을 지적하는 외에도 유미주의의 대표작가 이즈미 교카泉鏡花(1873~1939)[14]가 '재주藝'와 '조탁雕琢' 방면의 성취에서 타이완 작가들을 비평한 것을 공개하였다. 그는 "몇몇 타이완 작가들이 '재주도 없으면서 먹기만 하고'[15] 조탁하지 않는 것은 그래도 참을 수 있지만 무성한 삼림보다도 더 혼란스러운 '문장'은 신문기자들의 웃음거리가 되어도 이상할 것이 없다"라고 하였다. 그리고 '개똥 / 벚꽃', '구미 / 일본', '외래 / 전통', '현실주의 / 순수한 미' 등과 같은 일련의 이원대립적 개념들을 끌어와, 작가가 일본 전통으로 회귀함으로써 대동아전쟁 속에서 '투기문학'이 아닌 진정한 '황국문학'을 건립해야 한다고 주장하였다.

니시카와의 이 글도 역시 5월 1일에 발표된 것이므로, 원고를 쓸 당시에 장원환이 하마다의 글에 대응하여 쓴 문장을 보지 못하였을

---

13 西川滿, 「文藝時評」, 『文藝台灣』 6卷 1號, 1943.5.1, 38면. 중역본 「文藝時評」은 黃英哲 主編, 『日治時期台灣文藝評論集』 雜誌篇・第四冊, 162~163면에 수록되어 있다. 번역문 중의 '精進報國隊'는 필자가 고쳐서 전시의 특수 용어인 '勤行報國'으로 하였다. 역자가 '宗教報國隊'로 번역한 것은 타당하지 않다.

14 泉鏡花는 尾崎紅葉의 제자로 역시 메이지 말기에 자연주의에 반대하고 허구미와 유미주의를 추구했던 대표적인 작가이다. 1917년에 발표한 극본 『天守物語』는 유미주의 희극의 대표작으로 여겨졌다. 1937년에 예술원 회원으로 선임되었다.

15 大食은 재주도 없으면서 먹을 줄만 아는 것을 형용한 것으로 無藝大食은 '재주도 없는 밥통'이란 뜻이다. 西川滿, 「文藝時評」의 역자 邱香凝의 주해 참조.

것이다. 니시카와와 하마다 두 사람의 논문에서 알 수 있듯이 그들은 '대동아문학가대회'나 일본 고전문학의 전통을 빌어 타이완문학을 점검했다. 그리고 타이완 작가들의 현실주의 문학이 황민화와 결전 태세에 소극적이고 부정적이므로 그들의 작품이 '황국문학'이 아닌 '투기문학'이라고 통렬하게 비판하였다. 두 사람이 서로 번갈아가며 공통된 인식을 드러낸 것을 보면 논쟁의 발생이 우연은 아니었던 듯하다.

가족문제를 글쓰기의 주제로 삼았던 뤼허뤄는 일기(5월 7일자)에서 니시카와를 강하게 비판했다.

> 니시카와 미쓰루의 「문예시평」의 졸렬함에 대해 갑자기 여기저기서 비판의 소리가 나오고 있다. 니시카와는 결국 문학 실력으로 사람들을 납득시킬 수 없게 되면 그런 비열한 수단으로 사람들을 자신의 간계 속으로 몰아넣으려 할 것이다. 그는 문학 음모가이다. 언젠가 가나세키金關 박사가 "타이완문학의 성장을 방해하는 것은 바로 문학가들이다"라고 한 적이 있는데 이는 이치에 맞는 말이다. 하마다 역시 악랄한 놈이다. 문학은 결국 작품이다. 좋은 작품을 써내야 하는 것이다![16]

뤼허뤄는 이 일을 '음모'로 보고, 아울러 이것이 장차 타이완문학 발전에 장애가 될 투쟁라고 보았다.

니시카와의 뒤를 이어, 5월 10일에는 스와이민世外民이[17] 「개똥현

16 呂赫若, 鍾瑞芳 譯, 陳萬益編, 『呂赫若日記』, 台南 : 國家台灣文學館, 2004.12, 1943.5.7 記事, 339~340면.

17 어떤 연구자는 '世外民'이 邱永漢이라고 하였는데, 垂水千惠가 일본에서 邱永漢을 방문했을 때 邱永漢은 이를 부인하였다. 垂水千惠는 '世外民'이 楊逵일 것으로 추측하였으나 지금까

실주의와 거짓낭만주의糞現實主義與僞浪漫主義(糞リアリズムと僞ロマンチシズム」를 발표하여 문예평론의 정도가 아니라고 지적하며 비난을 퍼부었다. 그는 니시카와가 작가의 창작 입장과 태도를 탐구하지 않은 채 타이완 작가들의 글쓰기 주제를 비판한다고 했다.

> 나는 니시카와의 심미적 작품의 저류가 순수한 미에 대한 추구라는 것을 인정한다. 동시에 나 역시 타이완 작가들의 현실주의에 결코 마음대로 '개똥'이라는 오명을 씌울 수 없다는 것도 안다. 왜냐하면 그것은 자신의 생활에 대한 반성 및 장래에 대해 품은 희망에서 출발한 것이기 때문이다. 이러한 작품들은 타이완인 가족들의 갈등을 묘사하였는데 이 갈등이 과도기에 처해 있는 당시 타이완 사회의 가장 근본적인 문제들이었기 때문이다. 니시카와는 이러한 타이완 사회의 실정에 대한 성찰을 게을리 하고 말의 표상에 빠져서 다른 사람의 잘못만을 비난하였다. 이런 행위는 그의 소인배적인 작풍만 폭로하였을 뿐이다.[18]

5월 17일에는 예스타오葉石濤가 등장하여 스와이민을 규탄하고 니시카와 미쓰루를 변호하였다. 하마다와 니시카와의 우회적인 비판과 달리 예스타오는 직접적으로 장원환과 뤼허뤄의 작품을 지목하여 황민의식이 결여되어 있다고 비판하였다.

> 경사스러운 일을 모으고積喜慶, 눈부신 업적을 축적하고蓄光輝, 바른 이치를 기르자는養正道 건국이상을 기초로 건립된 오늘날의 일본문학은 메이지 시대 이래로 외국에서 유입된 개똥현실주의를 청산하고 고전의 웅혼한 시대로 회

지도 정론이 없다. 垂水千惠, 「糞realism論爭之背景－與『人民文庫』判斷之關係爲中心」 참조.

18 世外民, 「糞リアリズムと僞ロマンチシズム」, 『興南新聞』, 1943.5.10.

> 귀할 절호의 기회를 맞이했다. 따라서 시대적 조류를 모른다는 듯 가장하는 상판으로 득의만만하게 무슨 '타이완의 반성'이나 '심각한 가정 분쟁' 등을 외쳐대고 10년 전의 프로문학에서나 볼법한 큰 주제를 들어 득의양양해 하며 스스로 만족해하는 사람들에게 따끔하게 일침을 가하는 것은 조금도 잘못이 되지 않을 것이다.
>
> 예를 들어 장원환의 「밤 원숭이夜猿」와 「거세한 닭閹雞」에 대체 무슨 세계관이 있단 말인가? 게다가 장원환이 타이완식의 일어로 쓴 독자적이고 비현실적인 문학은 참으로 이해하기 어려워서 몇 번씩이나 반복해서 읽어야만 이해할 수 있다. 읽은 후에 내가 느낀 것은 그것이 그저 돌이킬 수 없는 꿈이며, 기억 속에만 잔존해 있는 지난날의 타이완 생활에 불과하다는 것이다! 이것이 스와이민이 말한 현실주의란 말인가? 뤼허뤄의 「온 가족의 평안合家平安」과 「묘정廟庭」은 그야말로 시골에서 상연되는 신파극 같다.[19]

예스타오의 글이 발표된 다음 날 장원환은 이에 크게 분노했고, 뤼허뤄는 일기에 장원환의 동지애에 대해 존경과 감사의 마음을 표현냈다.[20]

5월 24일, 『싱난신문興南新聞』은 예스타오의 글에 대해 반박하는 문장을 게재하였다. 윈링雲嶺은 "다른 사람의 낭만주의의 옳고 그름을 말하거나 다른 사람의 현실주의를 취할 만하지 못하다고 말함으로써 자신의 작품을 찬미하려는 술수는 비열한 짓"이라고 했다.[21] '염

19 葉石濤, 「世氏への公開狀」, 『興南新聞』, 1943.5.17.
20 呂赫若, 鍾瑞芳 譯, 陳萬益 編, 『呂赫若日記』, 1943.5.18 記事, 344면.
21 雲嶺, 「批評家に寄せて」, 『興南新聞』, 1943.5.24.

분지대鹽分地帶' 시인의 지도자인 우신룽吳新榮은 당시 황민화운동의 논리와 어휘를 활용하여 상대방의 창으로 상대방의 방패를 공격하는 방식으로 반박하였다. 그는 예스타오가 '황민봉공회' 문학상을 받은 장원환을 비난한 것은 '황민봉공회'의 권위를 모욕한 것과 같으므로 예스타오의 황민의식부터 검증해봐야 할 것이라고 비판하였다.

이 밖에도 그는 만약 타이완의 과거 생활을 기록하는 것이 문제가 있다고 비판한다면 니시카와 미쓰루의 「적감기赤嵌記」와 「용맥기龍脈記」도 마땅히 비난받아야 하지 않겠느냐고 하였다. 아울러 그는 이전에 '상아탑의 귀신象牙塔之鬼'이라는 말로 예술지상주의를 비난한 적이 있지만 "나는 이와 같은 예술지상주의도 나쁘지 않다고 생각한다. 그러나 나는 풍문으로 니시카와 미쓰루가 이미 '미의 추구'를 버리고 '비장한 결의'로 다시 출발할지 모른다는 소식을 들었다[22]"라고 하여 니시카와 미쓰루가 유미주의에서 황국문학과 문학보국으로 전향한 것을 풍자하였다. 뒤이어 6, 7월에 출간된 『문예타이완』에서 니시카와와 하마다는 굴하지 않고 계속하여 이에 반격하였다.

신문잡지 상에서의 공개적인 논쟁 외에도 타이완 작가들은 사석에서 부단히 대책을 논의하고 그들의 입장에 공감하는 일본 문화인에게 조언을 구했다. 이처럼 정치성이 농후한 논쟁에 직면한 타이완 작가들은 모두 전전긍긍하지 않을 수 없었다. 뤄허뤄는 자신의 일기에 비판 받았을 때의 정신적 압박과 창작방향에 대한 고뇌를 기록하였다. 논쟁기간 동안 힘들게 버텼던 그는 6월 15일 일기에 "나는 천박한 시대성을 채워 넣는 것을 혐오한다. 나는 진실함과 예술성을 고수하

22 吳新榮, 「良き文章・惡しき文章」, 『興南新聞』, 1943.5.24.

여 영원한 작품을 쓸 것"이라고 적었다. 7월, 뤼허뤄는 「석류石榴」를 통해 그를 공격한 자들에게 강하게 변론하였다. 「석류」는 작가가 시종일관 선호했던 타이완 향촌 가족의 이야기를 긍정적인 시각에서 묘사한 작품이다. 소설 속에는 고전미와 낭만을 추구하는 일본 전통도 보이지 않고 빛나는 대동아의 이상 또한 보이지 않으며 익찬결전체제翼贊決戰體制도 없고 황민화 생활에 대한 묘사도 없다. 보이는 것은 모두 타이완의 가치(풍속습관 · 생명신앙 · 가족관 · 효제윤리)를 간직한 빈곤한 인민들이 깊은 가족애로 가까스로 살아가는 향토사회이다.[23]

「석류」는 『타이완문학』 3권 3호에 게재되었다. 이 호에 왕창슝王昶雄의 소설 「급류奔流」와 이둥량伊東亮, 楊逵의 「개똥현실주의에 대한 옹호擁護糞便現實主義(糞リアリズムの擁護)」도 함께 실렸다. 양쿠이는 자신의 글에서 현실주의와 낭만주의에 대한 자신의 견해와 함께 '본도인 작가'가 현실의 부정적인 측면을 묘사해야 한다고 하였다. 그것은 다음과 같은 이유 때문이었다.

> 의붓아들 학대, 가족분쟁, 그리고 그 밖에 여러 가지 니시카와가 눈을 감고 보지 않을 만한 현실들 역시 존재한다. 그러나 그러한 결점들을 직면했을 때 우리더러 니시카와처럼 보고도 못 본 척 하라고 한다면 우리는 그러지 못 할 것이다. 설령 그 속의 긍정적인 요소가 아주 조금뿐일지라도 우리는 그것들을 보호하고 양성해야 할 책임이 있다고 생각해야지 없애버리려고 해서는 안 된다. 단지 백분의 일에 불과할지라도 반드시 현실 속으로 들어가야 한다.[24]

23 柳書琴, 「再剝石榴－決戰時期呂赫若小說的創作母題」, 『呂赫若作品研究』, 台北 : 聯合文學, 1997.11.

24 楊逵, 「糞リアリズムの擁護」, 『台灣文學』 3卷 3號, 1943.7.31. 중역본 「擁護糞便現實主義」는 彭小姸 主編, 『楊逵全集』 第十卷 · 詩文卷, 台南 : 國立資産文化保存硏究中心籌備處,

이 글에서 양쿠이는 하마다, 니시카와 등 상대 진영 인사들의 질의에 반박하는 한편 장원환, 우신룽 등과 같이 '일본 정신을 체득하기 위해 힘쓸 것'이라고 하여 스스로를 방어하였다.

상술한 논쟁에서 대표적인 인물들의 언사는 비록 현실주의와 낭만주의를 맴돌았지만 그 핵심은 단순한 유파간의 싸움이나 문학론에 있지 않았다. 먼저 '개똥현실주의'라는 말은 1940년대에 처음 나온 말이 아니었다. '개똥현실주의'는 30년대 중반 일본문단에 출현한 『일본낭만파』와[25] 파시즘에 대항했던 최후 세력을 상징하는 『인민문고』[26] 사이의 대립과 관련성을 지니고 있다.

타루미 치에는 일찍이 논쟁의 키워드인 '개똥리얼리즘糞realism'이라는 말에 대해 고찰하였다. 니시카와 미쓰루, 하마다 하야오와 일본낭만파의 관계,[27] 장원환, 뤼허뤄와 『인민문고』의 연원을[28] 정리한 그는 하야시 후사오林房雄[29] 등이 『인민문고』파인 다케다 린타로武田

2001.12, 119~126면에 수록.

25 문학잡지. 1935년 3월에 保田與重郎, 龜井勝一郎, 中島榮次郎, 中谷孝雄, 緒方隆士, 神保光太郎 등에 의해 창간되었고 1938년 8월에 정간되었다. 이 잡지는 무산계급 문학이 좌절되고 지식계에 사상적 혼란이 출현했을 때 '자아해방'을 위해 탄생하였고 평론을 위주로 하였다. 초기에는 복고주의와 국수주의의 '고전미'를 제창하였다. 그 가운데 保田與重郎 등 소수의 인물은 훗날 군국주의 국책에 영합하여 '일본정신'과 '성전'을 열렬히 선양했다. 呂元明 主編, 『日本文學詞典』, 上海 : 上海辭書出版社, 1994.11, 81~82면 참조.

26 문예월간. 1936년 3월에 武田麟太郎이 창간하고 주재하였으며 1938년 1월에 정간되었다. 모두 26期를 출간하였다. 주요 편집자로는 高見順, 本庄陸男, 堀田升一, 青野季吉, 江口渙, 秋田雨雀, 宇野浩二, 德田秋聲, 園地文子, 平野謙 등이 있다. 이 잡지의 주지는 '문예간담회'와 『일본낭만파』가 구현하는 군국주의 문화통제 방침과 전통적 낭만주의 경향에 맞서는 것이었다. 위의 주, 82면.

27 濱田隼雄와 林房雄의 교유, 西川滿의 일본낭만파 정신에 대한 호응 등이 포함된다.

28 張文環과 『인민문고』 작가 平林彪吾의 교유, 『인민문고』의 창간자이자 핵심인물인 武田麟太郎의 '풍속소설'이 張文環의 창작에 미친 영향, 呂赫若와 『人民文庫』의 주요 평론가 高見順의 관계 등이 포함된다.

29 林房雄(1903~1975)은 1932년에 전향하여 출옥한 후 『중앙공론』에 민족주의 경향을 표현한 장편소설을 연재하고 평론을 발표하여, 문학이 정치에 종속되는 것에 반대하고 문학과 작가

麟太郎 등의 작가들을 공격할 때 사용한 '개똥리얼리즘'이라는 말이 8년 후 타이완 문단에 잠복적인 영향력을 행사한 것이라고 보았다. 리얼리즘과 국책에 대한 태도를 비교해보면 『일본낭만파』 대 『인민문고』의 문학적, 정치적 대립구도가 『문예타이완』 대 『타이완문학』의 대립구도로 계승된 모습을 보이고 있다. 때문에 그는 1943년 타이완의 '개똥리얼리즘'을 단지 일본인과 타이완인 간의 민족 대립을 중심으로만 평가할 수 없다고 했다. 1930년대 일본의 프로문학운동이 붕괴된 후 서로 다른 성향을 지닌 『일본낭만파』와 『인민문고』가 『문예타이완』파와 『타이완문학』파에 미친 영향을 가지고 해석해야 한다는 것이다.[30]

후진 제국주의 국가인 일본은 메이지유신 이후 '아시아를 벗어나 서구 사회를 지향하자脫亞入歐'고 하여 이등국가 지위에서 전략을 유지해왔다. 그러나 1930년대 이후 전략을 뒤집어 서방 국가에 항거하고 도전하기 시작했다. 반서구, 반영미를 주장하는 논의와 투쟁은 당시 전향 폭풍에 휩싸인 일본 문예계 침식을 가속화하였다. 하야시 후사오의 『인민문고』 일파에 대한 공격, 외래 자연주의와 좌익문학에 대한 비난 등은 모두 '반서방', '일본의 파시즘화'라는 이중적 의식형태를 보여준다.

린진리 역시 개똥현실주의에 대한 비판이 30년대 '서구 사회에서

의 자주성을 강조하여 전향의 경향을 반영하였다. 1936년에는 문장을 발표하여 더 이상 무산계급 작가가 되지 않겠다고 선언했다. 1940년대에는 우익단체인 '大東塾'의 일원이 되었고, 「전향에 관하여」 등의 문장을 발표하여 천황제를 옹호하고 침략전쟁을 지지하였다. 전후에는 한동안 공직을 박탈당하고 전쟁의 책임을 문책 당했다. 1963년에 또 「대동아전쟁긍정론」을 연재하여 침략전쟁을 미화하였다.

30 垂水千惠, 「糞realism論爭之背景－與『人民文庫』判斷之關係爲中心」, 鄭炯明 編, 『越浪前行的一代－葉石濤及其同時代作家文學國際學術硏討會論文集』, 高雄 : 春暉出版社, 2002.2, 31~50면.

벗어나 아시아로 돌아오자脫歐返亞'는 슬로건을 표방하는 일본 파시즘의 격화를 배경으로 출현했다고 보았다. 또한 이후 40년대까지 일본은 메이지 시기 이래의 서구 숭배에 의문을 제기하는 한편 서방세계의 대립자를 자처했다. 그럼으로써 타자가 없는 순수한 세계를 구축하고 그 안에 천황, 고전문학, 전통, 민족 등의 내용을 채워 넣으려 했다고 지적하였다.

1942년 『문학계』가 주최한 '근대의 초극' 좌담회에서 일본의 근대화(=서구화)가 가져온 문명의 위기와 이를 돌파할 방법, 그리고 일본의 새로운 위치 정립 문제가 논의되었다. 린진리는 타이완의 '개똥현실주의 논쟁'에서 니시카와 미쓰루가 제기한 '순수의 미'가 정치적으로 활용될 가능성이 있다고 생각했다. '시작도 끝도 없는 생명 = 천황제 = 정치'를 '전통' 또는 '역사' 속에 녹아들게 하여 역사공동체의 집단의식 속에서 '역사'와 '전통'이 '미'적 면모를 얻게 만든다. 이러한 명제와 논리는 표면적으로는 심미美와 전통古을 강조하고 있지만 실제로는 현실정치 즉 천황제 국가 논의를 위해 적극적으로 기능하고 있는 것이다. 따라서 타이완의 대변인을 자임하는 니시카와 미쓰루는 공동체 내부의 정의를 실현하고자 하는 타이완 작가들과 갈등을 겪게 되었다. 그가 '서방'과의 대결구도에서 만들어낸 '일본성'과 '타이완성' 역시 타이완 지식인들의 '타이완 상상'과 다른 것이었다.[31]

위에서 서술한 바와 같이 개똥현실주의 논쟁은 '서방 제국주의-동방 제국주의', '일본 식민자-타이완 피식민자', '낭만주의-현실주의', '일본낭만파-인민문고파', '『문예타이완』-『타이완문학』', '전시문예

31 林巾力, 「西川滿糞現實主義論述中的西方, 日本與台灣」, 『中外文學』 34卷 7期, 2005.12, 145~174면.

통제-문예자유주의' 등 여러 가지 이데올로기간의 투쟁이 뒤얽힌 논쟁이었다. 따라서 그 복잡한 정치적, 문화적 개념은 다각적인 검토의 가능성을 가지고 있다. 그러나 간과하지 말아야 할 것은 이처럼 다중적인 정치, 문화적 투쟁의 배후에 훗날 전시 타이완 문예발전에 중대한 영향을 끼칠 절실한 정치적 목적이 존재하고 있다는 것이다.

하마다와 니시카와의 논의를 종합해보면 그들이 말한 '현실'은 '대동아전쟁'에 처한 지원병의 현실이며 그들이 말한 '자각'은 황민봉공과 익찬봉사의 자각이다. 바꿔 말하면 그들은 첫째, 타이완 작가들의 부정적이고 소극적인 성격을 지적하고, 둘째, 현실주의에 바탕을 둔 본토 문학의 낡은 규칙을 타파하고자 하였으며, 셋째, 날이 갈수록 가혹해지는 전시체제하에서 '대동아문학가대회', '타이완문화상', '타이완문학봉공회' 등의 체제화를 거친 후에도 여전히 느릿느릿 '상황' 속으로 들어가지 않고 있는 본토 문예계를 정돈하고자 하였던 것이다. 그리고 그 최종 목적은 신속히 '황민문학을 수립'하는 것이었다.

니시카와는 5월에 '황국문학'이라는 표현을 썼다가 6월에 국민시집인 『하나의 결의一個決意(一つの決意)』를 출간하며 이를 '황민문학'으로 바꾸었는데 '황민문학'이라는 말은 이때부터 정해졌다. 이때 '하나의 결의'란 타이완 황민문학 수립의 결의를 의미한다. 7월, 『문예타이완』은 첫 번째 황민소설인 「길道」을 선보였다. 신인작가인 천훠취안陳火泉은 지식계급의 황민 모델 하나를 형상화하여 타이완인의 황민화 과정 중에 발생할 수 있는 장애와 극복의 길을 제시하고 황민문학의 본보기를 보이려고 하였다.[32] 하마다와 니시카와는 잡지를 통

32 설령 작가에게는 이러한 동기가 있었을지라도, 주인공의 모순된 심리와 수차례 거부당한 황민화 과정에 대한 묘사가 많은 이 소설은 지나치게 비판된 경향이 있다. 이에 관한 논문으로는

해 이 소설이 '이전까지의 타이완문학에서는 볼 수 없었던' 황민문학이며 "이 작품을 통해 새로운 타이완의 문학을 예견해 볼 수 있다"[33]고 호평했다. 구호가 창작에 선행되고 강렬한 정치적 선동성을 드러냈기 때문에 '황민문학'은 일종의 정책문학이다. 이 점에서 니시카와 등의 인물이 '혁신'이라는 구호 아래 '황민문학'으로 '타이완문학'을 대체하려던 속셈이 무엇인지 드러나게 되었다.

11월 13일 '타이완결전문학회의'가 '타이완문학봉공회' 주최로 열렸다. 문학봉공회가 성립되었을 때 앞장서서 '문학으로 황민 봉공에 온 힘을 다하자'는 결의를 표명했던 니시카와 미쓰루는 '진정성을 피력'하기 위해 갑자기 회의 중에 공개적으로 『문예타이완』을 헌정하는 놀라운 모범을 보였다. 니시카와 미쓰루의 행동은 그 자리에 있던 타이완 작가들의 혼란과 불만을 야기했다. 결국 긴장된 분위기 속에서 장원환은 침통한 목소리로 "타이완에는 황민문학이 아닌 것이 없다. 만약 정말로 비非황민문학을 쓰는 자가 존재한다면 당연히 반드시 총살형에 처해지게 될 것이다"[34]라고 말했다.

『문예타이완』은 뒤이어 일부 회의 참석자들의 주장을 게재하였고, 황민문학은 회의에 참석했던 타이완 주재 일본인 작가들에 의해 다시금 강조되었다. 카미가와 키요시神川清는 더욱 확고하게 "이러

다음과 같은 것을 참고할 수 있다. 星名宏修, 「'大東亞共榮圈'の台湾作家」, 『野草』 46號, 1990.8; 垂水千惠, 「台湾の日本語文學」, 東京 : 五柳書院, 1995.1, 73～102면; 林瑞明, 「騷動的靈魂; 「決戰時期的台灣作家與皇民文學」, 『台灣文學的歷史考察』, 台北 : 允晨, 1996.7, 294～331면; 陳培豊, 『'同化'の同床異夢－日治時期台灣的語言政策, 近代化與認同』, 台北 : 麥田, 2006.11, 446～458면.

33 西川滿・濱田隼雄, 「小說'道'について」, 『文藝台灣』 6卷 3號, 1943.7.1, 142면.

34 神川清 等, 「台灣決戰文學會議」(記錄), 『文藝台灣』 終刊號, 1944.1.1, 32～38면; 중역본 「台灣決戰文學會議」는 黃英哲 主編, 『日治時期台灣文藝評論集』 雜誌篇・第四冊, 414～422면에 수록.

한 결전 태세하에서 우리 사상 결전 진영의 전사들은 반드시 비황민 문학을 박멸하고 비결전문학을 지양하지 않으면 안 된다"[35]고 주장하였다. 이 밖에 하마다는 타이완문학의 혁신에 대한 기대를 말하면서 '본도 문학本島文學'은 마땅히 '대동아문학의 지도적 위치에 있는' 일본문학의 일환으로써 발전되고 평가되어야 한다고 했다.[36] '황민문학'이라는 구호는 비록 문학가에 의해 제기된 것이었지만 신속하고 강력하게 관철되었다. 그 배후에 통치 당국의 지지가 없었을 리 없고, 그것이 관제 문예운동의 하나가 된 후에는 작가가 그것을 회피하는 것도 용납되지 않았다. 1943년 중반에서 1944년 초까지 '황민문학'이 빠르게 규범화 되어 가는 과정을 통해, '황민문학'이 타이완문학봉공회가 성립된 후 시작된 첫 번째 활동이었고 니시카와와 하마다는 그 사이에서 정부 측 대변인과 정책 협력자의 역할을 하고 있었음을 알 수 있다. 이러한 배경에서 마침내 전시체제하의 새로운 문학 전범인 '황민문학'이 만들어지게 된 것이다.

이 논쟁에 연루된 사람은 매우 많았다. 관련된 작가들이 위로는 쿠도 요시미, 니시카와 미쓰루, 하마다 하야오, 양윈핑楊雲萍, 장원환, 뤼허뤄, 양쿠이, 린징류林精鏐, 우신룽 등의 중장년층부터 아래로 예스타오, 스와이민, 천훠취안, 왕창슝과 같은 새로운 세대, 거기다 몇몇 연극계 인사들까지 포함되었으니 실로 광범위하다고 할 수 있겠다. 대표적인 담론은 비록 '현실주의와 낭만주의', '외지문학과 타이완문학' 등의 의제를 둘러싸고 벌어졌지만 문예에 관한 토론은 결코

35 神川清,「皇民文學の樹立」,『文藝台灣』終刊號, 1944.1.1, 43~44면; 중역본「皇民文學的樹立」은 黃英哲 主編,『日治時期台灣文藝評論集』雜誌篇・第四冊, 426면에 수록.

36 濱田隼雄,「本島文學革新に期待」,『文藝台灣』終刊號, 1944.1.1, 61~62면.

깊이 들어가지 않았다. 논쟁의 핵심은 전시문예의 지도 원칙 및 황민문학이었다. 친정부 입장을 가진 일본 국적 문학가들은 문학봉공회의 문예통제 정책에 호응하여 타이완 문단의 체제화를 가속화함으로써 타이완 작가들의 반등을 유발했다.

필전筆戰은 4월부터 9월까지 집중적으로 일어났고 필전이 잦아든 후에는 소설의 힘겨루기가 이어졌다. 『문예타이완』과 『타이완문학』은 차례로 천훠취안의 「길」(7.1)과 왕창슝의 「급류」(7.31)를 간행하여 젊은 작가들의 황민화 문제에 대한 서로 다른 해석을 가지고 은근히 힘겨루기를 하였다. 다음으로는 연극 무대로 옮겨가 9월에는 허우성연극연구회厚生演劇研究會가 장원환의 소설을 극화한 「거세한 닭」이 황민극인 「적도赤道」와 경쟁하였다.[37] 투쟁이 계속되면서 결국 문예잡지의 존망이 걸린 결사적인 싸움으로 발전했다. 11월에 니시카와 미쓰루가 타이완문학결전회의에서 문예잡지를 '전투 배치'에 넣자는 제안을 하였고, 이로 인해 두 잡지가 타이완문학봉공회의 기관지인 『타이완문예』로 합쳐지게 되었다.

1943년 2월, 토가와 사다오 등의 강연을 경청했던 뤄허뤄는 당시 느낌을 다음과 같이 기록하였다.

> 작가의 개성과 형식론이 지나치게 결여된 것에 대해 분노를 느낀다. 이처럼 외물에 의해 움직이는 문학가의 태도는 정말 역겹다. (…중략…) 문학가는 정치에 발을 들여서는 안 된다.[38]

37 石婉舜, 「嘎然絃斷－林博秋與新劇」, 『文學台灣』 11號, 1994.7; 石婉舜, 「'台湾新演劇運動の黎明'の到來－一九四三年, 厚生演劇研究會の設立と公演」, 藤井省三・黃英哲・垂水千惠 編, 『台湾の'大東亞戰爭'－文學・メディア・文化』, 東京 : 東京大學出版會, 2002.12, 156～174면에 수록.

문학가는 정치에 발을 들여놓고 싶지 않지만 권력이 불균등한 식민지 사회에서는 통치의 가시나무가 문학가들을 향해 가차 없이 그 가시 많은 덩굴을 뻗치게 마련이다. 식민지 문단은 정치와 정책의 엄중한 제약을 받았고 전시에 더욱 극심해져서 논쟁 과정 곳곳에서 식민지배자의 문화적 폭력이 드러났다.

12월 13일, 『타이완문학』은 당국의 명령에 의해 정간되고 강제로 『문예타이완』에 합병되어 '타이완문학봉공회'에 의해 발행되게 되었다. 1944년 장원환은 오랫동안 싸워왔던 타이베이 문단을 떠나 멀리 우펑霧峰으로 가서 린셴탕林獻堂의 비서 일을 맡았다. 그 후 그의 문학 활동은 점차 중단되었다. 지방문학론을 호신부로 삼았던 『타이완문학』의 풍운시대와 『타이완문학』, 『문예타이완』의 쌍두마차가 함께 달리며 경쟁하던 화려했던 문단은 이때에 이르러 바람처럼 사라지고 구름처럼 흩어져 버렸다. 1943년에 문학가들이 일으킨 이 논쟁은 파쇼 전시체제가 타이완 본토 문단을 개편한 마지막 전투였다. 정치적 목적을 가진 이 논쟁은 표면상으로는 결국 타이완 주재 일본인 작가들에 의해 문단이 주재된 것처럼 보이지만 실제로는 옥석을 다 태워 버린 것과 다를 바 없었다. 식민지의 문화적 공공 영역에서 한 자리를 차지하고 있던 문학계가 좌초되었다. 그것은 타이완문학의 장이든 일본 외지문학의 장이든 쌍방 모두에게 중대한 좌절을 초래했다.

정부 측과 거기에 호응하는 일본 작가들이 연합하여 압박을 가하면서 '황민문학'은 문학의 새로운 정책으로 그야말로 기세가 등등해졌다. 그러면 황민문학이 대체하고자 했던 '기존의 타이완문학'은 무

---

38 呂赫若, 鍾瑞芳 譯, 陳萬益 編, 『呂赫若日記』, 1943.2.28 記事, 300면.

엇인가? 니시카와 일파의 말을 빌리자면 그것은 현실의 부정적인 측면에 대한 묘사, 결핍된 자각, 원시 총림보다 더한 혼란, 단지 학대받는 의붓아들이나 가족 간의 갈등과 같은 의제에 대한 관심, 보국이나 지원병의 동향에 대한 냉담한 태도, 투기의 문학, 비황국문학, 프로문학을 상기시키는 것, 이룰 수 없는 꿈에 탐닉하는 문학이었다. 반대로 장원환 일파의 말을 빌리자면 그것은 현실을 도피하지 않는 일종의 정신적 임무, 자신의 생활에 대한 반성과 장래에 대한 희망으로부터 출발한 것, 과도기 타이완 사회의 근본적인 문제를 묘사한 것, 과거의 타이완 생활에 대한 기록, 시국의 의제를 맹목적으로 서술하려고 하지 않는 것, 타이완 사회 현실 속의 부정적인 측면을 남의 일처럼 여길 수 없는 것, 부정적인 현상 속에서 긍정적인 면을 찾아내고 진흥시키고자 하는 문학이었다.

문학가들이 문학보국에 종사하도록 유도하려는 목적을 가졌던 '타이완문화상'은 당국이 문학가를 개조하기 위한 장치였다. 그리고 그 안에는 당국의 계획적인 유도와 작가의 주동적인 참여가 포함되어 있었다. 그러나 제1회 문화상의 수여는 뜻밖에도 쿠도 요시미 교수가 심사 후기에서 밝힌 자유주의적 입장으로 인해 쉽게 끝날 수 없는 계열 분쟁을 일으키게 되었다. 문화계를 정돈하는 의미를 지닌 이 논쟁은 타이완 작가와 그들 진영에 '비국민'에 대한 비판의 메시지를 전달했다. 동시에 자유주의 입장을 지닌 제국대학의 일본 학자들도 위협했다.

결국 문학가의 동기를 잘 아는 것은 역시 문학가였다. 예를 들어 '타이완문학봉공회'의 선발부대인 니시카와와 같은 이들은 장원환 등의 작가들이 대정익찬회의 이념을 빙자하면서 실제로는 동상이몽의 문학적 생각을 가지고 있음을 그야말로 낱낱이 폭로하였다. 니시카와 등의 비판과 같이 장원환 등의 문학은 당시의 익찬체제나 미래의 대동아 이상에 대해 소극적이었다. 그들은 현실주의 작품을 통해 타이완의 과거, 본토의 정감과 사유, 식민지의 사회변천과 곤경을 꼼꼼히 살펴보았으며 프로문학의 유풍을 띠고 심지어 과거에 대한 응시를 통해 미래의 희망을 구축하고자 하였다. 생각을 간파당한 장원환 등은 단지 시세에 방해를 받아 부득이하게 거짓으로 한 차례 변명을 하였을 뿐이다. 본질적으로 황민문학과 타이완문학의 이 논쟁은 사실 문예 통제파와 문예 자유주의자 간의 격투였으며 그 뒤에 은폐된 것은 바로 '황민 / 비황민'과 '제국 신민 / 타이완인'의 정체성 싸움이었다.

3. 왕바이위안의 은유—멈추지 않는 도로

정치・사회로부터 문단으로 번진 이 정체성 싸움에서 공격하는 자가 비판당하는 자의 충성도에 의혹을 제기하면 '피의자' 역시 정체성의 자원을 이용하여 자신의 진영을 공고히 한다. 장원환의 「가시밭길은 계속 된다」는 바로 '정체성을 소환하는' 매력을 지닌 작품이다. 논쟁이 뜨거웠던 8월, 『싱난신문』에 「나의 처녀작私の處女作」이라는 부제를 단 일련의 문장들이 게재되었는데 여기에는 장원환의 「가시밭길은 계속 된다」와 뤼허뤄의 「자왈공공여야子曰空空如也」도 포함되었다. 부제라는 포장으로 인해 두 편의 수필이 작가의 처녀작에 대한 회고인 것처럼 보인다. 하지만 장원환과 뤼허뤄가 비판을 당한 후에 대외적으로 정면 대응을 하지 않았다는 점으로 보아 이것은 편집자(『타이완문학』의 주요 구성원이었던 黃得時)가 의도적으로 안배한 공개적 답변이었다고도 할 수 있다.

논쟁 중에 발표된 「가시밭길은 계속 된다」는 비방에 응대하고 혐의를 푸는 것 외에도 공개적으로 입장을 밝혀 진영을 정돈하려는 의도를 지니고 있었다. 그러면 '가시밭길'은 어떻게 상대방의 비난을 없앨 수 있었고 또 어떻게 타이완 작가들의 동질감을 유발하였을까? 장원환은 진지한 필치로 10여 년간의 문학적 사유의 변화 과정을 술회하였는데 말 속에 숨은 뜻을 두어 마치 격려하는 바가 있는 듯하였다. 그는 지난 일을 회고하며 자신이 문학의 길을 걷게 된 것에 대해서 다음과 같이 설명하였다.

> 도쿄에 오니 내 머릿속에 여러 가지 잡음이 스며들어와 나는 점점 이시카와 다쿠보쿠石川啄木의 시나 『금색야차金色夜叉』와 같은 작품에 만족할 수 없음을 느꼈다. 수시로 잡지를 통해 타이완에 대해 쓴 기사를 보았는데 보고나면 아주 진절머리가 났다. 왜냐하면 이제껏 타이완인들의 생활에 대해 탄식하는 기사나 타이완인들의 미묘한 감정에 대한 기사를 본 적이 없었기 때문이다. 그런 것들은 대부분 제멋대로 자신을 치켜세우는 문장이 많다. 주관이 너무 강하여 대상과 초점이 모두 모호하다. 이것이 나를 진절머리가 나게 했다. 자신의 기호가 제삼자에 의해 전혀 말도 안 되는 방향으로 이야기되는 것만큼 분통 터지는 일은 없다. 아마 이런 일을 당하지 않았더라면 나도 문학의 길로 들어서지 않았을지도 모른다. 지금까지 내지의 잡지에서 타이완에 관해 정확하게 쓴 기사를, 불행하게도 나는 단 한 편도 읽어본 적이 없다.[39]

장원환은 문학에 종사하게 된 동기를 밝혔다. 그것은 타이완인의 실정을 정확하게 전달하고 싶은 마음이었다. 그는 누군가 이 임무를 대신하고자 한다면 언제라도 붓을 내려놓고자 하였다. 이것은 장원환이 민감한 시기에 어쩔 수 없는 상황에 쫓겨 하게 된 개인적 문학 입장에 대한 표명과 고백이다. 회고적인 필치 아래 감춰진 그는 마치 적수와의 다툼이나 논변에 뜻이 없는 소탈한 사람처럼 부드럽고 조용하게 창작 초기 생각의 역정을 토로하고 있다. 문학에 종사하는 것이 타이완의 실정을 알리고자 하는 바람에 불과할 뿐이라는 화법은 정황상 그 의도가 분쟁을 수습하여 사람들을 안정시키려 하는 데 있었던 것이다.

문장 속에서 장원환이 『폴모사福爾摩沙』의 창간 연유를 설명할 때 민감한 '도쿄타이완인문화동호회'의 일부 역사를 고심하여 생략한 것도 같은 맥락에서 이해할 수 있다. 장원환의 문학 입문과 문화동호회가 '타이완예술연구회'로 탈바꿈하는 과정은 서로 표리관계에 있다. 당시 그들은 식민지의 현실과 문화가 임의로 곡해되는 것을 보고 싶지 않았다. 때문에 문학은 그들이 권력에 저항하는 일종의 공개적 행동과 비판적 언어의 의미를 갖는다. 장원환은 이러한 역사를 언급하지 않고 '실정 보도'라는 말만 간단히 언급함으로써 『폴모사』 이래로 그들이 세계적인 시야로 '좌익 향토', '좌익 현대', '식민지 주체성'을 추구하였던 문화 항쟁의 의도를 고의적으로 모호하게 만들었다.

얼마 후 발표한 「내가 문학을 하는 마음我的文學心思(私の文學する心」에서도 도쿄에서의 경험에서 얻은 계시를 언급하였다. 이 문장에서

---

39 張文環, 「荊棘之道繼續著」, 162~163면.

장원환은 일본 문화가 우위에 있음을 인정하는 듯하다. 하지만 실제로는 그가 일찍이 도쿄 시절 관심을 쏟았던 타이완 문화에 관한 문제를 강조하고 있다. 그는 "우리는 반드시 신속하게 타이완의 문화를 건설해야 한다. 만약 타이완에 문화가 없다면 일본 내지의 나무줄기로부터 뻗어 나온 타이완이라는 나뭇가지가 어떤 모습으로 형성되겠는가? 이것은 어렵지 않게 상상할 수 있다"[40]고 했다. 이로써 장원환이 실정의 반영에만 관심을 가졌던 것이 아니라 타이완 문화 건설과 문화 주체성 건립 문제에 더 큰 관심을 가졌음을 알 수 있다.

제국에 의한 독점적 해석과 전파 탓에 타이완에 대한 일본 사회의 인식은 황민화가 활발히 진행되었던 40년대에 이르러서도 여전히 적잖이 왜곡되어 있었다. 1942년에 장원환은 '대동아문학가대회' 참가를 위해 일본을 방문했을 때 명령을 받고 '대동아전쟁과 재경 타이완 학생의 동향'이라는 주제로 도쿄에서 좌담회를 주재하였다. 그의 인도 아래 좌담회에 참석한 학생들은 도쿄에서 느꼈던 식민문화 억압 경험을 이야기하였다. "내가 (도쿄에서) 제일 쓸쓸하다고 느꼈던 것은 도쿄 사람들이 타이완에 대해 조금도 알지 못한다는 점이었다. 타이완에는 항상 말라리아가 유행한다고 생각하는 듯했다." 그러나 그들은 민족 차별이 내지가 타이완보다 덜하다고 지적하면서 "다른 사람(일본인) 앞에서도 예의를 차리지 않고 자유롭게 행동할 수 있다. 즉 주눅 들지 않아도 되는 것이 흥미로운 일이다. 이렇게 말하면 어쩌면 이상하다고 여길 수 있겠지만 실제로 타이완에서는 사람들이 주눅 들어 있다가 여기서는 모두 명랑해진다"고 하였다. 이 밖에 타이완의

---

40 張文環, 「私の文學する心」, 『台灣時報』 第285號, 1943.9.15, 74면. 중역본 「我的文學心思」는 陳萬益 編, 『張文環全集』 卷6, 165면에 수록.

문화 시설이 부족하다는 문제를 제기한 사람도 있었다.

> 즐거움에 대해 말하자면 도쿄에서의 학생 생활 자체는 매우 즐겁다고 생각한다. 이것은 단지 향락적인 방면의 즐거움만을 말하는 것이 아니다. 그보다 더 즐거운 것은 매우 솔직한 마음의 자유이다. 여기서 말하는 자유란 자유주의와 같은 것이 아니라 자신에게 부여된 학문 범위 내에서 모든 것에 독창성을 가지고 자유롭게 탐구할 수 있는 것인데 이것은 타이완에서는 생각하기 어려운 즐거움이다. 쓸쓸함에 대해 말하자면 오히려 그것은 우리가 타이완으로 돌아가야만 느낄 수 있는 것이다. (…중략…) 이것은 우리의 현재 문화생활로 타이완에서는 기대할 수 없다. 이 방면에 대해서는 앞으로 장 선생님께서 많이 도와주시길 바란다.[41]

위와 같은 의견들을 듣고 난 후 장원환은 회의 도중에 바로 이러한 현상 때문에 문화 운동이 중요한 것이라고 밝혔다. 장원환은 시기를 막론하고 타이완 문화가 내지 문화에 의해 부단히 흔들리고 식민지배자의 해석에 의해 왜곡되는 현상과 타이완인에 대한 차별에 우려를 금치 못하였다. 문학운동에 투신한 초기부터 그의 문학 활동은 혁신에 대한 의욕으로 가득 차 있었다. 그의 마음속 문학은 현실을 변화시킬 수 있는 수단으로써 결코 단순한 보도나 우연한 행위가 아니었다.

얕보아서는 안 될 적대 진영과 『타이완문학』의 깃발 아래 모인 타이완 작가들에 직면하여 본토 문단의 기수가 쓴 「가시밭길은 계속된다」는 곧 대내적인 고백이자 대외적인 입장 표명이었다. 따라서

41 「座談會－大東亞戰爭和東京台灣留學生的動向」, 陳萬益 編, 『張文環全集』 卷7, 152～167면에 수록되어 있다. 이상의 소단락 안에 있는 인용문들의 출처 역시 같다.

때로는 격앙된 어조로 서술하였고 때로는 애매모호하고 미지근하였다. 단지 내용면에서만 뭔가 가리키는 바가 있는 듯한 것이 아니라 발표된 시기 역시 '가시밭길'이라는 말을 더욱 의미심장하게 보이도록 만들었다. 왕바이위안은 '가시밭길'을 자신의 시문집 제목으로 삼았었다. 장원환은 일찍이 왕바이위안을 따라 동호회에서 분주하게 활동하였고 공동으로 '타이완예술연구회'를 창립하였다. 왕바이위안이 상하이로 간 후 원고를 보내 『폴모사』를 성원하고 장원환은 상을 받은 후 바다를 건너 친구를 방문하는 등, 사변이 일어나기 전까지 서로 관계를 유지하였던 것 같다. 왕바이위안과 장원환은 친분이 두텁고 관계가 깊었으며 이러한 관계는 전후에도 여전히 유지되었다. "덕이 있는 자는 외롭지 않으니, 반드시 이웃이 있다德不孤, 必有鄰"는 것이 장원환의 인생 좌우명이었다. 왕바이위안이 세상을 떠나자 장원환은 그와 뜻을 같이 하는 사람으로서 왕바이위안의 불굴의 의지에 대해 안타까운 마음을 표현했다. 논쟁이라는 특수한 배경에서 장원환은 '가시밭길'이라는 말을 써서 수필의 표제로 삼은 것인데 무엇을 '계속'하였으며 또 어떻게 계속하였던 것인가?

1937년, 왕바이위안은 간첩죄로 체포되어 타이완으로 돌아와 복역하게 되었다. 하지만 30년대에 명성을 떨친 이 시인은 장원환 등의 전시 타이완 작가들에게 있어 결코 과거의 인물이 아니었다. 1943년 6월, 6년간 감옥살이를 거쳐 왕바이위안은 석방되었다. 10년 전 조국으로 달려와 항일운동에 참가했던 시인은 이 당시 여기저기서 날품을 팔아 생계를 유지하는 신세가 되었고 장원환과 룽잉쭝은 그를 위해 분주히 일자리를 찾았다.[42] 시인이 장기간 수감되는 고초를 겪고 마침내 출옥하게 된 이때 문단에 「가시밭길은 계속 된다」가 출현했던 것은 결코 우연이 아니었다.

1943년 이후로 점점 『타이완문학』의 작가들과 가까워진 룽잉쭝은 일찍이 『타이완문학』이 식민 당국의 정간 통지를 받았을 때 폐간 위기의 잡지를 구하고자 왕바이위안을 부추겨 「원한 깊은 아투 섬 수비怨恨深矣的阿圖島守衛(恨みは深しアツツの島守」(1943.11.4)라는 시를 쓰게 하였다.[43] 이 글은 출옥 후에도 은밀한 풍자에 뛰어난 왕바이위안의 필치가 여전히 건재함을 증명하였다.

> 국가의 중임을 짊어지고
> 북극의 빙설과 싸우기를 수개월!
> 견고하여 돌파할 수 없는 알류산의 한 귀퉁이에서
> 흉악한 적들의 침입에 대비한다
>
> 고국에서 멀리 떨어져 고립무원인 삼천의 용맹한 군대
> 눈을 부릅뜨고 매섭게 쏘아보며
> 쳐들어오는 적들을 매섭게 공격하고
> 도망치는 적들을 모조리 섬멸하니
> 북극의 빙원은 혈류로 가득하다
>
> 완강하게 신병을 보충하여 반격하는 적들
> 하나둘씩 제거되지만

---

42 張文環, 「難忘當年事」, 『台灣文藝』 第9期, 1965.10, 52면; 陳萬益 編, 『張文環全集』 卷7, 45~60면; 陳才崑, 「王白淵生平・著作簡表」, 『王白淵・荊棘的道路』 下冊, 彰化 : 彰化縣立文化中心, 1995.6, 426면.

43 龍瑛宗, 「文芸台湾と台湾文學」, 『台灣近現代史研究』 第3號, 1981.1.

중과부적임을 어찌하리오?

이제는 오직 죽음 뿐
구름 같은 적의 그림자를 지켜본다
아! 조국이여! 무운이 쇠하지 말기를!
오늘 죽으면
호국의 귀신이 될 것이요
다행이 살아남는 자는
다친 자든 병든 자든
모두 야마토大和의 마지막 의기를 펼쳐
할복하라

아! 삼천의 용맹한 군대여
적들의 간담을 서늘케 하고
북극의 땅에서 꽃이 되어 떨어져라
유한한 육신을 벗어나
호국의 귀신이 되어라

심천의 생령生靈은 지금 어디에 있는가?
태평양의 하늘엔 밤 파도가 용솟음치고
물어도 대답 없는 바닷새는 묵묵히 말이 없는데
아투 섬 수비의 원한은 깊어만 간다[44]

---

44 王白淵, 「恨みは深しアッツの島守」, 『台灣文學』 4卷 1號, 1943.12.25, 4~5면. 이 시는 『王白淵・荊棘的道路』 시집에는 수록되어 있지 않다. 아투 섬Attu Island은 알류산Aleutian 열도 서쪽

이 시는 눈에 잘 뜨이도록 『타이완문학』 최종호의 권두에 게재되었다. 아투 섬의 옥쇄를[45] 제재로 삼은 이 시는 표면적으로는 황군의 무용을 찬미하고 떨어지는 벚꽃과 같은 호국정신을 찬양하고 있다. 하지만 자세히 들여다보면 제국의 탐욕스런 마음과 망령된 생각 때문에 고군孤軍이 이역 땅 깊숙이 들어가 중과부적의 상황에 놓여있고 마침내 수천의 군사들이 전사하거나 할복하여 목숨을 바치게 되었음을 폭로하고 있다. 대동아 전쟁 기간 동안 일본군은 맹목적인 세력 확장을 위해 적은 병력을 널리 파견하여 태평양과 인도양의 섬들을 점령하였다. 그러나 전세가 역전된 후 병력을 지원하고 보급하거나 데려올 군함이 없어서 한순간에 '옥쇄'라는 미명으로 희생되는 인간 참극이 잇따랐다. 아투 섬의 옥쇄 역시 그중에서도 유명한 사건 가운데 하나이다. 왕바이위안은 침울하고 비장한 필치로 제국의 야심에 의해 북극 땅으로 떠밀려가 억울하게 죽은 자들의 무고함과 원한을 반어적으로 묘사하였다.

같은 호의 잡지에 「원한 깊은 아투 섬 수비」의 뒤를 이어 '시얼둥주인洗耳洞主人'이라는 필명으로 「오스트레일리아와 인도澳洲與印度(濠洲と印度)」라는 시가 실렸다. 앞의 시와 유사하게 겉으로는 성전을 찬양하고 미국과 영국의 제국주의와 백호주의정책을[46] 비난하고 있지만 속으로는 동아시아 식민지의 각종 제국주의를 비판하고 동아시아 여러 민족들이 무력으로 독립을 추구하자고 고무하였다. 익명

에 있는 작은 섬이다. 1943년 5월 30일 미군은 아투 섬을 공격하여 점령하고 이른바 개구리 뛰기 전술을 펼치기 시작했다. 원래 이 시는 연 구분이 없으나 필자가 번역하면서 나누었다.

45 玉碎 : 정의나 절개를 지키기 위해 희생함을 비유.

46 White Australia Policy : 1901년 신생 오스트레일리아 연방이 발표한 아시아 인종에 대한 이민금지정책.

을 사용하였기 때문에 지금까지 잘 알려지지 않은 이 시의 내용은 다음과 같다.

1. 오스트레일리아

역사도 없고, 문화와 사상도 없다
칵테일, 립스틱, 룸바
무뢰한과 창기가
만들어낸 백호주의여!
문신으로 자부하던 영국놈들의 '오스트레일리아'여!
이제 이 추방자들에게 마지막 심판을 내려야 할 때다

치즈와 양모를
신성한 국가에 바쳐, 신성의 이름으로
'벼락부자'는 장차 영원히 대동아로부터 축출되리라

너는 반드시 알아야 한다
용맹한 신병神兵이 춤추며 내려올 때
늠름한 장갑차가 맹렬히 진격할 때
그때 바로 오스트레일리아 역사의 새로운 페이지가 시작되리라

역사의 흐름을 거역하는 자는 그 흐름에 떠밀려가고
진리를 가로막는 자는 결국 패배하여 쓰러지리라

헐지Halsey여![47]

보잘 것 없는 섬들을 탈환하고

어찌 전쟁의 판국을 좌우할 수 있으랴?

백악관과 버킹엄 궁전을 목표로 삼아라

너는 대동아의 여러 민족들이 묵묵히 이어받은 구호가

바로 '동으로는 오스트레일리아, 서로는 인도'임을 모르느냐?

과달카날 섬의 참혹함에 성난 여러 신들은

성난 파도와 같이 밀려드는 대동아 민족군의 선봉

너희 이 신들을 두려워하지 않는 불만 가득한 나쁜 무리들을 응징할 군대가 왔다

백호주의여! 여우여! 이리여!

영원히 이로부터 대동아에서 사라져버려라!

---

47 윌리엄 프레데릭 헐지William Frederick Halsey(1882～1959)는 미국 해군 원수로 태평양 전쟁 기간에 항공모함 기동함대 사령관이었다, 남태평양 작전 구역 최고사령관과 제3함대 사령관이 되어 이른바 개구리 뛰기 전술의 주요 집행자가 되었다. 1942년 1월에서 2월 사이에 헐지는 항공모함 엔터프라이즈호와 요크타운호를 이끌고 연달아 일본군이 점령한 마샬 군도, 길버트 제도, 웨이크 섬을 공습하여 태평양 전쟁 초기 미군이 전체적으로 궤멸하고 있는 가운데 처음으로 전략적 평형을 이루었다. 1942년 4월, 헐지와 엔터프라이즈호는 도쿄를 공습하는 호넷호의 호위함이 되어 임무를 성공시키고 명성을 떨치게 하였다. 1942년 10월 과달카날 섬의 전세가 미군에게 매우 불리해지자, 헐지는 남태평양 작전 구역의 최고사령관으로 임명되어 이 구역의 동맹국 육해공 삼군을 지휘하여 전세를 뒤집었다. 이듬해 2월 일본군이 과달카날 섬에서 철수한 후 해군 제독으로 승진하였고 이후로 일본군은 헐지의 작전 구역에서 잇달아 패배하였다. 1943년 5월, 동맹국이 중태평양과 서남태평양에서 동시에 일본군을 향해 진격하기로 결정하였다. 헐지는 명령을 받아 솔로몬 군도 전투를 지휘하였다. 전투 후 미군은 정식으로 중태평양 작전 구역과 서남태평양 작전 구역의 관할구역과 임무를 나누었고 헐지는 남태평양 작전 구역의 최고사령관을 맡아 맥아더Douglas MacArthur의 지휘에 따랐다. 1944년 8월 헐지는 제3함대를 이끌고 캐롤라인 제도를 공격하였고, 1945년에는 이오지마硫礦島와 오키나와 섬沖繩島 상륙을 지원했다. 8월 15일 일본은 무조건적인 투항을 선포하였고, 9월 2일 투항의식이 헐지의 사령선인 '미주리호'에서 거행되었다. 12월에 해군 원수로 진급되었다.

2. 인도

저기는 특권을 과시하는 백호주의!
여기는 피가 뚝뚝 떨어지는 영국 제국주의!
오천년 역사가 산업혁명 앞에서 맥없이 무너졌다
중국의 뼈를 좀먹는 아편과
맨체스터의 영화를 위한 목화를 재배하면서
자신은 먹을 것이 없어 고통 받는
영원토록 빈곤과 억압에 시달리는 인도의 민중들이여!
서산으로 지는 해인 영국의 억압과 착취의 사슬을 끊어버리고
독립의 영광을 높이 부르짖으라

눈에는 눈, 이에는 이
더 이상 방직기를 조작하지 말고
피에는 피로써 항쟁하라
인도여!
골수에 깊이 맺힌 원한으로
영국놈들의 철면피를 긁어 부수어라!

독립의 깃발이 휘날리는 곳!
오직 그곳만이 너희들의
마지막 살 길이다![48]

---

48 『台灣文學』 4卷 1號, 1943.12.25, 6~9면. 필자 번역. 이 시는 『王白淵・荊棘的道路』 시집에는 수록되어 있지 않다.

「오스트레일리아와 인도」는 1943년 10월에 쓴 것으로 이때 일본은 이미 패색이 짙었다. 이 시의 격앙되고 분개하는 어조와 대동아 벼락부자의 축출, 진리의 불패, 역사결정론(역사의 흐름, 역사의 심판, 역사의 새로운 페이지), 독립이 곧 마지막 살 길이라는 등의 관점은 바로 왕바이위안 특유의 논조이다. 시 속에 언급된 '과달카날Guadalcanal Island' 전투는 일본군이 미드웨이 섬에서 패한 뒤에 이어진 또 하나의 중대한 좌절이었다. 1942년 연합군은 대규모의 반격을 시작했고 과달카날 섬은 솔로몬해전에서 연합군 공격의 중점이었다. 1942년 7월과 8월 사이에 일본군은 이 섬에 비행장을 건설하였고 8월초에는 미군의 맹렬한 공격을 받고 고전을 하게 되었다. 보급선이 너무 길어서 섬의 병사들이 식량이 없는 상황에서 굶어죽거나 전사하는 등 사상자가 막대하였기 때문에 '기아섬餓島 전투'라는 비난을 받기도 하였다. 아투 섬의 옥쇄와 과달카날의 전투는 대동아공영권을 깨기 위한 상종喪鐘이었다. 왕바이위안의 두 시는 차례로 패배를 알리는 상종을 울렸다. 아울러 "보잘 것 없는 섬들을 탈환하고 어찌 전쟁의 판국을 좌우할 수 있으랴?"라는 말로 일본군이 선전상으로는 자기를 기만하고 다른 사람을 속이면서 실제로는 궁지에 몰려 최후의 발악을 하는 궁색한 상태임을 풍자하였다.

앞의 두 시 외에도 왕바이위안은 출옥 초기에 『타이완문학』에 작품을 투고하였다. 1943년 7월 『타이완문학』에 '왕보위안王博遠'이라는 필명으로 발표된 「태평양의 폭풍太平洋的暴風(太平洋の嵐)」과 「싱가포르는 이렇게 망했다新加坡如此滅亡了(シンガポールは斯くて亡びぬ)」 두 수의 시는[49] 필명과 내용, 문풍으로 판단하건대 왕바이위안의 작품임을 의심할 여지가 없다. 마찬가지로 이 두 수의 시는 한편으로는

황군의 무용을 찬미하고 서구 제국주의가 승냥이나 이리와 같다고 심하게 질책하면서 다른 한편으로 제국주의자들의 패배가 역사적 필연이며 머지않아 동양 민족의 여명이 시작될 것이라고 말하였다. 평소 식민지의 역사에 관심을 가지고 있었던 왕바이위안은 위의 시들에서 재차 그가 잘 쓰는 환유수법을 택하여 오스트레일리아, 인도, 홍콩, 싱가포르 등의 영국 식민 역사를 비판하는 형식으로 반제·반일의 뜻을 표명했다. 그는 종전 이전에도 대동아공영권의 강적인 대영제국의 패전을 빌어 황군의 무용을 찬양하면서 실제로는 전황이 열악해지고 있는 '해의 나라日之國(일본)'와 '해가 지지 않는 나라日不落國(영국)'의 몰락을 풍자하였다. 그의 신념 속에서 제국주의자들은 모두 '해日'가 서산으로 지는 역사적 변화를 피하기 어려웠다.

너에게 저주를 받은 자는
너를 저주하기 위해 굴기하고
너에게 학대를 당한 자는
너를 장송하기 위해 분기하리라

서산으로 지는 해와 어울리는
싱가포르여!
너의 무기는 무디고
너의 심장은 정지되었노라[50]

---

49 두 시는 『台灣文學』 3卷 3號, 1943.7.31, 36~38면에 게재되었다. 가명을 썼기 때문에 과거에는 주목을 받지 못하였다. 이 시 역시 『王白淵・荊棘的道路』 시집에 수록되어 있지 않다.

50 王博遠(王白淵), 「シンガポールは斯くて亡びぬ」, 『台灣文學』 3卷 3號, 1943.7.31, 37~38면. 필자 번역.

1942년 2월 영국은 극동에 있는 군사 요새 싱가포르를 일본군의 공격으로 빼앗겼다. 하지만 1943년 당시의 싱가포르는 일본군의 수중에서 거의 사라져가고 있었다. 무기가 둔해지고 해가 지려 하는 것은 싱가포르가 아니라 옛 식민 지배자인 대영제국과 새로운 점령자 일본제국이었다. 전후 동남아 각국은 차례로 독립하였고 싱가포르도 기나긴 항쟁을 거쳐 건국하였다.[51]

왕바이위안은 서구 제국주의를 비판한다는 명분을 빌어 동양 제국주의가 교묘한 수단과 힘으로 권리를 빼앗는 것을 비판했다. 그리고 일본군이 동남아와 남태평양 등지에 조직한 (위)대동아민족군을 언급하며 대동아민족이 진정으로 각성하여 봉기할 것을 부르짖었다. "석존釋尊의 후예가 이미 분기했다"거나 "미얀마인들의 미얀마가 결국 실현되었다"[52]는 종류의 말은 1920년대 이래로 타이완 반식민 운동가들의 최고 이상을 은유한 것으로 그것은 바로 '타이완은 타이완인들의 타이완'이라는 것이다.

본토 작가들은 6년 전 '공산주의자'로 조사를 받았던 '왕바이위안'이 식민당국과 타이완 작가들에게 어떤 의미를 지니는지 알고 있었다. 표면적으로 왕바이위안의 '문학보국'은 『타이완문학』의 굴복을 의미한다. 하지만 실질적으로 왕바이위안의 시에 나타난 풍자적 비판과 장원환의 「가시밭길은 계속 된다」는 특수한 언어 형식으로 반식민 항쟁을 은유하고 있다.

51 싱가포르는 일본이 점령한 3년 6개월 동안 '昭南特別市'로 개칭되었다. 1945년 8월 영국이 다시 싱가포르를 관할하게 되면서 옛 명칭을 회복하였다. 1959년에 자치권을 얻었고 1963년에 싱가포르, 말레이 연방, 사라왁, 북보르네오(지금의 사바)가 말레이시아 연방을 성립하면서 영국의 통치에서 완전히 벗어났다. 1965년 8월에 싱가포르는 연방 탈퇴를 선포하고 독립된 주권 국가가 되었다.

52 王博遠(王白淵), 「太平洋の嵐」, 『台灣文學』 3卷 3號, 1943.7.31, 36~37면.

4. 가시밭길―장원환의 40년대 고향 글쓰기와 문화 비판

타이완문학계에 대한 타이완문학봉공회의 요구는 '대동아문학의 일환이 되는 것'이었다. 제국 중심의 문화 정책 역시 식민지 문화를 대동아공영권의 부속문화로 만들고자 했다. 이에 대해 지방주의를 옹호하는 장원환은 "문화는 그 흙의 실정에서 샘솟는 것이지 하루아침에 형성될 수 있는 것이 아니"라고 하였다. 그리고 작가들이 당시 타이완 현황의 배후에 흐르는 문화의 변천을 주의 깊게 포착하라고 당부하였다.[53]

근대국가를 경험해 본 적이 없는 타이완인들은 일본 제국주의 안에서 민족주의를 제창했다. 그들은 무엇을 수호했으며 무엇으로 자신들을 상징했는가? 또 무엇을 통해 공동체적 상상을 진행하였는가? 그것이 바로 민족문화임은 두말할 나위가 없다. 도쿄 타이완인문화동호회의 성립 목적은 '문화 창조와 민족 수호' 운동이었다.

> 우리가 받은 교육이 대체 무엇이던가? 공학교 교과서 첫 페이지의 제목이 「천황 폐하의 행차」이다. 아! 이것이 바로 우리 타이완의 현실이다! 여기에 무슨 독자적인 문화라고 할 게 있겠는가? 따라서 우리는 반드시 우리 자신의 두 손으로 타이완의 진정한 문화를 창조해야 한다.[54]

도쿄에 있던 왕바이위안, 장원환, 우쿤황 등의 일본유학파 청년들

---

53 張文環, 「我的文學心思」, 165・169면.

54 『台灣總督府警察沿革誌(三)』, 台北 : 南天書局, 1995.6 復刻本, 54~55면.

은 모토母土의 문화가 타이완 내에서는 식민 교육의 압박을 받고, 일본 내지에서는 매체에 의해 왜곡되거나 노예 문화로 전락하는 것을 보았다. 따라서 그들은 '진정한' 타이완 문화를 창조하기로 결심한 것이다. 무엇이 진정한 타이완 문화인가? 그것은 반 억압의 문화이자 비 노예의 문화요 반 제국의 민족 문화이다.

왕바이위안의 영향을 받아 장원환의 창작 초기 단계에는 문예와 민족, 창작과 개조가 분리될 수 없는 것이었다. 이후 이러한 혁신, 항쟁의 정신 및 민족 문화에 대한 관심이 그의 평생의 문학 활동의 주요한 특징이 되었다. 문화동호회 이후 장원환은 30년대에는 '타이완인의 생활을 보고하여 사람들에게 알리고자 하였고' 40년대에는 지방문학을 통해 황민화운동하에 상처 입은 본토 문단에 다시금 생기를 불어넣었으며 전쟁 말기에는 '제국의 줄기가 뻗은 가지'를 충당하지 못하여 고투하였다. 이 모두는 앞서 언급한 신념의 표출과 실천이다.

장원환은 타이완 어휘와 지방 색채가 뒤섞인 언어를 사용하여 타이완식의 생활을 묘사하고 타이완의 현실을 드러내고자 하였다. 문학은 문화의 지위를 끌어올리고 문화는 민족을 표상하며 민족문화는 식민주의에 저항한다. 장원환의 심중에는 문학→문화→민족→식민저항으로 이어지는 사상과 서사의 진로가 존재하고 있었다. 그는 정치항쟁과 문화운동이 가능한 시대에는 활동에 참여하였고, 불가능한 시대에는 민간 사회의 문화 변천을 자세히 살펴 고향 글쓰기로 민족의 삶을 기록하였다. 이것이 장원환의 문학 태도와 창작 내용이다.

장원환에게 있어서 무엇이 가시밭길인가? 「내가 문학을 하는 마음」에서 그는 일찍이 문학의 길을 가시밭길에 비유하였다. 전편全篇

의 취지를 종합해보면 타이완의 실정을 전하고 주체의 정체성을 유지하는 문학의 길이 곧 가시밭길이다. 장원환은 우쿤황처럼 사회주의 이념이나 무산 계급의 문예이념을 가지고 '문학'과 '민족'의 관계를 증명하지는 않았다. 그러나 그는 식민통치와 식민자본가 농촌 생활에 미치는 위협을 묘사함으로써 향토서사와 탈식민 담론을 연결할 수 있는 가능성을 구체적으로 보여주었다.

장원환의 문학에서 타이완의 현실은 어떤 것인가? 그것은 그가 체험하고 깨달은 타이완의 현실이며 타이완인의 시각에서 본 '타이완 현실'이다. 그의 문학이 흡인력을 지니고 있는 이유 중 하나는 그의 사회통찰과 문학 재현이 폭넓은 공감을 불러일으킬 수 있다는 데 있다. 그는 현실을 전달하기보다 풍속인정, 촌락발전, 사회생활에 대한 묘사를 통해 당시 타이완인들에게 익숙하지만 점점 사라져가던 옛 풍경을 상기시켰다. 이로 인해 같은 종족, 사회, 문화 배경을 가진 이들이 공동체 의식을 형성하도록 환기하였으며 동시에 식민통치하의 문화변천을 묘사, 검토하고 비판했다.

장원환의 가장 중요한 창작 모티프는 고향에 대한 글쓰기였다. 그는 '현지인'의 신체경험과 정감구조, 지방지식을 활용하여 '고향'에 타이완의 인문형상, 지리공간, 서민생활사 등을 새겨 넣었다. 장원환은 문화 단일화를 강요하는 황민화 정책의 굴레를 벗어날 방법을 찾고자 소설 속에서 사라져가는 민족전통과 민간문화에 대한 그리움을 빈번히 드러냈다. 그리하여 그의 문학은 점점 민족과 땅에 대한 기억의 소환과 타이완식의 한漢문화에 대한 향수로 발효되었다. 그는 깊은 감정으로 고향을 묘사하고 되돌아보는 동시에 문화의 색채가 날로 모호해져가는 식민지 사회를 재현할 뿐만 아니라 민족공동체의 상상을 소환하기도 하였다. 스와이민은 일찍이 장원환의 문학이 '자신의 생활에 대한 반성과 장래의 포부에 대한 희망으로부터 출발한 것'이라고 하였다. 그러므로 장원환의 소설은 실현 불가능한 하나의 옛 꿈이 아니다. 그는 지방의 역사와 점차 변해가는 향토공간도 보여주고 있다. 그것은 공감을 이끌어낼 수 있는 공간이었기에 일부 일본 작가들의 반향을 일으키기도 하였다.

식민지 제2세대에 속하는 장원환은 완벽한 일본어 세대의 신지식인이었다. 그러나 유년 시절의 은거 생활과 서당 경험은 그가 황민화 운동기에 민족문화의 소멸 위기에 대해 깊이 생각하게 만들었다. 1941년에 발표된 「논어와 닭論語與雞」은[55] 그의 전성기인 40년대의 대표작 가운데 하나이다. 식민지 유교교육의 붕괴가 작품의 주제였다. 소설의 초반부는 어린이의 눈으로 부패한 서당교육을 재현하였고, 끝에서 타이완 현지 학통의 몰락과 식민교육의 흥기에 대한 우려를 나타냈다. 작가는 예법에 기초하여[56] 서민생활의 가치, 사회문화 체계와 전통 한학교육의 관계에 대해 주의 깊게 살펴보았다. 자잘한 일상을 회고하는 서사 속에 식민지 교육의 변천과 전통 지식인의 몰락, 지방 촌락이 정치·경제·문화 자본이 강성한 식민 시가지에 흡수되는 현상이 묘사되어 있다. 모두 현지사회와 전통문화가 식민 세력의 침입으로 몰락하고 이질화되는 문제를 폭로하고 있다.

「논어와 닭」에서 인상 깊은 장면은 서당 선생이 선혈이 뚝뚝 떨어

55 張文環의 「論語と雞」는 원래 『台灣文學』 1卷 2號, 1941.9에 게재되었다. 본문에서는 中島利郎 等編, 『日本統治期台湾文學·台湾人作品集』 第四卷, 東京 : 綠蔭書房, 1999.7, 165~180면을 참고하였다. 중역본 「論語與雞」는 陳萬益 主編, 『張文環全集』 卷2, 21~40면에 수록되어 있다.

56 문무 과거, 서당 의례, 제자의 예, 장유長幼의 질서, 남녀의 분별, 촌락 제전, 도교 계율, 민간 관습, 경찰 체계에 관한 묘사는 모두 주제에 호응하는 역할을 하고 있다.

지는 죽은 닭을 급히 줍는 장면이다. 맹서를 위한 희생犧牲이 선생 소반 위의 밥이 되었으니 신성한 도통道統이 배를 채우기 위한 도구로 전락해버린 것이다. 머리가 잘린 닭은 식민통치 이전 사회 제도와 문화체계와 단절되어 맥이 끊긴 한학 전통을 상징한다. 선생이 움켜쥐고 내려놓지 않는 한문교육은 머리 잘린 닭과 같이 배를 채우기 위한 신성한 시체로 전락하고 말았다. 이러한 한학 선생의 촌극은 식민 교육 문화 개조에 의해 전통 지식인이 배제되고 기존 도덕체계가 붕괴되는 현상을 반영하고 있다. 안빈낙도하던 지식인의 비겁한 추태는 위안(「논어와 닭」의 주인공 이름, 동시에 장원환이기도 함) 등의 일본어 세대가 '한학 / 전통문화체계'의 붕괴에 대해 처음으로 느낀 반성과 향수의 표현이었다. 그러나 더 비참한 것은 전통문화체계가 붕괴되는 참극을 경험한 이들 신세대에게 식민교육을 받는 것 말고 다른 선택의 여지가 없었다는 사실이다.

장원환의 소설은 일관되게 타이완의 사회문화체가 식민통치, 자본 침략, 식민 근대성 등의 거센 물결 아래 붕괴되어간 과정에 관심을 두었다. 사회의 변천과 인간의 고락 및 운명 사이에는 어떤 관계가 있는가? 공동체의 붕괴와 가치 전환의 과정 속에서 사람들의 정감, 의식, 가치의 체험과 변화는 또 어떠한가? 「논어와 닭」은 식민 지배를 당하는 이들의 민족 언어, 교육 전통, 문화 전승이 그가 속한 사회문화체계와 동떨어져서 출혈, 저속, 공허, 형해화 되는 온갖 풍파의 역사를 말하고 있다. 장원환은 식민정치와 자본, 교육 및 문화담론의 침입 아래 향촌사회와 전통 가치가 모두 사라져버릴지도 모른다고 경고하였다. 「논어와 닭」 외에도 장원환은 '타이완문화상' 수상작 「밤 원숭이」와[57] 훗날 '허우셩연극연구회'에 의해 개편되어 황민극과 무대 경쟁을 벌였던 소설 「거세한 닭」에서도[58] 같은 관심을 표현하였다.

「거세한 닭」은 작은 마을의 젊은 부인 '웨리月里'를 통해 가부장제의 매매혼에 희생된 향촌 여성의 자각 과정을 서술하였다. 소설은 철도선 연장으로 촉발된 부동산 기대이익을 둘러싼 정산구이鄭三桂와 린칭뱌오林清標 집안의 흥망성쇠와 인물의 길흉화복을 묘사하고 있다. 정씨는 철로 연장 이후 임산물 수송의 이익을 얻기 위해 화물운송업자 린 씨와 사돈을 맺는다. 결국 '회사선會社線'은 연장되지 않고 카이난 여객회사開南客運公司의 차가 다니게 되면서 화물운송 이익의 기대가 물거품이 된다. 정씨 집안은 파산하고 린씨 집안 딸의 혼인은 비극이 되어버리고 만다. 새로운 역이 건설된다는 소식, 빈틈없는 정확한 계획, 노련하고 악랄한 중매쟁이의 혼인 협상, 익살스럽고 촌스러운 신구新舊가 반씩 섞인 혼례, 그리고 린 씨 집안이 가게 앞을 개조하고 정씨 집안이 새 건물을 짓는 가운데 길흉화복이 갈마들면서 이야기가 전개된다. 변수로 가득 찬 지방건설안, 눈앞의 이익에 급급한 모략, 전통제전과 희극, 규방여인의 심사, 냉담한 태도로 방관하는 농민들이 전경과 배경이 되어 서로 표리를 이룬다. 전통사회가 식민 지배로 현대화되어가는 추세에서 덕과 배움이 없고 투기하고 계산하며 이기주의를 제일로 삼았던 사람들이 결국에는 더욱 은밀하고 거대한 신흥 자본의 거센 물결에 지배당하게 되는 상황을 보여주고 있다.

「밤 원숭이」는 추수이컹出水坑이라는 곳의 죽지竹紙 공장을 무대로 주인공 '스여우량石有諒'이 산촌으로 돌아와 가업에 종사하게 된

---

57 「夜猿」은 원래 『台灣文學』 2卷1期, 1942.2에 게재되었다. 중역본 「夜猴子」는 陳萬益 編, 『張文環全集』 卷2, 豊原 : 台中縣立文化中心, 2002.3, 42~85면에 수록.

58 「閹雞」는 원래 『台灣文學』 2卷3期, 1942.7에 게재되었다. 중역본은 陳萬益 編, 『張文環全集』 卷2, 144~190면에 수록.

경위, 그가 도심지로 물건을 팔러 나가고 있을 때 처자식은 홀로 깊은 산중에서 외롭게 서로를 의지하며 지내는 상황, 뒷산 부락의 따뜻한 인정, 죽지 공장이 가동하기 시작하여 떠들썩하고 활기찬 모습, 자금 함정과 액운의 강림 등의 이야기를 통해 산촌에서 죽지 생산업을 하는 스씨 일가의 흥망성쇠를 그려내었다. 소설은 표면적으로는 민간관습과 서민생활의 풍부하고 세세하게 서술하여 순박하고 따뜻한 산촌의 전원 분위기를 만들어내고 있다. 하지만 자본주의의 침투로 인해 향촌 생활이 파괴되어가는 모습을 포착하여 비판하는 데에 작품의 숨은 뜻이 있다. 「밤 원숭이」가 그려낸 것은 시적 정취를 지닌 타이완 문화주체의 이상향이다. 작가는 생동감 있고 구체적인 풍속과 인정을 묘사하여 이와 같은 최후의 이상향夢土을 만들어냈다. 이로써 전통사회에 대한 향수를 표현하고 전쟁 / 황민화에 대한 항거를 반영하는 동시에 식민 자본주의를 비판하는 그의 일관된 입장을 표현하고 있다.

40년대 장원환의 고향 서사에서 황민화 시기 문화 개조와 정체성의 강제 주입을 겪은 신세대가 민족문화의 가치를 재발견하고 식민 근대성에 대해 반성을 촉구하는 모습을 볼 수 있다. 이와 같이 수립된 타이완 '고향 / 민족'에 대한 정체성은 식민지 신지식 세대의 가장 보편적인 정체성 형태였다고 할 수 있다. 정리하자면, 왕바이위안과 장원환의 문학은 두 가지의 서로 다른 정체성과 작품성을 보여주었다. 그러나 차이와 상관없이 문학은 인간에게 기록과 사고, 반항과 상상의 공간을 제공한다. 공동체의 상상과정은 곧 민족주의의 기원이다. 의도했든 의도하지 않았든 간에 문학을 시작한 초기에 왕바이위안의 영향을 받은 장원환 역시 계속해서 문학을 통한 민족 정체성

구축에 참여하였다.

「가시밭길은 계속 된다」가 발표되던 시기에 논쟁의 또 다른 주인공 뤼허뤄 역시 「자왈 "공공여야"」라는 수필 한 편을 발표했다.

> 나는 공학교에 다닐 적에 부친께서 서예를 하시고 숙부께서 붓을 휘둘러 문인화를 그리시는 즐거운 광경을 직접 보고, 그때부터 문학에 대한 동경을 가지게 되었다. 매번 내가 그분들을 위해 먹을 갈 때마다 가득한 미소와 계화춘桂花春이 뒤섞인 어떤 특수한 분위기 속에 잠겼는데 나는 바로 이러한 고상한 분위기에 도취되어 있었다.
>
> 이소무라磯村 선생님은 이해하기 쉬운 방식으로 메이지문학부터 가르쳐주셨다. 당시 나는 도쿠토미 로카德富蘆花를 가장 좋아했다. 선생님은 2학년 여름방학 숙제에서 과거 국어 수업의 전통적인 규정을 타파하고 우리들에게 시마자키 도손島崎藤村의 『치쿠마강 스케치千曲川速寫』(『千曲川のスケッチ』)를 배부하셨는데, (…중략…) 지금까지도 나는 당시 시골의 산천초목 속을 거닐며 『치쿠마강 스케치』를 읽으면서 느꼈던 감동을 잊을 수가 없다. 이것이 내가 가장 처음으로 읽은 문학작품이었다.[59]

뤼허뤄는 회고적인 필치로 개인적 문학 인연을 가볍게 묘사하였다. 그러나 뤼허뤄를 연구한 학자 주자후이朱家慧는 이러한 고백이 사실과는 다른 부분이 있음을 지적하고 있다.

---

59 呂赫若, 「子曰"空空如也"」, 『興南新聞』, 1943.8.23.

> 우리는 위에 서술한 추억이 전쟁 말기인 1943년에 발표된 것임을 간과해서는 안 된다. 이러한 회고의 글에서 우리는 뤼허뤄가 가지고 있는 낭만적 경향의 자연주의적 문학 배경을 엿보는 것 외에 좌익사상의 연원을 찾을 수가 없다. 사실 청년 뤼허뤄는 민족주의와 사회주의 사조가 거셌던 30년대를 살았고 사범학교는 당시 타이완의 지도자 계층을 배양하는 요람 가운데 하나였으므로, 필시 가장 급진적인 사조를 접할 수 있었을 것이다.[60]

주자후이의 설명을 통해 윗글이 실은 중요한 것을 말하지 않고 부차적인 것만 이야기하는 뤼허뤄식의 자기 고백임을 어렵지 않게 알아낼 수 있다. 장원환과 뤼허뤄의 문학적 자기 고백은 암묵적으로 일치하고 있다. 하마다와 니시카와의 음험한 결탁처럼 장원환과 뤼허뤄의 어조가 나란히 일치하는 것 역시 그 속의 숨은 뜻을 쉽게 알아차리게 한다.

일본의 패색이 짙던 때, 평소 양쿠이와 교유가 있던 타이완 주재 일본작가 사카구치 레이코坂口䙥子는 타이완 사람들이 표면적으로는 일본의 통치를 받아들였지만 실제로는 그렇지 않다고 했다.[61] 이처럼 '대동아공영'의 상상에는 수많은 거짓 화합과 동일화되기 어려운 차이들이 존재하고 있었다. 특히 사회주의 운동에 참여했던 왕바이위안과 그를 따르는 자들의 경우에는 더욱 그러하였다는 것을 알 수 있다.

60 朱家慧,「兩個太陽下的台灣作家—龍瑛宗與呂赫若研究」, 成功大學歷史所碩士論文, 1996.7, 57~58면(2000.11에 台南市立藝術中心에 의해 출판).

61 大原美智,「坂口䙥子研究－日人作家的台灣經驗」, 成功大學歷史所碩士論文, 1997.7.

5. 나가며

사회주의나 식민 진보주의를 추앙하는 자들과 대조적으로 20년대 중후반 이후의 타이완 지식인들은 방향을 바꾸어 본토문화의 가치에 주목하였다. 이러한 추세는 30년대에 이르러 점차 거세져서 문화계와 사상계의 주류가 되었다. 타이완의 가치와 제국 가치의 대립 상황은 장원환이 문학에 종사하게 된 동기이자 동력이었다. 문학이 무엇이며 또 무엇을 할 수 있는지 장원환은 고심하였다. 장원환에 깊은 영향을 끼친 왕바이위안은 미술에서 문학으로 그리고 혁명으로 나아가는 역정 동안 식민주의와 민족 문제를 탐구했다. 가시밭길은 왕바이위안이 정체성을 모색한 길이자 이 정체성을 수호하는 길이었다. 그러나 이것은 결코 왕바이위안 개인의 길이 아니다. 그것은 그 의미를 아는 셰난광謝南光과 그를 따랐던 장원환 등이 일본이 패망할 때까지 견지했던 길이기도 하다.

왕바이위안의 『가시밭길』과 마찬가지로, 장원환의 수필 「가시밭길은 계속 된다」에는 '가시밭길'이라는 표현이 등장하지 않으며 그것의 의미가 무엇인지도 설명되어 있지 않다. 그러나 사회주의가 억압당하고 중국은 적국이 되었으며 혁명은 아예 불가능한 것이 되어버린 시대에 가시밭길은 민족 정체성을 찾아 가는 험난한 길을 의미했다. 왕바이위안의 추종자들에게 그것은 이심전심의 등대였다.

더 이상 소설을 쓸 수 없게 될 것[62]임을 깨달았을 때, 장원환은 '가

62 呂赫若, 鍾瑞芳 譯, 陳萬益 編, 『呂赫若日記』, 1943.6.8 記事, 358면. 이것은 장원환과 뤼허뤄가 대화할 때 한 말이다.

시발길'이라는 표제를 선택했다. 시문집 『가시밭길』이 그것을 잘 아는 독자들에게 자명한 의미를 지니는 것처럼 「가시밭길은 계속 된다」도 동지들에게 공감대를 형성할 수 있을까? 가시밭길은 장원환이 10여 년간 투신한 문학 작업의 결론이며, 계속 나아간다는 것은 그가 이러한 문학적 사명을 굳건히 지키고자 하는 마음을 표명한 것이다. 장원환은 왕바이위안과 마찬가지로 문학으로 민족문제를 사고하고 타이완의 정체성 형성에 기여했으며, 감동적인 타이완문학작품을 남겼다.

제 2 부

식민성의 해석

일본 통치시기 타이완 계몽담론의 좌절*

『타이완신민보』 계열의 '동화주의' 표명

린치양林淇瀁

1. 들어가며－문화계몽의 시작

1894년 6월 청나라는 청일전쟁에서 패하고, 1895년 4월 17일 일본과의 시모노세키조약을 체결하여 타이완을 할양하기로 협의한다. 이때부터 타이완은 일본의 식민지가 되어 일본 정부의 통치하에서 50년의 세월을 보내게 된다. 피식민 시절 타이완인들은 이국의 통치자에 대한 무장 또는 비무장 항쟁을 전개했다. 무력항쟁은 일본이 타이완에 들어온 시기부터 1915년 자오바녠噍吧哖사건까지[1] 이어졌다. 이후로는 비폭력적 문화, 사회운동의 단계로 진입하게 된다. 이 중에서 첫 번째 단계는 문화계몽운동이 시작된 시기(1919~1927)이며, 두

* 이 글은 진혜정이 번역하였다.

1 타이완 중남부 지역에서 일어난 최후의 대규모 무력 항일투쟁으로 현지 발음으로는 '다바니DaBaNii'라고 하며, 西來庵사건이라고도 알려져 있다.

번째 단계는 정치운동이 흥성한 시기(1927~1937)이다.[2]

50년 동안 전개된 항일운동은 크게 "초기의 무장 유격전 또는 무력 봉기사건, 그리고 근대사상의 자극을 받은 이후인 후기의 문화계몽과 좌우파 정치운동 등으로 나뉜다. 최초의 저항은 일본인의 통치와 일본민족에 대한 반감에서 시작되었으며 이후 점차 민족의식으로 발전하기 시작했다고 할 수 있다."[3] 비무장 항쟁단계에서는 일본의 제국주의 국가체제가 만들어낸 '의식'에 대한 저항이 나타난다. 이것은 그람시가 말하는 '헤게모니' 장악투쟁과[4] 유사했는데 당시 일본제국주의 통제하에서 타이완 지식인들은 '시민사회의 각 영역에서 부르주아 이데올로기의 헤게모니를 깨뜨리기 위한 투쟁을 진행하였고' 이를 통해 만족할만한 이데올로기 체계를 구축하려 하였다.

문화계몽운동 단계(1919~1927)에서 피통치자와 통치자 간 논쟁의 장이 되었던 신문은 당시 타이완 지식인들이 목소리를 내는 전쟁터이자 '타이완 동포들의 충실한 나팔수'가 되었다.[5] 타이완인들의 계몽과 항쟁의 기관지였던 『타이완신민보』 계열의 신문, 잡지인 『타이완청년』, 『타이완』, 『타이완민보』, 『타이완신민보』 등은 타이완인들의 '타이완담론'이 취한 전반적인 이데올로기를 보여준다. 때문에 이 시기 형성된 '타이완 본토의식'을 연구하는 학자들을 주목해 볼 만하다.[6]

---

2 王詩琅, 『日本殖民體制下的台灣』, 台北 : 衆文, 1980, 61~64면.

3 위의 책, 65면.

4 Gramxi, "Critical Notes on an Attempt at Popular Sociology", *Selections from the Prison Notebooks*, London : Lawrence and Wishart, 1971, pp.419~472.

5 楊肇嘉, 「台灣新民報小史」, 『楊肇嘉回憶錄』(下冊), 台北 : 三民, 1968, 428면.

6 일본 통치시기 타이완 미디어에 관한 연구는 신문방송학과 타이완역사학과에서도 여전히 신생지여서 연구성과가 극히 제한적이다. 비교적 중요한 관련 저작으로는 楊肇嘉, 「台灣新民報小史」, 『楊肇嘉回憶錄』 下冊, 台北 : 三民, 1968; 葉榮鐘, 「台灣人的唯一喉舌－台灣民報」, 『台灣民族運動史』, 台北 : 自立晚報, 1971; 黃秀政, 『『台灣民報』與近代台灣民族運動

다음에서 필자는 비판적 정치경제학의 관점에서 일제강점기 타이완 정치경제를 분석하고 『타이완신민보』 계열잡지가 진행한 '문화계몽'운동 중에서 나타나는 현상을 분석할 것이다. 이를 통해 젊은 지식인과 본토 부르주아의 결합으로 발행된 신문에 나타난 타이완 계몽담론과 식민제국의 국가 메커니즘에 대한 투쟁과 그 실패 과정을 분석하고자 한다.

2. 이론적 근거

이데올로기와 매체의 관계는 문화연구학 학자들에게 있어 논쟁이 끊이지 않는 부분이다. 문화연구는 크게 두 갈래로 나눌 수 있다. 하나는 정치, 경제적 측면을 강조한 분석이고 다른 하나는 문화와 이데올로기적인 측면에 치중한 분석으로 양자 모두 마르크스주의 이론과 정치적 판단을 근거로 자신의 견해에 따라 서로 다른 각도에서 해석한다. 후자는 영국 버밍햄 대학의 '현대문화연구센터Centre for Contemporary Cultural Studies of the University of Birmingham'를 모태로 하며 주요 논자는 윌리엄스Williams와 홀Hall이다. 전자는 골딩Golding과 머독Murdock이 1974년 기치를 세우고 1979년 창간한 『미디어 · 문화 · 사회*Midia, Cultuire & Society*』라는 잡지를 사령탑으로 삼는다.[7] 두 유파는 기본적으로 대중매체가

1920～1932』, 台北 : 現代潮出版社, 1987; 楊翠, 『日據時期台灣婦女解放運動－以『台灣民報』爲分析場域(1920～1932)』, 台北 : 時報文化, 1993 등이 있다.

이데올로기를 전달하는 도구라는 점에 동의한다. 하지만 윌리엄스와 홀은 미디어가 이데올로기의 집합체라고 생각한데 반해 골딩과 머독은 대중매체가 '후기 자본주의 경제 질서하에서 상품을 생산하고 분배하는 산업적 조직'이라고 강조했다. 미디어에 내재된 경제적 요인과 미디어가 생산해내는 서로 다른 성질의 결정적인 작용을 파악하지 못한다면 미디어의 이데올로기 생산과정을 충분히 이해할 수 없을 것이다.[8]

미디어와 문화 생산과정에서의 이데올로기를 강조하고 있는 홀의 견해를 예로 들어보자. 홀의 주장에 따르면 이데올로기의 생산과 작용은 주로 기호와 언어의 특징이 만들어낸다. 때문에 언어를 특정한 의미를 만들어내는 매개물로 보아야 한다. 의미를 생산하기 위해서는 어떤 특정한 사건이나 기호를 통해 믿을 만한 정당한 담론을 체계적이고 규칙적으로 구성해내야 한다. 이러한 원칙하에서 이데올로기는 현실이 정신에 일으키는 반응일 뿐 아니라 동시에 물질적인 힘을 만들어내고 의미 과정에서 사회적 의제들에 관한 투쟁에 개입하여 하나의 '의미 작용의 정치'를 형성한다. 때문에 이데올로기란 '현실을 부호로 만들어 내는 시스템'이다. 의미론적으로 말하자면 이데올로기는 정보를 만들어내는 어의 규칙 시스템이자 의미 표현의 실천이며 '서로 다른 방향의 사회이익'이 투쟁하는 장으로서의 이데올로기 기호를 만들어낸다.

홀은 또한 '이데올로기적인 담론은 언어문화의 주체를 그것이 세계를 재현하는 방법 속에서 구현해낼 수 있으며', 언어와 담론을 통

---

7 馮建三,『資訊・錢・權－媒體文化的政經硏究』, 台北 : 時報, 1992, 223～225면.

8 위의 책, 237면.

해 '절합articulate'할 수도 있다고 지적했다. 때문에 "이데올로기는 생활을 통해 완전한 재현시스템과 담론을 제공하여 우리들로 하여금 자기 자신과 존재하는 실제상황 사이의 일종의 상상관계 속에서 살아가게 한다." 이러한 이데올로기는 '진실'하다. 그 효과가 진실하기 때문이다. 또한 그것은 '결정되는 것'이다. 외재적 환경에 기대어 완성되기 때문이다. 이데올로기는 반드시 투쟁이라는 조직화된 실천의 일부가 되어야 하고, 저항적인 집단형식을 수립해야하며, 일련의 자각적인 새로운 형식으로 발전해야 한다. 그러나 동시에 이데올로기는 '결정적인'것이기도 한데, 그 투쟁이 긍정적으로든 부정적으로든 실질적인 결과에 영향을 미칠 수 있기 때문이다.[9]

홀과 같은 문화연구자들의 이데올로기에 대한 강조와는 상대적으로 정치경제학파의 학자들은 문화연구자들이 미디어와 국가의 관계를 과도하게 중시할 뿐 아니라 역사적・정치적으로 자본주의적 사유제가 각종 매체에 대해 영향력을 행사해 온 사실을 무시하고 역사발전으로부터 문제점을 찾지 않는다고 비판한다. 또한 문화연구자들이 언어의 의미, 문장의 의미 그리고 본문 분석에 지나친 권위를 부여하고 있다고 비판한다. 때문에 정치경제학파의 학자들은 대중전파 현상을 연구하고 경제조직과 대중 매체 운영의 변동과정 및 그것이 대중매체의 정보를 결정하는 방식을 엄밀히 고찰해야 한다고 주장한다. 그들은 다음과 같이 말한다.

통치계급의 의식과 뉴스의 관계를 살피려면 우선 뉴스의 실제 편집과 취재

9 S. Hall, "Culture, the Media and the Ideological Effect", J. Curran, *Mass Communication and Society*, Berverly Hills, CA : Sage, p.82.

> 등의 생산과정 및 최후의 선별작업에서 이러한 과정이 통제되는 까닭을 알아야만 한다. 이는 반드시 역사와 정치경제적 각도에서 그리고 신문의 발전이라는 측면에서 살펴보아야 한다.[10]

비판적인 정치경제학파는 비록 문화연구가들이 사회학 영역에서 문화와 이데올로기를 강조하는 것이 긍정적인 현상임을 인정하지만 문화생산 공정의 정치경제학적 기초 위에 미디어와 이데올로기의 관계를 수립하는 것이 중요하다고 강조하였다. 머독은 "국가와 경제의 관계, 이데올로기의 재생산과 복제 및 계급투쟁 등의 문제는 물질론자들이 대중전파이론을 논할 때 피할 수 없는 핵심과제와 같다"[11] 고 지적했다.

사실상 문화연구와 정치경제학파의 이론적 취향은 전적으로 상충되는 것은 아니며 상호보완적으로 사용할 수도 있다. 특히 역사적 맥락을 처리하는 면에서 이데올로기 및 미디어와 국가의 관계에 대한 문화연구의 분석 틀은 미디어·이데올로기·권력이라는 삼자간의 기묘한 관계를 분석하는데 도움이 될 뿐 아니라 일본 통치기 통치계급과 타이완 본토 신문 출판업의 이데올로기 투쟁을 이해하는 데에도 도움이 된다. 또한 정치경제학파의 견해는 식민시기 타이완 미디어의 문화종속현상을 해석하는데 적합하기도 하다. 때문에 역사와 경제적 맥락이라는 두 가지 시각을 통해 일제강점기 타이완본토 담론의 맹아와 그것이 당시의 사회구조, 이데올로기 구조와 통합되고 분리되는 상황을 정리하고 일제강점기 타이완 본토문화 담론의 좌

10 馮建三, 앞의 책, 241면.

11 馮建三,「關於西方馬克斯主義的盲點—答覆達拉斯·史麥塞」,『島嶼邊緣』1卷 4期, 1978, 34~48면.

절과 실패를 검증하는 것은 알튀세가 「이데올로기적 국가기구Ideological State Apparatuses」에서 설명하고 있는 '상대적으로 정형화된 신념의 시스템일 뿐 아니라 일련의 행위이자 자아와 타인 사이의 관계 그리고 사회제도의 총체'를 파악하려는 시도와도 같은 것이다.

3. 『타이완신민보』 계열의 정치경제적 배경

통치 이데올로기에 대한 기나긴 저항과정 속에 등장한 『타이완신민보』 계열은 다음과 같은 시대적 배경을 지니고 있다. 우선 『타이완신민보』 계열의 첫 번째 미디어인 『타이완청년』(1920) 창간 전후의 역사적 맥락을 살펴보도록 하겠다. 19세기 말 타이완은 일본 제국의 식민지가 되었다. 당시 일본은 "비록 제국주의로서의 실질적 내용까지 완비하지는 못했지만 제국주의적 의식과 형태는 갖추고 있었다."[12] 메이지유신(1868)에 이은 자본주의와 군국주의의 대두는, 타이완을 '일본 통치권 안'의 '파행적 근대화'의 실험장으로 만들었다.[13] 일본이 타이완을 통치하던 기간 동안 타이완 총독부에 의해 기초된 「타이완 통치요강」에서 "① 식민지 타이완을 통해 일본의 국제적 지위를 높인다. ② 타이완을 개발하고 초과이윤의 경제조건을 형성하여 본국의 자본주의 발전을 촉진시킨다. ③ 중국 화남지역 및 남태평

12 矢內原忠雄, 『帝國主義下的台灣』, 東京 : 岩波書店, 1929.

13 史明, 『台灣人四百年史』, San Jose, CA : Paradise Culture Associates, 1980, 330~335면.

양으로 세력을 확장하기 위한 군사기지를 건립한다"는 3대 강령이 확립되었다.[14]

아울러 이를 근거로 일본은 타이완인들을 진압하고 기존 타이완 내의 국제 열강과 중국 세력을 몰아냈다. 그들은 식민지에 과중한 세금을 부과하는 정책을 실시하여 타이완인들의 토지와 임야를 몰수하였으며 전매 독점기업을 추진하고 타이완인들의 각성과 해방을 억압하였다. 또 한편으로 자본주의적 근대화를 통해 타이완-일본 간 항로 개설, 은행 설립, 보호관세 시행, 기초산업 건립, 근대적 도시의 교통통신 건설, 교육부 신설 및 위생 설비 확산 등을 실행했다. 이로써 일본은 자국의 자본과 상품, 인력을 타이완으로 보내 타이완을 일본 '자본주의의 자본 재생산 기구'의 하나로 만들었다. 이러한 정치적 힘과 군사력, 경제력이 결합된 국가 메커니즘이 지배하는 환경은 바로 스밍이 말한바 아래와 같은 상황이다.

> 일본이 타이완에 들어온 이후 일본 제국주의의 국가권력(총독부)은 상품경제의 발달을 가져온 (타이완의 오래된) 부락 공동사회를 중앙집권적인 관료통치에 편입시켰다. 특히 경찰의 강권하에서 한편으로는 고유의 지주제도와 보갑제도를 보존하고 소수의 매판특권계급을 만들어내 그들을 매수하고 이용하였으며 다른 한편으로는 타이완에서 만들어진 특유의 민족자본계급을 적극적으로 억압하기도 했다. 이렇게 하여 타이완에서는 변형된 자본주의화(근대화)가 진행되었다.

14 松島剛・佐藤宏,『台灣事情』, 台灣總督府, 1897.

타이완으로 향하는 선박에 대한 미군의 습격으로 1943년에 사망한 일본경제학자 히카시 카세이東嘉生는 저서 『타이완경제사연구』에서 "메이지 31년(1898) 고다마兒玉와 고토後藤가 합작하여 타이완을 통치하기 시작한 이래로 10년 동안 치안이 정비되고 경제가 발달하였으며 게다가 재정의 독립적 형태도 구비되었다. 이는 모두 우리(일본) 식민 정책의 성공과 자국 경제의 급격한 발전으로 인한 하사품이었다"라고 언급하고 있다. 국가 메커니즘의 지배로부터 시작된 경제구조는 이때부터 '일본에 종속된 시장'이라는 타이완의 전형적인 식민지적 운명을 결정지었다.[15]

이러한 식민제국의 자본주의는 주로 타이완 총독부가 추진하였는데[16] 그중에서도 특히 타이완인들의 민족의식에 대한 탄압은 가장 중요한 사업이었다. 일본이 타이완을 통치하던 초기에 부단히 봉기하던 무력항일활동을 군사력으로 억압한(1895~1915) 외에 적극적으로 진행한 '동화주의'가 바로 이데올로기 국가 메커니즘이 강력하게 작용한 결과였다.

1919년 타이완인들의 무력항일운동이 중단되고 1차 세계대전이

15 히카시 카세이는 타이완 경제의 이러한 '일본 종속적 시장의 성격'은 타이완 산업발전이 쌀과 설탕을 중심으로 진행되었기 때문이라고 지적하고 있다. 그러나 그 생산의 원칙은 '일본 국내 정치 경제적 수요로 인한' 생산이었으며, 이로 인해 일본의 식민지였던 타이완은 한편으로 일본 '내지 소비용 식료품의 공급지'이자, 다른 한편으로는 '내지 공업품 소비 시장'이 되었다. 東嘉生, 『台灣經濟史硏究』, 台北 : 東都書籍台北支店, 1944 참조.

16 일본이 타이완을 통치하는 권력기구였던 타이완 총독부는 일본정부가 1896년에 공포한 '拓殖務省官制', '台灣總督府條例' 및 '六三法'으로 불리는 「關於施行於台灣之法令的法律」(吳密察, 『台灣近代史硏究』 台北 : 稻鄕, 1990, 115면)을 근거법안으로 하였다. 그중에서 특히 '六三法'은 타이완 총독에게 율령 입법권을 부여하여 타이완 총독을 입법, 행정, 사법의 3권을 모두 거머쥔 '타이완 현지의 황제'가 되도록 만들어주었고 그 권력이 막대하였기 때문에 타이완인들은 50년간의 피식민기간 동안 억압을 받았다. 그러나 이러한 억압으로 인해 타이완인들의 정치적 각성이 높아져 이 '六三法'이 오히려 '반식민지 투쟁의 도화선'이 되었다(史明, 『台灣人四百年史』, 268~269면; 黃昭堂, 『台灣總督府』, 台北 : 前衛, 1989, 217~230면).

종결되면서 전세계에서 근대정치에 대해 각성한 식민지 민족자결운동이 대두하였다. 게다가 한국인들이 일본에게 독립을 요구한 '만세운동'이 일어나자 일본정부는 타이완에 대한 통치정책을 재조정해야만 했다. 우선 과거 무관을 총독으로 임명하던 관례를 바꾸어 문관인 덴 겐지로田健治郎를 타이완 총독으로 임명했다. 덴 겐지로는 무력에 의한 진압정책을 중지할 것을 선포하고 '내지연장주의'라는 동화정책을 제창하며 "타이완 역시 제국 영토의 일부분이므로 당연히 제국 헌법의 통치하에 있어야 한다. (…중략…) 때문에 통치방침은 (…중략…) 본 섬의 백성들이 순수한 제국의 신민이 되도록 교화와 선도를 통해 국가에 대한 의무관을 배양시켜야만 한다"고 하였다.

이러한 동화주의는 1914년 일본의 자유민권 투사 이타가키 다이스케板垣退助가 타이완에 와서 세운 '동화회'에서 언급한 바 있다. 그러나 이타가키가 말하는 '동화주의'는 '섬 주민들과 내지 관원들의 친밀한 소통'을 매개로 '완전한 동화'에 이르는 것을 목적으로 한 것이어서 통치자의 생각과는 약간 차이가 있었고 타이완 측 가입자 대표인 린셴탕林獻堂의 생각과도 많이 달랐다.[17] 일본인들에게 있어서 '동화'란 '타이완인들을 일본인들 속으로 동화시키는 것'을 의미하였고 타이완인들에게 있어서는 '타이완인들이 일본인과 동등한 정치적 대우를 받을 권리를 누리는 것'을 의미했다. 이러한 통치자와 피통치자의 이데올로기 충돌은 '타이완동화회'가 결국 다음 해에 총독부의 탄압으로 강제 해산되도록 만들었다.[18]

---

17 蔡培火 외, 『台灣民族運動史』, 台北 : 自立晚報, 1971, 15~27면.

18 이타가키와 그가 타이완에서 조직한 '타이완동화회'의 형성 및 실패 과정에 관한 내용은 『台灣總督府警察沿革誌・台灣社會運動史』, 台北 : 台灣統督部警務局, 1939, 12~23면의 내용을 참조하였다. 이타가키는 '타이완인은 일본과 중국이 친밀해지기 위한 관건이다'라며 일본

이타가키의 동화주의에 고무된 타이완인들은 본토 자본가인 린셴탕 같은 인물의 지도하에 '동화회'를 방패막이 삼아 타이완인 자녀를 전문적으로 교육하는 타이중중학교台中中學校를 설립하고 타이완민족운동의 서막을 열었다. 그 후에도 '6·3법 철폐운동'(1920)과 '타이완의회 설치 청원운동'(1921)을 추진하였고 '타이완문화협회'(1921)를 창립했다.

『타이완청년』이 도쿄에서 창간된 것 역시 이러한 조류의 산물이라고 말할 수 있다. 타이완문화운동과 계몽운동은 이로부터 시작되었으며 타이완인에 의한 신문출판업을 구축하려는 발상과 타이완문화 담론의 형성 역시 이것이 발단이 되었다.[19] 이러한 자본주의화가 가져온 경제적 기초는 골딩과 머독이 말하는 '신자본가계급'을 양산해 냈다.[20] 그들은 1920년대 타이완사회에서 탄생하여 식민주의 제국을 향해 정치·문화·교육에 관한 자주적 권력을 요구하기 시작했다.

이러한 경제 자본주의화의 과정 속에서 일본 통치당국은 미디어의 통제에 주목하기 시작했다. 1896년 6월 17일, 일본 '시정始政' 1주년 기념일에 타이완의 첫 근대신문인 『타이완신보』가 창간되었다. 이 신문은 일본 오사카부大阪府 경보장警報長인 야마시타 히데미山下

통치자들이 '동화주의'를 채택하여 타이완인들에게 우호적으로 대하고 내지인과 타이완인 사이의 차별적 대우를 없앨 것을 호소했다. 아타가키의 이러한 주장은 타이완 지식인들과 타이완 자본가들의 지지를 받아 1914년 12월에 동화회가 타이베이에서 성립되기에 이른다. 그러나 이타가키의 주장이 점차 강력해지고 타이완인들에게 강한 호응을 얻자 타이완 총독부는 이를 정치적인 음모로 여겨 1915년에 이 단체를 타이완 행정에 저촉되며 사회질서 교란이라는 명분하에 해산시킨다.

19 자세한 내용은 차이페이훠 외의 저술인 『台灣民族運動史』의 제1장부터 제4장까지를 참조.

20 馮建三,「意識型態與大衆媒介－關於決定論的問題」,『資訊·錢·權－媒體文化的政經研究』, 台北 : 時報, 1992, 248면.

秀實가 발간한 것으로 야마시타는 일본이 타이완의 초대 총독인 가바야마 스케노리樺山資紀와 동향으로 서로 친분이 있었다. 때문에 이 신문은 반관반민半官半民의 색채를 지니고 있었음에도 불구하고 얼마 후 총독부에 의해 '공보'로 수용되었다. 이후 정치 법령 등을 게재하여 총독부의 보조금을 받으면서 민영신문의 본질은 사라진 채 총독부의 정치선전 도구로 변질되었다.[21]

이는 타이완통치의 미디어 정책과 문화정책의 기본적인 방향을 보여주는 것이다. 1900년, 타이완 총독부는 제11호 율령인 '타이완출판규칙' 및 제15호 율령인 '타이완신문조령'을 공포하여 타이완인들의 언론자유와 문예창작을 억압하였으며[22] 그 결과 일본의 타이완 통치기간동안 타이완인들에 의한 신문사는 단 한 곳만 남게 되었다. 총독부는 주로 타이완에 대한 정보를 수집하고 타이완인들에게 이데올로기를 주입하는 정책을 추진했으며, 구체적인 미디어 정책으로는 '등급을 나누고 유형을 분리'하는 차별화 방식을 채택하였다. 일본의 총독부가 매년 편찬한 『타이완상황台灣事情』에 의하면 당시의 미디어 시스템은 국민을 내지인(일본인)・본토인(타이완인)・가오사족高砂族(타이완의 번족, 즉 원주민)으로 분류하고 있는데, '본토인들을 황국의 신민으로 만들 수 있도록 하는 것'이 주요 목적이었다.[23]

---

21 洪桂己, 「光復以前的台灣報業」, 『中國新聞史』, 台北 : 學生, 1986, 535~563면.

22 史明의 묘사에 따르면 이러한 언론 관리제도는 '일본 국내에서 자유롭게 출판할 수 있었던 모든 기간물 조차 일단 타이완에 들어오면 엄격한 검열을 받아야 했으며 심지어는 발행금지를 당했다. 특히 신문의 관리제도가 가장 엄격하여 일본 본국에서 당국에 등록하여 출간이 가능했던 신문이라도 타이완에서 주지사의 허락 및 총독부의 인가를 받아야만 발행을 할 수 있었다'고 한다.

23 『台灣事情』(1941)에 기재되어 있는 내용은 다음과 같다. "타이완에서의 정보 선전은 일본인에 대한 것인지 타이완인 및 원주민에 대한 것인지에 따라 구별하여 서로 다른 방법을 사용하였다. 일본인에게는 이미 주지하고 있는 시정방침과 실적을 사용하며 그에 더해 시국에 대

『타이완신민보』 계열의 신문들은 타이완 사람들이 만든 처음이자 유일한 신문이다. 식민체제 아래서 그리고 자본주의화 된 경제체계 및 제국주의적 정치억압 구조 속에서 도쿄의 타이완유학생이 타이완 내의 자본가 및 지주와 결합하여 창간한 『타이완청년』이 그 시작이었다. 이후 이 신문출판 운동은 타이완 근대 신문출판업과 타이완 민족·민주·문화·사회운동을 밀접하게 결합해가는 단계로 발전한다. 일본 제국주의의 이데올로기적 국가 메커니즘에서 비롯된 억압은 식민지 이전의 '조국의식' 및 식민지 이후의 '황민화'와 비교할 때 타이완 문화담론의 구조와 모습을 결정하는 데 깊은 영향을 미쳤다.

4. 젊은 지식인과 부르주아의 혼성합창

『타이완신민보』 계열의 형성 및 그 문화적 담론의 전파과정은 기본적으로는 타이완에서 100년 동안 이어 온 '타이완 본토론'의 시작이자 타이완 의식이 수립되는 서두라고 할 수 있다.

『타이완신민보』 계열은 1920년 7월 16일 도쿄에서 창간된 월간지 『타이완청년』에서 출발한다. 1940년 『싱난신문興南新聞』으로 명칭

해 정확하게 인식할 수 있도록 하는 것들을 위주로 한다. 타이완인들에게는 고급문화계층의 경우 지도자의 방침을 따르되 잘못된 인식이 생기지 않도록 한다. 하급문화계층에 대해서는 시국에 당장 필요한 계몽과 계발을 하도록 고려해야 할 것이며 그 외에 원주민들에 대해서는 타이완인들과 다소간의 차별을 둔 방식을 사용하되 역시 계몽과 계발을 위주로 하여야 하며 타이완인들이 모두 황민이 될 수 있도록 해야 한다." 인용문은 필자가 번역하였다.

을 바꾸었다가 1944년 총독부의 압박으로 전체 타이완의 6개 일간지를 합쳐 『타이완신보』가 되기까지 해산하지 않고 지속적으로 타이완인들의 입장에 서서 정치・문화・사회・경제 각 분야에서 일본 당국을 비판하였다. 이로 인해 타이완인들의 유일한 언론기관이자 타이완인들의 유일한 '혀'라고 불렸다.[24]

『타이완신민보』 계열은 청년 지식인들이 지주 및 부르주아 계급과 결합함으로써 총독부의 봉쇄를 돌파하고자 했는데 타이완으로 옮겨와 발행하려는 과정에서는 상당한 우여곡절을 겪었다. 『타이완신민보』 계열의 출발과 이후 과정은 식민통치하에서 피식민자들이 겪은 어려움을 보여주고 있다. 그들은 계속해서 『타이완청년』, 『타이완』, 『타이완민보』, 『타이완신민보』로 잡지명을 바꾸었고 월간, 반월간, 순간, 주간, 일간, 석간으로 발간 주기를 바꾸었다. 양자오자楊肇嘉의 회고에 따르면 그 기원은 당시(1920) 도쿄에 있던 타이완 유학생들이 '타이완 총독의 전제적 정치, 특히 6・3법의 철폐를 요구한 격렬한 정치운동'이 계기가 되었다. 이어서 '신민회'를 조직하고 린셴탕을 회장으로, 차이후이루蔡惠如를 부회장으로 추대하면서 그들의 활동은 시작되었다. 월간지 『타이완청년』은 '신민회 창립대회의 회의석상에서 발간이 결정되었으며' 그 경비는 학생도 청년도 아닌 차이후이루가 담당했다.[25]

이러한 청년 지식인(이론 제공)과 본토 자본가(자금 제공)가 결합하여

24 蔡培火 외, 『台灣民族運動史』, 台北 : 自立晚報, 1971, 15～27면.

25 또 다른 설에 따르면 차이후이루 이외에도 '신민회의 간부 모임을 전후로 辜顯榮 3,000엔, 林熊徵 1,000엔, 린셴탕 1,000엔, 顔雲年 1,000엔 등 거액의 기부금을 모집하여'(謝春木, 『台灣人の要求』, 台北 : 台灣新民報社, 1931, 9면) 모두 7천500엔이었다고 한다. 林柏維, 『台灣文化協會滄桑』, 台北 : 台原, 1993, 48면 참고.

신문을 만드는 방식은 이후 『타이완신민보』 계열 미디어 생산의 경제적 구조를 결정지었다. 이 계열의 신문은 머독이 강조한 바와 같이 '자본 분배의 통제와 경제소유권의 연결' 관계 속에서 통제권을 자본가가 장악하고 담론의 방향을 자본가 및 그들을 지지하는 지식 엘리트의 정치·경제적 공동 이익을 근거로 삼아 운영하는 형태가 되었다. 결과적으로 볼 때 이는 사실상 이후 일본의 이데올로기적 국가 메커니즘을 맞닥뜨려야 했던 타이완 본토 문화담론의 곤혹스런 운명을 결정지었다.

『타이완신민보』 계열은 모두 8차례의 개편과 자본의 구조조정을 겪어야 했는데 이를 정리한 것이 아래의 표이다.

〈표 1〉『타이완신민보』 계열(1920~1944)의 자본구조 개편 및 주요사항 일람

기간지명	발간기간	호수	창간지	발행인	주도세력	자본금	주요사항
台灣青年 월간	1920.7.16~1922.2.15	18호	도쿄	台灣青年雜誌社 (도쿄 '신민회' 창간)	도쿄 내의 타이완 청년, 타이완 자본가	1,500엔	6·3법안 철회, 타이완인의 언론자유 요구
台灣 월간	1922.4.1~1924.6	19호	도쿄	台灣雜誌社 (1923.6 주식회사 등록)	청년학자, 사회인사, 타이완 자본가	25,000엔	타이완의회 설립 청원, 타이완백화문 개혁
台灣民報 반월간	1923.4.15~1923.9.1	7호	도쿄	台灣雜誌社 (도쿄 지진으로 정간)	청년학자, 사회인사, 타이완 자본가, 지주	25,000엔	타이완 백화문운동 추진
台灣民報 순간	1923.10.15 ~ 1925.7	17호	도쿄	台灣雜誌社 (1924.6 월간 『台灣』 정간)	청년학자, 사회인사, 타이완 자본가, 지주	25,000엔	경찰 치안법 반대, 결사의 자유 요구
台灣民報 주간	1925.7.12~1927.7		도쿄	台灣民報社 (1925.9 타이완민보 주식회사로 등록)	타이완 자본가, 지주, 사회운동 지도자, 정치가	25,000엔	의회 설립 청원 지속, 타이완경제연구회 설립, 타이완 자치제도 요구
台灣民報 주보	1927.8.1	167호부터	타이베이	台灣民報社 (총독부의 인가로 타이완에서 발행)	타이완 자본가, 지주, 사회운동 지도자, 정치가	25,000엔	

기간지명	발간기간	호수	창간지	발행인	주도세력	자본금	주요사항
台灣新民報 주보	1930.3.29	306호부터 현재 명칭으로 개칭	타이베이	台灣新民報社 (1929.1 타이완신민보 주식회사 등록)	타이완자본가, 지주, 사회운동 지도자, 정치가	300,000엔	일간지로의 발행 요구, 세계와 중국의 현황 소개, 경제문제 분석
台灣新民報 일보	1932.4.15~1941.2.10	1937.6부터 한자를 버리고 일본어 채택	타이베이	타이완신민보사 台灣新民報社 (1932.1.9 인가)	타이완자본가, 지주, 사회운동 지도자, 정치가	300,000엔	정치적 결사 및 타이완 지역의 자치제 주장, 농업문제에 주목, 언론의 자유 요구

출처 : 楊肇嘉, 『楊肇嘉回憶錄』, 台北 : 三民, 1968.

위의 표를 통해 『타이완신민보』 계열의 8차례에 걸친 개편 중 그 주도세력과 자본구조의 개편을 살펴보면 우선 타이완청년지식인이 타이완 내의 자본가와 결합하였고 이후에 청년학자, 사회인사, 타이완 내 자본가, 지주 등이 가입한 것을 알 수 있다. 이어서 일간신문으로 발간할 무렵에는 이 신문이 타이완 본토 자본가, 지주, 사회운동 지도자 및 정치지도자 등 타이완사회의 엘리트 집단에 의지하는 근대적 신문출판 조직이 되었음을 알 수 있다.[26] 자본 금액의 변화를 보면 월간지였던 『타이완청년』 때에는 1,500엔(차이후이루가 지불)이었다가 월간지 『타이완』이 '타이완잡지주식회사' 소속으로 바뀐 이후에는 2,500엔으로 증자되었다. 주식회사가 되고 이사를 선출하면서 정식으로 미디어 경영의 상업화 시대로 진입하게 되었던 것이다.

『타이완신민보』가 일간지 발간 허가를 받기 전(1929.3)에는 자본금을 30만엔으로 증자시킨 '주식회사 타이완신민보사'로 개편되었다.

26 이러한 구조는 『台灣新民報』 계열에서만 보이는 것은 아니며 정치에서는 일반적인 현상이었다. 1935년에 실시된 '지방자치제도' 이후 주시州市의회 의원들의 배경을 살펴보면 '의학・사범・법정・경제 계열의 신사회 엘리트로 의회의 중견인물들이 구성되어 있는' 교육적 배경이 드러난다. 또한 경제적 배경으로는 '지주・자본가・실업 경영가 등이 의회를 거의 장악하고 있음'이 드러난다. 吳文星, 『日據時期台灣社會領導階層之硏究』, 台北 : 正中, 1992, 370~377면 참조.

그들은 이사진과 조직을 확대하고 당시 타이완 내의 정치·경제·사회·문화운동의 주요 엘리트 및 지도자들을 끌어들였다. 1930년, 『타이완신민보』의 일간지 발간이 허가된 후 그들은 또 한 차례의 조직 개편을 단행하여 "자본금과 이사진은 대체적으로 이전과 같게 하되, 신문사 내부에 최신의 편제를 채택하여 10여 년간 이 신문과 관련된 타이완 민중들을 위해 봉사하고자 하는 우수한 사람들을 초빙하였다."[27] 이때에 이르러서야 타이완의 근대화된 신문출판업인 『타이완신민보』의 자본 경영 모델이 마침내 세워졌던 것이다.

이처럼 자본이 누적되고 배후에 타이완 엘리트층이 출현하여 확대되는 20여 년간의 발전과정 동안 『타이완신민보』 계열은 타이완 사회의 발전에 발맞춘 단계적인 주장을 내놓는다.(〈표 1〉 참조) 『타이완신민보』 계열은 초기에는 무장 항일혁명을 계승하여 문화운동을 통해 계몽운동을 펼쳐가고자 했다. 그러나 이후 본토 자본가가 성장하고 사회·정치운동 방면의 리더들이 등장하면서 일본 당국의 '동화주의'가 요구하는 규칙을 따르고 일본인과 동등한 정치, 경제적 권력을 요구하는 쪽으로 선회한다. 아울러 '동화주의'의 그늘 아래에서 '타이완은 타이완 사람들의 타이완'이라는 민족주의 의식을 고취하여 타이완인들의 각성을 이끌어내고 타이완인들의 자유해방이라는 궁극적 목표를 도모하였다.

27 楊肇嘉,『楊肇嘉回憶錄』, 台北 : 三民, 1968, 434면.

5. 의식의 착오, '조국'과 '내지' 사이에서의 망설임

『타이완청년』의 발간에서부터 『타이완신민보』가 일간지 발간 승인을 얻기까지 12년간은 타이완 민족해방운동과 사회해방운동이 전성기를 맞은 시기였다.[28] 이 시기에 『타이완신민보』 계열이 관심을 두었던 의제는 당시 세계 차원의 해방의 조류와 맞물린 것이었다. 『타이완청년』 창간호의 「권두언卷頭之辭」는 다음과 같은 사실을 명백히 밝히고 있다.

> 국제연맹의 성립과 민족자결의 존중, 남녀평등의 실현 및 노동과 자본의 협조 운동 등을 보십시오. 어느 것 하나 이 '세계 차원'의 대오각성의 영향을 받지 않은 것이 없습니다. 타이완의 청년들이여! 원주민의 건아들이여! 우리들은 아직도 일어설 수 없습니까?

『타이완청년』의 편집자 중 한명이었던 린청루林呈祿 역시 창간호에서 다음과 같이 말했다. "지금 세계의 약자들을 위한 목소리에는 세 가지가 있었다. 하나는 남녀의 차별에 따른 사회문제(여성해방, 여성참정권 운동 등)이고 다른 하나는 경제구조 개혁에 관한 문제(노동과 자본의 협조, 무산계급의 지위상승, 계급타파운동 등)이며, 또 다른 한 가지는 헌법정치와 관련된 문제(관료 군벌제의 타파, 민주주의의 실행, 보통선거 실시 운동 등)이다. 각 민족들 간에는 민족자결운동이 있고, 국제적으로는

28 楊翠, 『日據時期台灣婦女解放運動－以台灣民報爲分析場域(1920～1932)』, 台北 : 時報文化, 1993, 81～82면.

독립을 보장하라는 정의로운 요구가 있다." 때문에 그는 타이완의 청년들에게 '시대에 순응하고 신문화에 대해 자각하라'고 호소했다. 이로써 『타이완신민보』 계열의 언론 방향은 타이완인들이 자각하고 자립할 것, 세계 조류와 맞추어 나갈 것, 약자의 입장에 설 것, 신문화를 재창조할 것을 호소하는 쪽으로 확정되었다.

세계조류의 거센 움직임 속에서, 일본의 통치하에 있던 『타이완신민보』계의 언론의 초점은 문화계몽·민족자결·계급투쟁·여성해방의 4가지에 맞춰졌다. 이로써 이들이 전개한 계몽은 전면적인 계몽이 되었으며, 그 위에 문화적인 담론을 포괄하여 일본 당국의 이데올로기적 국가 메커니즘이 주입한 '동화주의'에 맞서 거센 투쟁을 진행하였다.

'동화주의'는 일본제국이 타이완을 자본주의화 시키는 과정과 함께 진행되었다. 그것은 정치적으로 제국에 대한 인정, 교육 시스템에서의 이데올로기 억압, 사회적으로 문화패권의 전파라는 세 가지 의도를 지녔다. 이에 따라 타이완인들은 조국을 상실한 채 일본 제국주의의 국민이 되고, 일본 당국이 추진한 '국어교육'에 동화되어야 했다.[29] 때문에 사회운동과 정치운동(타이완의회 설치 운동, 타이완문화협회)을 통해 타이완민중의 각성을 촉진하고, 일본 당국의 패권적인 문화침투에 저항하게 되는데, 『타이완신민보』 계열의 존재와 지속은 반

---

29 야나이하라 타다오矢內原忠雄는 이러한 국어교육의 3가지 목표로 ① 의사소통의 편리함을 위한 것 ② 문화 발달의 수단을 위한 것 ③ 동화의 무기가 되는 것이라고 지적하고 있다. 그중에서도 특히 언어적 동화를 일본 통치당국의 주요한 정책으로 보았다. 吳文星은 이러한 언어정책(일어교육의 전개)은 "결코 순수하게 현실적인 필요에 의해서 착안된 것이 아닌, 사상 관념상에 그 근본적인 동기가 있었다"라고 지적하고 있으며 '두 민족 간에 만들어지는 사상과 감정적인 교류로부터 일치된 사회와 국가적 행동을 만들어내도록'하고자 했다고 말한다. 다시 말해 "타이완의 통치는 타이완인들을 동화시키는 것이 기본적인 것이기에 일본어 교육은 반드시 필요한 수단이었다." 吳文星, 『日據時期台灣社會領導階層之研究』, 台北 : 正中, 1992, 310~311면.

패권적인 이데올로기 투쟁의 장으로서 의미를 갖는 것이다. 스밍은 "『타이완청년』, 타이완의회 설치운동, '타이완문화협회'라는 세 가지가 방법은 다르지만 같은 효과를 내며 타이완 민족자결파의 주류가 되었다"고 했다. 이런 활동이 이후 10년간 '타이완 부르주아계급 민주주의혁명'에 크게 작용한 것 또한 그 때문이다.

다음으로 문화계몽의 영역에서 살펴보기로 하자. 『타이완청년』은 모두 18호(1920~1922)에 걸쳐 출간되었다. 이때 발표된 글들은 주로 청년의 자각과 문화발전, 그리고 지방자치에 집중되어 있다. 또한 그들은 타이완의 청년들이 "내지(일본) 청년과 중화민국 청년들의 순결한 이상"을 본받아 "우리 타이완이 공동으로 분투하고 노력해야 한다고"[30] 촉구했다. 이 논설에서 '내지', '중화민국' 그리고 '타이완'이라는 세 가지 기호는 병립하면서도 서로 다른 함의를 드러내고 있다. 이는 당시의 정치상황을 반영한 어법이었지만, 당시 타이완 지식청년들이 조국을 상실하고 일본 통치하에서 굴욕을 당하면서도 '세계적인 조류'였던 '민족자결'의 고취를 통해 타이완인의 민족주의적 이데올로기를 재건해내려는 의도를 암시하는 것이기도 했다.

이와 반대로 당시의 타이완 총독인 덴 겐지로는 '내지연장주의'라는 동화정책을 추진하면서 '타이완 민중들을 세계적으로 손색이 없는 대일본민족으로 만드는 데 진력하고자' 했다. 『타이완청년』 창간호의 첫 페이지에 바로 덴 겐지로 총독의 「금성옥진金聲玉振」이 수록되어 있는데 그 주요 내용은 거의 '동화' 문제에 대한 논의에 집중되어 있었다. 그중 가장 눈에 띄는 것은 메이지대학 교수인 이즈미 데

30 「청년 동포들에게 보내는 편지 青年同胞に与ふる檄」, 『台灣青年』 創刊號, 東京 : 台灣青年雜誌社, 1920.7, 62면.

츠泉哲, 도쿄제국대학 교수인 요시노 사쿠조吉野作造, 메이지대학 총장 고시타 도모미츠로木下友三郎 등 세 명의 진보적인 일본 지식인들의 '동화'에 대한 해석과 타이완인들에 대한 격려이다.(〈표 2〉 참조)

〈표 2〉 일본 진보주의 학자들의 '동화주의' 관점 대조표

학자	통치자의 '동화주의' 시행에 관한 논점	타이완인들에 대한 기대
이즈미 데츠	1. 경제정책은 식민지 본위로 착수해야 한다. 2. '타이완 노동자 양성소', '납세 기구 제작소'와 같은 문화교육정책이 있어야 한다.	1. 총독부의 타이완이 아닌 타이완인 스스로의 타이완을 실현해야 한다. 2. 타이완인들은 자치적인 타이완이 되는 것을 목표로 삼아야 하며 총독부의 시책을 기다리는 것이 아니라 스스로 방법을 찾아야 한다.
요시노 사쿠조	1. 문화운동의 성공을 위해서는 반드시 역사와 민족성이 기반이 되어야 한다. 2. 타이완이 일본의 영토에 속하고 타이완인이 곧 일본인이라고 하여 일본의 문화를 무조건 타이완에 이식하면 안 된다.	1. 문화적인 독립을 한다면 내지인들과 진정한 협조를 할 수 있을 뿐 아니라 전 세계인들과도 협조할 수 있다. 타이완인이 법률적으로 일본인이 되려면 우선 독립적인 문화민족이 되어야 한다.
고시타 도모미츠로	1. 동화주의라는 의미는 좋다. 하지만 타이완인들로 하여금 법률적 · 정치적으로 내지인들과 같은 대우를 받도록 해야 하며 '일본화'의 명분으로 그들의 고유한 언어 · 습관 및 신앙을 없애서는 안 된다. 2. 타이완인들의 교육을 보급하고 종족 차별을 해서는 안 된다.	1. 타이완의 지식인 계층은 자신들의 실력을 배양하여 내지인들과 타이완인 간의 차별을 감소시켜야 한다. 2. 침착하게 계획을 세워 정치상의 불평등한 대우를 해결하도록 해야 한다.

출처 : 蔡培火 編, 『台灣青年』 創刊號, 東京 : 台灣青年社, 1920, 4~18면.

이들 일본 진보주의 학자들의 '동화'에 대한 관점은, 당시 타이완 문화계몽론자의 '타이완은 타이완인들의 타이완'이라는 논조를 긍정하고, 총독부에서 시행하는 '동화주의'정책의 부당함에 대해서 비판하고는 있다. 하지만, 기본적으로는 여전히 '타이완은 일본영토(내지의 연장)의 일부분'이라는 입장을 고수하며 타이완인들이 문화와 '지방자치' 등에서 일본 국가 기제를 동요시키지 않는 정도에서 '침착하게 계획세우기'를 희망하고 있다. 그들의 목적은 롄원칭이 날카롭게 지적했듯 '식민지 타이완과 조선을 확보하고 타이완인들을 이용해

중국과 일본의 친선을 꾀하려는 것'이었다.[31]

이와 비교해서 당시 타이완 문화계몽주의자들의 생각은 어떠했을까? 『타이완청년』의 편집자이자 발행인이었던 차이페이훠의 「나의 동화관吾人之同化觀」을 예로 들어보겠다. 그는 이 글에서 당시 타이완 지식인들의 '동화주의'에 대한 관점을 분석하고 있다. 이 글은 모두 일곱 개의 문단으로 이루어져 있으며 앞의 네 문단은 '자연적 동화'에 대해 그것이 세계인류가 이상을 이루도록 도와준다고 말하고 있으며 뒤의 세 문단에서는 덴 겐지로 총독이 제창하는 '동화주의' 정책에 의문을 제기하며 '인위적인 동화'라는 의견을 더하고 있다. 그의 논조는 다음과 같다.

1. 인위적인 동화에는 난제들이 있는데 그 원인은 상호 간의 '의식', '개성', '이성'이 서로 다른 데 있다. 그러므로 '절대적인 무력만을 믿고 지나치게 억압하고 희롱하며 이러한 계획을 강행'해서는 안 된다.
2. 인위적인 동화는 다음과 같은 조건이 붙어야 가능하다. ① 새로운 영토는 협소하고 구 모국과는 거리가 멀어야 한다. ② 개성이 존중되고 선의의 문화적 행동이 보장되어야 한다. ③몸은 다르나 마음은 같다는 정신과 태도를 가져야 한다. ④ 동화정책을 '정책'으로 삼지 않아야 한다.
3. 타이완 통치에서의 동화정책은 '완전히 무책임하다.' ① 타이완 민중들에 대한 교육방침은 동화를 촉진시키지 않는 것이다. (예를 들어 하급 실업교육 및 내지인과 타이완인 학교의 분리 등) ② 인재등용 방면을 보면 20년간의 통치 역사 속에서 순찰교관으로 임명된 자들은 겨우 몇 명뿐으로

---

31 連溫卿, 「台灣文化的特質」, 『台北文物』 3卷 2期, 1954, 125면.

내지인들과 차이가 많다. ③ 아편정책의 점차적인 금지, 중혼제의 불허, 일본식 한자의 강압적 학습, 일본식 복장의 장려, 거리 명칭의 일본화 등의 내용들은 동화의 진전에 지장을 주고 있다.

차이페이훠의 일본 '동화정책'에 대한 관점과 일본의 진보적 학자들의 관점을 비교해 보면, 양자 모두 '동화정책'을 반대하지 않고 완전한 '일본화'만 반대하는 것을 알 수 있다. 이것으로 볼 때 타이완통치 20년 후 일본 당국은 사실상 타이완에 대한 '문화적 패권'을 완전히 장악하고 조절할 수 있었으며 또한 알튀세가 말한 이데올로기의 재현 representation 작용을 달성해 내었다고 말할 수 있다. 즉 일본 통치 당국이 '동화주의'라는 기호를 성공적으로 운용함으로써 타이완 지식인들이 이데올로기적 국가기제에 대해 재현하는 형식을 확정지었다.

한 단계 더 나아가 분석하자면 차이페이훠의 이러한 관점은 『타이완신민보』 계열의 담론 중에도 대표적인 것이다. 당시 총독부 정보과는 차이페이훠, 린셴탕 등이 대표로 있는 계몽운동단체('타이완신민회'부터 초기 문화협회 및 『타이완신민보』파까지)의 위상에 대해 이들을 좌파사회주의와 비교해 상대적으로 온화한 '민족자결주의'파로 정의하였다.[32] 문화계몽론자들은 기본적으로 문화계몽으로 민족자결을 추구할 것을 주장했으나 총독부의 '동화주의' 억압하에서 일본의 통치로부터 벗어난다는 것은 쉬운 일이 아니었다. 때문에 그들은 식민지 타이완의 '지방자치'라는 목적을 달성하기 위해 보다 완화되고 점진적이며 '합법'적인 운동을 채택해 당국의 '동화'론(일본인과 타이완인의

32 『台灣總督府警察沿革誌, 第二篇－領台以後の治安狀況, 中卷, 台灣社會運動史』, 台北 : 台灣統督府警務局, 1939, 181～182・456～458면.

혼연일체)에 대응하였다.

1932년 1월 1일에 출간된 주간 『타이완신민보』에 발표된 「신타이완의 건설新台灣的建設」이라는 제목의 사설은 문화계몽론자들이 '민족자결'(내재적 의미)이라는 이데올로기 '재현'을 완성하고자 '일본과 타이완의 동화'(외연적 의미)를 인정하였음을 보여준다.

> 타이완이 완전한 자치와 자유를 누리는 생활을 실행하려면 민족차별이 없는 조건하에서만 바람직한 효과를 거둘 수 있을 것이다. 일본인과 타이완인을 차별대우하는 사회에서는 민족적 감정의 작용으로 인해 상호 간에 반목하고 견제하여 결국 빛나는 자유정신을 발휘할 수 없을 것이라는 것은 불 보듯 뻔한 일이다. 그러므로 새로운 타이완을 건설하는 일은 일본인과 타이완인이 혼연일치 하는 것에 달려 있으며 오로지 차별을 없애는 것을 그 기초요소로 삼아야 한다.

이러한 '의미작용의 정치'는 당시의 문화계몽론자들이 동화를 '동상이몽'으로 해석하고 있음을 보여준다.[33]

비판적 정치경제학의 측면에서 볼 때 이는 일본제국의 자본주의 성숙과 연관된다. 스밍은 당시 "타이완의 지주, 자본가 대부분이 일본기업 및 일본 자본주의와 경제 이익상의 상호관계를 시작하고 있

33 『台灣近代民族運動史』에서 '타이완동화회'에 관하여 언급한 부분에서 '동화-동상이몽'이라고 표현했다. 또한 당시에 동화회에 가입한 타이완 지식인들은 '동화'를 일종의 변명에 불과하다고 생각했다. 그들에게 동화는 "문제를 해결해 주고 물에 빠진 사람을 구하는 것 같은 일종의 민족 구명운동이다", "그들은 동화라는 두 글자에 대해 내심 저항을 하지 않은 것이 아니다. 당시의 그들로서는 이타가키板垣 백작과 같은 동화정책과 총독부의 고압적인 정책 사이에서 선택을 할 수밖에 없었던 것이다. 보다 직접적으로 말하면 배고플 때 먹을 것의 맛을 가리지 않듯이, 명분상으로도 어쩔 수 없이 억울하게 끌려갈 수밖에 없었다." 차이페이훠 외, 『台灣民族運動史』, 台北 : 自立晚報, 1971, 21~22면.

었으며", 이로 인해 "타이완해방운동에 있어 타이완의 지주, 자본가 등 신자본가 계급 및 일부의 쁘띠 부르주아 계급이 민족해방전선으로부터 후퇴하거나 심지어 이탈하도록 재촉하는 결과를 야기하였다"[34]고 말했다. 다른 시각에서 보면 일본 제국의 자본주의화로부터 수혜를 받는 이들 '신계급'이 일본 통치하의 계급에 있으면서 '의식의 착오falseconsciousness'를 양산해 냈기 때문에 '주체의 경험이 왜곡되어 현실(객체)에 대한 인지적 착오를 만들어 내는' 결과가 나타난 것이다.[35] '의식의 착오' 또한 당시 타이완 본토의 문화담론 중 하나를 나타내는 것이었다.

『타이완민보』의 창간사에는 다음과 같이 쓰여 있다. "본 신문을 새로 발간하면서 쉬운 한문을 사용하고 대중적인 지식을 가득 실었다. 우리 타이완의 문화를 계발하고 동포의 정기를 떨쳐 일어나게 하여 타이완의 행복을 매개로 동양의 평화를 추구하는 것만을 주지로 하였다." 언어 역시 이데올로기의 투쟁장이다. 『타이완민보』 창간사의 이러한 논조는 여전히 '동양의 평화'라는 기호가 나타내는 이데올로기에 의거할 뿐 '타이완'에 속하는 문화의 창조에 의거하지는 않고 있다. 다시 말해 '우리 타이완의 문화'의 계발은 타이완문화 및 타이완주체의 구축을 위한 것이 아닌 '동양의 평화'에 의거하기 위한 것이었다.

다시 이 신문의 발행자이자 인쇄인인 황청충黃呈聰이 선별한 「반

34 이러한 시각은 당시 좌파지식인들의 '개량주의적 계몽운동'자에 대한 평가이기도 하다. 쑤신蘇新은 1949년 홍콩에 망명하던 시기에 이러한 '일본인과 타이완인이 정신적, 사회적으로 동화해야 한다고 주장하는' 운동은 '사실상 타이완인들의 영혼을 팔아넘기는 것과 같다'라며 분노했다. 蘇新, 『憤怒的台灣』, 台北 : 時報, 1993 참조.

35 Bennett, T, 'Theories of the Media, Theories of Society', in Gurevitch, M., *Culture, Society and Media,* New York : Routledge, 1990, p.50.

드시 타이완 특유의 문화를 만들어야 한다應該著重創設台灣特種的文化」라는 글을 예로 들어보겠다.

타이완어의 느낌이 강한 이글에서 황청충은 '타이완 특유문화의 기원', '타이완 점령 이후의 문화', '일본과 타이완의 문화를 조화시켜야 한다' 및 '특유의 문화를 구축하기 위해 노력해야 한다'라는 4단락의 문장에 의거하여 자신의 주장을 드러내었다. 황청충은 차이페이훠(1920)의 동화주의에 대한 관점에 이어 우선 일본당국의 '일본의 물질문화를 타이완에 이식'하는 것에 찬성하는 입장을 밝히면서 일본당국이 실시하는 '민중의 실질생활에 적합하지 않은' 강제적인 동화정책에 대해 조건부 반대를 하고 있다. 그 다음 타이완문화는 '지극히 보수적인(중국의) 문화'와 '지극히 모방적인 (일본의) 문화'를 조화시켜야 한다고 주장하면서 동시에 "우리 타이완에는 고유한 문화가 있다. 외부에서 흘러들어오는 문화 중 좋은 것을 선별해 조합하면 타이완 특유의 문화가 만들어진다. 이러한 특유의 문화는 타이완의 자연환경에 적합하며 (…중략…) 중국에 편향되거나 일본에 편향되거나 혹은 서양에 편향되는 것이 아니다. 이중, 삼중으로 생활을 하는 것은 아무런 이익이 되지 않는다"라고 강조하였다.

이처럼 중국문화와 일본문화의 조화를 강력하게 주장하면서 '타이완 자연환경에 적합한' 특유의 문화를 건설하자는 주장은 이후 타이완문화 담론 및 타이완민족해방 운동에서 『타이완신민보』파 및 그 배후의 민족자결주의자들의 기조를 결정하였다.

이러한 주장들은 '타이완문화협회'의 '타이완은 타이완인들의 타이완'이라는 구호에 부합한 것임에도 불구하고 여전히 타이완 총독부로부터 많은 의심을 받았다. 이러한 문화계몽 운동의 궁극적 목적이 타이완인들로 하여금 '우리는 중국민족이라는 민족자각과 타이완은 우리 타이완인들 스스로 통치해야 한다는 의식을 불러일으키려는' 음모에 있다고 여겼기 때문이다. 또한 문화계몽론자들이 민심의 동향에 영향을 미쳐 농민운동의 왜곡된 발전과 학생 소요사건의 잦은 발발 등의 문제를 일으킨다고 본 것도 또 하나의 이유이다.[36]

그러나 이후의 문화계몽론자와 그들이 만든 주요 운동단체인 '타이완문화협회'가 결국 분열된(1927) 것으로 볼 때[37] 객체(일본제국주의, 자본주의)의 제한을 받는 본토의 문화담론은 아직 진정한 주체('타이완은 타이완인들의 타이완'이라는 식의 이데올로기)를 건립하지 못했음을 알 수 있다. 오히려 이러한 문화담론에 대한 망설임이 '동화 / (조건부) 반동화'라는 의식의 착오 속에 존재했기 때문에 조국(중국)문화와 내지(일본)문화, 양자 간의 경계를 맴돌다가 결국 타이완만이 가지고 있는 '특유의' 문화는 그 모습이 모호하게 되었다.

36 『台灣總督府警察沿革誌, 第二篇－領台以後の治安狀況(中卷), 台灣社會運動史』, 168~176면.

37 '문화협회'의 분열은 우파의 자산계급(林獻堂, 蔡培火, 蔣渭水)과 좌파의 무산계급(連溫卿, 王敏川)의 문화운동 이데올로기 상의 결별로 인한 것이었다. 우파의 경우 체제 내에서 일본 통치 당국과 충돌하지 않는 합법적인 문화계몽노선을 유지해 온 반면 좌파의 경우 격렬한 수단을 이용해 일본 통치 당국과 계급투쟁을 할 것을 주장하였으며 최후에는 양 파 간의 분열로 이어졌다. 이로써 문화계몽운동은 결말에 이른다. 상세한 과정은 林柏維, 『台灣文化協會滄桑』을 참고.

6. 나가며 – 계몽담론의 좌절과 실패

『타이완신민보』 계열이 도쿄에서 월간지인 『타이완청년』으로 처음 창간되었을 때(1920)부터 일간지 발행 자격을 얻어 『타이완신민보』로 발간(1932)되었던 기간은 타이완을 통치하던 일본 당국이 '동화정책'을 실시하던 시기였다. 일본제국은 이미 세계 5대 강대국의 반열에 들어섰으며 타이완에서의 통치기반은 안정적이었고 제국자본주의화 역시 성숙한 단계에 이르러 있었다.

그러나 한편으로 1차 세계대전 이후 민족자결주의 풍조가 무성해지고 민주주의가 성행하는 동시에 사회주의 사조 역시 용솟음치기 시작했다. 이에 자극을 받은 타이완인들은 그들을 본받아 자주권을 쟁취하고자 하는 강렬한 바람으로 분분히 일어서기 시작했다. 이러한 일련의 사건들은 타이완을 통치하던 일본 당국으로 하여금 통치정책을 바꾸게 하였고, 군대 및 경찰과 같은 메커니즘으로 타이완을 억압하던 정책 대신 교육이나 방송 및 민간인들의 일상생활(언어, 풍속)을 통한 이데올로기적 메커니즘을 활용하는 쪽으로 나아가게 했다. 그리고 '동화주의'라는 '문화패권'(이데올로기의 억압을 거치지 않고 문화적 지도권을 통해 달성된 일련의 억압)을 통해 피억압 계급, 피통치 계급이 동일화를 받아들이기를 기도했다.

우리는 일본 통치시기 타이완의 정치, 경제적 배경에 대한 정리와 열거를 통해 타이완인들의 첫 번째 신문인 『타이완신민보』 계열이 '동화주의'라는 문화적 패권에 당면하여 취한 움직임을 살펴보았다. 그들은 비록 의식적으로는 '문화계몽'의 이데올로기 투쟁에서 '민족자결'이라는 정치적 의미에까지 이르렀던 것으로 보인다. 하지만 상황이 바뀌면서 이러한 미디어 자본의 부르주아적 계급구조와 문화담론의 재건을 맡은 지식인들의 의식 착오 등으로 인해 『타이완신민보』 계열의 이데올로기 투쟁은 결국 실패로 끝나고 말았다.

타이완 사학계는 그동안 일본 통치시기 민족자결주의자들이 주도한 '문화계몽운동'에 대해서 대체적으로 민족주의의 측면에서 긍정적 평가를 내려왔다. '신민회'부터 전기 '문화협회'(1919~1927) 단계까지 타이완민족운동이 '민족의식을 심도 있게 갖추고 있다'고 여기거나, '이민족의 통치에 대해 불만을 가진, 조국의식 영향하의 비무력적 항일운동'이라고 강조하기도 한다.[38]

하지만 비판적 정치경제학의 입장에서 문화계몽운동의 매개였던 『타이완신민보』 계열의 자본구조 및 지식인 계급의 관련 담론을 살펴보면 이 '정설'을 검증할 필요가 있다는 것을 알 수 있다. 『타이완신민보』 계열은 지식인들로부터 이론을 제공 받고 타이완의 본토 자본가들로부터 자금을 제공받는 구조를 지니고 있었다. 여기에 계급이익을 위해서는 통치자의 문화패권과의 타협심리가 더해질 수밖에 없었다. 이러한 구조는 태생적으로 민족자결주의 문화계몽운동이 실패할 것임을 결정해버렸다.

다음으로 이데올로기 투쟁을 중심으로 『타이완신민보』 계열의 '동화주의'에 대한 담론들을 검증해보면 다음과 같은 사실을 발견할 수 있다. 차이페이훠와 같이 온건한 타이완 문화계몽론자들은 기본적으로 '조건부' 동화주의에 반대하지 않았고 다만 억압적인 '일본화'

38 이와 유사한 논점은 이미 공론화 되어있다. 차이페이워, 양자오쟈, 왕스랑 등 당시 운동에 참여했던 사람들의 회고적 글에서도 이렇게 밝히고 있으며 학자들 또한 대부분 이것을 인용한다.

에만 반대했다는 것이다. 다시 말해서 문화계몽론자들은 통치자의 이데올로기적 소환에 응하여 일본의 이데올로기적 국가 메커니즘을 '재현'하고 있었던 것이다. 그리하여 애초에 '동화주의'의 지지 이면에 유지하고자 했던 '민족주의'는 잔류로만 남아 점차 모호해지는 감상적 차원의 조국 이미지가 되어버렸다.[39]

마지막으로 타이완 문화계몽론자들의 '고유한 문화' 담론을 분석함으로써 다음과 같은 사실을 알 수 있다. 일본의 자본주의 발전과정 중에 형성된 타이완사회의 '신계급'은[40] 이데올로기적 국가 메커니즘이 내세운 '동화주의'에 직면하여 '동화'라는 기호에 따라붙은 일본의 문화적 패권을 사실상 인정하였으며 '주체적 경험의 왜곡'으로 인해 현실을 잘못 이해했다. 다시 말해서 타이완 문화계몽론자들은 '동화/(조건부)반동화'라는 의식의 수렁에서 헤어 나오지 못하고 있었다. 이것이 주된 이유로 작용하여 그들은 조국(중국)문화와 내지(일본)문화의 주변을 표류하다가 결국 타이완 '고유'의 문화를 만들어낼 기회까지 상실하고 말았다.[41]

---

39 스밍(앞의 책, 688~690면)은 이러한 '의식의 착오'로 인해 전복된 '모호함'에 관하여 '민족파'가 이끈 운동이 "현실에 존재하는 타이완사회와 타이완인, 그리고 그들이 중국사회와 중국인들에 대해 상상하고 있는 관념들(환상)을 함께 뒤섞어 놓아 결과적으로 타이완 민족해방운동에서 해방시키고자 했던 민족관념을 전복시키고 모호하게 만들었다"고 여겼다. 동시에 "이러한 함정이 있었기 때문에 일본 제국주의의 잔혹한 탄압을 받고 '조국인 중국'이라는 관념 속으로 탈피하거나 혹은 이미 죽은 언어가 되어버린 '혈통관계'로 들어가 버려 끝까지 견지해 나갈 수 없었다"고 생각했다.

40 이러한 '신계급'은 타이완사회의 지도계층으로 吳文星은 "전체적으로 볼 때 이 시기 사회지도자 계층은 늘 자주성이 결여되어 있었다. 그들의 활동과 발전은 모두가 식민체제의 속박과 제한을 받았으며, 이것은 실로 근대 타이완사회의 발전에 있어 치명상이었다"고 말한다. 吳文星, 『日據時期台灣社會領導階層之硏究』, 377면.

41 이러한 모순에 관하여 당시 『台灣新民報』파의 작업에 참여하고 『台灣民族運動史』의 실제 원고 선별인이었던 예룽중은 회고문 「폭풍시기의 생활기록」에서 다음과 같이 이야기 하고 있다. "예전에 일본 도쿄대학에서 박사학위과정에 있던 한 청년이 나에게 와서 타이완민족운동에 관한 자료를 얻을 수 있는지 물었다. 그와 이야기를 하던 중 그가 나에게 물었다. '당

신들이 당시에 부르주아 민족운동을 했던 목적이 무엇입니까?' 그는 내가 어리둥절해 하는 모습을 보고 다시 설명을 했다. '당신들이 했던 운동의 목표는 무엇을 지향하는 것이었습니까? 예를 들어 타이완의 독립이나 혹은 조국으로의 회귀나 혹은 인도 초기와 같은 식민지 자치를 위한 것이었나요?' 이 문제들은 당시(일본 통치시기)에는 일본의 정치적 탄압이 무척 강해서 사실상 상상조차 불가했다. 일반 대중들도 일본의 통치에 대해 비록 증오하고 통탄했지만 타이완의 귀속문제에 대해서 명확한 목표가 없었다. 직접 투쟁을 하던 사람들도 눈앞의 상황에 눌려 더 이상 버틸 힘도, 숨 돌릴 틈도 없다는 느낌뿐이었다. 때문에 최종 결정은 뒤로 미룰 수밖에 없다"(葉榮鐘, 『半路出家集』, 台中 : 中央書局, 1965, 220~221면). 예룽중의 이 솔직한 회고는 그와 모든 민족자결운동가들의 방황과 망설임, 그리고 '조국으로의 복귀'와 '식민지 자치' 사이에서 갈팡질팡하며 '타이완의 귀속문제'를 차마 언급할 수 없었던 무력함을 드러내 준다. 이러한 의식의 늪 역시 당시 타이완 문화계몽론자들의 부득이한 상황을 반영하고 있다.

식민주의 신화의 해체*

라이허 문학의 반식민주의 사상

천젠중陳建忠

1. 들어가며–라이허 사상의 연구에 관하여

라이허(1894~1943) 문학의 사상적 특질을 탐구하는 주요목적은 라이허가 문학작품을 통해 전달하려는 사상을 이해하려는 데 있다. 정치가들이 정론을 통해, 철학가들이 이론을 통해 표현하려는 사상과 문학사상이 크게 다른 점은 작가가 문학적 형식을 통해 관련 문제에 대한 사고를 표현한다는 점 때문이다. 작가의 사상을 이해하려면 텍스트를 분석하여 새롭게 구축해야 한다. 엄밀하게 말해서 이러한 사상은 사상사의 범주에 속하지 않는다. 하지만 타이완의 지식인, 혹은 작가의 정신세계와 사상 역정을 이해하기 위해서는 작가가 어떠한 의미에서 엄숙한 사상가이자 정치가일 수도 있다는 사실을 직시해

* 이 글은 김종석이 번역하였다.

야만 한다.

라이허 문학 속의 반식민사상은 어쩌면 다른 정치인이나 문화인들이 제기한 반식민 담론과 공통점을 지닐지도 모른다. 그러나 담론이 이성에 호소하는 것인 반면 문학은 인성人性에 호소하는 것이다. 문학가가 작품을 빌어 노골적으로 사상을 표현할 수 있지만 그렇게 되면 기껏해야 문학의 이름으로 선전의 역할만을 하게 되는 결과가 나올 뿐이다. 라이허는 인성에 대한 사색하에 반식민에 관해 통찰하고 이에 상응하는 문학 형식을 찾으려 했다. 또한 인성을 사색했기 때문에 그는 식민자와 피식민자 모두 빛과 어둠의 영혼을 함께 지니고 있다는 사실을 발견할 수 있었다. 그는 종종 양극 사이에서 밝음 속의 어둠, 혹은 어둠 속의 밝음을 보았다. 이로 인해 그의 반식민사상은 다각도의 굴절을 갖게 되었으며 단지 어둠의 폭로와 빛의 칭송에 그치지 않게 되었다. 따라서 자세한 분석과 재배치의 필요성이 특별히 요구된다. 필자는 본고에서 문학 텍스트 분석을 통해 라이허 문학의 사상적 특질 중 '반식민'의 면모에 대해 이야기할 것이다. 이는 식민담론 해체를 위한 실천에 해당한다. 라이허 문학에 나타난 본토 주체의 구축과 계몽의 반성이라는 사상적 특질은 다음 과제로 남겨두려 한다.

본고는 우선 일본 식민주의 담론의 구조 및 그 실천을 분석하여 그것이 지닌 사회진화론의 사상적 배경을 지적하려 한다. 또한 위생 분류를 예로 들어 신의학新醫學의 도입이 문명으로 간주되고 타이완 전통의학이 주변화되는 과정을 살펴볼 것이다. 그럼으로써 전통이 식민주의에 의해 무시되고 동화되며 타자화 되는 과정이 식민 통치방안임을 설명하려 한다.

다음으로 라이허 문학에 나타나는 종족주의 비판, 법률과 경찰 폭력 비판, 식민교육 비판 등의 3대 비판과 '문명개화'라는 식민 신화에 대한 해체 작업을 분석하려 한다. 라이허 문학이 반식민사상에서 의의를 지니기에 이상의 3대 비판은 그의 반식민사상의 핵심이다.

2. 강제된 근대성 – 일본 식민주의 담론 및 그 실천

당대 '탈식민 담론' 에서 많은 시사점을 주는 논의 가운데 '식민주의 담론colonialist discourse' 이론은 앞으로의 논의에 상당한 참고가 된다. 기존의 식민주의 연구는 종종 식민주의의 정치, 경제상의 점유나 통제에 중점을 두었다. 그러나 이러한 표면적으로 보이는 외재적인 세계에 대한 통제가 결코 식민지 확장 과정의 전부가 아니다. 그보다 의식이나 정신에 속하는 식민 통제가 식민자가 더욱 주력하는 방법이다. 왜냐하면 피식민자가 '개조'된 후 식민자의 관리와 수탈을 더욱 쉽게 만들기 때문이다. 탈식민 비평가 사이드E. Said의 견해에 따르면 이는 일종의 '오리엔탈리즘'으로 근대 서양 제국이 동양 타자에 관한 일련의 지식과 담론을 형성하고 이로써 '문명적인' 서양의 '야만스러운' 동양 식민지를 '발전'시키는 식민주의를 합리화하는 것이다.[1]

또한 영국의 보헤머Elleke Boehmer의 『식민과 탈식민문학』은 식민주

1 E. Said, 『東方主義』, 台北 : 立緒, 1999, 34~37면.

의가 '식민주의 담론'을 구축하는 전반적인 이론적 배경을 분석하였다. 그는 '식민주의 담론'에 대해 다음과 같이 말한다.

> 제국의 통제는 실제의 외재적 세계에 대한 통제뿐만 아니라 상징적인 영역에서의 통제 또한 필요로 한다. 말하자면 식민 권위는 표징의 중개를 통해 그 통제를 실현해야 하기 때문에 식민 문학 작품도 권력의 기능을 발휘해낼 수 있다. (…중략…) 식민주의가 이른바 문명의 요구에 따라 타자에 대해 진행하는 실천은 현지인에 대한 수탈의 합리성을 증명하기 위한 것이다.[2]

타이완의 식민화 과정에서 일본은 자본과 원자재의 지속적인 착취를 위해 강제적 약탈 대신 자본주의화와 근대화의 개조 공정을 제한적으로 진행했다. 예컨대 현대적 제당공업과 신식교육, 위생개선 등은 흔히 보이는 '근대성modernity'의 산물이고[3] 이러한 근대적 산물의 도입이나 전체 개조 과정을 '근대화'라 부른다. 명확한 점은 이것이 일본의 경제적 필요에 따라 국가 기구가 개입해서 달성한 일종의 '강제적 근대화forced modernization'라는 점이다. 일본 자본주의 체제의 완비를 위해 근대화의 길을 걷게 된 타이완은 곧 타이완 사람들에게 강제적 변화라는 재난을 불러올 수밖에 없었다.

20년대에 라이허, 양윈핑楊雲萍 그리고 이들보다 약간 뒤에 등장한 천쉬구陳虛谷의 소설에서 서사의 초점은 주로 일본 경찰과 타이완 민

---

2 Elleke Boehmer, 『殖民與後殖民文學』, 盛寧・韓敏中 譯, 遼寧 : 遼寧教育出版社, 1998, 58면.

3 영국의 사회 이론가 기든스Anthony Giddens의 견해에 따르면, '근대화'의 결과는 이른바 '근대성'의 확립이다. '근대성'은 자본주의 공업화와 이성화를 특징으로 할 뿐만 아니라 근대 '민족-국가'가 인류 생활에 발생시키려는 일종의 개조를 포함하며 배후에는 복잡한 권력 운용 시스템이 있다. 본고의 '근대성'이라는 단어의 용법은 기본적으로 여기서 나온 것이다.

중 간의 직접적인 충돌이나 지주와 소작인간의 분쟁에 맞춰져 있었으며 소설의 배경은 여전히 타이완의 전통 농촌과 시골 위주였다. 30년대에 이르자 제당공장의 굴뚝과 신흥 소도시가 타이완 소설에 나타나기 시작한다. 이러한 자본주의 제도의 초보적 구축이 야기한 문제는 양쿠이楊逵의 프로소설 「신문배달부」에 나타난다. 또한 양서우위楊守愚의 「실업자들一群失業的人」에 등장하는 실업 노동자들도 마찬가지 사례이다. 그리고 주뎬런朱點人의 「가을편지秋信」에는 일본의 근대화 개조에 따라 타이완의 전통적, 지리적 문화가 파괴되었음을 상징하는 총독부 박람회(1935)가 등장한다.

그러나 앞에서 언급했던 '식민주의 담론'과 마찬가지로 타이완 반식민문학은 일종의 '반식민주의 담론'이며 이데올로기적 투쟁이다. 라이허 작품의 반식민사상 체계에 대한 논의를 진행하기에 앞서 라이허가 직면했던 식민주의 담론 및 그 실천에 대한 이해가 선행될 필요가 있다. 본 절에서는 우선 일본 식민주의 담론이 지식과 이론을 타이완에 부가한 방법, 일본의 '타이완주의'('오리엔탈리즘'과 상대적으로 말한 개념)가 형성된 과정, 그리고 그 담론의 진일보한 실천에 대해 논하고자 한다. 식민주의 담론이 식민지의 모든 사물에까지 광범위하게 영향을 미쳤기 때문에 사실상 여기서 체계적인 담론 분석을 할 수는 없다. 따라서 종족과 위생, 신앙 등에 대한 식민주의 담론에 초점을 두어 연구를 진행하고자 한다.

다케고시 요사부로竹越與三郎가 『타이완 통치지台灣統治志』의 서문에서 말한 것처럼 일본의 타이완에 대한 식민화는 사실상 서구 식민제국의 식민주의 합리화 논리인 이른바 '백인의 짐'의 문명개화 논리를 복제한 것이다. 이는 또한 키플링Rudyard Kipling이 「백인의 짐The White

Man's Burden」(1899)이라는 시에서 말한 "한 제국주의자의 책임은 헌신적이지만 어떠한 보상도 바라지 않는 계몽된 노동자를 획득"하는 것이다.[4] 일본 제국주의자들 역시 자신들이 '황인종의 짐'을 완성했다고 자인한다. 다케고시 요사부로의 다음 말을 살펴보자.

> 예로부터 백인종은 개화되지 않은 나라의 땅을 개척하고 문명의 은덕을 널리 퍼뜨리는 것을 자신의 소임으로 간주하였다. 오늘날 일본 국민들은 단절된 동쪽의 바다에서 일어나 백인종의 대임을 분담하고자 한다. 우리 국민들이 황인종의 짐을 과연 완성할 수 있을 것인가? 타이완 통치의 성패는 사실상 이 문제를 해결하는 시금석이 될 것이다.[5]

문명개화의 계몽가를 자임하는 자아 형상은 의심의 여지없이 일본이 서구의 강권적 침입에서 빠져나오면서 모방한 것이다. 우수한 종족이 세계 지도자가 될 것이라는 '사회진화론Social Darwinism'의 세계관을 토대로 일본은 타이완을 이러한 대임의 시금석으로 간주했다. 일본의 근대계몽 사상가 후쿠자와 유키치福澤諭吉는 개화되지 않은 사람들은 문명적인 사물들에 대해 저항과 거부 심리를 지니고 있기 때문에 개화되지 않은 새로운 영토인 타이완섬의 지나인들과 마주하려면 작은 잘못들은 용인해야 한다고 말했다.

> 따라서 일본의 원래 목적은 사리에 어두운 지나인들을 일깨워 이들을 문명

4 Boehmer, 앞의 책, 47면에서 재인용.

5 「竹越與三郎序文」, 『台灣統治志』, 東京 : 博文館, 1905; 周婉窈, 『日據時代的台灣議會設置請願運動』, 18면, 주석5에서 재인용.

으로 이끄는데 있다. 그렇지만 수천 년 동안 유교의 나쁜 영향을 받아왔던 사람들을 일시적인 편달로써 개화의 길로 나아가게 하고자 한다면 단지 그들의 놀라움만 불러일으켜서는 실제적인 효과를 거둘 수 없을 것이다.[6]

타이완 사람들이 문명화되지 못했다고 생각했기에 후쿠자와 유키치는 그 자신이 내린 문명의 정의, 즉 인류는 마땅히 "자연을 극복하여 자연으로부터 오는 폐해를 방지하고, 자연을 이용하며 이익을 도모해야한다. 무릇 이것이 문명개화의 사업에 속하는 것이다"[7]라는 생각을 실천하였다. 서구 계몽시대 이래 과학과 이성주의가 자연을 이긴다는 이러한 사고 아래 후쿠자와 유키치는 식민지 확장을 합리화하는 구실을 찾아냈다. 그는 '자연을 해치고 멸절시키는' 타이완 사람들이 천연자원으로 충만한 타이완을 보유하는 것이 어울리지 않는다고 생각했다. 그는 "오늘날 우리나라의 판도에 포함되었으니 종전처럼 야만적인 사람들 수중에 맡길 수 없으며 자국에서 대대적으로 이민하여 천연 자원을 개발해야 한다. 이래야만 문명의 본의에 부합되는 것이다"[8]라고 말했다.

서구 제국주의를 복제한 이러한 후쿠자와 유키치의 식민논리는 사실 메이지시대 이후 서구 열강의 침략에 직면한 뒤에 생긴 사상적 동화이다. 그는 1885년 3월 『시사신보時事新報』에 발표한 유명한 문장 「탈아론」에서 일본문화가 선진적인 서양문명과 나란히 하고 열

6 「新領地の處分」, 『時事新報』社論, 1895.4.20; 陳逸雄 編譯, 「福澤諭吉的台灣論說(一)」, 『台灣風物』 41-1, 89면에서 재인용.

7 「氣候の殖産」, 『時事新報』社論, 1895.8.11; 陳逸雄 編譯, 「福澤諭吉的台灣論說(二)」, 앞의 책 41-2, 72면에서 재인용.

8 「台灣永遠の方針」, 『時事新報』社論, 1895.8.1; 陳逸雄 編譯, 「福澤諭吉的台灣論說(一)」, 앞의 책 41-1, 95면에서 재인용.

강을 본받아 지나, 조선 등 '악우惡友'에 대한 '처분'을 내려야 한다고 직언했다.

> 따라서 오늘날의 계획을 위해 우리나라는 이웃나라들의 개명을 기다려 공동으로 아시아를 흥성시키기를 더 이상 기다리며 머뭇거릴 수 없다. 그 대열에서 벗어나 서양 문명국과 함께 진퇴하는 것이 낫다. 지나와 조선을 대하는 방법에서 이웃나라라는 이유로 특별히 예의를 갖출 필요는 없다. 서양인들이 지나와 조선을 대하는 방식을 본받아 처리하기만 하면 된다. 나쁜 친구와 사귀는 자는 같이 그 악명에 물들기 마련이니 우리는 마음으로부터 동아시아의 나쁜 친구들을 사절해야 한다.[9]

후쿠자와 유키치와 다케고시 요사부로의 식민지에 대한 견해에서 우리는 역사상 최후의 제국이었던 일본이 그 첫 번째 식민지였던 타이완에 대해 투사했던 '식민지적 응시colonial gaze'를 발견할 수 있다. 문명과 진화의 시각 아래 응시된 타이완 사람들은 낙후된 야만인으로 간주되었다. 국민들에겐 일본의 계몽이, 토지에는 일본의 개발이 필요했던 것이다.

그런데 식민 통치계급이 건립한 야만스럽고 낙후된 형상이란 식민주의 담론이 생활영역에 침투할 때 그것이 어떻게 작동되어 피식민자들의 내면에 흡수될 수 있었을까? 식민주의 담론이 무력을 통한 점거 외에 어떻게 피식민자들을 정신적으로 소외시키고 다른 곳에서 온 고등문화와 그 의의를 믿게 할 것인가? 라이허가 비판한 문제,

---

9 徐國章, 「日本侵台的思想緣起與占領台灣」, 『台灣文獻』 48권 3호, 1997.9, 86면에서 재인용.

즉 일본의 '위생(불결함에 대해)'과 '이성(미신에 대해)' 관념에 관한 선전과 이론을 통해 이러한 작동과정을 볼 수 있다.

1898년 타이완에서 페스트가 크게 유행하자 일본은 『타이완일일신보』를 통해 방역의 중요성을 선전하는 동시에 일본의 서양의학이 진보했다는 인식을 구축하고, 이로써 타이완 위생관념의 낙후함과 민간의료의 미신적 행위를 강조하였다. 이렇게 하여 타이완 사람들이 일본의 서양의학 지식에 의해 구제되는 이미지가 형성되었다. 예컨대 1898년 5월 31일의 『타이완일일신보』 제22호에 게재된 「위생요지衛生要旨」에 관한 뉴스를 살펴보자.

> 타이완섬 지역엔 역병을 앓는 이들이 줄곧 존재하였지만 소독법이 있는지 몰랐으며 신을 맞아들여 몰아내고 제단을 세워 안정시켜 역병이 소멸되기만을 바랐다. 제국이 타이완을 다스린 후에 사람이 도로를 청결하게 하고 불결함을 퇴치하며 약을 퍼뜨리고 회분을 칠함으로써 스스로 독기를 소멸시킬 수 있었다. 처음에는 이치를 이해하지 못했던 이곳 사람들 대부분이 믿지 않았는데 사실은 습속 때문에 익숙해지지 않았을 따름이다.

이 뉴스에서 보이는 타이완 민간위생의료에 대한 '문화재현cultural representation'은 다음과 같이 드러난다. 일제가 아직 타이완을 다스리기 전 타이완 사람들은 단지 신께 기도드리고 제단을 세움으로써 역병을 몰아낼 따름이라 그 효과가 두드러지지 않았다. 제국이 들어온 후에야 서양의학의 소독법으로 독기를 수월하게 제거할 수 있었다. 이 중에는 일본의 서양 의학을 문명의 진화로 보고 타이완 민속 치료법을 낙후된 미신이라고 분류하는 가치체계가 분명히 존재하고 있다.

그리고 다음날인 6월 1일 제23호 신문의 「방역을 간절히 권고하다 懇諭防疫」라는 글은 '오늘날 일본의 의술은 천하에서 실로 비할 바가 없'다고 하여 서양 각국과 비교해 일본의 공공의료 제도가 손색이 없음을 강조했다. 특히 바이러스를 예방하는 방법은 옛 조정에서 볼 수 없던 것임을 거듭 지적하여 일본 정부의 우수성과 서양의학의 전문성을 다시 한 번 제기하고 이를 민간의 무지함과 대비시켰다.

> 이러한 병을 모두 천재天災와 신불神佛의 징벌이라 칭한 것은 사실상 무지한 언사에 속한다. 오늘날 의술이 신통력이 있어 병독의 내력을 모두 알게 되었다. 이 페스트 바이러스는 박테리아라 부르는 살아있는 작은 독충이다. 이 바이러스는 오수와 하수도의 깨끗하지 못한 곳에서 생긴다. 마치 모기, 파리, 구더기가 더러운 곳에서 그 수가 더 많이 생기는 것과 같으며 작은 주사바늘 안에도 부지기수로 많은데 육안으로는 볼 수 없어……

이러한 관방의 문장에서 우리는 일본 식민정부가 줄곧 '미신'과 '비위생' 등의 개념으로 타이완 사람들의 위생관념을 헐뜯고 식민정부의 우월성을 선전했음을 발견할 수 있다. 갖가지 식민담론들은 바로 타이완 본토의 전통 관념과 사물을 억압하는데 그 목적이 있었다. 외부에서 온 새로운 통치자들이 더욱 우월한 능력을 지니고 있어 타이완 사람들의 생활을 발전시킴을 강조한 것이다. 이러한 억압의 논리는 훗날 중국의학, 민속요법을 '비체제화'시키고 타이완에서 서양의학의 정통적 지위를 확립시켜[10] 서양의학의 독점화를 초래하였다.

10 1901년 총독부는 「타이완의사면허규칙」을 발표했는데, 같은 해 연말까지 의료업무에 종사하는 타이완 사람들은 인정 발급 허가를 받아야 했다. 그 후 의사 허가증을 재발급하지 않았

식민자들이 독점하는 사물이 많아지면 많아질수록 식민지배 역시 갈수록 철저해졌다. 「방역을 간절히 권고하다」라는 글은 "정부의 명령을 받들어 따르면 반드시 이익이 있다"는 점을 강조했다. 이는 타이완 사람들이 식민정부의 위생대책을 준수하고 식민정부의 통치의 합법성을 인정해야 함을 의미하는 것이다. 위생방역과 식민통치는 사실 함께 진행되는 것이기에 이 글은 영국 정부가 봄베이에서 행한 방역 조치와 같은 예를 들어 지금의 위생대책이 발전된 지역의 통례임을 강조했다. 인도 식민지와 영국 국가의료의 관계를 연구한 마크 해리슨Mark Harrison은 서양 식민자들이 국가의학을 식민지에 보급할 때 일종의 '대립담론'을 함께 이식하여 식민주의의 우월성을 한결음 더 내세운다고 지적했다.

> 서양 식민자들이 국가의학을 식민지에 응용할 때 '식민자-전문가-진보국가'와 대비되는 '피식민자-비전문가-낙후사회'라는 대립담론을 흔히 활용한다. 식민지 의료위생사업은 식민자가 풍토를 개량하는 도구가 될 뿐만 아니라 또한 피식민자의 전통과 자신감을 좌절시키는 중요한 수단이 되기도 한다. 식민자는 새로운 병인이론etiology과 새로운 '위생' 기준으로 식민자와 피식민자가 문명(진보) 대 비문명(비진보)로 대비됨을 증명하려 한다. 또한 이를 빌어 식민주의의 '우월과 구제superiority and salvation'적 성격을 강조하려 하였다.[11]

는데 노의사들이 사라진 후에 전통 의료 인원은 소수나 불법적인 존재가 되었으니 이는 식민의학이 전통의학을 배척한 구체적 사례인 것이다. 양자의 성쇠는 경쟁관계로 인한 것이 아니라 국가권력이 개입한 결과물인 것이다. 范燕秋,「新醫學在台灣的實踐(1898~1906)－從後藤新平『國家衛生原理』談起」,『新史學』9卷 3期, 1998.9, 70~71면.

11 원 출처는 Mark Harrison, *Public in British India,* Cambridge-Cambridge UP, 1944, 227~234면. 이 인용문은 劉士永,「一九三〇年代以前日治時期台灣醫學的特質」,『台灣史研究』4.1, 1999.4, 115~116면의 초록이다.

이러한 의학상의 '대립담론' 역시 일본 식민주의 담론의 의도를 나타낸다. 따라서 근대의학이 발달한 이후 일본이 신의학의 우월성과 식민자의 문명을 결합한 것을 어렵지 않게 알 수 있다. 여기서 의학담론에 내재된 식민주의가 발견된다. "의학 발전은 국가의 성쇠와 관련이 있으며 일본이 메이지유신 이후 문명의 문호를 개방할 수 있었던 데는 의학자의 공로가 가장 크다. 청나라는 서양의학의 장점을 학습할 수 없었기에 간신히 목숨을 부지할 정도로 낙오되었다."[12]

이렇게 종족 우열과 문명 고하의 관점에 입각한 식민주의 담론을 살펴볼 때 일본이 19세기 후쿠자와 유키치의 탈아입구론에서 출발하여 서구 제국주의 모방의 길로 나아갔음을 알 수 있다. 일본은 타이완이라는 새로운 영토에서 서양의 식민주의 지식과 담론들을 계승, 적용시켰다. 우승열패, 적자생존이란 사회진화론적 종족담론 등이 그것이다. 또한 열대의학, 식민의학, 아편, 타이완 미신 등의 사물에 대한 가치분류와 질서관리를 통해 타이완의 풍토와 민정民情에 대해 일본식 의미를 지닌 식민주의 담론을 발전시켰다. 이러한 일련의 담론들은 근대성과 식민성의 갈등 관계를 지니고 있었다. 따라서 타이완 사람은 식민화 이후 진보와 피식민 사이에서 자아를 재정립해야 했다.

식민주의 담론이 식민자가 지닌 사고패턴의 전개라면 식민주의실천은 담론에 근거하여 진행되는 식민지 수탈이다. 진보와 낙후, 문명과 야만, 통치와 피통치의 논리가 공고해지면 식민자의 각종 수탈에 합리적인 뒷받침이 생기는 것이다. 후발 제국주의인 일본이 타이완

12 메이지 35년 부록 「後藤新平民政長官演說筆記」, 『台灣總督府一覽表』. 範燕秋, 앞의 글, 1998.9, 66면에서 재인용.

에서 행한 식민주의적 실천은 경제상의 수탈인 동시에 그 제국 판도를 진일보 발전시키는 발판이었던 것이다.

일본은 타이완을 근대화된 자본주의 사회로 개조시킴으로써 그 물질적 수탈의 바탕을 마련했다. 그러나 식민자는 그 이익을 확보하기 위해 수탈과 동시에 식민주의 론의 복제와 재생산을 진행하였다. 그렇게 재생산되는 식민주의 '신화' 중에서 종족, 법률, 교육 세 가지는 라이허가 특히 관심을 기울인 부분이었다. 특히 항일무장투쟁이 이미 진압된 단계에서 라이허가 힘쓴 작업은 식민주의 신화 및 그 실천의 논리를 해체하고 군중의 민족주체성을 구축, 강화하는 것이었다.

앞으로 라이허 문학이 전개한 종족주의 비판, 법률, 경찰의 폭력에 대한 비판, 소외교육 비판 등의 3대 비판에 대해 살핌으로써 라이허가 어떠한 반식민사상을 수립하여 일본 식민주의 신화를 해체하고 문화항쟁에 종사했는지 살피고자 한다.

3. 종족주의에 대한 비판

> 탐험대는 검은 대륙의 신화를 창조하였고 교회는 타락한 이교도와 저열하고 불쌍한 야만 형상을 창조하였으니 모두 식민주의자가 핑계를 잡아 만들어낸 판에 박은 듯한 인상에 불과하다.
>
> —얀 니더빈 피터세Jan Nederveen Pieterse[13]

라이허 문학 속 반식민사상의 특질을 분석하려면 식민주의의 핵심인 '종족주의'에 대한 비판을 출발점으로 삼아야 할 것이다. '한족의식'이 농후한 타이완 지식인이라도 한족이라는 민족 정체성은 본질적인 의식이 아니다. 특히 출생하자마자 일본 식민통치하에서 '일본 국민'이 된 당시 사람들의 상황은 더욱 복잡하다. '종족 문제'가 인류사의 중요한 과제이긴 하지만 식민지 종족문제의 특수성은 소수를 차지하는 이민족 통치자들이 대다수 피식민자를 멸시하는 심리를 피할 수 없다는 데 있다. 그 원인은 앞 절에서 이미 다룬 바 있다. 문제는 식민자의 종족주의가 양자의 차이를 조화시키는 대신 식민 압박을 합리화시킨다는 데 있다. 그러므로 반식민의 각성이 반종족주의에서 비롯되는 것은 자연스러운 현상이다.

서구 식민주의의 흥기를 탐구할 때 서양의 계몽운동 이래 점차 강화된 이성, 과학, 진화 등 개념의 변화 발전을 눈여겨보아야 할 것이다. 빅토리아 시대의 문화적 우월감은 18세기 계몽운동의 이성인 rational man에 관한 관념까지 거슬러 올라간다. 18세기 후반, 즉 초기 대영제국의 사람들은 유럽인이 과학인의 선구적 범례라고 생각했으며 과학인을 인류가 도달할 수 있는 가장 높은 형태로 간주하였다. 자신의 주재자가 되어 이성을 장악하고 계량과 측량의 신기술을 소유하게 되자 지구상의 나머지 모든 것들은 유럽인에게 사색되고 음미되며 연구되는 대상으로 설정되었다. 그리고 제국의 행위 역시 소위 세계라는 것이 각 부문별로 분류되어 백인의 지식체계 속에 들어가는

13 尤稀・達袞, 「原住民與傳播媒介之批判－建構原住民自決的反論述」, 『忠於原味－原住民媒體, 文化與政治』, 台北 : 前衛出版社, 2000, 76면(67～112면)에서 재인용. 원주민과 다른 종족의 종족주의 문제는 본문을 참조할 수 있으며, 본 절에서 논한 것과 상호 검증된다.

원시적 재료에 불과함을 보여주었다. 이에 따라 사회진화론의 사상은 제국주의의 궤변을 근본적으로 떠받치게 되었다. 이러한 이론에 따라 인류 가운데 적자適者로 정의된 유럽인들은 그들의 제국주의 논리에 근거해 제국을 변호하였다. 그들이 제국을 유지한 것은 제국이 이미 그들 생존의 '수단'이었기 때문이었다.[14]

일본 식민제국은 외부 식민지를 개척하면서 서구의 종족 우월론적 식민주의 논리를 복제 적용하였다. 소학생 때부터 한학을 배우고 변발을 했으며 한인漢人 의식으로 충만했던 라이허는 학문과 취업을 위해 식민사회로 깊이 들어감에 따라 사회계층과 민족등급의 영역에서 식민주의적 종족주의의 좁은 길과 맞닥뜨렸다. 식민지 청년으로서 그는 '종족'과 '피식민'의 관계에 대해 깊이 생각할 수밖에 없었다. 그는 또한 '일본과 타이완은 하나內台一如'라는 구호 아래 종족차별이 자행되고 있음을 경험했다. 이는 가장 부조리하면서도 가장 적나라한 식민 권력의 표현이었다.

종족문제에 대한 관찰이 라이허의 소설에 그렇게 많이 반영되지는 않았다. 그러나 그가 남긴 문장들은 자신이 '일반인'들과 마찬가지로 의사가 되는 것을 동경하였지만 그 종족신분으로 인해 핍박을 받고 이를 계기로 마침내 각성에 이르는 과정을 잘 드러내고 있다.

라이허는 종족주의가 초래한 재난을 그가 비판한 차별대우라는 식민지 환경의 문제로 귀결시켰다. 예를 들어 그가 「옥중일기」에서 "이제까지의 불평불만은 나 또한 단지 모호한 개념으로 느꼈을 따름일 뿐 구체적인 고찰이 없었기 때문에 한 번에 다 말할 수 없다. 자본

14 서구 종족주의의 형성에 관해서는 Elleke Boehmer, 앞의 책, 92~97면 참조.

주의의 착취와 차별대우 또한 이미 다른 사람이 먼저 말했다"(前衛版 3, 43면)라고 한 것처럼[15] 라이허는 '차별대우'의 문제는 일찍이 다른 이가 제기했으며 그는 단지 그 사람의 말을 이은 것처럼 이야기하였다. 그러나 그 역시 늘 '불평불만'을 제기한 사람 중 하나였다.

라이허의 작품 중 비교적 전기에 속하는 한시 속에서 그가 지녔던 강렬한 한족의식을 발견할 수 있다. 라이허는 「음주飮酒」(1924)라는 시에 "내가 태어나 불행히도 잡힌 몸이 되었지만 이것이 어찌 다른 종족이 우수한 것과 관련이 있겠는가? 약육강식이 오래 자행되었으니 둘 사이의 평등은 없어진지 오래구나"(前衛版 5, 432면)라고 쓴 적이 있다. 이는 라이허가 타이완의 피식민 상황을 폭로하고 비판한 것이다. 이러한 약육강식의 불평등 현상이 '종족'의 우열과는 아무런 관련이 없고 역사가 초래한 '생의 불행'임을 그는 지적하였다. 따라서 그는 시 속에서 한걸음 더 나아가 타이완 사람들은 진정한 '인간'이 되어야하며 더 이상 '소와 말로 전락해 그 치욕을 받아선' 안 되며 목숨을 아끼지 않고 자유와 맞바꿔야 한다고 부르짖는다. 여기서 라이허가 '종족'과 '식민'이 표리를 이루는 식민주의 논리에 대해 '내 민족'의 입장에서 반식민 비판을 제기했다는 것을 명확히 볼 수 있다.

이 글에서 중점적으로 논의하려는 것은 신문화운동 시기에 표현된 라이허의 사상이다. 의학교를 다니던 시기 한시를 통해 라이허는 이민족 통치에 대한 그의 느낌을 표현했다. 비록 근대적인 언어와 사유로 종족주의가 어떻게 세워지고 그것을 어떻게 해체해야할 지는

15 본고에서 인용하는 라이허 작품 속 문장들은 모두 林瑞明 編, 『賴和全集』 6冊, 台北 : 前衛出版社, 2000에 따랐다. 문장의 순조로운 전개를 위해 불필요한 경우엔 주석을 달지 않았으며 인용문 뒤에 페이지를 표기하였다. 문장에서 일반적으로 '前衛版'이라고 표기하여 『賴和全集』을 불러 '명담판明潭版' 『賴和先生全集』과 구별하였다.

말하지 않았지만, 이 시기 종족문제에 대한 그의 견해는 중시할 필요가 있다. 막연한 '신세에 대한 한탄'을 지닌 채 의학교를 나온 후 라이허는 식민압박에 대해 더 깊이 이해하게 된다. 위의 한시에 약간 표현되기는 했지만 구체적이고 깊이 있는 종족주의 비판과 사고는 신문학 작품 속에서 찾아야 할 것이다.

「아쓰阿四」라는 미완성 원고의 창작 시기는 알 수 없다. 그러나 내용상 라이허가 20년대 초기 문화협회에 참여했을 때의 작품이거나 라이허의 청년기 종족 경험을 드러내려 한 것으로 보인다. 전편에 걸쳐 청년 라이허의 해방운동에 대한 사명감과 격정이 가득 차 있다. 이 작품에서 라이허가 문화협회에 발을 내디딘 시기의 심리상태와 활동을 엿볼 수 있다. 문장의 전반부에서 자신의 종족적 신분이 가져온 압박을 언급하는 부분이야말로 라이허가 식민자의 '종족주의'에 대해 가하는 깊이 있는 비판이다.

소설은 의학교를 막 졸업한 아쓰가 한 지방병원에 취직하는 것으로 시작한다. 그는 이상을 실현하리라는 열정으로 충만해 있다. 그가 기차 차창으로 밖을 바라볼 때 모든 것은 생기로 충만해 있었다(前衛版 1, 265~266면). 그러한 느낌은 고등교육이 그에게 허락한 미래에 대한 행복에서 기인한 것이다. 라이허는 풍경 묘사를 통해 한 타이완 지식인의 심리 상태를 드러냈다.

그러나 기차 안에서 한 일본인의 질문은 삽시간에 그의 열정에 상처를 냈다. 아쓰는 자신의 학교에 내지인이 있냐는 질문에 선생은 내지인이고 학생들 대다수는 본도 사람이라는 대답한다. 이때 일본인의 조롱 섞인 대답을 듣게 되었다.

그(일본인을 가리킨다 — 필자 주)는 아쓰에게 학교에 일본인이 있냐고 물었다. 아쓰는 선생은 내지인이고 학생들 대다수는 본도 사람이라고 말했다. 그는 아쓰가 모두 똑같이 일본사람이라고 생각한다고 여기는 것 같았다. 그래서 그는 자신이 말하는 일본인은 곧 내지인을 가리키는 것이지만, 타이완 사람들 역시 일본인이라 할 수 있다고, 그러나 그보다는 일본 신민이라 말하는 것이 비교적 적절하겠다고 아쓰에게 말했다. 마치 아쓰가 이른바 종족적인 구별이 있음을 모른다고 암암리에 비웃는 듯했다. (前衛版 1, 266면)

아쓰는 교문을 나선 뒤 자신이 '종족적인 구별'을 몰랐다는 사실에 직면하지 않을 수 없었다. 이전에 모두가 다 일본국민이라는 생각으로 생활하고 있었기에 "이 날카로운 말은 아쓰의 마음에 첫 번째로 괴로운 상처를 냈다. 그는 사람들의 실제 생각이 뜻밖에도 그의 의도와 같지 않음을 깨달았으며 도대체 어떻게 된 것인지 말을 할 수 없었다. 그는 이미 그 한마디에 깨져버렸다."(前衛版 1, 266면)

식민지적 상황에서 본다면, 병원은 타이완 지식인이 도달하기 힘든 지극히 높은 위치를 상징한다. 그러나 라이허의 이야기를 통해 '타이완 사람'이라는 신분이 아쓰가 병원에서도 차등 의사가 되게끔 했음을 알 수 있다. 그가 얻은 대우는 일본인 의사와 비교해 '50%(소설 속에서는 6~7할이라 말했다) 낮은 급여였다. 그는 자기도 모르게 "타이완 사람이기 때문에 비교적 싼 집에 살아야 한다는 것은 무슨 이치인가?"(前衛版 1, 266~267면)라는 의문을 갖는다. 병원은 타이완인 신임 의사의 전문성을 존중하지 않았으며 그를 수련의로 간주해 대우할 뿐이었다.(前衛版 1, 267면)

기차에서 마주친 일본 승객의 물음에서 병원의 대우에 이르기까지 아쓰의 각성은 일본인의 그에 대한 멸시적 언사와 대우에서 비롯된 것이었다. 능력과 이상을 가슴에 품은 타이완 지식인이 일본인과 똑같은 대우를 받지 못하는 현실경험은 아쓰로 하여금 '타이완 사람'이라는 신분이 가져다 준 굴욕과 직면하게 만들었다. 또한 식민자의 '종족주의'에 대한 아쓰의 이해를 촉발했다. 이러한 경험이 라이허가 몸소 겪었던 것이라면 이러한 식민자의 '종족주의'는 라이허에게 그 종족적 지위를 돌이켜 사색하게 만든 출발점이라 할 수 있을 것이다.

> 아쓰의 자존심은 이 몇 번의 말로 남김없이 파괴되었다. 병원은 우리가 하나의 완전한 의사임을 전혀 인정하지 않았다. 아! 이러한 모욕을 아쓰가 증오해야만 하는 것인가? 그에게 항의할 수는 없는가? 결과적으로 그럴 수 없었다. 다른 사람들은 모두 매우 만족함을 표시하고 있었기 때문이다. (前衛版 1, 267면)

소설은 아쓰가 병원을 떠나 스스로 개업하고 현실 속에서 식민지의 불공평한 환경을 다시금 경험한 후 결국 '악법'에 반대하는 사상계몽과 사회해방운동의 길로 나아가는 방향으로 전개된다. 이러한 종족 경험은 일제강점 말기 룽잉쭝龍瑛宗의 「파파야가 있는 작은 마을植有木瓜樹的小鎭」이나 천훠취안陳火泉의 「길道」에 와서는 타이완 지식인들이 받아들일 수 없을 정도로 무거워졌다. 그들의 희망과 환멸, 퇴폐의 제반 상황들이 라이허에게서 기원했음을 어렵지 않게 발견할 수 있다. 하지만 그들의 정신적 궤적과 대면 방식은 이렇게도 달랐던 것이다.

따라서 라이허(혹은 아쓰)의 각성이 저항으로 이어지는 과정에서 상술한 아쓰의 종족주의에 대한 체험은 이 모든 과정의 기초라 할 것이다. 그렇기 때문에 라이허 문학의 반식민사상 체계를 관찰해야 하며 작품에 재현되어 있는 의학교 생활을 전후한 시기의 종족 경험을 이후 라이허 사상발전의 원천으로 간주해야 할 것이다.

의학교 생활당시나 혹은 그 후의 라이허 반식민사상의 형성(여기서는 반종족주의)단계를 알기 위해 그의 산문 「타카기 유우시 선생高木右枝先生」[16]을 참고할 수 있다. 라이허의 의학교 시절을 회고하는 문장으로 추정되는 이 산문은 라이허의 생존 시에는 발표되지 않았다. 이 글에서 라이허는 타카기 유우시(1858~1943)라는 의학교 총장과[17] 그의 담화들에 대한 반성적 사고를 곳곳에 드러냈다. 이 글에서 라이허는 사마천의 「관안열전管晏列傳」처럼 일생의 중요한 일들을 개략적으로 쓰지 않고 '중요하지는 않지만 특히 인상 깊었던 작은 일'(前衛版 2, 285면)들을 기술한다.

이 글에서 전 타이완 민정장관 고토 신페이의 학생 훈시가 언급되는데 이 부분은 타카기 유우시와는 직접적인 관계는 없다. 그러나 타이완 사람을 차별한다는 점에서 둘은 같다. 고토 신페이는 의학교 학생들에게 훈시할 때 타이완 사람들이 '평등'을 요구해서는 안 된다고 말한다. 타이완 사람들의 충성의 역사가 짧기 때문에 불평등한 대우가 당연하다는 것이다.

> 본도인 제군 여러분, 우리는 지금까지 제국에 충성한 것은 다만 20여 년의

16 「타카기 유우시 선생」의 창작 시기는 미상이다. 일찍이 장둥팡張冬芳이 일본어로 번역해 「賴和先生懷念特輯」, 『台灣文學』 3-2, 1943.4.28에 실었다.

17 타카기 유우시는 의학교 제2대 총장이었다. 의학교 총장 외에도 타이베이 병원장 및 총독부 경무국 위생과장, 일본 적십자사 타이완 지부 副部長 등 여러 직책을 겸임하였는데 타이완의 의료와 위생을 관장하여 '위생 총독'이라 불렸다. 제1대 총장은 야마구치 히데타카山口秀高였다. 관련 서술로는 莊永明, 『台灣醫療史』, 台北 : 遠流, 1998, 251~254면 참조.

역사가 있을 뿐입니다. 하지만 내지인들은 이미 이천여 년의 역사가 있음을 제군들은 스스로 성찰해야 합니다. 따라서 지나친 욕심을 부리면 안 되며, 만일 권리 대우가 내지인들과 약간 다르다 해서 불평등하다고 말해서는 안 됩니다. (前衛版 2, 287~288면)

이 말은 이러한 문제를 줄곧 생각한 적이 없었던 타이완 학생들에게 내지와 본도의 차이 문제를 의식하게 만들었다. 타카기 유우시는 고토를 변명하기 위해 그가 '각별히 우리를 사랑하기에 그렇게 말한 것'이라고 하며 오해하지 않기를 바랐다. 라이허는 자신이 '의혹'을 느꼈다고 묘사하고 타카기 유우시의 변명에 대해 여러 사람들이 불만을 느꼈다고 언급했다. 하지만 이 담담한 필기는 의학교 시절의 라이허가 이미 종족 문제에 맞닥뜨렸으며 학생들을 사랑했던 타카기 유우시 총장조차도 이러한 문제에 대해서는 그에게 만족할만한 해답을 줄 수 없었음을 설명해준다.(前衛版 2, 288면)

타카기 유우시의 한 담화는 라이허에게 학생들을 사랑하던 타카기 유우시 총장이 어쩌면 자기 종족과 가까워질 수 없는 거리에 있을지 모른다는 사실을 느끼게 했다.

먀오리苗栗 사건이 발생했을 때 연루자 중에는 의학교 퇴학생이 포함돼 있었다. 이에 선생은 우리에게 자신이 총독부에 갔을 때 나한테 교육을 받은 사람도 나쁜 일을 할 수 있냐고 동료들에게 비웃음을 샀는데 그때 그들에게 "그는 퇴학생이며, 나에게 완전히 교화되지 않아 그래서 그렇게 된 것이다"라고 말했다는 이야기를 하였다. 나는 이때 "그래서 그렇게 된 것이다"는 말에 약간의 다른 뜻이 있음을 느꼈다. (前衛版 2, 288~289면)

라이허의 글이 극히 함축적이기 때문에 사람들은 종종 그의 말을 가볍게 지나친다. 라이허는 "그래서 그렇게 된 것이다"라는 타카기 유우시의 말이 사실상 문명 / 고등의 한쪽이 야만 / 저등의 한쪽에 대해 내린 평가임을 이야기하고 있다. 그러한 종족 우열의 관념이 초래한 식민자의 피식민자에 대한 멸시는 선생을 존경했던 라이허이지만 잘못 본 것이 아니었다.

라이허가 존경하는 스승 타카기 유우시의 말을 함축적으로 비판하는 이유는 어쩌면 라이허의 성정이 '온후'하기 때문일 것이다.[18] 라이허의 동창 두충밍杜聰明은 그의 회고록에서 타카기를 '필자가 가장 존경했던, 인격이 숭고하고 견식이 탁월했던 학자 및 정치가'이며 '총장일 뿐만 아니라 실로 타이완 의학과 위생의 아버지라 불릴 만하다'[19]고 언급한 바 있다. 이를 통해 타카기 유우시가 의학교 시절 타이완 엘리트들에게 주었던 영향과 인상을 짐작할 수 있다. 그렇기 때문에 라이허는 전편에 걸쳐 타카기 총장에 대해 긍정적으로 묘사했다.

하지만 라이허의 간단명료한 폭로는 그가 식민자의 일원이었던 타카기 유우시 선생을 무조건적이고 무민족적 입장에서 긍정하지 않았음을 보여준다. 그 후 의학교 시절의 두 동료는 서로 다른 인생길을 걸었다. 두충밍은 총독부 의학교 교수와 총독부 중앙 연구소 기사가 되었으며[20] 라이허는 '환자를 찾아가서 치료해 주는 의사' 겸 반

---

18 주뎬런朱點人은 라이허의 「풍작」을 논하면서 "선생은 죄악에 대해서도 선의의 태도를 보여주었는데 이로 인해 많은 사람들이 그를 좋아했다. 이로 보건데 선생의 필치는 그야말로 溫柔敦厚하다고 하겠다"고 평가했다. 필자 역시 이를 증거로 라이허의 죄악에 대한 비판에는 그의 일관된 '온후'한 풍격이 있다는 점을 인정한다. 문제는 그럼에도 불구하고 여전히 '비판'을 하고 있다는 점이다. 주뎬런의 문장은 원래 「回憶賴雲先生」(日文), 『台灣文學』 3권 2호, 1943.4.28에 수록되었다. 李南衡 編, 『賴和先生全集』(日據下台灣新文學 明集 1), 423면에서 재인용.

19 杜聰明, 『回憶錄(上)』(中國現代自傳叢書 第1輯 8), 台北 : 龍文出版社, 1989, 56~57면.

일문화인이 되었다. 이는 라이허가 시종일관 견지한 입장이 있었음을 암시하는 것인지도 모른다.

앞에서 살펴 본 두 텍스트는 라이허의 의학생(1909~1914) 시절이나 그보다 조금 뒤의 시대를 배경으로 하고 있다. 이 글들은 의학교 시절과 의사가 되어 사회에 발을 처음 내디딘 시기의 사상 상태를 드러낸다. 라이허는 의학교 졸업 후 자이嘉義 병원에서 실습하고(1914~1915), 그 후 다시 장화彰化로 되돌아와 라이허의원을 개설했다. 이후 1920년대 초기 타이완문화협회에 가입하고 이사로 선임되었다. 이는 「아쓰」의 내용과 상당히 부합되는 것으로 텍스트 속에는 농후한 자전적 색채가 들어 있는 것이다.

라이허의 이러한 텍스트들은 그의 반식민사상의 기점이 이민족 통치하의 종족의식에 대한 각성에서 비롯되었음을 말해준다. 종족적 멸시가 초래한 영혼의 손상은 청년 라이허로 하여금 식민주의 사상의 주류인 종족주의가 어떻게 종족적 우월감을 가지고 식민지 확장과 식민 심리를 합리화하는지를 직시하게 하였다. 기차에서의 일본 승객이 그러했을 뿐만 아니라 병원의 일본인 원장도, 고토 신페이도 마찬가지였다. 심지어 타이완 사람들의 교육에 열성적이었던 타카기 유우시 총장마저도 종족주의의 사상적 공범이었던 것이다. 라이허 문학의 반식민사상은 이러한 적나라한 종족관계를 폭로하는 것으로 표현되었다.

검토해봐야 할 점은 라이허 반식민 사상 가운데 두드러진 종족주의 비판이 한족인 자신에게도 적용되느냐는 것이다. 라이허가 타이

---

20 莊永明, 「台灣第一位博士－杜聰明」, 『台灣近代名人志第一冊』, 台北 : 自立報係出版社, 1987, 112면(107~120면).

완 원주민 문제에 직면했을 때의 태도를 통해 이 문제의 실마리를 찾을 수 있다. 라이허 문학에서 원주민을 다루고 있는 곳은 많지 않다. 하지만 일본 식민자의 종족주의에 대해 민감했던 그는 이에 대해 깊게 생각하고 있었다. 그는 "타이완이여, 대타이완이여 / 아름다운 타이완이여 / 이 강산이 / 어느 해에 열렸는지 모르지만 / 우리의 조상들은 / 모든 농경지를 개간하고 / 고산족들을 몰아내었네 / 말라리아에 침해당하고 / 벌레와 뱀에게 상처 입었으니 / 굳은 살은 산을 이루고 / 흘린 피는 하천을 이루겠네"(前衛版 2, 185면)라고 했다. 이 글은 한족의 입장에서 이민과 개간을 보는 관점을 지니고 있다.

그러나 「달갑지 않은 설不如意的過年」(1928)에서 라이허는 '설'이라는 소재를 다루면서 타이완 사람들이 설을 쇠는 데서 생겨난 본토문화가 태양력으로 바뀌면서 나타나는 문화적 차이문제를 제기했다. 그는 세계 각지의 서로 다른 역법을 비교하였는데 이는 문화적 특수성을 강조하기 위함이었다.

> 오늘날의 역법은 내가 아는 바로는 회回・중中・서西 3종이 있다. 오래도록 산속에 살았던 우리의 땅 주인들 역시 자신의 역법을 가지고 있었다. 이를 야만적인 관습이라 말하며 사람들은 인정하려 들지 않지만 그들의 사회에서는 공경하게 지키고 받들어지는 것이다. (前衛版 2, 224면)

라이허는 '산속에 살았던 우리의 본토인들'이라고 원주민들을 불렀다. 그는 원주민에 대해 '이민족'의 태도를 결코 취하지 않았다. 한족보다 일찍 이 섬에 살았던 '땅 주인들'이란 말은 타이완 원주민들의 지위를 인정하는 것이다. 물론 라이허는 옛 한족들이 생존을 도모하기 위해 이민족을 내몬 것을 비판하지 않았다. 그러나 다른 각도에서 본다면 그는 원주민을 타이완의 본토인으로 간주하고 있는 것이다. 이로부터 라이허의 종족의식이 자기 반성적이었음을 알 수 있다.

천자오잉陳昭瑛 교수는 타이완문학 속의 원주민 형상에 대한 글에서 라이허의 「남국애가南國哀歌」라는 시를 논하였다. '우서사건霧社事件'의 종족도살을 이야기한 이 시에서 청대 이전 '나와 다른 이', '타자'였던 원주민이 '자아', '주체'로 전환되었다고 분석하여 라이허가 원주민을 받아들인 증거로 해석하였다.[21] 라이허가 '반식민 공동체'의 시각에서 원주민의 식민폭력에 대한 두려움 없는 항쟁을 높이 평가했기 때문에 이러한 분석이 가능했던 것이다.

라이허의 시는 이전의 작품에서 원주민을 관찰의 대상인 '이족'으로 보던 것과 달리 그들의 반식민 활동이 겁이 많은 한족들을 자극했다고 하면서 원주민이 가진 긍정적이고 역사를 주도하는 이미지를 그려내었다. 즉 라이허는 그들의 종족적 특성과 반식민적 실천으로부터 문학적으로 원주민의 위상을 표현한 것이다. 이런 시각에서 라이허는 원주민의 지위를 적극적으로 인정하고 원주민과 한족이 연합하여 반식민을 실천할 때 일본의 종족주의에 효과적으로 대응할 수 있다고 생각했다.

---

21 陳昭瑛, 「文學的原住民與原住民的文學－從'異己'到'主體'」, 『台灣文學與本土化運動』, 台北 : 正中出版社, 1998, 80～82면,

4. 국가 기구의 폭력-법률과 경찰 폭력 비판

오늘날 가장 큰 죄를 지은 사람이야말로 진리를 알며 순수한 인격을 지니게 되었습니다.(前衛版 1, 59면)

—라이허, 「새 시대 청년의 일면」

알튀세Louis Althusser는 통치계급이 그 통치의 영속성을 위해 '폭력적 국가 기구'와 '이데올로기적 국가 기구'를 동원한다고 말한다. 전자는 군대와 경찰, 감옥과 법률 등의 시스템을 가리키고 후자는 종교, 도덕, 윤리, 교육 등의 조직기구와 가치체계를 포함한다.[22] 일제강점기의 식민주의 국가기관은 무력을 기초로 세워진 것이다. 점령과 동시에 통치의 필요성에 따라 다시 일련의 식민 이익에 상응하는 법률 체계를 발전시켰다. 이러한 통치 패턴은 '폭력적 국가 기구'와 방법은 다르지만 같은 효과를 내는 교묘함을 지니고 있었다.

일제강점기 신지식인의 등장은 세계적인 과학 이성과 민주, 자유 사조의 영향을 받은 것이다. 이로부터 이성주의, 개인주의, 자유주의 등이 형성되었으므로 과학, 자유, 민주 관념을 지닌 자들을 계몽 지식인이라 부를 수 있다. 따라서 식민지적 특수성을 지닌 '법'에 대한 반성 역시 계몽 지식인의 주요한 사색의 대상이었다.

법률적 폭력에 대한 라이허의 비판은 그의 사상에서 가장 큰 특징이라 할 수 있다. 특히 경찰폭력은 법률적 폭력의 연장선에 놓이기

22 Louis Althusser, 「意識形態和意識形態的國家機器」, 『列寧和哲學』, 台北 : 遠流出版社, 1990, 151~206면.

때문에 종종 작품 속의 주요한 플롯을 이루었으며 비판의 초점이기도 하였다. 신문학 작가 중에 라이허처럼 법에 대해 주의를 기울인 이는 없었다. 필자는 라이허가 식민지 법치의 특수성을 깊게 이해하고 있었다고 생각한다. 피식민자의 입장에서 라이허는 법이 차별성과 계급성을 갖고 있음을 의식하였다. 그가 바라본 법은 계몽사조가 선전한 공정하고 보편적인 법과 거리가 멀었다. 라이허는 문학으로 식민지 법제를 비판하고자 했다.

1924년 『타이완민보』 2권 2호의 「편집후기」에는 라이허가 '라이賴'라는 필명으로 편집자에게 보낸 편지가 수록되어 있다. 그는 '치경사건治警事件'에 대해 "사회에서 내가 나쁜 사람이 아니며 나쁜 일을 저지르지 않았다고 인정했는데도 수감되었습니다. 신성한 법률에 대해서 세인들이 어느 정도 의문을 품게 되었으니 이 또한 약간의 공로라 할 수 있겠습니다"[23]라고 하였다. 라이허는 자신의 수감이 세상 사람들이 '신성한 법률'에 대해 '의문'을 갖게 했다고 하였다. 이 사건을 계기로 라이허는 피식민자에 대한 법의 남용과 법의 진정한 의의에 대해 더욱 깊이 파고들었다.

식민지 타이완의 법치와 식민통치에 대한 연구에서 황징자黃靜嘉가 지적한 것처럼, 타이완 식민통치는 정치적으로 총독의 전제정치였고 경제적으로는 독점자본 주도하의 식민지화였다. "자본주의화의 과정에서 식민지 산업의 발달을 촉진하고 자본축적을 실현하며 대재벌 자본의 독점을 수립하기 위해 국가 권력, 식민지 통치권력의 행사는 (…중략…) 법의 기초에 의지하였으며 가장 기술적이고 가장

23 賴和의 편지, 「編輯餘話」, 『台灣民報』 2卷 2號, 1924.2.11. 이 편지는 前衛版 『라이허전집』에 수록되지 않았다.

효율적인 형식으로 완성된 것이다."[24] 그런 점에서 타이완에서 법의 확립은 식민 확장의 의도에 의해 추동된 면이 있는 것이다.

라이허가 '법'의 문제를 최초로 다룬 글은 미발표된 「승방 한담僧寮閑話」(1923)이다. 대화체로 구성된 이 소설은 세 사람의 '선악' 문제에 대한 토론을 통해 선악의 기준을 고찰한다. 선과 악은 인간과 인간 사이의 상호 작용에서 나온다. 이야기 속 승려가 인용한 인도의 성웅 간디(작품 속에서는 顔智라 부른다)와 같은 경우가 일례이다. 인도인과 세계인 모두 그를 칭찬한다면 간디는 선한 것이다. 그러나 영국정부는 오히려 그를 악인으로 간주하며 감금한다. 이는 곧 '내' 친구가 말한 타이완의 수많은 '못된 무리', '불량배'들이 사실 간디와 같은 운명을 지니고 있다는 인식을 이끌어낸다. '저 신문에서 보도하고 있는 못된 무리, 불량배들을 보면 그들이 각성한 이들이고 선각자이며 다수의 사람들을 위해 행복을 도모함을 알 수 있으니, 암암리에 그들의 성공을 축복하였다."(前衛版 1, 3면)

선과 악에 대한 이야기를 통해 라이허는 타이완 식민지 현실 속에서 식민자의 법에 대한 인식론적 정의를 내린다.

> 오늘날 대천세계大千世界에는 무슨 법률이 있는가? 다만 특별한 계급을 유지하는 도구가 있을 뿐이며 이는 일종의 힘의 표현일 따름이다.(前衛版 1, 5면)

여기서 법은 '특별한 계급'을 유지하는 수단이며 그들의 힘의 표현이다. 라이허의 법에 대한 사고는 그가 사회운동에 참여한 초기에 이

24 黃靜嘉, 「日據下之台灣殖民地法制與殖民統治」, 『台灣文獻』 10-1, 1959.3, 136면.

미 형성된 것이다. 그는 계속해서 작품을 통해 이른바 문명, 이성을 대표하는 법의 계급성과 식민성을 폭로하였다. 이러한 관념의 진화는 그의 또 다른 미완성 원고에서 비교적 명확하게 드러난다. 그 속에서 그는 "이러한 법률이 그것의 상당한 존엄과 위력을 보유할 수 있게 만드는 것은 저 이른바 강권인 것이며 강권을 뒷받침하는 것은 폭력이며 폭력은 또한 인간의 탐욕에 근거하는 것"(前衛版 2, 217면)이라고 말했다.

법-강권-폭력이 연계된 사상적 배경하에 공개 발표된 「'저울' 하나一桿'稱仔'」(1926)는 서두에서부터 법을 비판 대상으로 삼고 있다. 경찰과 법률의 폭력을 이야기하는 예증으로 가장 자주 인용되는 이 소설은 토착지주와 일본 자본가가 장악하고 있는 식민지 경제체제 아래 농노와 같은 처지로 전락해버린 소작인이나 노동인력이 등장한다(前衛版 1, 43면). 그러나 진정으로 농민들을 막다른 골목으로 내모는 것은 '사람이 사람 같지 않게' 만드는 경찰과 악법이므로 이 소설에서 가리키는 문제는 식민지 사회의 구조적 문제라 할 수 있다. 라이허는 소설 속에서 경찰이 각종 법의 위협으로 타이완 사람들의 생활에 간섭함을 지적한다.

> 순경들은 소시민들의 사소한 일들을 수사하는 것을 전적으로 그들의 성과로 삼는다. 범죄사건을 발견하는 것이 많을수록 그들의 승진은 빨라진다. 따라서 터무니없이 날조한 사고와 억울한 죄를 뒤집어썼지만 호소할 수 없는 사람들은 늘 헤아릴 수 없이 많았다. 무슨 통행 단속, 도로 규칙, 음식물 규칙, 여행 법규, 도량형 규정과 일상생활 속의 일거일동은 법의 간섭과 단속 범위 속에 있다.(前衛版 1, 47~48면)

친더찬秦得參의 저울은 원래 도량형 규칙을 거쳐 통과된 표준 도구이며 문명과 공평이라 불리는 법률의 보장을 받아야만 하는 것이다. 그러나 식민지 경찰은 사사로운 정에 얽매인 불법(욕망) 때문에 저울을 부러뜨리고(폭력) '짐승'이라는 욕까지 한다. 게다가 법정에서 법관은 "순경의 보고는 언제나 잘못이 없다!"(前衛版 1, 52면)고 말한다. 이는 식민지에서 법률, 공평 등의 개념은 단지 식민자(강권)의 문자유희일 뿐이며 법의 보장을 받는 이는 단지 식민자일 뿐임을 설명해준다.

그렇지만 라이허의 항쟁의식은 친더찬이 자신의 운명을 자각하게 만든다. 이는 라이허 자신의 반식민사상의 작용이다. 그는 친더찬의 일을 모든 타이완 사람들이 생각해야만 하는 문제로 만든다. 여기서 라이허는 계몽가적 태도를 드러낸다. 소설은 "사람 같지도 않다. 짐승과 다를 게 뭔가. 누군들 그러고 싶겠는가? 도대체 이게 어찌된 세상인가? 사는 게 죽는 것만도 못하니"(前衛版 1, 55면)라고 묘사한다. 결말에서 라이허는 '경찰 죽이기'라는 암시적 수법으로 타이완 사람들이 '각성'한 후의 대가와 존엄을 보게 만든다.(前衛版 1, 55면)

라이허 소설 중의 '경찰 죽이기'의 암시에 관해서는 발표되지는 않았지만 동일한 필기본에 적혀있어 같은 시기의 작품으로 판단되는 「새 시대 청년의 일면」이란 소설에서 더 이상 암시적이지 않고 직접적인 방식으로 표출된다. 법관과 새 시대 청년의 대화를 통해 '폭력'으로 순경을 죽였다고 문책받는 청년은 '선혈'로 순경을 '도태'시켜야 한다고 말한다.

> 나는 그의 지위와는 상관없이 그가 남긴 죄악을 인정합니다. 고위층은 더욱 죄가 많을 테지요. 내 한 방울 한 방울의 피로 큰 죄악을 씻는다면 영광스럽지

않겠습니까?(前衛版 1, 60면)

친더찬이 자각했지만 말할 수 없었던 것을 새 시대 청년은 결국 말했다. 청년은 판결문에 자신이 '××력'에 의해 굴복을 당했지 법의 제재를 받은 것은 아니라고 써주기를 요구했다. 왜냐하면 법의 뒤에는 일종의 '힘'의 지배가 있었기 때문이다.

> 오늘날 당신들의 이른바 법은 당신들 일부분의 사람을 보호하기 위해 쓰는 것이 아닙니까? 신성하다고 하는데 만약 사심 없이 공정하게 집행된다면 그런 말을 해도 되지만, 당신들은 법의 뒤에서 또한 힘의 지배를 받지 않습니까? 당신들은 감히 맹세할 수 있습니까? 당신들이 사법의 신성함을 더럽히지 않을 수 있습니까? 당신들이 죄악의 밑에서 봉사하기 때문에 나는 변론하지 않겠습니다. 나는 복종하지는 않고 복종하지 말아야 하며 또 복종할 수도 없지만 그러나 복종할 수밖에 없습니다.(前衛版 1, 61면)

각성한 청년은 법정에서 "오늘날 가장 큰 죄를 지은 사람이야말로 진리를 알며 순수한 인격을 지니게 되었습니다"(前衛版 1, 59면)라는 말까지 한다. 이 장면은 체홉를 연상시킨다. 체홉의 소설 「6호실」(1892)에서 차르 독재하의 러시아에서 용감하게 직언하는 개혁가는 '미치광이'로 간주된다. 그러나 독재의 제도적 죄악을 파괴하는 것은 바로 이러한 미치광이들이다. 체호프는 병실 속의 그로모프를 이렇게 묘사하였다.

> 그는 끊임없이 이야기하고 있었는데 당신은 그가 미치광이지만 또한 사람

> 인 것을 알아차릴 것이다. 그의 저 미친 소리들은 종이 위에 쓰기 어려운 것이다. 그는 인간의 비열함을 이야기하고 진리를 유린하는 폭력을 말한다. 미래의 세상에는 아름다운 생활이 있을 것임을 이야기하고 창문의 쇠로 된 격자를 말한다. 이는 그가 사납고 난폭한 자들의 마비와 잔인함을 수시로 생각하게 하였다. 결과적으로 그의 말은 오래되었으면서도 아직 유행에 뒤떨어지지 않는 수많은 노래가 합성된 뒤죽박죽인 음악을 이루었다.

라이허와 체홉은 '죄인', '미치광이', '진리'에 대해 같은 견해를 지니고 있었다. 이러한 견해는 상술한 「새 시대 청년의 일면」, 「'저울' 하나」, 「작자자술作者自述」로 연결된다. 우리는 라이허가 아나톨 프랑스의 영향을 받은 흔적을 어렵지 않게 발견할 수 있다. 또한 라이허가 말한 것처럼 프랑스의 「크랭크빌 사건」은 라이허의 집필 동기가 되기도 했다. 그 영향에 관해서는 장헝하오張恆豪의 연구를 참고할 수 있다.[25] 라이허가 프랑스에게서 발견한 것은 이른바 '국가', '법률', '경찰'이 통치질서를 공고하게 하는 삼각관계를 형성하고 있다는 점이다. 국가는 법률을 제정하여 사회질서를 유지하고 경찰은 국가를 위해 법률을 집행한다. 이것이 바로 근대 강권통치의 특징이라는 점을 지적하고자 한다. 「크랭크빌 사건」에서의 방관자인 동판 조각가 레르미트 선생은 법관의 판결에 대해 약간은 풍자적으로 이러한 '진리'를 말했다.

25 張恆豪, 「覺悟者－「一桿稱仔」與「克拉格比」」, 江自得 主編, 『殖民地經驗與台灣文學－第一屆台杏台灣文學學術硏討會論文集』. 이 문장은 『淡水牛津台灣文學硏究集刊』 2, 1999.8에도 수록되어 있다.

사회는 강권 위에 수립되고 강권은 사회의 장엄한 기초가 되어 사람들의 존중을 받는다. 사법은 곧 강권 통치이다. 브리스 재판장은 64호 경찰이 국왕의 작은 일부분임을 잘 안다. 국왕은 바로 그의 통치하의 모든 관리들 위에 체현되는 것이다. 64호 경찰의 권위를 훼손시키는 것은 곧 국가를 약화시키는 것과 같다.[26]

라이허는 프랑스에서 근대 사법체계의 허망함을 보았을 것이다. 그것은 단지 통치자의 권위를 보호하는 도구일 뿐이다. 희생되는 것은 가난한 이들에게 필요한 '정의'와 '평등'인 것이다. 이러한 시각에서 다시 「'저울' 하나」의 사상적 표현을 돌이켜 보자. 저 '괄호'쳐진 '저울'이 라이허의 법의 불의성과 허망함에 대한 비판을 표명하고 있는 것임을 알 수 있다. 라이허의 또 다른 신시 「유랑곡流離曲」(1930) 역시 동일한 사고의 맥락을 갖는 작품이다. 마찬가지로 프랑스의 말을 빌어 근대 국가법의 불공평함을 "법은 원래 공평한 것이다. 그것은 부호나 가난뱅이나 다 똑같이 공원의자에서 자지 못하게 규정하고 있다. — 아나톨 프랑스"(前衛版 2, 108면)라고 강조하였다.

요컨대 법이 지닌 통치계급적 성격은 라이허가 보았던 식민지의 다른 모습이다. 여기서 법은 정의롭고 공평한 가치를 잃었으며 타이완의 다수의 하층민중에게 무수한 재난을 가져왔다. 바꾸어 말해 라이허의 법에 대한 사고는 자본가와 통치자라는 비판 대상을 가리키는 것이다. 이는 또한 라이허가 「승방 한담」(1923)에서 승려의 입을 빌어 "오늘날 대천세계에는 무슨 법률이 있는가? 다만 특별한 계급을

---

26 吳嶽添 編選, 『法朗士精選集』, 濟南 : 山東文藝出版社, 1997, 169면.

유지하는 도구가 있을 뿐이며 이는 일종의 힘의 표현일 따름이다."(前衛版 1, 5면)라고 말한 것과 같다. 「뱀선생蛇先生」(1930)은 법률의 보장 대상은 돈 있는 사람들과 특권의 소유자임을 더욱 명백히 폭로한다.

> 법률! 아! 이는 정말 소중한 말이며 언제 어떤 사람이 창조해 낸 건지 모르겠다. 참으로 매우 유익한 발명이기에 오늘날에 이르기까지 여전히 전매의 특권을 보유하였다. 세상에 그것이 있기에 사람들은 감히 나쁜 일을 하지 않으며 돈이 있는 사람들은 도둑맞을 위험에서 벗어나기 시작했고 빈곤한 사람들 역시 분수에 만족하며 굶주려 죽는 것을 견뎌낼 수 있는 것이다.(前衛版 1, 92면)

라이허의 식민법제에 대한 사상을 이해한다면 악법이 초래한 모든 재난에서 경찰 폭력은 법률 폭력의 구체화임을 알 수 있다. 식민지 경찰이 지닌 특수한 권력 때문에 법률에 따라 통치를 유지하고 자본 축적을 편리하게 하는 경찰은 라이허 문학 속의 대표적 식민자인 것이다. 라이허의 반식민사상은 한걸음 더 나아가 식민경찰의 심리 상태를 폭로하는 데 있었다. 이를 통해 우리는 문명국이라 자처하는 일본 제국의 '암흑의 마음'을 볼 수 있다. 「달갑지 않은 설」(1928)이라는 소설에서 차査 대인의 생각은 라이허 의견의 재현이다.

> 이른바 무슨 민본주의네, 민중화네, 그것들은 단지 입에 박힌 말일 뿐이며 실제로는 있을 수 없는 것이다. 관리가 관리인 것은 그의 위엄을 유지함으로써만 가능할 따름이다.(前衛版 1, 79면)

차 대인은 관리에겐 존엄이 필요하다고 생각한다. 따라서 그가 사건을 잘못 처리했을 때 「크랭크빌 사건」 속의 64호 경찰이 경찰의 잘못을 인정할 수 없었던 것처럼 그는 무고한 아이를 석방시킬 수 없었다. 그렇지 않으면 현장에서 관리의 존엄과 법의 존엄을 잃어버리기 때문이었다.

> 차 대인의 사상에서 공적인 일을 민초들이 캐묻는 것은 조금도 용납되지 않았다. 그는 원래 이 아이를 난처하게 할 생각이 없었다. 그러나 지금은 아무렇게나 일을 끝낼 수가 없게 되었다. 그는 항의를 받고 그 아이를 석방했다고 사람들이 오해할까봐 두려웠다. 이는 관리의 존엄을 크게 해치는 것이니까.(前衛版 1, 86면)

경찰 폭력에 대한 이러한 인식 때문에 「일을 저지르다惹事」(1932)에서 경찰의 권위는 심지어 사육하는 닭들에게까지 확장된다. '개를 때리는 것도 반드시 주인을 봐가며 해야'(前衛版 1, 192면) 했기 때문이다. 「불행한 꽈배기 장수不幸之賣油炸檜的」(1923)에는 서민들의 슬픔과 괴로움에는 아랑곳하지 않는 권위주의적 경찰이 등장한다. 그의 눈에 비친 짐승만도 못한 놈, 비굴한 놈, 토착민들은 "모두 규율을 무서워하지 않으며 다만 때리고 벌줘야 조금 무서워하여 그를 매우 진노케 한다!"(前衛版 1, 9면)

이러한 법의 기만성 및 악법을 집행하는 경찰통치 때문에 생겨난 각성은 앞 절에서도 이미 언급했던 「아쓰」에도 반영되었다. 아쓰는 종족적 차별 대우를 받을 뿐만 아니라 법이 시시각각 그를 감시하고 있다고 느낀다.

개업을 하려고 생각한 후 도리어 자신도 모르게 생각이 더 많아졌다. 무슨 의사법, 약품 단속 규칙, 전염병 법규, 아편 단속 규칙, 도량형 규칙 등등 곳곳에 법률적 간섭이 있었으며 늘 경찰과 상대해야 했다. 그는 그의 신변에서 법률의 눈이 늘 그를 주시하고 있으며 법률의 밧줄이 그를 포획하려 함을 느꼈다. 그는 극히 불쾌했다. 이게 무슨 인민의 자유란 말인가? 이 의미 없는 문자에 박탈당해야 한단 말인가?(前衛版 1, 268면)

이러한 법들은 식민자가 피식민자와 대면하여 설계해낸 통치기술이다. 하지만 국가 법률이라는 이름으로 법이 오직 식민자를 보호할 뿐이라는 사실은 은폐된다. 이를 깨닫고 정치와 계몽 운동에 발을 내디딘 아쓰는 종족주의에서 국가기구의 폭력에 이르기까지의 그의 경험을 이렇게 매듭짓는다.

모든 민중이 반드시 준수해야 하는 법률이 일부 사람들에 의해 마음대로 제정되기 때문에 이러한 유감스런 일들이 생겨난다.(前衛版 1, 269면)

지금까지 논의를 통해 라이허의 식민 자본주의하의 법에 대한 생각을 어렵지 않게 이해할 수 있다. 그는 계급성과 기만성을 띤 식민자의 법이 공평, 정의 등의 가치를 근본적으로 와해시켰다는 분석을 통해 타이완 사람들이 반식민의 각도에서 법의 식민성 문제를 파악하도록 일깨웠다. 또한 그의 작품에서 경찰은 악법의 공범자이다. 그의 작품 속 경찰묘사는 이후 천쉬구, 차이츄퉁蔡秋桐 등의 소설 속 경찰 묘사의 원류가 되었다.

이처럼 라이허의 작품은 종족주의에 대한 비판과 법률과 경찰의 폭력에 대한 고발을 담고 있다. 그러나 라이허는 이러한 식민 폭력을 드러내 보이는데 그치지 않았다. 그는 타이완 사람들의 사고 패턴에 영향을 미치는 '식민 교육'에 대해서도 비판을 가했다.

5. 누구의 국민성인가—식민교육 비판

> 손에 책가방을 들고 발로 박자를 맞추며 노래 부르니, 한 사람의 노래가 끝나자 서로 앞 다투어 화답하네. 도중에 경찰을 만나면 인사도 하고, 오늘날 교육의 효과가 크기는 하구나.
>
> — 라이허, 「대죽위大竹圍」(1922) 節錄[27]

라이허 세대 지식인의 지식은 한학의 훈도 외에도 근대 서구식의 식민 교육 제도를 통해 양성되었다. 식민 교육은 타이완 사회 1세대의 계몽적 지식인의 배양을 촉진시켰다. 영국 마르크스주의 역사학자 에릭 홉스봄은 민족국가의 개념 및 갖가지 반서구적 의식이 기이하게도 모두 식민화된 서양식 교육에서 생겨난 것이라 말했다.

27 이 시의 또 다른 연에서는 "우거진 복숭아나무 반짝거리고 풀은 무성한데, 대나무 속에서 어떤 이가 관현악기로 화답하네. 시골 늙은이는 인간 세상이 바뀐 걸 모르고, 桃符에는 여전히 옛 태평성대가 쓰여 있네"라고 쓰여 있어 본문에서 인용한 구절과 대비를 이루는데, 라이허가 시골 늙은이와 아이를 병치시켜 읊은 의도는 시대와 교육이 사람의 마음을 개조하는 것을 비유하기 위함이다. 前衛版 5, 369면 참조.

> 따라서, 제국주의의 가장 강력한 문화유산은 그것이 각 부류의 소수 엘리트들을 위해 창설한 서양식 교육이다. 이로 인해 읽고 쓰는 능력을 갖춘 행운을 가진 소수의 사람들은 더 높은 지위로 오를 수 있는 지름길을 발견하였는데 그런 지위는 곧 선교사, 교사, 관료나 사무실 종사자 등의 화이트칼라 등이었다. (…중략…) 물론 이러한 사람들은 모두 행동 능력을 지닌 소수의 엘리트였다. 이것이 인류 역사상 상당히 짧은 기간의 식민주의 시대가 이렇듯 장구한 영향을 남길 수 있었던 원인이다.[28]

식민교육이 피식민자에게 끼친 영향은 탈식민 담론의 중요한 연구 대상이었다. 기억해 둘 점은 식민교육이 민족엘리트의 '사상적 식민화mental colonization'를 초래하였다는 것이다. 20세기 초, 유럽제국의 식민지 학생들이 받아들인 것은 이른바 세계 일류의 영국문학, 서양의 이성적 사유체계, 그리고 자신들이 뭔가 부족한 존재라는 인식이었다. 이것들이 식민지 사람들을 식민 체계 속에서 승진할 수 있게 하였다. 그리고 피식민자들을 속박시킨 동일한 지식을 통해 식민자들이 일련의 저항담론들을 장악할 수 있었다. 한편 이 지식은 피식민 지식엘리트들이 식민주의에 항거할 수 있는 지적 기반이기도 했다. 그러나 피식민 지식엘리트들이 식민담론을 해체할 역량을 갖는다는 것은 매우 어려운 일이었다. 그리하여 많은 지식인들이 동화되거나 소외되는 현상도 나타났다. 이러한 증거는 타이완 역사에서 어렵지 않게 찾을 수 있다.

앞 절에서 알튀세의 이론을 빌려 통치계급이 통치의 영속성을 유

28 Eric Hobsbawn, 『帝國的年代－1875～1914』(十九世紀三部曲之三), 台北 : 麥田出版社, 1997, 111면.

지하기 위해 '폭력적 국가기구'와 '이데올로기적 국가기구'를 운용한다고 말한 바 있다. 식민교육은 이데올로기적 국가기구의 기관차이자 제조기였다. 라이허 또한 식민 교육을 통해 근대 지식을 배웠기 때문에 본토의 봉건성에 대한 반성과 비판이 없을 수 없었다. 그러나 반봉건적 실천 외에 라이허는 식민자에게서 받은 예리한 양날의 검을 가지고 식민자의 급소를 향해 돌격하였다. 반식민의 전략에서 식민자의 언어로 식민에 저항하는 식민지 사람들이 식민 신화와 언어를 뒤집으려면 우선 그것들을 점유해야 했다. 아프리카나 라틴 아메리카의 작가들은 역사, 철학,문학 속에서 일체의 비유럽적인 것들을 배척하는 유럽인의 방식을 복제하여 저항을 시도하였다. 타이완의 작가들 역시 같은 종류의 작업을 진행하였다. 요컨대 '모방자mimic'로서 식민지의 반식민 작가들은 '상대방의 방법을 다시 상대방에 적용하는'[29] 방식을 택했던 것이다.

식민자의 교육은 제국의 이데올로기를 공고히 하는 작용을 한다. 학교는 곧 이데올로기의 생산과 재생산의 장소이다. 오늘날 아무도 학교와 교육이 행하는 국가와 민족 정체성의 생산과 이데올로기의 제조기능을 부인하지 않는다. 하버마스J. Habermas, 클라프키W. Klafki, 지록스H.A. Girox, 프레이리P. Freire 등은 교육이 본질적으로 일종의 '가치판단'의 과정이지만 결과적으로 특정한 교육이데올로기를 만든다고 지적한 바 있다. 따라서 그들은 피교육자가 이데올로기 교육의 지배 독점물로 전락하지 않도록 해야 한다고 주장하였다.[30] 라이허는 이론

29 Boehmer, 앞의 책, 196면.

30 관련 연구로는 顔慶祥, 『教科書政治意識形態分析－兩岸(初)國中歷史教科書比較』, 台北 : 五南, 1997, 35면 참조.

적으로 사고한 것은 아니지만 자신의 경험과 성찰을 통해 교육의 이러한 속성을 알고 있었다.

라이허는 식민지 교육이 피교육자에게 '새로운 세계관'을 형성시키는 과정을 알고 있었다. 라이허의 '식민 교육'에 대한 성찰을 살펴봄으로써 '새로운 세계관'이 초래할 몇 가지 위기를 짐작해 볼 수 있다. 새로운 지식인의 위기는 그 속에 내포되어 있었다. 우선 「무료한 회상無聊的回憶」(1928)을 들어 라이허의 '식민교육'에 대한 생각을 검토해 보겠다.

이 산문의 서술자 '나'의 아들은 취학할 나이가 되었다. 이때 서술자 '나'는 왜 공부해야만 하는지 학교를 졸업하면 무슨 이익이 있는지 자문한다. 스스로 아무 답도 내릴 수 없는 '나'는 결국 남들이 하듯이 아들을 입학시킨다. 이 글은 제목 '무료한 회상'과 호응하여 식민 교육에 대한 반성적 시각을 보여준다.

전통 서당에서 공부하던 '나'는 학교에 두려움을 느끼고 있었다. 학교에 가면 변발을 잘라야 할지도 모르기 때문이었다. 하지만 입학 후 '나'는 오히려 실망한다. 학교에서 두려워할 만한 일들이 전혀 일어나지 않았기 때문이었다. 자유롭게 장난칠 수도 있고 장난과 비슷한 체조 시간도 있어서 '감옥'과도 같은 서당과 비교하자면 학교는 '낙원'과 같았다. 글에서 학교와 대비되는 서당은 점차 역사 밖으로 밀려난다. 그러나 학교 역시 점점 많은 문제를 노출하기 시작한다. 일본어 교육이 타이완 사람들에게는 점차 돈을 벌 수 있는 기초로 간주되었기 때문이다. (前衛版 2, 240면)

또한 권유하지 않아도 수많은 사람들이 선발 시험에 참여했다. 여기서 식민 교육이 수립한 문화적 패권의 우세가 이미 성립되었음을 알 수 있다. 본토의 기존 교육제도는 불합리한 경쟁에서 도태되었으며 학교는 유능한 식민지 학생들을 선별해내기 시작했다. 이처럼 교육 보급의 이념을 위반한 선별작업은 식민 교육이 식민 이익을 실현하기 위한 것이라는 점을 말해 준다. '나'는 공부와 학교에 대해 회의하기 시작한다.

> 시대는 진보했다고 말한다, 확실히! 나 또한 그것이 매우 진보했다고 믿지만 시대적 진보가 어떻게 사람을 불행에 빠지게 만들었는가? 아! 시대의 진보와 사람들의 행복은 알고 보니 서로 별개의 일이며, 한 곳에 놓고 함께 논할 수 없는 것인가. (前衛版 2, 242면)

이는 라이허가 졸업 후 했던 생각이다. 원래 그는 공부를 하지 않는 것은 수치스러운 일이고, 공부가 사람의 보편적인 가치와 권리라고 생각했다. 그러나 식민지에서 시대의 '진보'는 돈이 있고 일정한 사람들만 '행복'을 누리게 할 뿐이었다. 이것이 그가 본 식민지 교육의 현실이었다. 교육은 사람의 권리이지만 이러한 보편적 권리가 식민지에서는 계급 특권일 뿐이었다.

그러나 학교에 들어간 학생들은 다른 관점에서 불행한 사람들이었다. 많은 사람들이 일본어 학습이 사회적 지위와 앞날을 보장한다고 믿었지만 졸업생들은 사회에서 진퇴양난의 곤경에 빠져들었다. 일반인들보다 학식이 있고 식민자와 같은 언어를 구사한다 해도, 일본 식민자 앞에서는 여전히 '말할' 능력이 없는 사람이었던 것이다. (前衛版 2, 246면) 이러한 차등 계급의 치욕은 교육을 받고 일본어를 이해할 수 있어야만 경험할 수 있는 것이다. 식민자의 언어를 다룰 수 있지만 이야기할 자격을 갖추지 못했다고 간주되는 것은 종족주의의 우열 구분이다. 이러한 치욕을 피하기 위해 교육 받지 않은 사람처럼 행동하던 라이허는 식민 교육이 타이완 사람들에 미친 영향을 다음과 같이 결론지었다.

> 6년 동안 학교 교육의 훈도를 받았지만, 지금까지 나의 뇌리에 남아있는 영향이 없으니, 소위 교육의 은혜란 무엇이란 말인가? 일등 국민의 과시가 학교 안에서 배태된 것은 아닌가? 절대 복종하는 품행은 교육에서 받은 것이 아닌가? (前衛版 2, 247면)

여기서 라이허가 제기한 질문은 식민자와 타이완 지식인에게 동시에 물은 것이었다. 교육은 식민자가 부여한 은혜 또는 보편적인 권리인가? 학교 교육은 식민지의 계급 차이(일등 국민 / 문맹)를 만드는데 있는가? 그리고 타이완 지식인이 교육 때문에 '길들여지고' 식민자에게 복종하는 '품행'이 양성된 것이 아닌가?

일제강점기 교육사 연구자 쉬페이셴許佩賢이 지적한 것처럼 일본 본토 및 타이완의 일본인 소학교 교과서와 타이완 사람들의 공학교 교과서의 내용에 차이가 있었다. 수신과목修身科을 예로 들자면 일본인의 수신이 '진취적 기상의 발양', '충군애국의 의기의 양성'을 목표했던 것과 달리 타이완 사람들에 대해서는 '국법의 준수', '공익을 다함', '보통 예의의 숙련'을 강조하였다. 그 안에 내재된 식민 교육의 이데올로기는 매우 명확한 것이었다. 식민지 백성들은 진취적일 필요가 없었으며 복종이 곧 최대의 미덕이었다.[31] 식민교육은 타이완 사람들의 '국가에 대한 예절', '천황'에 대한 인정을 만들어내려 했다. 그

리고 식민지 역사 교육은 '황국사관'의 체현이자 황민화운동의 본보기였다.[32]

이렇듯 식민지 교육 메커니즘을 통해 빚어진 식민지 '국민성'은 피식민자의 '노예성'일 따름이었다. 이와 같은 '노예 국민성'은 라이허가 언급했던 것 외에도 장원환張文環의 소설 「무거운 짐重荷」(1935)에서 늘 모자를 벗어 선생님께 인사하고 자신이 완전무결하게 허리를 굽혀 절을 했는지 걱정하는 소학생 '젠健'으로 표현되었다. 이로부터 식민 교육이 타이완 사람들의 사상 형성에 미친 효과를 어렵지 않게 이해할 수 있다. 『타이완신민보』 333호의 '섬 소식島都所聞'란에 다음과 같은 글이 실렸다.

> 며칠 전 모 제국대학 총장이 이 학교에 재학 중인 타이완 학생들에게 "자네들이 만약 국민성을 함양하지 못했다면 졸업한 후에 비록 관청에 취직한다 해도 필경 내지인과 동등한 지위를 얻을 수 없을 것이네"라고 말했다 한다. 최고 학부의 학장이 이런 구사상적인 말을 내뱉다니. 도대체 타이완 사람들이 일본어를 구사하고 내지의 옷을 입어야만 비로소 일본 국민이라고 한단 말인가?

이른바 '국민성 함양'의 속뜻은 일종의 길들임이며, 결코 국민성의 승화가 아니다.

라이허의 초기작 「무료한 회상」을 다시 보자. 라이허는 반식민과 반봉건의 전략을 고민했을 뿐만 아니라, 식민지 지식 엘리트가 은연

---

31 許佩賢, 『塑造殖民地少國民－日據時期台灣公學校教科書之分析』, 台灣大學歷史研究所碩士論文, 1994.6, 51면.

32 공학교의 역사 교육에 대한 연구는 蔡蕙光, 『日治時期台灣公學校的歷史教育－歷史教科書之分析』, 台灣大學歷史研究所碩士論文, 2000 참조.

중 겪었던 사상의 위기를 의식했을 것이다. 그것은 '근대성의 위기'와 '사상 동화 위기'이다.

「귀가歸家」(1932)는 지식인을 주인공으로 하는 라이허의 소설이다. 일찍이 장헝하오張恆豪 선생이 이를 루쉰의 「고향故鄕」과 함께 논한 적이 있는데[33] 지식인이 이 소설 속에서 어떤 역할을 하는지는 지적하지 않았다. 「고향」의 결말에서와 같이 「귀가」의 '나'는 선실 속에 누워 고향을 떠나면서 자신이 가야할 길을 가고 있음을 명확히 깨닫는다. 계몽가가 자신의 운명을 자각하며 고향과 작별하는 이 장면에서 지식인은 근대적 계몽을 긍정하고 있다. 하지만 식민지하의 라이허가 직면해야 했던 근대성은 일본의 식민 문화였다.

「귀가」에서 귀향한 지식인 '나'는 십수 년 동안 타향에서 공부한 졸업생이다. 그는 귀향 후 한동안 적당한 직업을 구하지 못해 온종일 집에 있으면서 외부와 단절된다. 그는 학생 시절 여름 방학에 귀향했을 때 학생들과 고향 사람들이 별개의 세계에 사는 것 같다고 느꼈다. "여름방학 때 모든 학생들이 다 돌아왔지만 그들은 고향에서 학생들만의 단체를 형성하며 놀았다. 항상 같이 노는 친구가 있어 자연히 고향사람들과는 소원해졌다."(前衛版 1, 22면) 이러한 상황은 졸업 후 귀향한 뒤 더욱 심각해진다. 고향 사람들과 함께 할 취미와 화제가 전혀 없었다. "사람들의 취미가 완전히 달라 갈수록 사회와 자기 사이에 도랑 하나를 두고 있는 것처럼 느껴졌고 감히 밖으로 나가지 못해 갈수록 무료하게 느꼈다."(前衛版 1, 22면)

이러한 지식인과 비지식인 사회의 간극은 교육이 지식인에게 상

33 張恆豪, 「蒼茫深邃的時代之眼－比較賴和'歸家'與魯迅'故鄕'」, 『賴和及其同時代的作家－日據時期台灣文學國際學術會議』 發表論文, 1994.11.

층 / 하층계급을 구별하는 가치관을 형성시켰기 때문이다. 소설 속의 '내'가 공학교 동창이었던 친구와 만났을 때 보여주는 반응은 매우 전형적이다. '내'가 노동일하는 소상인 동창과 마주쳤을 때 한편으로는 그가 진학 못한 일로 괴로워할까봐 두려워하면서도 다른 한편으로는 그와 말이 통하지 않을까봐 고의로 피했다. 하지만 동창의 반응은 뜻밖에 오히려 친밀했다.(前衛版 1, 22~23면) 옛날에는 공부할 줄 몰라 '내'게 무시당했지만 지금은 '부호富戶'가 되어 '신사반紳士班'에 들어선 몇몇 친구들을 만나게 되자 '나'는 한번 인사를 나눠야 하지 않을까 생각을 하였지만 실제로 그렇게 되자 또 오히려 뜻밖의 냉담한 대우를 받아야했다.(前衛版 1, 23면)

주목할 만한 것은 소설 속의 '내'가 고향 사람들과 거리가 있다고 생각하면서부터 자신을 되돌아보고 자신의 사상을 반성하기 시작했다는 점이다. 지식 엘리트들은 학교 교육으로 양성된 근대 국민의 태도로 고향에 돌아오고 곳곳에서 일련의 근대적 가치의 가늠자로써 고향의 '진보' 여부를 측량한다. 이때 그가 비지식인 계층에게서 얻은 '반응'과 '교훈'이 소설의 독특한 긴장을 형성하고 있다.

'나'는 아이들이 모두 공립학교에 입학하면서부터 자신의 유년시절처럼 패거리를 이뤄 싸우는 아이들이 없어졌다는 것을 발견한다. 이러한 교육의 보급은 '내'가 사람들의 사상이 변했다고 생각하게끔 만든다. 또한 신도시도 같이 형성되었는데, 이는 '거리 풍경'의 변화에서 드러난다. '나'는 지금이 어렸을 때와 '매우 다른 모습이며' 특히 거리에서 꽹과리 소리가 들리지 않는 점이 '매우 변화된 것'이라고 생각한다. 꽹과리 소리와 함께 두부간식 장수, 크림 장수, 짜고 시고 단 것들을 파는 장수, 말린 사탕수수 장수, 고기 쫑즈粽子 장수 등이 사라졌다. 다만 남아있는 엿과 탕위안湯圓을 파는 사람만 십여 년 전과 같았다.

도시의 거리엔 새로운 건물이 세워졌으며, 신흥 거리엔 높고 큰 신축 양옥들이 부근의 낡아빠진 가옥과 대비되어 '이십세기의 계급 대립을 분명히 상징하고' 있었다.(前衛版 1, 24면) 시장은 여전히 시끌벅적하지만 이전의 '큰 사업들'은 소매하는 '작은 장사'로 바뀌었다. '나'를 더욱 더 감탄하게 만든 것은 현지 신앙의 중심인 마조묘媽祖廟를 모시는 사당이 철거된 것이다. 지방 인사들이 미신을 타파하려 노력하는 줄은 알고 있었다. 그러나 '나'는 곧 마조묘가 없어진 이유가 마을사람들이 그것을 재건할 돈이 없었기 때문이라는 것을 알게 되었다. 이것은 전혀 '생각지도 못했던 일이었다.' 이 밖에도 '내'가 예상치 못한 것은 '거지'가 사라졌다는 점과 관청에 거지를 쫓아내는 일을 전담하는 사람이 있다는 점이다. '나'는 "설마 걸식하는 것조차 허가를 받아야만 하는 것인가?"(前衛版 1, 25면) 하는 의혹마저 들었다. 이는 상술한 라이허의 「무료한 회상」에서 나온 '시대의 진보와 사람들의 행복'이 서로 '별개의 일'이라는 말과 호응한다. 진보가 사람을 행복하게 할 것이라는 생각이야말로 진보주의, 개인주의를 믿는 신식 지식인의 맹점일 것이다.

'시대의 진보'를 기약하는 교육 보급, 시가 정비, 높고 큰 양옥, 미신 타파 등의 사물과 관점이 출현한 동시에 그 맞은편에는 낡아빠진 가옥, 줄어드는 장사규모, 재건할 재력이 없어 황폐해진 마조묘 등이 놓여있다. 이러한 대비는 진보를 외치는 식민 구호하에 타이완 서민의 생활이 몰락하는 상황을 폭로한 것이라 할 수 있다.

한편 라이허는 미신 타파를 초래한 시대적 요구와 식민주의적 요구가 무엇인지 변증법적으로 고찰한다. 그가 양서우위와 공동으로 쓴 「미신으로 말하자면就迷信而言」(1934.10)은 대계혁신회大溪革新會의 『혁신』에 실린 소설이다. 미신이 물론 타파되어야 함을 지적하지만, 그는 너무 빨리 진행됨을 애석해한다. 미신 타파의 원인은 '불경기의 강풍'(前衛版 3, 100면)이었다. 이처럼 미신 타파와 무관한 경제 상황이 미신 타파뿐만 아니라 수많은 변화를 야기하였다. 이것이 라이허가 식민 전략을 시종일관 비판한 이유였다.

그는 진보 논리에 대해서도 비판적이었다. 식민자가 진보라는 구호 아래 자행한 식민 폭력에 대해 라이허는 여러 차례 문제를 제기하였다. 그의 첫 번째 소설 「야단법석」(1926)에서 라이허는 한 노인의 입을 빌어 다음과 같이 말했다.

> 그 시대에는 지방 자치의 권한이 지금처럼 모조리 빼앗기지 않았고 매우 큰 권위를 가지고 있었다. 촌락에 거주하던 사람들은 누구를 막론하고 그 촌락의 일이면 모두 의무적으로 분담하였다.[34] (前衛版 1, 37～38면)

촌락 행사에 대한 묘사로 반봉건의 뜻을 담고 있다. 하지만 라이허는 마을에 대한 촌락민의 애정을 긍정적으로 보았다. 그가 보기에 지방 자치의 권한과 촌락민의 공동체의식이 사라진다는 것은 일본 식민주의의 확장을 의미했다. 여기서 작가 라이허의 시각이 반식민주의・계몽주의 운동가의 그것과 다름을 알 수 있다. 라이허는 이성과

34 우원싱의 말에 따르면 타이완 사회의 지도 계층 역시 청대의 지방 통치 중의 지방 사무에 대한 결정과 영향력을 이미 잃어버렸으며 "단지 식민 행정 임무를 수행하는 보조 도구로 변했다"고 한다. 吳文星, 『日據時期台灣社會領導階層之硏究』, 台北 : 正中出版社, 1992, 372면.

현실을 중시하는 대신 인성과 역사를 중시하는 시각에서 반식민주의·계몽주의 운동을 펼쳤던 것이다.

그러나 일본의 교육을 받으며 성장한 식민지 지식 엘리트는 타이완 서민(비지식인)과 마주치며 가치관의 혼란을 겪는다. 「귀가」에서 지식인인 '나'와 비지식인인 소상인은 진보에 대해 서로 다르게 평가하고 있다. '나'는 이전보다 물가가 좀 높긴 하지만 수입이 비교적 좋아졌다고 생각한다. 또 학교에서 배우는 국어(일본어)가 생활에 득이 될 것이라 생각한다. 하지만, 나이 든 소상인에게 이런 말들은 모두 '아이들이나 하는 말'이다. 소설은 일인칭 서술자 '나'가 문제를 제기하면 소상인이 그에 반박하는 대화를 따라 전개된다. 소상인이 대화를 주도하고 '나'는 주로 듣는 역할을 맡고 있다. 소상인은 지식 엘리트인 '나'가 진보에 대해 이야기 하자 이것을 '아이들이나 하는 말'이라고 비판한다.(前衛版 1, 15면)

아! 애들이나 하는 말을 하는군. 지금 열 몇 전의 돈이라고 해도 어찌 예전의 일전에 비하겠는가, 그때가 정말 좋았지! 말하니 마음이 아프군. 우리는 얼마 못 사는데, 그런 날은 이제 다시 오지 않으니.

그때는 참으로 좋았지! 지금처럼 경찰도 없었고……

내 이웃집 양楊가네 사내아이는 학교 졸업생인데 (…중략…) 쓰기, 읽기, 산수, 뭐 하나도 할 줄 아는 게 없으면서 늘 잘난 척이나 하고 고된 일 하기를 원하지 않는다네. 지금은 매일 그냥 거리나 돌아다니고 있지.

> 나는 일찌감치 알아차렸지, 그래서 내 아이는 학교에 안 보냈어. 6년간 쓸모없는 몇 마디 일본어를 배워 뭐에 쓰겠나?

> 일본말로 먹고 살려면 여러 군데 머리를 조아리며 부탁을 해야 돼. 안 그래도 되면 다행이지. 하지만 나 같은 사람들의 몫은 없어. 집에서 언제 일본어를 쓰겠나. 순사가 와서 호구 조사할 때나 한 마디 할 뿐이지.

> 이뿐만이 아니네, 6년 동안 학교에 다녀도 타이완 글자는 한 자도 안 배웠으니, 편지를 쓰려면 다른 사람에게 부탁하러 가야 한다네.(前衛版 1, 27~28면)

이러한 '일자무식'의 연장자가 마치 '아이'에게 훈계하는 듯한 대화는 순사가 오는 바람에 중단된다. 이때 '나'는 다음과 같은 한 마디를 남긴다.

> 학교는 단순히 이야기하고 글자만 배우는 곳이 아니며 국민성을 함양해야 하는데.(前衛版 1, 29면)

「귀가」와 「무료한 회상」 그는 식민 교육과 일등 국민의 국민성에 주목한다. 국민성의 양성은 지식인을 이등 국민화하여 식민 권력망 속으로 얽혀들게 만든다. 이로써 지식인은 소상인의 세계, 타이완 서민 생활과의 연계에서 멀어진다. 이는 사실상 타이완 향토가 그를 '포기'한 것이다. 식민 교육이 만들어낸 상품인 지식인이 결국은 타이완에 쓸모없는 것이 되고 마는 것이다. 「귀가」는 처음부터 이렇게 말한다.

한 상품이 공장에서 설사 불합격되더라도 다시 제조할 수 있지만 일단 시장으로 운반되어 쓸모가 없고 고객의 뜻에 맞지 않다면 영원히 버려질 수밖에 없다. 나도 학교를 졸업할 때 이렇게 버려질까봐 두려워하는 마음으로 매우 불안하게 고향으로 돌아갔다.(前衛版 1, 21면)

식민 교육의 목적이 '허위적'인 일등 국민 의식을 지닌 식민 지식인을 훈련시키는데 있음을 폭로하고, 식민지 지식인의 취약한 자아 정체성을 비판하는 글이다. 계몽 혹은 반식민주의적 시각에서 보면 라이허의 자아비판과 사유의 깊이를 알 수 있을 것이다.

6. 나가며 – 해체 이후

아직까지 체계적인 라이허 사상의 분석은 이루어지지 않았다. 라이허는 문학 창작과 사상 두 가지 면에서 독창성을 지니고 있다. 비록 라이허에게 이론적 기초는 없었지만 그는 일제강점기의 중요과제에 대해 각별한 관심을 기울였다. 그의 종족, 법률, 경찰, 식민교육 등의 식민 폭력에 대한 비판은 식민지 지식인의 정신사와 중대한 관련을 갖는다. 이러한 라이허의 저작물들은 일제강점기 지식인의 정신사를 분석하는 데 도움이 된다.

이상 본고는 라이허 문학 속에 드러난 반식민 사상에 관해 분석했다. 기본적으로 그의 반식민 사상은 식민주의 담론을 해체하려는 시도였다. 그것은 식민자에 대한 탈식민주의적 대응이다. 그렇다면 라이허는 계급 충돌처럼 타이완 내부에서 발생한 현상에 어떤 식으로 대응하였는가? 그리고 식민자에 의한 타이완 전통의 왜곡과 파괴에 대해 라이허는 어떠한 주체적 사상을 제기하였는가? 이와 같은 것들은 남은 연구 과제이다.[35]

이 밖에 라이허는 신구 두 세대를 경험한 지식인이다. 때문에 그의 시각이 구지식인이나 일본어를 쓰는 신지식인의 관점과 다름을 주목해야 한다. 바꾸어 말하면, 상술한 라이허의 반식민 담론과 예언자적 사색은 시대를 앞선 선각자적 면모를 보인다. 이를 전후 두 세대 지식인과 비교할 수 있을 뿐만 아니라 이를 통해 세대 차이를 발견할 수도 있다. 그리고 이러한 강렬한 반식민주의와 본토 색채의 사상성은 우리가 오늘날 직면하고 있는 후기 자본주의사회, 세계화의 조류에서 타이완 본토의 대응책을 사고하는 데 좋은 참조점을 제공하고 있다.

35 이 부분은 지면의 한계로 다시 논할 수 없으니 필자의 박사논문 제8장 「賴和文學的思想特質(2)－啓蒙主義, 本土主義與左翼思想」을 참조.

30년대 타이완 작가의 근대성 추구와 저항*

천팡밍陳芳明

1. 들어가며

근대성modernity은 식민지 사회의 지식인이 공동으로 직면한 중요한 의제이다. 일본 식민통치하의 타이완 작가도 당연히 예외는 아니다. 1895년 타이완이 일본에 할양된 이후 사회 전체는 농업경제를 기초로 하는 봉건사회에서 점차 자본주의와 공업 경제를 기초로 하는 현대사회로 전환되어 갔다. 자본주의의 급속한 발전은 타이완의 생활 방식을 바꾸었을 뿐만 아니라 타이완 주민의 가치 관념과 사고 체계도 변화시켰다.

타이완에서 자본주의는 1930년대에 안정화됐다. 이 시기 타이완 작가는 근대화가 막을 수 없는 세계적 흐름임을 의식하였다. 일본 자본주의의 강력한 주도하에 전통사회는 변화, 해체되기 시작했다. 특

---

* 이 글은 성옥례가 번역하였다.

히 공업화와 도시화로 인해 새로운 생활 질서가 자리잡아갔다. 이성을 근거로 건립된 이 같은 과학과 진보의 문명이 타인완인에게 가져다 준 것은 과연 행복이었을까 아니면 재난이었을까?

타이완 작가들은 공업화와 자본주의의 성장에 따라 사회 계급이 분화되어간 과정을 묘사했다. 계급을 구분 짓는 경계는 종족의 차이에 근거한 것이었다. 구체적으로 타이완 사회의 자본가 계급 대부분은 일본인이었고 중하층계급은 모두 타이완인이었다. 따라서 식민제도하의 차별은 일본인 자본가와 타이완 농민, 노동자의 구분에 따라 분명하게 갈리었다. 그러므로 타이완 작가들은 소위 근대성이 식민주의를 은폐하고 있음을 알고 있었다.

이러한 상황에서 타이완 작가는 한편으로 사회가 진보되길 바라면서도 한편으로는 식민성이 타이완인에게 강제되는 것에 저항하였다. 식민주의에 저항하려면 근대화를 비판하지 않을 수 없었고 근대화의 세례를 받아들인다면 식민통치도 함께 받아들여야 했다. 이러한 모순적 상황에서 타이완 작가의 문학을 통한 탈출구 모색은 어떤 식으로 진행되었을까?

본고는 근대성에 대한 1930년대 작가의 사유를 검토하고자 한다. 1932년 도쿄의 '타이완예술연구회'가 발행한 『폴모사福爾摩沙』, 1934년 '타이완문예연맹'이 출판한 『타이완문예』, 1935년 양쿠이楊逵가 문예연맹에서 따로 나와 만든 『타이완신문학』 등을 검토하여 근대화 과정 중 타이완 작가들의 주체성 확립 운동을 짚어 보고자 한다. 문학잡지의 소멸과 성장, 문학 결사의 결성과 해체 과정 속에 나타난 작품들과 그 안에 담긴 식민주의 비판, 그리고 근대성을 대면하는 작가의 심리를 살펴보고자 한다.

2. 근대화의 가면, 타이완 박람회(1935)

1930년대, 일본은 두 차례에 걸쳐 대중국 침략전쟁을 감행했다. 하나는 1931년의 9·18사변으로 일본 군벌은 중국 동북지방을 침략했다. 다른 하나는 1937년의 루꺼우챠오蘆溝橋 사건으로 일본 정부가 중국 본토에 감행한 전면적인 군사 침략이었다. 이 기간 동안 타이완은 일본의 전쟁 수행을 위한 착취와 수탈의 대상이었다. 자본주의 경제 위기가 심각해지면서 타이완 내 실업률이 높아지자 타이완 총독부는 위기 상황을 숨기고자 통치 40주년이 되는 1935년에 타이베이에서 타이완 박람회를 열기로 했다.

타이완 박람회는 식민정부가 타이완에서 진행한 근대화 실험의 성과를 전시하여 세계에 자신의 힘을 증명하고자 한 것이었다. 당시 아시아에서 박람회를 거행할 수 있는 능력을 지닌 나라로는 일본 제국이 유일했다. 타이완 총독부가 편찬한 서적에 따르면 1935년 타이완 박람회를 거행한 이유는 '세계 식민의 역사상 처음 있는 성공을 찬양'[1]하는 데 있었다. 박람회의 큰 규모와 내용은 모두 타이완 인민들에게 제국의 영예를 뽐내고 일본의 국력을 국제적으로 보여주기 위해 기획된 것이었다.[2] 회장에는 당시 제국의 확장력을 과시하려는 듯 만주관, 조선관, 필리핀관, 남방관, 복건성 특산물 소개소 등이 들

1 타이완 박람회 협찬회 편집, 『始政四十周年記念台灣博覽會』, 台北 : 台灣總督府, 1936, 1면.

2 이 박람회에 관한 요지를 피력한 연구로는 呂紹理, 「始政四十周年記念台灣博覽會之研究」, 周惠民 主編, 『北台灣鄉土文化學術研討會論文集』, 台北 : 國立政治大學歷史系, 2000, 325~356면 참조. 타이완 박람회의 도편 회고로는 程佳惠, 『台灣史上第一大博覽會－1935年魅力台灣show』, 台北 : 遠流, 2004 참조.

어서 있었다. 전시 기간 동안 타이완 각지의 민중들이 참관에 동원되었을 뿐만 아니라 수많은 아시아 국가의 민중도 관광이라는 명분으로 이 전람회를 구경했다. 국위를 선전하는데 있어서 박람회는 효과적인 수단이었다. 어느 누구도 근대화가 타이완 사회에 초래할 위기를 예상하지 않았다.

박람회의 성공은 타이완 총독부가 구축한 일본 패권 담론을 강화했다. 이 같은 패권 담론의 핵심은 근대화 공정의 위대함을 강조하는 것이었다. 그것이 만든 충격은 가히 무한했다 할 수 있다. 과학과 진보의 명목하에, 근대화는 공업 문명과 도시 문명을 불러왔다. 하지만 근대화 과정 중 타이완 인민이 희생되었다. 박람회의 휘황찬란한 조명이 제국의 번영을 밝히는 그 이면에는 타이완의 수난의 역사가 숨겨져 있었다.

박람회가 재현한 것은 일본 식민정부가 행한 40년 통치(1895~1935)의 치적이었다. 그러므로 박람회 개최의 의의는 박람회 자체에만 한정되지 않았다. 그것이 발산해내는 정치권력과 문화적 암시는 제국을 선전하는 기능보다 더 깊은 영향을 미쳤다. 문화적 의미에서 이 전람에는 타이완인의 역사 기억을 재편하는 효과가 있었다. 그렇기 때문에 박람회의 전시 내용에서 근대화 과정 속 타이완인의 역할은 전혀 찾아볼 수 없었다. 다시 말해 타이완의 근대화에서 타이완 인민은 부재했다. 볼 수 있는 것이라고는 통치자의 기획과 업적뿐이었다. 그것은 일본인이 없었다면 타이완 사회의 개조 또한 없었을 것이라고 선언하는 듯했다.

타이완 총독부가 근대화의 공적을 선전하는 동안 무의식적으로 과학과 진보의 정신이 식민체제와 동일시되기 시작했다. 일본 문명이 선진문명이라는 관념이 타이완인에게 각인되었다. '선진적'인 일본의 통치 아래서 타이완 사회는 낙후된 것으로 보이기만 했다. 더욱이 타이완 박람회와 같은 거대한 서사 앞에서 타이완인이 느낀 두려움의 정도는 상상할 수조차 없었다. 식민패권의 담론이 강화, 제고되고 복제, 전파되자 타이완인들의 문화 이해에 동요가 일어날 수밖에 없었다. 구체적으로 근대화와 일본화라는 두 관념 사이에 종종 혼동이 발생하였다. 무엇이 근대성에 속하고 무엇이 일본성에 속하는지, 식민지 지식인은 분명하게 구별할 수 없었다. 이러한 혼돈이 지식인들 사이에 만연되어 갔다.

뒤늦은 근대성belated modernity은 줄곧 식민지 사회의 과제였다. 늦었다는 감각이 늘 식민지 지식인으로 하여금 어떻게 하면 시급히 따라잡을 것인가를 사고하게 했다. 하지만 따라잡는 방식은 사람마다 일치하지 않았다. 자각적인 지식인은 비판적 태도를 유지했지만 더 많은 지식인들은 모방과 복제의 방식으로 자신의 인성을 개조하려 하였다. 전자의 역사의식은 매우 명확해서, 근대화 물결 속에서 자신의 문화적 주체성과 역사 경험을 유지할 방법을 알고 있었다. 이들과 비교하자면, 후자의 역사의식은 박약했다. 그들은 근대화 배후에 숨겨진 식민성의 본질을 분별해내지 못했다. 역사의식을 갖추지 못한 지식인은 근대화의 목표에 도달하기 전에 반드시 자신이 먼저 일본화되어야 한다는 잘못된 인식을 갖고 있었다.

앞서 서술한 바와 같이 타이완 박람회의 목적은 근대화라는 명목하에 식민 체제의 약탈을 은폐하는 것이었다. 박람회는 국제적 인정을 받았으며 타이완 내의 수많은 도민으로부터도 부러움과 찬사를 얻어냈다. 그리하여 근대화 담론은 합법적인 근거를 얻을 수 있었다.

선진적인 근대화가 최고의 가치가 될 때 근대화를 반대하거나 비판하는 모든 행동은 불법으로 여겨질 수밖에 없다. 역사적 발언권에 대한 투쟁이 바로 이 지점에서 고하와 우열로 나뉘었다. 일본 식민자가 근대화의 긍정적 의의를 재삼 강조함에 따라 '낙후'되고 '폐쇄'된 것으로 타이완인의 역사는 점차 교체되어갔다. 근대화의 개조 과정에서 얼마나 많은 타이완인들이 압박과 기만과 수난을 당했는지를 '선진적'인 역사 서술은 결코 구체적인 기록으로 남기지 않았다. 타이완인의 역사 기억은 근대화 담론의 선전 가운데 몰래 바꿔치기 당했으며 타이완인은 빈껍데기 주체로 전락했다. 이로 인해 식민자의 역사 서술이 순조롭게 이 빈 주체 속으로 끊임없이 주입되었다.

30년대 타이완 작가가 식민자의 재현의 정치학politics of representation을 전혀 깨닫지 못했더라면 역사 해석권이 일본인의 수중에 들어갔을 가능성이 매우 크다. 타이완인의 역사에 일본인의 형상을 드러낼 것인가 아니면 타이완인의 형상을 유지할 것인가 하는 물음은 식민지 경험에 대한 중대한 검증이다. 자각적인 정신이 특히 왕성했던 30년대 작가들은 소설의 형식을 빌려 식민자가 전파한 근대화의 신화를 폭로하고자 했다. 역사 서술에 있어 우세를 차지한 일본인은 타이완 작가의 작품이 또 다른 재현의 방식으로 자신의 역사 발언권을 새롭게 구축하려 한다는 사실을 미처 예상하지 못했을 것이다. 문학적 발언을 통해 그들은 근대화운동기 식민지 생활의 실상을 폭로하였다.

그들의 작품을 세밀하게 읽어보면 식민 체제가 타이완 문화 주체에게 준 상처와 왜곡을 발견할 수 있다. 또한 피식민자의 저항 의지가 꺾이지도 사라지지도 않았음을 발견할 수 있다. 30년대 이래로 라이허賴和(1894~1943), 천쉬구陳虛谷(1896~1965)와 같은 제일세대 타이완 작가와 양쿠이楊逵(1905~1985), 주뎬런朱點人(1903~1949), 왕스랑王詩琅(1908~1984), 차이츄통蔡秋桐(1900~1984)과 같은 제이세대 작가 그리고 뤼허뤄呂赫若(1914~1951), 룽잉쭝龍瑛宗(1911~1999) 등과 같은 제삼세대 작가가 써낸 소설은 식민 담론과 근대화 담론에 대해 서로 다른 강도로 비판과 저항을 펼치고 있었다. 이러한 증거가 있었기에 식민지 역사의 서사가 쇄신의 기회를 갖게 되었다고 할 수 있다.

3. 뒤늦은 근대성과 국족國族 정체성

식민지 타이완의 근대성 이해는 진보한 서구 사회보다는 많이 뒤떨어진 것이었다. 근대적 생활에 대한 수용은 타이완 섬에서 일본 식민체제가 건립된 이후에야 비로소 전개되었다. 시간관념과 질서관념은 모두 일본인이 강제로 타이완에 들여온 것이었다.[3] 식민 정부가 근대화의 개조에 타이완인의 참여를 요구한 것은 타이완인의 사유방식과 가치 관념을 제고하려는 것이 아니라 전체 식민체제의 건립에 유리했기 때문이었다. 그러므로 근대성의 도입은 식민성coloniality과 밀접한 연관을 지닌다. 이러한 근대성과 식민성의 중첩된 관계가

3 타이완 사회가 받아들인 현대 시간 관념은 呂紹理의 『水螺響起－日治時期台灣社會的生活作息』, 台北 : 遠流, 1997 참조. 呂교수의 연구는 현대 시간에 대한 타이완 민중의 수용은 시계의 수입 물량으로부터 그 증거를 얻을 수 있다고 지적한다. 그는 1920년을 기준으로 하여 그 이전에는 시계 수입의 총액이 10만을 겨우 넘었지만 그 이후 특히 1925년 이후에는 수입 총액이 모두 20만 원 이상(36~37면)이었음을 밝히고 있다. 이를 통해 타이완 인의 현대 시간에 대한 보편적 사용이 나날이 증가했음을 충분히 알 수 있다.

식민지 작가로 하여금 이에 대응할 글쓰기 전략을 구사하게 만들었다. 그들이 증명하는 근대화 운동의 실상은 식민자가 보여주는 것과 전혀 달랐다. 보다 정확하게 말해 식민자가 건립하고자 하는 역사에 대해 식민지 작가는 경사되고 있는 역사 기억을 바로잡으려는 의지를 분명히 보여주었다. 타이완 작가가 소설 형식을 빌려 보여주고자 했던 역사서술은 제국의 치적을 영광스럽게 보는 데 있지 않았다. 그들의 서술 초점은 타이완 민중이 어쩔 수 없이 근대화를 받아들여야만 했던 때의 암담함과 고민을 표현하는 데 있었다. 타이완 인민의 역사는 총독부가 말한 '식민 역사상 전에 없던 성공'이 아니라, 30년대 작가의 문학 작품에 묘사된 것처럼 타이완 문화 주체성이 부단하게 뿌리 뽑혀 나가는 역사였다.

비판정신을 지닌 작가들은 근대성이 타이완에 늦게 도달했기 때문에 타이완인들이 일본을 '선진'으로 타이완을 '후진'으로 오해할 수 있으며, 이로 인해 일종의 문화적 열등감을 가질 수 있다는 사실에 주의를 기울이고 있었다. 다시 말해, 근대화 공정에 직면했을 때, 타이완인이 '시간적 낙후성'의 착각을 일으킬 수 있다고 했다.[4] 이 같은

4 일본인이 말하는 현대화란 때로 '문명화'로 개괄된다. 구체적으로 말해 문명화와 현대화는 일본의 가치 관념으로 정의된 것이다. 일본인의 정의로 타이완의 문화를 평가하면 우월감이 발생하게 된다. 피식민의 타이완 인은 문명화의 척도하에 낙후하다는 감각을 가지게 된다. 유럽 문명이 식민의 수단을 아프리카에 소개했을 때에도 이와 같은 오만한 우월감을 지녔었다. 장기간 피식민 상태였던 흑인 역시 알 수 없는 낙후성의 감각으로부터 벗어날 수 없었다. 이에 관해서는 Walter Mignolo, "(Post) Occidentalism, (Post) Coloniality, and (Post) Subaltern Rationality", in Fawzia Afzal－Khan and Kalpana Seshadri－Crooks, ed., *The pre-Occupation of Post-colonial Studies*. Durham; Duke University Press, 2000, pp.108～110 참조. 邱貴芬 역시 '낙후한 시간성'으로 제3세계의 '부족', '결함' 그리고 '낙후'를 표현하였는데, 이는 일제 점령기 타이완 사회의 피식민 심리를 해석하는데 도움이 된다. 邱貴芬, 「落後的時間與台灣歷史敍述－試探現代主義時期女作家創作裡另類時間的救贖可能」(2001년 6월 2～3일에 국립정치대학 중국문학과가 주관한 '現代主義與台灣文學學術硏討會'에서 발표. 『後殖民及其外』, 台北 : 麥田, 2003, 83～85면에 수록) 참조.

문화적 뒤쳐짐을 어떻게 극복할 것인지가 타이완 지식인들의 근심거리였다.

식민지 타이완에서 종족과 신분의 문제는 흑인의 피부색 문제와 내재적인 연관성을 지닌다. 식민자가 선진적 인종으로 존중받을 때, 피식민자는 종종 몸 안에 흐르는 피와 그것의 연장선인 인격에 대한 자기비하에 빠지기 시작한다. 파농이 "내가 니그로Negro는 죄악의 상징이라고 인정했을 때 나는 나 자신이 니그로를 증오하고 있다는 것을 발견하였다"고 말했던 것[5]처럼 말이다. 같은 상황이 몇몇 타이완인에게도 나타났다. 그들은 자신이 일본인과 평등할 수 없다고 인정하였다. 식민자와 어깨를 나란히 하는 지위에 이르기 위해 그들은 자신의 인격을 개조하려 노력하였고 자신을 상승시켜 일본인이 되고자 기도하였다.

이 같은 타이완인의 인격 결손에 대한 최초의 폭로는 천쉬구의 소설 「금의환향榮歸」에 나타나 있다.[6] 제일세대 지식인인 천쉬구는 제이세대의 젊은이들의 사유체계가 급격히 전환되고 있음을 조금씩 깨닫고 있었다. 소설에서 작가는 일본에 유학 간 한 타이완청년이 문관 시험을 통과한 뒤, 이로 인해 전 가족이 자신들도 권세를 얻은 것 같은 느낌을 가지게 되는 것을 묘사하고 있다. 오랜 동안 억압을 받은 타이완인은 두각을 나타낼 기회를 얻자마자 곧 그들의 몸에 가해지던 식민 억압과 불공평을 망각하곤 했다. 어쨌든 이 청년은 고등문관 고시에 합격하였기에 그 성취가 남다를 수밖에 없었다. 그의 인

5 Frantz Fanon, Trans. Charles Lam Markmann, *Black Skin, White Masks*, New York : Grove Press, 1967, p.197.

6 陳虛谷, 「榮歸」, 『台灣新民報』 제322 · 323호, 1930.7.16 · 26, 9면 · 15면. 이후 陳逸雄이 편집한 『陳虛谷作品集』(上), 彰化 : 彰化縣立文化中心, 1997, 42~54면에 수록.

격은 개조되었을 뿐만 아니라 일본인의 주목도 받게 되었다. 고향으로 돌아가는 기차에서 청년은 "가끔 좌중의 일본인들이 그에게 시선을 보내고 있음을 훔쳐보았다. 그는 더욱 의기양양해졌다. 그는 그들에게 나는 고등 문관 고시 합격자로 타이완인을 대표하는 사람이자 일본국의 수재이다. 결코 당신들이 생각하는 평범하기 그지없는 본토박이나 열등한 민족이 아니다"라고 생각한다.

인격을 결여한 타이완인은 결코 근대화를 통해 변화의 기회를 얻을 수 없었다. 그들은 일본화의 세례를 통해서만 개과천선할 수 있었다. 하지만 이 청년은 근대화와 일본화의 차이를 분별하지 못했다. 최신 유행으로 옷치장을 하고 예의바르고 점잖게 행동하는 등 일본인 이미지를 따르고 있다. 고등 문관 고시에 합격한 이 청년은 인격 개조를 완성한 뒤 결국 자신의 모국어를 잃어버리고 일본어로 말하는 것을 영광으로 여기기 시작한다. 전 가족이 성대한 연회를 베풀어 금의환향한 자신을 환영할 때, 청년은 일본어를 사용하여 친지들에게 강연하였다. 청중 속의 어떤 청년은 이렇게 말하였다. "바야흐로 지금은 일본 세상으로, 일본어로 말하는 것은 존엄의 표시이자 일종의 과시이다."

일본의 문화와 언어는 마침내 타이완인 영혼을 구원해 주는 징표가 되었다. 만약 일본어가 대표하는 것이 존엄이라면 모국어인 타이완어 사용은 자존을 잃는 것을 의미했다. 문화적 지위의 고저가 바로 여기에서 그 경계선을 긋고 있다. 타이완인의 민족적 자괴감이란 이 같은 인위적인 차이가 만들어낸 것이었다. 그는 자신의 언어를 잃어버렸고, 자신의 문화적 주체성도 잃어버렸다. 게다가 '열등 민족'인 타이완인과의 관계에서 벗어나 일본인 신분을 자기 정체성의 목표로 삼았다.

천쉬구는 문화 정체성의 문제를 소설에서 폭로한 유일한 작가가 아니다. 제이세대 작가들에게 이 문제는 문학 창작에 있어 매우 민감한 화두가 되었다. 1935년 차이츄통이 『타이완문예』에 발표한 소설 「흥형興兄」 역시 근대화된 타이완청년이 어떻게 일본화되는지를 묘사하고 있다.[7] 소설의 주인공 홍씨는 원래 사탕수수를 재배하는 농사꾼이다. 자난댐嘉南大圳(핫타 요이치가 지아난嘉南지방에 만든 댐) 건설 이전에 그는 사탕수수 밭을 논으로 개조하려고 결심한다. 곡식 가격이 올라서 돈을 벌면 셋째 아들인 펑얼風兒을 도쿄로 보내 공부시키기 위해서였다. 이 작품은 식민지의 문화 구조를 암암리에 보여준다. 즉 일본은 충분히 근대화된 국가에 속하고 타이완은 봉건적이고 보수적인 농촌 사회에 머물러있다는 것을 이야기한다. 홍씨는 선량한 농민이지만 펑얼은 근대 도시 문화의 영향을 받아 자기 문화의 뿌리를 점점 잃어갔다. 부자 사이에 형성된 세대차는 가족 내부의 문제가 아니라 일본 점거하의 타이완 사회의 축소판이다.

전통적인 본토 문화와 외래적인 근대 문화 사이의 긴장감이 전체 소설을 관통하여 흐르고 있다. 펑얼은 도쿄에서 일본 여성과 결혼한 뒤 고향으로 돌아오지만 자신의 모국어를 거부할 뿐만 아니라 타이완의 풍속과 예교도 더 이상 지키지 않는다. 아들이 일본에서 유학할 수 있도록 가산을 모두 쓰고 말았지만 홍씨는 근대적 지식을 갖춘 데다 일본 관리가 된 아들을 도무지 받아들일 수가 없다. 차이츄통의 작품은 근대성과 근대화에 대해 결코 직접적인 비판을 가하지 않는다. 하지만 이 작품은 홍씨의 실망과 환멸을 통해 타이완의 문화 주

---

7 蔡秋桐, 「興兄」, 『台灣文藝』 제2권 제4호, 1935.4, 126～131면. 이후 張恆豪 편, 『楊雲萍・張我軍・蔡秋桐合集』, 台北 : 前衛, 1991, 209～219면에 수록.

체성이 식민 패권 담론의 침식에 더 이상 저항할 수 없음을 보여주었다. 새로운 사상을 받아들인 펑얼은 결국 가족이 다 모이는 타이완인의 가장 큰 명절인 구정 설날에 고향으로 오지 않는다. 훙씨는 이 때문에 "이런! 천하의 불효막심한 놈 같으니라고! 흥! 아무리 새로워졌다고 해도 이렇게까지 바뀌면 쓰나? 연초에서 연말까지 누구든 한 번은 집으로 돌아와 가족들과 모이는 게 상정이거늘 새해가 밝았는데도 왜 너는 오려하지 않는 게냐?"(59)라며 욕을 퍼붓는다. 효 관념은 전통문화의 기본이다. 펑얼은 도시에서 공직을 맡으며 일본의 생활 습관을 받아들였지만 그에게 이미 효도는 중요한 게 아니었다.

하지만 근대화란 저항할 수 없는 추세였다. 훙씨가 고도古都인 타이난으로 아들을 찾아 문책하러 갔을 때 그는 도시가 기억 속의 옛 모습과 판이하게 다른 낯선 곳으로 바뀌었음을 알게 된다. 향토경물의 변모가 이와 같은데 인심의 변화는 어떠하겠는가. 훙씨가 잃어버린 것은 비단 아들뿐만 아니라 자신의 역사 기억까지도 잃어버리게 된 것이다. 차이츄통 소설은 피식민자가 자신의 역사를 어떻게 유지할 것인가라는 매우 잔혹한 문제를 제기하고 있다. 그나마 자각적인 지식인들은 고유한 역사 기억을 쓰고 보존하여 역사 기록 속에서 자신의 소리를 찾고자 하였다.[8] 그러나 소설 속의 펑얼은 겉으로는 근대화의 가치를 쫓는 것처럼 보이지만 속으로는 이미 피식민화 되었으며 그의 역사 기억은 일본인에 의해 새로이 고쳐 써진 것이다.

차이츄통의 작품은 기억을 보존할 구체적인 답을 제시하진 않는다. 하지만 그는 문화 정체성을 잃어버린 신흥 지식인을 소극적으로

8 Partha Chatterjee, "The Nation and Its Past", *The Nation and Its Fragments-Colonial and Postcolonial Histories*, Princeton University Press, 1993. pp.76~79.

비판하였다. 이 같은 비판의 목소리는 30년대 작가의 내적인 초조함을 보여준다. 그들은 자신의 문화적 주체성을 새롭게 구축하기에 바빴지만 근대화 운동의 거센 흐름 속에서 어디에 중점을 두어야 할지를 몰랐다. 더욱이 자신의 역사 기억이 외래 통치자에 의해 나날이 왜곡되는 것을 목격하면서, 그들은 더욱 절박하게 자신의 역사를 남기려 하였다. 이 같은 문화적 정체성의 소실에 대한 초조함은 주뎬런의 소설에서 더욱 선명하게 표현된다.[9]

1936년 양쿠이가 창간한 『타이완신문학』에 주뎬런의 소설 「껍질을 벗다脫穎」가 발표되었다. 이 작품에서는 타이완인의 '신분'에 대한 성찰이 이루어지고 있다.[10] 타이완인은 태어나자마자 사회의 하층에서 살아갈 운명을 지닌 채 한 번도 신분을 변화시킬 기회를 갖지 못했다. 타이완인이라는 이유로 보수와 승진은 늘 일본인보다 쳐져있다. 소설 속의 산구이三貴는 자신의 신분을 바꾸려고 온갖 노력을 기울인다. 타이완인이라는 절망적인 신분에서 벗어나고자 산구이는 인격을 상승시킬 수 있는 방법, 즉 일본인 신분이 될 방법을 궁리한다. 차이츄통 소설의 평얼처럼 일본인 처를 얻는 방법으로 자아 인격을 개조하는 것이다. 주뎬런의 소설에서도 산구이가 운 좋게 일본 여성과 결혼한다. 하지만 차이츄통의 소설과 달리 산구이는 먼저 일본인의 '양자'가 되어야 했다. 일본인 양부의 성이 공교롭게도 '이누카이犬養'이고 이누카이의 안배로 산구이는 결국 양부의 딸과 결혼한다.

---

9 주뎬런의 문학 사유 가운데 현대화에 대한 복잡한 태도에 관해서는 陳芳明의 「現代性與殖民性的矛盾－論朱點人的小說」을 참조. 江自得 主編, 『殖民地經驗與台灣文學－第一屆台杏台灣文學學術研討會論文集』, 台北 : 遠流, 2000, 63～84면. 본서 95～114면에도 수록.

10 朱點人, 「脫穎」, 『台灣新文學』 第1卷 第10號, 1936.12, 2～51면. 이후 張恆豪 編輯, 『王詩琅・朱點人合集』, 台北 : 前衛, 1991, 255～272면에 수록.

결혼으로 일차적인 인격 개조가 완성되었다. 산구이는 타이완인의 옷을 버리고 타이완인의 신분을 잊는다. 소설은 이렇게 묘사하고 있다. "양력설이 되기 전에 이누카이는 산구이를 자신의 집에서 결혼시켰다. 신정을 쇠고는 곧 따로 살게 했다." 집을 구하는 문제에 대해서 산구이의 부친은 근처에 방을 구하길 원했지만 산구이의 처가 반대하자 산구이는 한술 더 떠 반대했다. 그는 타이완 아이들의 나쁜 습관이 이후 자신의 아들에게 나쁜 영향을 주어 선량한 일본 국민이 될 수 없을 거라고 했다. 타이완인의 '나쁜 습관'이란 낙후된 생활 습성을 말한다. 그리고 일본 국민의 선량함이란 진보한 문명을 암시하고 있다.

이렇게 타이완인의 신분을 벗어나려면 타이완인의 무리로부터 멀리 벗어나야만 했다. 고귀하고 숭고한 인격을 추구하기 위해서 자기 체내의 혈액을 경멸하고 증오하기를 마다 않는 이와 같은 타이완인은 피식민화의 가장 성공적인 사례였다. 하지만 타이완인의 일본화는 철저할 수 없었다. 왜냐하면 그의 뿌리는 여전히 고향의 흙에 남아 있기 때문이다. 이로 인한 이중인격 혹은 정신분열적인 현상은 식민지 지식인의 비뚤어진 마음을 반영한다. 우융푸巫永福의 소설 「머리와 몸首與體」에는 이러한 사실이 매우 생동감 있게 묘사되고 있다.[11]

「머리와 몸」의 주제는 도쿄로 유학 간 타이완청년이 겪는 내적 모순인데 도쿄의 현대생활이 주는 유혹이 원인 중 하나이다.[12] 이는 역사와 가치 사이의 심각한 충돌이었다. 고향이라는 역사 경험은 본래

11 일제 점령기 지식인이 사상과 행동 사이에서 겪은 분열의 상황은 巫永福의 소설 「首與體」가 대표적으로 보여준다. 陳芳明, 「司芬克司的殖民地文學－『福爾摩沙』時期的巫永福」, 『左翼台灣－殖民地文學運動史論』, 台北 : 麥田, 1998, 1～18면 참조.

12 巫永福, 「首與體」, 『福爾摩沙』 창간호, 1933.7, 59～66면. 이후 『巫永福全集』 第10冊 『小說卷・II』, 台北 : 傳神福音, 1995, 1～18면에 수록.

지식인의 성장 과정 속에서 분리해낼 수 없는 것으로, 원초적인 인격의 기초가 된다. 하지만 근대화된 가치 관념은 그의 역사 경험에 냉정하게 충격을 가한다. 소설에서 청년이 근대화된 도쿄에 남기를 결정했을 때, 자신의 역사 기억은 어쩔 수 없이 분열되어야만 했다. 다시 말해 그의 '머리' 곧 사상과 그의 '몸' 즉 행동에 분열이 발생하게 된 것이다. 이러한 이중인격에 대해 소설은 '사자의 머리와 양의 몸을 가진 그리고 사자의 몸과 양의 머리를 가진' 두 마리의 괴물로 형용되어 지식인의 곤경을 매우 생생하게 그려내었다.

식민지 청년은 모체 문화의 낙후성을 적극적으로 극복하려 하지만 구체적인 답을 찾을 수 없었다. 그들에게 가장 직접적이고 편리한 방법은 일본화를 통해 근대화에 이르는 것이었다. 하지만 개인이 '구원'받았다고 해서 전체 사회도 함께 승화되었다는 것을 의미하는 것은 결코 아니다. 그러므로 인격이 승화된 지식인은 '낙후되고 열등한' 본토 문화와 대결할 수밖에 없었고 결국에는 분열의 길을 걸을 수밖에 없었다. 자기 문화에 대해 증오가 충만해야 식민자에게 다가서려는 자신의 행위를 합리화할 수 있기 때문이다.

식민 폭력이 본토문화에 가하는 능멸과 형벌은, 식민자에게로 경도된 지식인에게 있어서는 현대화에 이르기 전에 반드시 거쳐야 하는 진통으로 여겨졌다. 그들은 망각이나 무시 혹은 정신분열이나 경멸과 증오 등 다양한 방식으로 분열된 자아를 극복하고자 했다. 천쉬구, 차이츄통, 주뎬런, 우융푸의 작품은 각기 다른 피식민 인격을 선명하게 보여주고 있다. 뒤늦은 근대성이 초래한 이 같은 문화적 정체성의 동요는 룽잉쭝의 소설 「파파야가 있는 작은 마을植有木瓜樹的小鎮」에서 더욱 적나라하게 표현된다.

「파파야가 있는 작은 마을」은 일본 잡지 『카이조改造』의 9번째 원고모집에서 가작으로 당선된 작품으로 1937년 이 잡지에 발표되었다.[13] 이 소설이 보여주는 타이완 사회는 어둡고 너저분하고 더럽다. 일본 현대 교육을 받은 주인공 천유싼陳有三은 타이완 출신 지식인의 곤경을 꽤 잘 재현하고 있다. 그가 힘써 승진하려 하지 않는다면 결국은 '비굴한 길가의 냄새나는 풀'꼴이 된다. 고정된 정치 구조 속에서 타이완인이라는 신분으로 인해 영원히 생활을 위해 발악해야 하는 진흙탕 속으로 빠져들 뿐이다. 타이완인에게 천유산은 자기도 모를 경멸감을 가진다. "인색하고 교양 없고 저속하고 더러운 집단, 이들이 바로 그의 동포가 아닌가?" 이는 자기 종족에 대해 가지는 최대의 경멸이다. 하지만 천유산은 타이완인이 '저속하고 더러운 집단'으로 몰락한 까닭이 진보를 거절했기 때문이 아니라 식민체제가 이들 종족을 제도화와 합리화로 억압하였기 때문임을 결코 이해하지 못한다.

근대화 운동이 타이완에 도입된 것은 도민의 생활을 개선하기 위해서가 아니었다. 자본주의화, 공업화, 도시화는 타이완인의 존엄성을 결코 제고시키지 않았다. 오히려 그들로 하여금 고통의 심연 속으로 빠지게 했다. 전체 사회가 근대화에 매진할수록 타이완인은 갈수록 근대화가 가져다주는 고민과 비애를 느끼게 되었다. 타이완 신문학의 아버지 라이허賴和는 식민화의 본질을 가장 잘 체현한 작가이다. 그는 깊이 탄식한다. "시대의 진보와 인간의 행복은 원래 다른 것이다. 함께 논할 수 있는 것이 아니다!"[14]라고 말이다. 제도적 억압 아

13 龍瑛宗,「植有木瓜樹的小鎭」, 張恆豪 編,『龍瑛宗集』, 台北 : 前衛, 1991, 13~72면.

14 賴和,「無聊的回憶」,『台灣民報』 제216~222호, 1928.7.22~11.19. 이후 李南衡 主編,『賴和先生全集』, 台北 : 明潭, 1979, 229면에 수록.

래 저속하고 더러운 경지로 내몰린 타이완인은 그들 스스로 선택을 해야 했지만 그들은 결코 근대화의 담론이 단지 가면일 뿐이고 그 가면 뒤에는 식민통치의 본질이 숨겨져 있다는 사실을 알아차리지 못했다. 식민체제의 본질이 변하지 않는 한 타이완인의 신분은 영원히 너절하고 더러운 상황을 벗어날 수 없었다. 일본인은 이 같은 구조적인 격리를 이용하여 스스로를 진보적이고 질서 있으며 효율적인 종족의 범주에 넣었다. 일본인의 인격이 특별히 방대하고 숭고한 것은 근대화의 결과가 아니라 식민체제 덕분에 가능한 것이었다.

소설 속 천유싼이 목격한 타이완인은 다들 사적인 이익을 탐하고 하찮은 일까지 꼼꼼히 따지는 이기주의자들이다. 이 같은 비천한 환경을 벗어나고자 하지만 작은 마을의 나태한 분위기가 오히려 그의 육체를 침식한다. 문관고시에 참가하려 했지만 친구의 냉소적인 질타가 그의 투지를 묶어버린다. "동료와 친구의 입에서 들을 수 있는 것은 다른 사람들에 대한 소문이 아니면 돈과 여자에 관한 것이다. 그들은 현상에 안주하면서 현실 속에서 향락과 만족을 찾으려 혈안이 되어 있다." 천유싼이 본 작은 마을은 타이완의 축소판이며 그가 관찰한 친구는 자기 동포의 모습인 것이다.

도쿄에서 유학했건 본지에서 공부했건 근대교육을 받은 타이완 지식인은 다들 일본인이 행한 인종학상의 분류를 모방하고 있었다. 이 같은 상황은 피식민지인 아프리카에서도 쉽게 찾아볼 수 있다. 그들은 식민자와 피식민자 사이에 등급을 매겼는데 이는 매우 체계적이고 정밀하다. 식민자의 지위는 당연히 피식민자의 신분을 초월하고 있다.[15] 그렇다면 타이완인의 낙후성은 극복할 수 없는 것인가? 소설 속에는 다음과 같은 탄식이 나온다. "이 작은 마을의 공기는 참으로 무섭다. 썩은 과일과도 같다. 젊은이들은 절망의 늪에서 방황하고 있다." 이처럼 타락한 의지가 전체 타이완의 구석구석에 만연해있다. 천유싼의 노력과 희망은 결국 아무런 성과 없이 헛수고로 돌아갔다.

역사 서술의 장에서, 그리고 권력 투쟁의 장에서 타이완인은 모든 것에서 패배하도록 결정되어 있었다. 그들이 인식한 근대성이 시간적으로 늦게 왔기 때문이다. 이미 늦었기에 따라잡으려 노력하는 것은 불가능한 것만 같았다. 1935년 타이완 박람회가 타이베이에서 성대하게 거행되었을 때 식민자는 타이완인의 슬픔을 볼 수 없었다. 반대로 타이완인 영혼이 정복되고 타이완인 정체성이 또 다시 흔들리는 국면이 그들 식민의 성공을 보여주는 두드러진 증거가 되었다. 그러나 30년대 타이완 작가들은 정체성 동요 현상을 드러내는 것을 근대화 공정에 대한 가장 큰 저항으로 삼았다. 그들은 타이완인의 문화적 정체성의 혼란을 '증거'로 하여 근대화의 가면을 벗기고 후대 사람들이 식민화의 진상을 보도록 한 것이다.

4. 불완전한 근대성과 저항문화

아르헨티나 사상가인 듀셀Enrigue Dussel은 이렇게 지적한다. "근대성은 절대적으로 유럽 문화 현상에 속하는 것이다. 근대성의 확장 역시

---

15 David Spurr, *The Rhetoric of Empire-Colonial Discourse in Journalism, Travel Writing, and Imperial Administration*, Durham : Duke University Press, 1993, pp.68~69.

본질적으로 제국주의와 밀접하게 연관되어 있다. (…중략…) 근대성이 탄생했을 때 유럽이 세계 역사의 중심이라는 사실도 선언되기 시작했다. 그리하여 이 중심을 둘러싼 주변 지역이라는 것도 곧 유럽 스스로가 정의내린 것이다."[16] 이것이 유럽인이 최초로 지닌 근대성에 대한 사유라 할 수 있다.

근대성의 제기는 유럽 역사의 맥락 속에서 연역되어 나온 것이다. 그들은 근대성과 과학을 근대사로 진입할 필수 조건으로 보았다. 그리고 이러한 조건은 기타 주변 국가가 지닐 수 없는 것이었다. 그들의 문화적 우월감과 문화 확장론은 모두 근대성을 기초로 하고 있다. 아시아에서 일본 제국은 유럽 문화의 모방을 자아 근대화의 출발점으로 삼았다. 일본은 아시아의 기타 국가보다 시간적으로 앞서서 근대성이 어떤 것인가를 인식하였다. 이 시간적인 우선성이 일본으로 하여금 문화적 우월성을 선언할 조건이 되게 했다. 유럽인처럼, 일본인도 주변 국가의 낙후에 기대어 그들 자신이 문화의 중심이라고 정의했다. 일본 식민주의의 확장은 이 같은 문화 우월론과 불가분의 관계를 가진다.

30년대 두 차례의 중국 침략 전쟁이 발발할 즈음, 타이완 총독부는 박람회를 이용하여 현대문화의 우월성을 전시하고자 했는데 이는 곧 이 같은 중심론에서 나온 사고였다. 타이완 작가들은 이러한 일본 제국주의의 배후에 숨겨진 문화적 우월론에 대해 모르지 않았고 박람회가 표방하는 근대화 성과에 대해서도 투철한 인식을 갖게 되었다. 그들은 문화적 정체성의 동요를 묘사하면서 근대성에 끼어 들어온

16 Enrique Dussel, "Eurocentrism and Modernity", *Boundary 2* 20-3, 1993, p.65.

식민성의 허위에 항거하였고, 사실주의 기법을 역사 서술의 형식으로 삼아 식민자가 독차지한 역사 발언권 밖의 영역에서 자신들의 역사적 기억을 보존할 공간을 열고자 했다. 타이완 작가가 구축해낸 역사의 주축은 휘황찬란한 일본 관방의 기억과는 완전히 달랐다. 그것은 근대화 아래서 살아가고 있는 타이완 인민의 고통을 보여주었다.

일본인이 근대화의 성취를 노래하던 1935년 즈음, 타이완 작가가 문학의 형식으로 진행한 자아의 드러냄은 역사의 진실에 대해 따져 묻고 있다. 이보다 조금 이른 1932년에 라이허가 발표한 소설 「풍년豐作」은 자본주의가 어떻게 농민을 약탈하는 지를 최초로 폭로하였다.[17] 사탕수수가 가장 풍년이었던 어느 해, 많은 농민들은 좋은 가격으로 팔 수 있으리라 생각하고 풍성한 설을 맞이할 꿈에 부풀어 있다. 하지만 일본인이 경영하는 제당회사는 사탕수수 풍년이라는 사실에 기뻐하지 않고 오히려 수매 규칙을 새롭게 규정하여 사탕수수 가격을 낮추기에만 급급했다. 분노한 농민이 시위로 항의하려하자, 제당회사는 앞잡이를 이용하여 농민을 분열시켰다. 수매가 시작되자 회사는 또 몰래 무게를 줄이는 방식으로 농민을 속였다. 농민을 진압하여 순조롭게 수매가 이루어진 후, 관방의 보도는 '미증유의 성적'이라며 제당회사의 풍성한 수확을 상찬했다. 이 소설은 처음부터 끝까지 농민의 입장에서 일본 제당회사가 꾸미는 수많은 계략과 함정을 보여주고 있다. 라이허의 글쓰기 전략은 타이완 사회가 근대화의 도정에 억지로 들어섰을 때, 타이완 도민이 얼마나 많은 피와 땀을 바쳐야 제국의 영예를 이룰 수 있는가를 보여준다. 식민의 역사에

17 賴和, 「豐作」, 『台灣新民報』 제396・397호, 1935.1.10, 17면. 이후 『賴和先生全集』, 109~117면에 수록.

있어 어두운 면은 통치자가 말살하려 각고의 애를 쓰는 대상이다. 관방이 각종 매체와 보도 그리고 문건 기록으로 농촌 경제의 진보를 꾸미고 수식할 때, 라이허는 이와는 반대로 사람들이 미처 인식하지 못하는 그들의 수탈 수법을 폭로하였다. 라이허의 비판정신은 이렇게 예리하게 근대화 담론을 겨냥하고 있다.

1935년 등단한 뤼허뤄呂赫若는 일본의 『문학평론』에 발표한 첫 소설 「소달구지牛車」에서 정면으로 근대화라는 신화를 겨냥해 의문을 제기하고 있다.[18] 주인공 양톈딩楊添丁은 소달구지로 생업을 이어나간다. 하지만 아무리 힘들게 노력해도 그의 생활은 조금도 나아지지 않을 뿐 아니라, 오히려 갈수록 곤경에 빠져든다. 일본인들은 농촌을 현대화시키기 위해 특히 길을 넓혀 운송 효율을 높이고자 했다. 이는 자본주의의 기본적 논리이다. 양톈딩과 다른 농민들은 그들의 생산방식이 근대화의 속력과 경쟁할 수 없음을 전혀 알지 못한다. 라이허가 암시한 것처럼 시대가 진보할수록 행복과의 거리는 더욱 더 멀어지게 된 것이다. 전통적 생산업은 점점 도태하고 있었다. 설령 일을 한다하더라도 돈을 벌수는 없었다. "소달구지뿐만 아니고 청조 시대부터 있어온 것들은 일본 천지에서는 모두가 쓸모없게 되었지. 우리 집 쌀만 하더라도 원래는 저 하천에서 돌아가는 물레방아에 의지했었지. 그런데 도정기가 나오니 물레방아가 말 할 수 없을 정도로 느리게 된 거지. 그러니 어차피 같은 노력과 돈이 든다면 도정기를 쓰게 되니 말이지. (…중략…) 어쨌든 일본 물건은 정말 무섭지." 이 말은 양톈딩이 잘 아는 한 노인의 말이다. '일본 것은 무섭다'는 사실이

---

18 呂赫若, 「牛車」, 『文學評論』 第2卷 第1號, 1935.1. 이후 林至潔 譯, 『呂赫若小說全集』, 台北 : 聯合文學, 1995, 27~61면에 수록.

모든 것을 대변해준다. 그들이 가리키는 것은 일본의 기계, 기차 등 근대 산업의 도구들이다. 이들 선진적인 도구가 타이완에 들어왔지만 이것이 타이완 도민들에게 근대화의 이점을 가져오지는 않았다. 신작로가 농촌 벽지까지 뻗어 나가면서 자본주의는 서민생활을 더욱 파헤치고 약탈하였다.

근대화는 타이완인의 생활환경을 전혀 개선하지 못했다. 농민의 생계 조건은 갈수록 악화되었다. 넓은 신작로는 농민들의 생업 조건을 더욱 유리하게 만들기 위한 것이 아니었다. 오히려 자본주의가 농민들로 하여금 생사의 경계에 빠지도록 억압하는 도구가 되었다. "도로의 중앙이 좋아지면 좋아질수록 그 길 주변의 달구지 길은 더욱 오고가기 힘들어졌다." 이 같은 객관적인 표현은 중심과 주변의 불평등관계를 정확하게 묘사하고 있다. 근대화는 어디까지나 일본인의 이익을 중심으로 진행되었고 자본주의가 확장될수록 타이완인은 갈수록 주변화되었다. 양톈딩은 결국 이렇게 깨닫는다. "아무 것도 배우지 못했더라도 이건 알 수 있어. 근년의 불경기가 갈수록 바닥으로 떨어지고 있지. 이건 모두 자동차 때문이야. 기계노예! 짐승! 우리의 적. 일본 물건들……. 마음은 적개심으로 불타올랐다." 근대화가 곧 타이완 사회의 적이라는 사실을 깨닫는데 결국 참혹한 대가를 치렀던 것이다.

뤄허뤄의 이러한 묘사에 이르면 반근대화의 이념이 저절로 느껴진다. 그는 일본인이 숭배하고 찬양하는 식민화의 긍정적 가치를 전복시켜서 새롭게 해석해야 한다고 의식한 것이다. 문화 차이라는 시간적 낙후성이 압박과 멸시를 받아야하는 필연적인 이유가 될 순 없다. 타이완 농민의 근면한 성격은 일본 식민 체제로 인해 소외되었다. 뤄허뤄가 암시하고 있는 것은 타이완인이 결코 근면하고 순박한 생활을 포기한 적이 없다는 것이다. 이 같은 자민족의 문화적 주체성은 외부에서 온 강권에 눌려 근면이 더 이상 생계를 유지하는 보증수표가 아님을 보여준다. 더욱 심각한 것은 근면 문화가 오히려 제도화로부터 폄하되었다는 것이다. 뤄허뤄 문학은 일종의 인식론의 돌파epistemological breakthrough를 얻었다고 하겠다. 다시 말하면 근대화의 가치관념이란 모두 식민자 측에서 주입된 것이라는 사실을 알려주고 있는 것이다. 일본인의 가치 관념이 정확하다면 타이완인이 받은 수탈은 합리적인 것이 된다. 뤄허뤄는 이런 신화적인 선전을 받아들이지 않았다. 그는 농민생활의 곤궁한 실태를 증거로 삼아 식민자가 부여한 근대화의 긍정적 의의를 전복시켰다. 뤄허뤄가 진행한 비판의 효력은 이로부터 생겨난다. 「소달구지」가 부단히 다시 읽혀지고 재해석되는 이유는 그것이 근대화의 허위를 거절하였다는 데 있다.

타이완 작가와 식민자의 역사 서술이 분열되었는지의 여부는 전적으로 근대화에 대한 대응태도로 알 수 있다. 일제강점기에 근대화의 세례를 전혀 비판하지 않고 받아들인 이들은 종종 일본인이 구축한 역사의 환영 속에 매몰되었다. 만약 그들이 자각적으로 근대성의 문제를 전복적으로 사색할 수 있었다면 근대화의 개조에 대해 질의하고 도전하였을 것이며 식민체제 속으로 편입되지도 않았을 것이다. 1935년 타이완 박람회를 소재로 쓴 주뎬런의 소설 「가을편지秋信」은 식민자가 건립한 역사 서술을 거절한 예이다.[19]

주뎬런은 새로운 역사적 시야를 개척하고 타이완 박람회의 문화

19 朱點人, 「秋信」, 『台灣新文學』 第2卷 第3號, 1936.3.3. 이후 『王詩琅 · 朱點人合集』, 225~237면에 수록.

적 의의를 새롭게 평가했다. 강력한 근대화 담론을 구축하기 위해 "박람회가 개막되기 전부터 당국자가 모두 선전에 힘을 쏟고 도내의 신문 역시 이에 부화하여 전람을 고취하고 농촌 각지에도 철도부의 사람을 보내어 권유하자 본래 별 소용도 없던 박람회는 그 선전의 마력에 힘입어 열광적인 인기를 누리게 되었다." 주톈런은 이렇게 담담한 어조로 당시를 떠들썩하게 했던 박람회와 일본의 선전을 묘사하고 있는데 도리어 마음속의 저항이 충분히 드러나고 있다. 본문의 서두에 언급한 대로 박람회의 목적은 타이완 총독부가 식민 역사에서 이룬 성공을 찬송하는데 있었다. 관방은 매체와 공무원을 동원하여 타이완 각지에서 이 성대한 박람회를 참관하도록 독려했다. 이는 식민 치적의 합법성을 얻기 위한 것이었다. 「가을편지」의 주인공 더우원斗文 선생은 전통적이고 보수적인 구식 문인이다. 그는 박람회에서 일본인이 '산업 타이완의 약진은 우리 덕이다'라는 등 자만하는 것을 보고 격세지감의 착각을 일으킨다.

주톈런은 구식 서생과 근대 문화를 의식적으로 대조시켜 강렬한 아이러니를 보여준다. 더우원 선생은 타이완의 타이베이에서 박람회의 선전에 대해 항거하는 한편, 이전의 성과 읍이 있었던 유적을 찾으려 한다. 그러나 이미 이전과 완전히 달라진 모습만을 발견할 뿐이다. 더우원 선생은 더 이상 꿈을 쫓지 않고 고유한 역사적 기억만 보존하고자 한다. 하지만 거센 근대화의 물결에 이미 수많은 옛 유적은 흔적도 없이 사라져버렸다. 원래의 문화도 이미 뿌리째 뽑혀 피식민의 상황으로 대체되었다. '약진'이라는 글자가 그로 하여금 후퇴하는 역사를 볼 수 없게 한 것이다.

「가을편지」는 타이완 사회가 근대화의 과정에서 치른 대가가 계산하기 어려운 것임을 드러내었다. 타이완 사람들에게 속하는 역사의 진실은 이미 폐허가 되었고 그 자리에 권력이 넘쳐나는 식민 지배가 들어섰다. 자아의 역사적 경험이 사라질 때, 문화적 주체성의 생명 역시 함께 사멸한다. 이 소설은 타이완 전통 문화의 무력함과 그에 대한 비관을 보여주는 것으로도 볼 수 있다. 주뎬런 역시 소극적이고 부정적인 방식으로 식민자가 치켜세우는 영예와 위대함에 약간의 간섭을 가한 것에 불과했다. 바꾸어 말하면, 타이완인은 소위 식민화와 근대화의 도래에 항거할 수 없었고 제국이 자랑하는 영광을 함께 누릴 합당한 이유 역시 찾을 수 없었던 것이다. 주뎬런 문체의 암담함은 바로 식민자와 그들의 역사 서술에 대한 항거의 손짓이었다. 타이완인의 역사는 급속히 후퇴하여 사라졌다. 하지만 그들의 기억이 공백이라는 것을 의미하지는 않는다. 설령 그들의 문화적 주체성이 뿌리 뽑혔다 하더라도 식민자의 역사 경험을 받아들이게 되었음을 의미하는 것은 결코 아니다.

5. 근대성, 미완의 해석

근대성 문제는 유럽 사회와 식민 모국에서는 그렇게 복잡한 것 같지 않다. 왜냐하면 근대성은 그들 자아의 역사적 경험에서 태어나고 커온 것이기 때문이다. 하지만 이 근대성 문제는 아직 근대 역사 단계로 진입하지 않았던 나라의 경우에 이를 둘러싼 논쟁과 곤혹은 피할 수 없는 것이다. 특히 식민체제가 처음부터 낙후된 사회라고 인식한 곳에서 근대성의 문제가 야기한 쟁론은 가히 무궁무진하다 하겠다. 타이완 사회의 경우, 근대성은 타이완 역사에서 비롯된 것이 아니었다. 그것은 식민자에 의해 강제로 들여온 것이었다. 타이완 주민들이 근대성이 무엇인지 인식하기 시작했을 때, 그들의 역사 경험과 역사의식은 충격을 받지 않을 수 없었다.

30년대 타이완 작가는 근대성이 어떤 것인가를 정확하게 이해하지 못했다. '근대성'이라는 단어가 높은 관심을 받게 된 것은 포스트모더니즘이 수많은 논쟁을 야기하면서부터인데, 이에 참여한 많은 학자들이 근대성의 내용을 돌아보고 정의내리고 또 포스트모더니즘의 한계와 범주를 논의하게 되면서 비롯되었다. 이와 멀리 떨어진 30년대 지식인은 식민체제하에서 자본주의가 가져온 부정적 영향을 체험하고 공업화와 도시화의 구체적 효과를 평가할 수 있을 뿐이었다. 그들이 고통스럽게 생각한 것은 자신이 살아가는 이 땅이 갈수록 낯설게 변해간다는 것이었다. 이 같은 강한 이질감이 그들로 하여금 근대화와 식민화의 문제를 고민하게 했다. 근대화의 영향은 다중적이어서 결코 단순한 사고로 결론 낼 수 없다. 그것은 제국주의 확장의 중요한 일환이자 통치 기초를 공고화시키는 식민주의의 중요한 무기이기도 하다. 하지만 또한 근대화는 객관적인 방식으로 식민지 지식인이 전통적이고 봉건적인 문화의 가치를 평가하여 몽매하고 무지한 상황에서 해방되게 하는 것이기도 하다. 마찬가지로 근대화의 확장 역시 수많은 식민지 지식인으로 하여금 문화적 주체성을 상실하게 하고 나아가 식민자에게 잘못된 정체성을 투사하게도 했다.

일제강점기가 남겨놓은 대량의 텍스트는 새롭게 읽혀져야 하며 텍스트 속에 숨겨진 근대성에 대한 작가의 태도도 새롭게 평가되어야 한다. 본고에서는 문화적 정체성과 저항 문화라는 두 개의 주제로 근대화 세례를 받은 30년대 타이완 작가들이 드러내는 내적 초조함을 살펴보고자 했다. 하지만 총괄적으로 조감하는 방식을 택했기에 세부적인 텍스트 읽기로 들어가지는 못했다. 근대성을 중심으로 식민지 작가의 복잡한 심정을 발굴하는 것이 본문이 예고하는 앞으로의 연구계획이며 그 주제는 '근대성, 미완의 해석'이 될 것이다.

신흥의 비애[*]

차이츄통 소설 속의 반식민 근대성 사상

천젠중陳建忠

1. 들어가며 – 보정保正작가 차이츄통에 관하여

차이츄퉁蔡秋桐(1900~1984)은 윈린현雲林縣 원장향元長鄉 오콰이촌五塊村 사람으로 필명으로는 츄통愁洞, 츄통秋洞, 차이뤄예蔡落葉, 쾅런예匡人也, 위안리아오元寮, 추쿠오秋闊[1] 등이 있다. 차이츄통은 30년대 초기 문단에 등단하였으나 비슷한 시기의 작가인 라이허賴和, 양서우위楊守愚, 천쉬구陳虛谷, 주뎬런朱點人보다는 주목 받지 못했다. 때문에 차이츄통 소설의 특징이 상대적으로 덜 밝혀졌다고 하겠다.[2]

* 이 글은 성옥례가 번역하였다.

1 차이츄통은 해방 후 인터뷰에서 '秋闊'이란 필명을 사용하지 않았다고 했다(黃武忠, 「退隱田園的蔡秋洞」, 『台灣作家印象記』, 台北 : 衆文圖書股份有限公司, 1984.5, 6면). 그러나 『台灣文藝』 2권 6호에 실린 「理想鄉」은 작자가 '秋闊'로 나오고 또 본문의 제목 아래에 또 '秋洞'이라고 되어있다. 이 부분은 더 상세한 고증이 필요하다.

2 본고를 쓰는 동안 1999년에 차이츄통 문학에 관한 두 편의 비교적 구체적인 논문이 나왔다.

차이츄통은 30년대에 '대만문화협회'에 참여하였고 또 '대만문예연맹'의 남부위원도 역임하였으며 동인과 더불어 문예잡지인 『효종曉鐘』[3]도 창간하였다. 그러나 이러한 간단한 자료들로부터 차이츄통의 문학활동을 이해하기에는 역부족이며 따라서 그의 사상경향과 문학특질을 이해하기 위해서는 그의 소설의 독해부터 시작해야한다.

차이츄통은 서당에서 한문 교육을 받은 적이 있기에 시와 사에 능했고 이후 일본 공학교의 교육을 받아서 일본어도 할 수 있었다.[4] 창작을 시작할 당시 백화문을 사용하여 소설을 쓰다가 백화 소설을 발표할 수 없게 되자 전통적인 한시를 썼다. 그는 라이허, 양서우위, 천쉬구 등의 한문작가와 마찬가지로 한문 글쓰기로 자신의 문학적 태도를 보여주었다.

신식교육과 일어교육 역시 그가 '보정保正(保甲제도에서 保를 책임지는 하급관리)'의 직책을 맡고 계몽사상을 지니는데 도움을 주었다. 공학교를 졸업할 때(1921) 차이츄통은 22살이었다. 이때부터 해방 후까지 줄곧 현지의 '보정'을 역임했으며, 일제 점령기에는 '제당회사 원료위원'을 겸임했다. 이처럼 장기간 하급 공직을 맡았기 때문에 그는 식민자, 자본가, 농민 모두와 밀접하게 접촉하며 현실 경험을 쌓게 되

陳家煌의 「保正伯的矛盾」(『台灣文藝』 166, 167합간, 1999.1)과 林慧姃의 「蔡秋洞小說論」(人文・社會・跨世紀－人文學部學術研討會論文, 淡水學院人文學部개최, 1999.6.5)가 그것이다. 본고는 이 두 편과 다르게 '보정'으로서의 차이츄통 작품이 표현한 반식민 근대성의 사상특질을 밝히는데 있다.

3 『台灣新民報』에는 이런 기록이 있다. "郡 내의 元長庄 사람인 蔡秋洞군, 吳仁義군, 吳長卿군과 土庫의 張水牛군 등 여러 유지들이 문예잡지 『曉鐘』의 발간 계획을 세우고 있는데 오는 12월 1일 창간호를 발행한다 한다. 매월 두 차례 발간하며 가격은 매월 24전이다. 虎尾郡土庫埔姜崙 長水牛군의 집이 曉鐘社의 사무실이다." 「文藝雜誌曉鐘來月一日發刊」, 『台灣新民報』, 제389호, 1931.11.7.

4 謝松山, 「蔡秋桐的文學生涯」, 『民衆日報』, 1997.7.25.

었고 이것이 차이츄통 소설의 소재가 되었다. 하지만 직무상 일본인과의 접촉이 빈번했음에도 차이츄통이 늘 한문으로 창작을 한데다 농민의 시각으로 식민지 근대화를 바라봤기 때문에 이 같은 문화적 입장과 공직 신분은 긴장 관계를 이루게 되었다. 이 긴장감이 여타 작가와는 다른 작풍을 만들어 내었다.

대부분의 논자들은 차이츄통을 '농민소설' 작가로 분류한다. 예스타오葉石濤는 이렇게 말했다.

> 토지와 농민을 주제로 한 일제 점령기의 수많은 소설 가운데 조롱과 풍자의 필치로 토지와 농민의 관계를 분명하게 해석하는데 가장 투철했던 작가로는 농촌에서 평생을 살며 농민과 직간접적으로 함께 하면서 그들의 어려움을 잘 알았던 차이츄통만한 이가 없다.[5]

차이츄통의 소설에서 그의 현실 경력이 창작의 주된 소재가 되고 있다. 소설 「보정백保正伯」(1931.2)은 그에게 익숙한 현실 인물인 타이완인 보정을 그리고 있는데 시정무뢰배가 아첨과 밀고를 잘해 보정이 되는 과정을 풍자하고 있다. 이 소설을 시작으로 이후 차이츄통의 수많은 소설 속에 등장하는 같은 종류의 인물을 발견할 수 있다. 이 인물들은 풍자적 수법으로 식민주의의 허구성과 약탈의 본질을 폭로한다. 특히 보정이라는 차이츄통의 신분이 소설 속에서 일으키는 작용은 무시할 수 없다. '보정'은 그의 소설 속에서 빠지지 않고 등장하는데 그의 경험이 그에게 여타 작가와 다른 관찰의 시점을 제공하

5 葉石濤, 「文學來自土地」, 『台灣文學的困境』, 高雄 : 派色文化出版社, 1992.7, 9면.

기 때문이다. 이와 함께 차이츄통과 식민자의 관계에서 발생한 미세한 초조감도 쉽게 발견된다.[6]

「보정백」은 보정이 양력 그믐날에 대인大人(일본경찰)의 숙사에 '오사모烏紗帽를 보내는 장면으로 시작한다. 작자는 음을 맞추는 방식으로 일본어의 '어세모御歲暮'를 중국어의 '오사모'로 바꾸어 송년의례에 해학적인 의미를 부여함으로써 소설 속 인물을 풍자하였다. 이 같은 해학을 통해 차이츄통은 독특한 시각으로 식민지 사회의 각종 권력 관계를 형상화하였다. 밀고와 뇌물을 바탕으로 한 보정의 처세술은 향민보다 많은 이익을 차지할 기회를 갖게 하지만, 그렇다고 해서 식민지 체제에서의 피식민자라는 신분이 사라지게 하지는 못했다. 작가는 보정 아내의 일장연설을 통해 이 같은 식민 / 피식민의 관계를 폭로하고 있다.

어리석기는. 그 인간이랑 이제까지 퍼마셨단 말이야! 땡땡이나 치는 놈. 우리가 굶어 죽는데도 눈이나 깜짝하겠어? 더 좋아라 할지도 모르지. 일 년 내내 술 사주고 대접해 주고. 비록 좋아서 하지는 않았지만. 사람들이 관리와 사귀면 빈털터리가 된다더니 틀린 말이 아냐. 돼지 같이 미련한 사람아. 일 년 내내 선물이다 뭐다 갖다 바치더니 걔네들은 우리에게 한 번이라도 뭐 준적이 있냐. 우리 '진차이進財' 놈이 태어난 지 한 달 때는 물론이고 4월 4일에도 국물 한 방울 없고 만 한 살 때도 없기는 마찬가지야.[7] (178면)

---

6 차이츄통과 식민자의 관계는 복잡하다. 보정 신분인 그는 식민자의 통치에 협조한 타이완이면서 또 문학으로 식민통치를 비판한 작가이기도 했다. 소설 속에는 때로 이 같은 심신의 고통에 관한 서술이 보인다.

7 본고의 蔡秋桐 소설은 張恆豪가 편집한『楊雲萍・張我軍・蔡秋桐合集』, 台北 : 前衛出版社, 1994.10(초판 제3쇄)에서 인용한 것으로 간결함을 위해 인용문 뒤에 직접 페이지를 표기하도록 하고 매번 상세한 주를 달지는 않겠다.

「보정백」은 타이완인의 노예성을 풍자하는 한편 '대인'의 식민성에 대해서도 폭로하고 있다. 또한 타이완 농민이 식민지치하에서 갖가지 권력으로부터 억압받는 현실을 반영하고 있다. 이를 통해 차이츄통 소설이 지닌 '반식민'적인 성격을 찾아볼 수 있다. 차이츄통은 같은 제재로 다시 한 번 창작할 기회를 가지게 되는데 해방 초기의 「봄날의 돼지 세 번 변하다春日猪三郎, 搖身三變」[8](1948)가 그것이다. 이 작품은 정권이 바뀐 이후에도 여전히 노예성을 버리지 못한 세 발 다리 인물(보통 앞잡이를 일컫는 말)을 풍자한 작품으로 차이츄통이 '신분의 정체성' 문제에 주목하고 있음을 보여준다. 이는 통치자와 복잡한 관계를 맺고 있던 차이츄통의 특수한 신분과 관련이 있을 것이다.

'보정'의 신분을 지닌 작가 차이츄통의 현실 경험은 일본 경찰(소설 속의 '대인')을 관찰하는데 있어 일반 작가와는 다른 느낌을 갖게 하였고 이로 인해 그의 반일 풍자소설은 일제 점령기의 '경찰 문제'를 비판하는데 있어 뛰어난 표현력을 가지게 되었다. 그 외에도 '농민소설' 작가로 자리매김한 차이츄통은 식민 자본주의하에서 일본 경찰, 제당회사, 자본가, 보장 등의 계급과 관계 맺고 있는 '농민 형상'을 묘사하였다. 종족, 계급, 자본주의, 식민주의 등에 의해 갖가지 억압이 넘쳐나는 현실에 대한 묘사 속에서 식민지 사회 하층의 생활 양상을 볼 수 있을 뿐만 아니라 타이완인들의 삶의 시간 감각과 공간 감각의 변화도 볼 수 있다. 농민은 이 과정에서 근대화와 식민화 두 흐름 속에 놓여져 있다. 식민 근대성에 대한 이러한 비판이 차이츄통을 여타 농민소설 작가와 구별되게 하는 점이며 이 글의 주요 관심사이다.

---

8 蔡秋桐,「春日猪三郎,搖身三變」,『台灣文學』第2輯, 1948.9.15.

마지막으로 차이츄통 소설의 사상적 성격에 대해 설명하고자 한다. 반일 민족주의 계몽 지식인이었던 차이츄통은 타이완 향토와 농민을 어떻게 대면하고 있었는가? 그의 '계몽사상'과 '반식민사상'은 어떻게 생겨났으며 어떻게 조화되었는지 살펴보고자 한다.

2. 비천한 백성의 희비극—농민 형상과 운명

앞서 인용한 예스타오의 말처럼, 차이츄통은 보정의 신분으로 오랫동안 농촌에서 살면서 농민과 접촉하였다. 그런 만큼 농민생활에 대한 이해가 깊어 그의 '농민소설'은 중대한 의의를 지닌다. 그의 소설이 형상화한 수많은 인물로부터 인간을 응시하는 그의 눈빛이 소설에서 말하는 '비천한 백성'으로부터 벗어나지 않았음을 발견할 수 있다. 「비천한 백성放屎百姓」(1931)의 파거發哥, 「우승기 뺏기奪錦標」(1931)에서 모범 부락의 우승기를 얻고자 농사를 등한시하게 된 촌민, 「신흥의 비애新興的悲哀」(1931)의 린다라오林大老, 「싱형興兄」(1935)의 싱형, 「이상향理想鄉」(1935)의 거지 아저씨, 「씨돼지王爺豬」(1936)의 돼지를 훔쳐 소탐대실하는 백성 그리고 「쓰량쯔투四兩仔土」(1936)의 투거土哥처럼, '아무 데나 똥 누는 비천한 백성'이라는 '명명'과 그 형상의 구성은 차이츄통 소설의 특징이다. 그는 농촌 생활 속으로 깊이 들어가 일상적인 식민지 농촌 문제와 생활상의 변화를 생생하게 기록했다. 그러므로 그의 사상성은 농민생활 묘사에서 파악해야 할 것이다.

차이츄통이 농민소설을 많이 쓴 이유는 그의 계급 정체성과 밀접하게 연관되어 있다. 차이츄통이 발기한 문예잡지 『효종』 창간호에 실린 라이허의 시에는 농사의 어려움이 생생하게 묘사되어있다. 그 중 한 구절이 다음과 같다. "쿵쿵쿵쿵(의성어) / 해가 떠오르면, 구름 붉게 물들고 / 농민들은 일찌감치 밭으로 간다 / 쟁기를 소 어깨에 묶고서 / 전전긍긍 / 관청은 세금 달라하고, 주인은 소작료 내라 한다 / 서리에 찬 바람이 불어도 / 땅이 얼어붙는 것을 생각할 겨를이 없다"[9] 이와 같은 구절은 이 잡지 동인들의 관심 대상이 무엇인지를 잘 보여주고 있다. 차이츄통이 『타이완신민보』에 발표한 신시 「달구지 소牛車牛」(1931)는 소의 노동을 묘사한 작품이다. "바퀴가 덜컹덜컹 / 무거운 짐 싣고서 / 바퀴가 덜컹덜컹 / 길은 또 험하구나 / 바퀴가 덜컹덜컹 / 가도 가도 끝없는 길 / 바퀴가 덜컹덜컹 / 해도 붉게 비추고 / 바퀴가 덜컹덜컹 / 비처럼 흐르는 땀"[10] 등의 구절에서 차이츄통이 지닌 계급 정체성과 사실적 문학 경향을 살펴볼 수 있다.

차이츄통 소설 속에서 타이완 농민은 비겁하고 나약하며 멸시받는 신분을 의미했다. 그렇기에 그의 작품에서 농민은 대부분 행동이 '비열하고' '약삭빠르며' 빈곤과 기아의 나락으로 빠져드는 운명을 지닌다. 총독부에 의해 완간되지 못한 소설 「비천한 백성」의 주인공 '파거發哥'가 겪는 어려움은 '비천한 백성들'에게 일반적인 일이었다.

농사도 짓고 장사도 하고 노동도 하건만 갈수록 왜 세시 삼 끼 먹는 게 이리

9 賴和, 「祝曉鐘的發刊」(詩), 李南衡 主編, 『賴和先生全集』, 台北 : 明潭出版社, 1979.3.15, 339~341면
10 愁洞, 「牛車牛」(詩), 『台灣新民報』 제395호, 1931.12.19.

도 어려워지는 걸까? 생각할수록 알 수 없었다. 그는 다른 사람들처럼 요리집에 가지도 않았고 도박을 한 적도 없었다. 열심히 일하고 아껴 생활했건만 왜 일할수록 가난해지는지, 화전할 땅도 갈수록 적어 지금 남은 것이라곤 화전도 안 되는 풀밭뿐이다. (181면)

세끼의 따뜻한 밥을 위해 열심히 일한 성과는 눈 깜짝할 사이에 사라져버린다. 농민은 그를 가난과 배고픔에 처하게 하는 현실의 근원을 모른다. 그리고 식민자의 그늘 아래서 어떻게 생존해야 하는지도 모른다. 그리하여 타이완의 식민지 현실은 생존을 하나의 '고역'으로 느끼게 한다.

「쓰량쯔투」에 나오는 쓰량쯔투는 그가 형상화해낸 농민 형상 중 가장 선명한 인물로 볼 수 있다. 그의 행동과 운명은 일제강점기 농민의 삶을 구체적으로 보여준다. 쓰량쯔투의 원래 이름은 투거土哥이다. "투거의 몸이 왜소한데다 가벼워서 사람들은 쓰량쯔투라 부르기도 했다."(269면) 아무런 생산도구도 없을 정도로 가난했기 때문에 그에게 '밭일'은 그야말로 '날 노동'과 같았다.

그는 풀 먹일 소도 없었고, 쟁기도 없었고, 자전거도 없었다. 달구지는 당연히 없었다. 비료를 운반할 때 사람들은 수레를 썼지만, 투거는! 그는 어깨를 썼다. (269면)

다른 작품 「이상향」도 농민의 가난한 생활을 다루고 있다. 소설은 마을에서 걸식하는 사내의 거처가 침실 겸 외양간이라, 사람이 짐승과 같은 상황에 처해있다는 사실을 비유적으로 묘사하고 있다.

거지 아저씨의 방은 외양간이기도 했다. 그의 침대는 외양간 한쪽 구석에 놓여있었다. 그것은 방이기도 외양간이기도 했다. 사람들은 마음대로 생각했다. 거지 아저씨가 왜 외양간에서 나오지 않는지, 방을 어떻게 외양간처럼 쓸 수 있는지 말이다! 외양간에서 사람이 자니 어찌 소똥 냄새가 안 나겠는가? 그건 그의 환경이 만든 것으로, 그는 악취를 느끼지 못하는 것 같았다. 소똥 냄새를 싫어하더라도 어찌할 방법이 없었다! (221~222면)

차이츄통은 쓰량쯔투처럼 빈털터리인 농민을 반어적으로 '낙오자'라 부른다. 쓰량쯔투는 부친이 남긴 땅을 '지키지' 못하고 제당회사가 '원하는 대로' 넘길 수밖에 없었다. 소설에서는 이렇게 묘사한다.

K청장은 자신의 업적 중 부족한 부분을 메우고자 친히 왕림하여 유치 중인 죄인 아닌 죄인들에게 다음과 같이 판결을 내렸다. "회사가 니네들의 땅을 사려고 하니 당신들은 팔아야만 해. 옥답은 마지기 당 105원, 좀 덜한 건 65원, 연못은 50원, 벌판은 15원으로 한다." 이 조건을 받아들인 사람들은 집으로 돌아갔지만 그렇지 않은 사람은 승낙할 때까지 유치장에 가두어 두었다. 이로써 불쌍한 투거는 가진 땅을 모두 빼앗기고 상류에서 중류로 미끄러져 내려갔다. 지금은 중류에도 못 미치는 지경이 되었다. 투거는 아무것도 지킬 수가 없었다. 논도 팔아버렸고 집도 개축하지 못했으니 그는 완전히 낙오자가 되어버렸다! (271면)

이처럼 가난하고 나약한 쓰량쯔투 및 그가 대표하는 비천한 백성의 형상을 유심히 살피다보면 농민의 가난과 나약함 뒤에 놓여있는 자본주의와 식민주의의 억압과 착취가 나타난다. 그들의 생활 조건과 생산 조건은 거의 짐승이나 농노에 가까웠다. 제당회사의 날카로운 사이렌 소리는 마치 귀를 찌르는 듯한 배경 음악 같다. 작품에서 농민은 대부분 현실의 억압과 수탈에 순종적인 태도를 취한다. 그들은 반항과 분노의 형상으로 그려지지 않는데 이는 라이허와 양쿠이가 그려낸 농민과 다르다. 하지만 차이츄통이 묘사한 농민 생활은 농민의 생존 곤경이 제당회사와 경찰 폭력 등 식민주의 수탈 기제에 의한 것임을 분명하게 보여주고 있다.

끝없는 노역과 가혹한 세금, '농촌의 황제' 같은 대인, 권력에 기대 위세를 부리는 타이완인 보정, 이것들은 농민의 몸에 붙은 거머리들로 하루가 다르게 농민들을 쇠약하게 만든다. 그리고 '일 할수록 가난해지는' 타이완 농민들의 두려움과 빈곤이 차이츄통이 기록해나간 농민 형상이다.

3. 식민주의의 가면—생활 개선 운동과 경찰 문제

앞에서 차이츄통의 소설 속에 나타난 현실 문제와 그의 현실 경험이 불가분의 관계임을 언급하였다. 그는 시종 '촌락'을 배경으로 식민지하에서 억압 받는 농민을 묘사하는데 힘썼다. 해방 후 차이츄통은 일제 점령기 자신의 창작에 관해 다음과 같이 말했다.

> 당시 나는 보정이었습니다. 그리고 제당회사의 원료 위원을 겸직하고 있었

지요. 제당회사와도 왕래가 있었고 경찰과도 연계를 가졌습니다. 그렇기 때문에 소설 내용에 극한의 반항의식은 적습니다. 단지 정황을 진실하게 기록하였을 뿐이지요. 작품의 주제는 대부분 제 마음 속 모순을 쓴 것으로, 모두가 이 땅에서 일어났던 일입니다. 이름만 바꾸었을 뿐 인물이나 사건은 모두 진실입니다. 게다가 특별하게 반항하고자 하지도 않았습니다.[11]

작품 소재와 작자의 연관성에 대해 말하는 중에 경찰이 언급되고 있다. "경찰과 농민 관계를 묘사한 작가로 가장 먼저 천쉬구와 차이츄통을 들 수 있다"는[12] 어느 논자의 말과 같이 '경찰 문제'는 차이츄통 소설의 주요 주제였다. 일제 점령기 타이완 소설에서 '경찰 문제'가 지니는 의미에 관해 장헝하오張恆豪는 '경찰 문제'를 묘사한 소설로 유명한 천쉬구(1896~1965)를 다음과 같이 논평하였다.

경찰은 일본당국의 식민정책 집행자로 타이완 총독부의 가장 날 선 제압 역량이었다. 그들은 타이완 민중과 가장 직접적으로 접촉하였으며 갈등도 가장 많았다. (…중략…) 그렇기 때문에 경찰은 점차 식민통치의 상징이 되었고 경찰 문제 역시 당시 소설의 공통된 주제 중 하나가 되었다.[13]

천쉬구의 「그가 부자가 되다他發財了」, 「억울함을 호소할 곳 없는無處申冤」, 「폭죽소리放炮」 등이 일본 경찰의 악행을 구체적으로 묘사

11 黃武忠, 「北港地帶的代表人物－蔡秋桐」, 『日據時代台灣新文學作家小傳』, 台北 : 時報文化出版社業有限公司, 1980.8.10, 48면.

12 許俊雅, 『日據時期台灣小說研究』, 台北 : 文史哲出版社, 1995.2, 211면 참조.

13 張恆豪, 「淵水嗚咽暗夜流－陳虛谷先生及其新文學創作」, 『陳虛谷・張慶堂・林越峰合集』, 台北 : 前衛出版社, 1994.10(초판 3쇄), 90~91면 참조.

하면서 경찰의 억압을 형상화하는 데 치중하고 있는 것과 달리 차이츄통 소설은 다른 곳에 중점을 두고 있었다. 그는 당시 타이완 농촌에서 진행된 '생활개선운동'의 맥락에서 식민지 '경찰문제'를 사유했다. 그는 '식민주의'가 '근대화'의 이름으로 진행한 타이완 농촌 생활개선운동이 사실상 농촌 전통문화의 해체와 경제적 빈곤을 초래했음을 폭로하면서 식민주의의 허위성과 수탈을 보여주었다.

상술한 차이츄통 작품의 특징은 「우승기를 뺏다」, 「이상향」, 「신흥의 비애」의 세 편에 집중적으로 표현되어있다. 앞 두 편은 타이완의 농촌 생활개선운동을 배경으로 동원과정에서 타이완 농민이 받게 되는 경제적, 정신적 압박을 묘사하였다. 「신흥의 비애」에서는 자본가와 일본 경찰 C대인이 거짓으로 만들어낸 신흥 읍의 청사진에 농락당하는 농민이 묘사되어있다.

'생활개선운동'은 타이완이 식민화 된 이후 식민정부가 진행한 근대화, 일본화 운동이었다. 전체 운동은 각종 교화단체 설립을 통해 진행되었으며 보갑제도와 경찰력의 지원 아래 생활개선과 풍속교화 및 국어보급 등이 창도되었다. 이 운동은 1937년 '황민화운동'[14]으로 변모, 강화되었다. 차이츄통이 이 운동에서 관심을 기울인 것은 위생조건과 거주 환경의 개선 사업이었다.

「우승기를 뺏다」는 농민이 '학질'을 뿌리 뽑는데 동원되어 문화촌락과 모범부락을 건설하는 과정을 묘사한다. 여기서 작가는 A대인의 형상을 부각시킨다. 종종 그는 A대인이 현지에 대해 '고심'하고 있음을 조롱과 풍자의 어조로 '칭찬'한다.

---

14 '생활개선운동'의 진행과정에 관해서는 王世慶, 「皇民化運動前的台灣社會生活改善運動－以海山地區爲例(1914～1937)」, 『史聯』 19, 南投 : 中華民國史蹟研究中心, 1991.12 참조.

홍! 오직 니네들을 위해서, 니네들의 건강을 보호하려고, 니네들의 위생을 위해 내가 이렇게 고생하는데 이것도 이해 못하다니, 에이! 손이라도 내밀어 보여줄까? 내 손이 얼마나 길고 단단한지를……. (185면)

위생상태를 개선하고 학질을 뿌리 뽑기 위해서 A대인이 요구하는 바는 엄격하다. "대나무 끝은 반 장丈이 되기 전에 잘라야 한다. 그렇지 않으면 벌금. 대나무 마디를 매끈하게 다듬지 않으면 벌금. 대나무 뿌리를 파내지 않으면 벌금. 웅덩이를 평평하게 메우지 않으면 벌금. 풀 더미를 마을 밖으로 옮기지 않으면, 벌금."(187면) 보정이 솔선수범하여 개선 운동을 진행한 이후에 위생 환경은 현저하게 나아진 듯했다.

한 달 정도가 지난 후, 이 우마을牛庄은 진짜로 품위 있고 깨끗하게 정돈되었다. 도로가 평평하게 되었을 뿐 아니라, 마을에 아무렇게나 쌓여있던 풀 더미 역시 사라졌다. 돼지우리는 백성이 말을 잘 듣고 죽을 힘을 다해 따라준 덕분에 마침내 그런대로 모습을 갖추었다. 그리고 사방을 날뛰고 다니던 닭과 오리도 새로운 우리를 갖게 되었다. 우리는 A대인이 밤낮 없이 분주하게 노력한 은혜임에 감사하지 않을 수 없었다. (187~188면)

농촌의 모습은 변했다. 평탄한 도로가 생기고 어지러이 널려있던 풀 더미가 없어지고 돼지와 닭, 오리의 우리도 지어졌다. 그러나 근대 국가를 대표하는 이 같은 변화가 인민의 요구와 무관하게 강제적으로 실현된 것이라 한다면, 식민자가 근대성을 끌어올 때 쓰는 '진보' '현대' '개선'과 같은 선전 문구는 양면적인 의미를 가질 수밖에 없다. 차이츄통은 보정의 입을 통해 노역 때문에 농민이 농사를 방치하고 심지어 생계를 위협받는 고통에 이르게 되었음을 이야기 한다. 여기에서 차이츄통은 식민주의의 가면을 벗기고 있다. 또한 보정 신분을 지닌 차이츄통이 소위 '협력'에 대해 가지는 위기감도 나타난다.

> "일 하러 안 가나?"라고 A대인이 야단치고 모욕을 주니 화를 이기지 못하겠지. 억지로 주민을 불러내 일하게 하다니? 세금 납부는 어쩌란 말인가. 세끼 밥을 먹느냐 못 먹느냐는 별 일 아니라 하더라도, 세금은 씨를 뿌려 수확하지 않고서야 무슨 돈으로 낸담? 그런데 지금 또 사람들이 밭일을 못하도록 하다니……. 보정은 이런 지경에 처한 곳곳의 보갑민들을 생각하자 하마터면 눈물을 흘릴 뻔 했다. (186면)

농민이 농사를 방치하고 문화 농촌의 건설에 투입되는 장면이다. 유사한 장면을 「이상향」에서도 찾아볼 수 있다.

> 오늘은 미화하는 날이다. 마을 사람들은 모두 미화 작업에 가야 한다. 마을의 미화 작업은 종소리를 신호로 알리는데 종소리를 들은 사람은 누구든지 어떤 중요한 일이 있더라도 그 일을 멈추고 미화 작업에 동참해야 한다. (222면)

차이츄통의 풍자 수법은 타이완 농촌의 문화와 옛 습관을 '개선'하고자 하는 일본 식민자의 갖가지 시책의 배후에 여전히 식민자의 수탈 심리가 숨겨져 있음을 폭로하기 위한 것이었다. 이러한 생활 개선의 목적은 A대인이 말한 것처럼 '오로지 니네들을 위해서, 너희의 건강을 보호하고 아무데서나 똥 누는 백성의 위생을 위해서 계획'한 것이 아니다. 그것은 개인의 승급과 부를 위한 것이다. 이와 같은 경찰의 수탈은 일본 제국의 식민통치와 약탈물의 편리한 운반을 위해 이루어진 '도로 공정'이기도 했다.

차이츄통은 이 같은 시대상을 비극적 인물을 통해 서술하지 않았다. 그는 소설 인물의 풍자적 언어를 통해 식민자가 행하는 갖가지 시책의 황당함과 양면성을 지적한다. 「우승기를 뺏다」의 결말에서 A대인은 건설의 공로로 승급하게 되어 송별식을 갖는다. 이 자리에서 농민 대표는 반어법으로 노역의 황당함을 보여주면서 식민자의 시도를 비판한다.

> 우리 이 우마을은 본래 제일 못 먹고 제일 못 입고 집도 제일 형편없는데다 일도 제일 힘든 곳이었습니다. 그런데 이번에는 또 A대인이 은혜를 베풀어 온 힘을 바쳐 우리를 이끌어서 문화촌락을 건설하게 되었습니다. 게다가 일등을 차지했으니 이는 세상에서 최고의 위치를 우리 우마을이 차지하게 된 것이라 할 수 있습니다. 저는 온 마을의 사람들이라면 누구나가 눈물로 감사해 할 것이라 생각합니다. A대인이 떠난 뒤에 후임으로 누가 올지 과연 대인만큼 일 할 수 있을지 걱정이 됩니다. (193면)

「이상향」은 이상향의 완성이라는 운동 관리자의 '치적'을 이루기 위한 것에 불과함을 풍자하고 있다. 이는 대인의 '마음 씀'에 대한 부정과 비판처럼 보인다.

> 죽일 놈! 뒈질 놈! 시가市街가 아니면 시市도 아니지. 도로는 반들반들하게 정리되었는데 변소는 구석진 데 지어야지. 어째 도로변에 세워. 이러다가 변

소시가 되지 않겠어? 어째 다들 도로면에 짓자고 난리야? 대인이 순찰하면 안 보겠어? 쌍놈의 땅, 제명에 못 죽고 뒈질 놈들.(229면)

'생활개선운동'의 이론적 기초는 식민주의가 소리 높여 말하는 식민지 '문화 낙후론'이다. 하지만 일본 식민자의 이익을 전제로 한 '근대화'란 사실 경제적 착취 이상의 의미를 갖지 못한다. 이것이 문화 촌락, 모범 농촌의 달성이 농민의 '무임금 노동'과 경제 파산을 대가로 이루어지게 된 까닭이다.

「신흥의 비애」에서 토착 자본가와 일본 경찰이 공동으로 계획한 신흥 읍의 계획은 표면적으로 땅값 상승과 도시의 번영을 그려내는 것으로 표현된다. "T항은 미래 S회사의 제4공장이 건설될 유력한 후보지로 (…중략…) 바닷가에 앞으로 항구를 건설할 경우 T항은 반드시 경유해야 할 지역이 되므로 당연히 요지가 될 것"(195면)이라는 구호하에 관료와 상인의 엄호를 받아 '사창, 도박, 술장사'와 같은 사업은 흥성하지만 '새로운 번영新興'이라는 구호를 잘못 믿은 보상받을 바 없는 농민들은 오히려 희생된다. 그들에게 유일한 '수확'이란 '에이, 자본가의 속임수에 완전 속아 넘어갔잖아'(207면)라는 깨달음뿐이다.

시종 '문화 촌락', '모범 농촌', '신흥 읍' 등의 진보적인 이름을 한 식민주의 구호에 따라 타이완 농민이 얻는 대가란 경제적 파산, 끝없는 노역, 전통문화 붕괴 등이었다. 평론가 스수施淑의 말처럼 자립갱생과 부락진흥 등의 명목으로 출현한 '문화촌락'이란 모두가 '전통 문화와의 탯줄을 잘라버리고 농촌파산을 대가로 하는 시책'[15]이었다. 그

15 施淑, 「日據時代台灣小說中的知識分子」, 『兩岸文學論集』, 台北 : 新地文學出版社, 1997.6, 37면.

런 까닭에 차이츄통이 폭로한 식민주의의 기만성은 경찰의 폭력통치와 함께 차이츄통 소설의 특질이 되었다.

4. 식민응시에 대한 저항
—'근대성'과 '식민성'의 갈등에서 벗어나다

앞서 말했듯이 '문화촌락', '모범농촌', '신흥읍' 등의 추진 운동들은 식민자의 필요에 의한 것으로 소위 '강제된 근대화'이다. 그리고 차이츄통은 이 같은 거짓된 '생활개선'의 이름으로 '식민수탈'을 행한 농촌 근대화 운동에 반대했다.

일본이 타이완에서 지속적으로 행한 자본과 원재료의 약탈은 자본주의화와 근대화의 개조 공정을 진행함으로써 가능했다. 예를 들어 제당공업과 신식교육, 위생 개선 등은 '근대성'의 산물이다.[16] 일제 점령기의 타이완 소설가들은 처음부터 시대의 이 같은 변천을 반영하지는 않았다. 20년대 라이허와 양윈핑楊雲萍, 그 다음 세대인 천쉬구의 소설에서는 주로 일본 경찰과 타이완 민중의 직접적인 충돌이나 지주와 소작농의 갈등에 서사 초점이 놓여 있었다. 소설의 배경

16 영국의 이론가 기든스Anthony Giddens의 주장에 따르면, '근대화'의 결과는 소위 '근대성'의 확립이다. '근대성'은 자본주의 공업화와 이성화만을 특징으로 하지 않고, 근대 '민족-국가'가 인류 생활에 끼치는 개조도 포함한다. 배후에는 복잡한 권력 운용이 관련되어 있다. 본고에서는 '근대성'이라는 개념의 용법을 기본적으로 이에 따라 쓴다. 상세한 이론적 설명은 王銘銘, 『想像的異邦－社會與文化人類學散論』, 上海 : 上海人民出版社, 1998.6, 208~213면 참조.

은 대부분 타이완의 농촌과 지방 소도시였다. 30년대에 이르러 제당 공장의 굴뚝과 번영한 소도시가 타이완 소설의 화면 속에 등장하기 시작했다. 양쿠이의 프로소설인 「신문배달부」에서는 초기 자본주의 체제가 건립되면서 발생한 문제를 찾아볼 수 있다. 또한 양서우위의 「실업자들一群失業的人」의 직장을 잃은 도시노동자, 혹은 주뎬런의 「가을편지」의 일본 근대화 개조가 타이완 전통의 지리풍경과 문화를 없앴음을 상징하는 박람회에서도 찾아볼 수 있다. 이들과 달리 차이츄통은 농촌을 배경으로 근대성의 침투를 그려내었다. 그것은 타이완 농촌이 근대화 되어가는 풍경을 보여주는 데에만 그치지 않는다. 차이츄통은 조롱과 풍자의 어투로 근대성과 함께 들어온 경찰의 권위, 자본주의, 시간의 규제가 타이완 농민에게 공포와 재난을 가져다줄 수 있음을 보여주고자 하였다.

'생활개선운동'이 '생활을 개선'한다는 목표를 달성할 수 없었던 까닭에 차이츄통은 이 운동의 목표가 식민지 수탈이었다는 사실을 보여주었다. 식민지 근대성에 대한 이 같은 폭로가 반식민문학 / 문화운동의 맥락 속에서 특수한 의미를 가짐은 의심할 여지가 없다. 농민의 비참한 생활에 대한 묘사와 경찰 폭력에 대한 폭로에 있어 차이츄통은 분명 독특한 관점과 수법을 가진다. 하지만 특별히 지적하여 강조하고자 하는 것은 차이츄통의 30년대 소설이 반영하는 타이완 농촌의 역사현실이 20년대 소설의 농촌 현실과 차이를 보인다는 점이다. 그 차이는 타이완 농촌이 거친 식민주의 근대화의 변모의 과정을 반영한다. 뤄허뤄의 「소달구지」와 주뎬런의 「가을편지」에서 보듯, 30년대에 이르면 자본주의와 공업주의의 침투로 인해 타이완의 전통적 농촌 사회가 조금씩 변화하고 있음을 발견할 수 있다. 차이츄통은 매우 세밀하게 이 같은 변화를 관찰한 작가 중 한 명이다.

일본 근대성이 타이완인의 역사 기억과 생활공간에 시행한 개조를 반영했던 주톈런의 「가을편지」와 달리 차이츄퉁은 타이완 농촌의 근대화 개조를 응시하고 있었다. 농민의 일상에 보다 근접하여 사실적으로 묘사했기에 식민주의 근대성과 억압적 면모가 구체적으로 드러났다.

식민주의의 근대적 개조와 침입은 차이츄퉁 소설에서 주로 다음과 같은 형태로 나타났다. 식민 당국이 추진한 공간 개조는 식민지 근대화 기획의 청사진을 바탕으로 타이완의 '낙후'되고 '더러운' 향토 공간을 개조하여 일본의 자본 생산 공장으로 만드는 사업이다. 또한 시간관념 개조는 전통적 시간관념 속에 생활하던 타이완 농민을 제국의 표준시간 시스템 속으로 이입시켜 식민자가 만든 신체의 규율 속에 들어가게 하는 것이다. 그리고 자본주의적 상품 가치 관념이 침투하게 되는데, 생산품의 매매가 자본주의 규칙에 따라 진행됨으로써 전통적인 농촌경제가 그 희생물이 되었다.

「이상향」에서 묘사된 개조 전과 개조 후의 촌락 모습을 통해 타이완 농촌의 공간이 질적으로 변화했음을 볼 수 있다.

> 린터우林投 주변에 마을이 생긴 이래 오늘날까지, 사방이 빈틈없는 린터우 내부의 더러움은 실로 가관이었다! 모기! 벌레! 뱀! 당시에 태어났던 노인들이 아니고서는 상상할 수 없을 지경이었다. 린터우자오林投脚의 공중화장실은 돼지의 유람지이기도 한데 똥을 만나는 것은 돼지들의 행운이라 가끔 똥을 누던 사람이 주의를 기울이지 않아 돼지들 때문에 넘어져 옷자락을 똥으로 더럽히기도 했다. 이건 거짓말이 아니라 사실이었다. 과학적 시설로 가스를 얻어

전 마을에 등불을 공급하게 되자 지금은 도랑도 하수구도 사라졌고 길은 평평해졌으며 냄새나는 하수구도 사라졌다. 분명히 이상향의 이 같은 모양은 녹화 공정에 의한 것이었다. (223~224면)

「쓰량쯔투」에서도 투거의 집이 '부락진흥계획'에 의해 변모하고 심지어 용변하는 습관까지 개조되었음을 보여준다. 공간적 환경에서 개인 습관에 이르는 이 같은 근대적 개조를 통해 식민주의가 식민지에 가한 제약이 매우 치밀하고 계획적이었음을 알 수 있다.

도처에서 자립갱생, 부락진흥계획, 부락미화가 외쳐졌다. 어두침침하던 집안도 개조되어 유리창을 달아 채광과 통풍 문제가 해결되면서 집안이 밝아졌다. 집 앞 뒤의 린터우쟈오와 주츠쟈오竹莿脚에서 사람들은 더 이상 똥을 누어서는 안 되었다. 화장실 사용에 익숙하지 않은 투거는 누는 법을 배워야 했다. (271면)

'이상향'과 방법은 같으나 다른 효과를 내는 '모범촌' 은 상대적으로 뒤늦게 나온 양쿠이의 소설 속에 출현하였다. 양쿠이의 「모범촌」(1937)은[17] '생활 개선'이라는 명목 아래 이루어지는 '식민 수탈'을 비판하고 있다. 그 창작 동기는 차이츄퉁과 통한다고 할 수 있지만 농촌의 강제적인 개조에 관한 서술은 대조해 볼 만하다. '모범촌'으로의 개조 과정은 다음과 같다.

---

17 이 작품은 원래 1937년 8월에 창작되었으나 발표되지는 않았다. 전후에 중문으로 번역되어 『台灣新文學叢刊』 제3집, 1948.12에 실렸다.

매일 그들은 물구덩이를 메우느라 바빴다. 물웅덩이는 콘크리트로 메우고, 길가와 정원의 풀은 하나하나 뿌리 뽑았다. 심지어 집 주변의 파인애플, 바나나 나무도 눈에 거슬린다는 이유로 베어졌다. 촌민들이 여태까지 땔감으로 쓰던 사탕수수 잎과 볏짚도 새롭게 정리되어 쌓았으며 농기구 및 자잘한 가구는 전부 집안에 들여 놓도록 하였다. 모든 것이 사람들이 볼 수 없는 곳으로 정리되어야 했다. 집 안에 들여다 놓는 것 외에는 다른 방법이 없었다.[18]

생활의 또 다른 현대적 개조가 시간 제도의 출현임은 의심할 여지가 없다. 인간을 하나의 표준화된 생활 리듬에 맞추려는 시도는 역시나 식민이익에 근거한 것이었다. 뤼사오리呂紹理의 '시간' 제도에 관한 연구가 지적한 것처럼 일제 점령기의 학교 교육은 학생들로 하여금 반드시 '시간을 준수'할 것을 요구하였다. 이는 피식민자가 일종의 단체적이고 비개인적인 생활 규범에 복종하도록 한 것이지 '타이완인이 표준 시간을 생활 내용을 계획할 수 있는 이기利器로 삼도록 이끈 것'이 아니었다.[19] 식민정부는 이 표준시간 제도를 끌어와 타이완 인의 신체를 규칙적으로 훈련시켜 새로운 시간 제도에 복종시키고자 했는데 이는 식민자가 더욱 효율적으로 제약을 가하고 생산의 근대성을 진행하고자한 증거이다. 그러므로 차이츄통의 소설에서 종종 생리적 시간과 자연의 절기에 기대어 생활하던 농민이 근대 시간제도 앞에서 막다른 궁지에 몰린 모습이 나타난다.

「쓰량쯔투」에 나오는 제당공장의 '사이렌' 소리는 시보기報時器 소

18 張恆豪 編, 『楊逵集』, 台北 : 前衛出版社, 1994.7(초판 제3쇄), 286면에서 인용.

19 呂紹理, 『水螺響起－日治時期台灣社會的生活作息』, 台北 : 遠流出版事業服份有限公司, 1998.3.16, 81면.

리이다. 소설은 만약 시보기를 열심히 따르지 않는다면 그래서 그 소리의 규제를 받아들이지 않아 '지각'한다면 일 할 수 없다는 사실을 암시하고 있다. 쓰량쯔투가 빈민 보조금을 받으려는 장면의 묘사에서 차이츄통이 관찰한 근대적 사물이 타이완 농민에게 가져온 영향을 가장 잘 표현하고 있는 것 같다. 흥분하여 잠을 이루지 못한 투거는 날이 밝자마자 일터로 달려간다. 하지만 일터의 문은 닫혀있었다. 간신히 보조금을 받아내지만 결국은 일할 수 있는 반나절을 써버리고 네 번을 왔다 갔다 한 꼴이 되어버렸다. 식민 관료 체제의 새로운 표준 시간 속에서 투거는 근대의 변화를 정확하게 따를 수 없었다.

근대화로 인한 변화는 공간과 시간상에서만 드러난 것은 아니었다. 「신흥의 비애」를 다시 보자. 자본주의의 상품 논리에 대해 잘 모르는 농민의 경우 그들의 가장 큰 자본은 자신이 지닌 노동력이다. 하지만 이 구체적인 투자는 일본 경찰과 상인이 구호로만 떠들면서 만든 허구 상품(번영하는 소도시)이 얻는 이익을 따라잡기엔 벅차다. 그리하여 투자했던 농민들은 속아서 가짜 상품을 산 뒤 일본 식민자와 타이완 상인이 자신들의 어리석은 희생 위에서 이익을 누리는 것을 눈을 부릅뜨고 볼 뿐이다. 여기에서 신용과 노동이라는 전통 농촌이 강구하는 가치관과는 전혀 다른 자본주의 가치관을 보게 된다. 그것은 인성을 훼손하고 농민을 희생시키는 결과를 낳는다.

이러한 근대적 개조에 직면한 농촌의 변화상이 차이츄통의 작품에 실려 있다. 그 안에는 '아무데나 똥 누는 백성'의 그림자가 있고 경찰 대인의 횡포 어린 호통이 있으며 '생활개선운동'과 자본주의가 가져온 시간과 공간의 변화와 인성의 변화도 있다. 이러한 묘사들을 통해 차이츄통은 식민통치가 추진한 '농촌 현대화'가 지나치게 큰 대가를 치렀다는 사실을 비판하였다. 하지만 그는 소설에서 농촌 근대화에 반대하는 경향의 사유는 보여주지 않았다. 이 점에서 그는 타이완 계몽 지식인의 입장에서 식민 근대성이 타이완 농민에게 초래한 부작용을 바라보고 있다. 그가 보이는 태도는 그러므로 특별한 의미를 지닌다.

끝으로 지금까지의 분석을 토대로 차이츄통의 '계몽사상'을 검토해보겠다. 1931년 11월 7일 『타이완신민보』는 「문예잡지 『효종』이 다음 달 1일에 발간된다」라는 광고를 실었다. 그 속에 『효종』 창간 목적이 언급되고 있는데 발기인인 차이츄통 및 그 주변 지식인들의 사상에 대한 소묘라고 하겠다.

> 그 취지는 타이완 문예의 발달과 대중화를 촉진하고 신지식을 소개하는데 있다. 순수한 계몽 문예잡지에 걸맞게 여기에는 어떠한 경향성도 달지 않는다. 봉건 제도와 구식 관념이 여전히 우세를 차지하고 미신과 몽매함이 사회의 대부분을 덮고 있는 타이완에서, 이 같은 잡지의 출현은 커다란 의미와 희망찬 전도를 보여줄 것이다.[20]

비록 『효종』의 내용을 볼 순 없지만 이 설명은 차이츄통의 사상적 경향에 대한 대략적 이해를 제공한다. 당시 비평가들이 차이츄통의 소설 주제를 '반미신'으로[21] 본 경우가 적지 않은데, 이는 차이츄통이 계몽사상을 지니고 있음을 설명해준다. 하지만 이 점은 좀 더 분석할

---

20 編者, 「文藝雜誌曉鐘來月一日發刊」, 『台灣新民報』 제389호, 1931.11.7.

21 王錦江, 「一個試評－以『台灣新文學』爲中心」, 『台灣新文學』 第1卷 第4號, 1936.5; 徐玉書, 「台灣新文學創社及『新文學』第一・二・三期作品的批評」, 『台灣新文學』 第1卷 第4號, 1936.5.

필요가 있다. 차이츄통은 계몽사상을 지닌 지식인이었지만 '반미신'이 차이츄통의 유일한 관심은 아니었다. 식민주의의 갖가지 허위성과 양면성에 대한 조롱과 풍자의 어투를 고려할 때, 농민의 계급적 입장을 발언의 위치로 삼은 그의 반식민적 근대성에 주목해야 할 것이다.

식민자에서 비롯된 계몽과 진보의 관념을 가진 타이완 지식 엘리트들이 모두 식민자에 대해 저항 능력을 가졌던 것은 아니다. 룽잉쭝의 「파파야가 있는 작은 마을」의 천유싼陳有三은 식민자의 '진보 / 야만' 구분에 동의하고 식민자의 응시하에 자신의 '낙후'된 종족에 대해 혐오감을 가지고 있다. 그리하여 정체성 혼란을 겪는다. 이는 '계몽사상'과 식민주의의 동일시가 초래한 현상이다. 즉 식민지 근대성을 이상으로 여기고 그 배후에 숨겨진 종족 멸시와 식민 수탈을 보지 못한다면 식민화의 함정 속에 빠져 들기 쉬운 것이다. 이것이 종종 계몽적 이성주의자들이 걷게 되는 길이다.

앞서 차이츄통의 반식민적 사유를 살펴본 것에 더하여 그의 글쓰기 언어를 고찰한다면 언어(타이완화문) 선택 또한 반식민의 의미를 내포하고 있었다. 1930년대 후반 '향토문학운동'은 타이완화문으로 타이완문학을 창작할 것을 강조했다. 이 운동은 민족주의와 계급주의 논리가 혼합된 형태로 전개되었다. 그중 계급주의자들은 타이완화문으로 된 텍스트가 '문예대중화'라는 '계몽적 가치'[22]를 지님을 더 강조하였다. 차이츄통 또한 같은 취지에서 언어를 통해 민중을 계몽하는 한편 식민자의 언어동화정책에 저항하고자 했다.

---

22 陳建忠, 「民間之歌, 民族之詩－日據時期民間文學採集與新文學運動之關係初探」, 『民族文學與作家文學研討會論文集』, 新竹 : 青華大學中國文學系, 1998.12.20.

라이허 소설에서 촌락 잔치의 소란스러움은 계몽주의적 시각에서 낙후를 의미하기도 했다. 하지만 그는 '소란함' 속에 있는 문화적 반식민의 에너지를 보고 있었다. 그는 계몽주의적 근대성 추구가 초래할 수 있는 위기를 예견하면서 '계몽'을 반성했다. 차이츄통도 마찬가지 양상을 보였다. 그는 긍정적인 시각에서 농촌계몽을 바라보고 타이완화문을 통해 '계몽'을 실행하고자 했다. 하지만 그가 식민지 농촌 현장에서 마주친 농촌 계몽운동은 농민을 위한 운동이라기보다 자신들이 일본보다 낙후되었다는 식민지 지식인의 열등감을 극복하기 위한 행위로 이해되기도 했다. 이와 같은 차이츄통의 농촌 묘사와 식민지 지식인의 신분정체성에 대한 반성적 사유는 이 시기 지식인의 사고체계를 이해하는 데 많은 시사점을 제공하고 있다.

제국주의, 내셔널리즘, '근대'의 이식과 번역*

니시카와 미쓰루의 『타이완 종단 철도』와 주톈런의 「가을편지」

주후이주朱惠足

1. 들어가며

1990년대 후반, 타이완과 일본에서 약속이나 한 듯 일본의 타이완 식민통치를 정당화하려는 시도가 등장했다. 계엄해제 이후 타이완의 일부 본토파[1]들은 일본의 50년간 타이완 식민통치와 그 유산을 긍정하고 이를 타이완과 중국 역사의 연관성을 부정하는 근거로 삼았다. 일본의 경우, 우파 민족주의자들은 일본이 식민지 지배와 전쟁에 대해 책임을 지는 '자학사관'이 일본인의 존엄성을 손상시킨다고 보았다. 그러나 그들이 제기하는 '수정'판은 강렬한 군국주의적 색채와 아시아국가에 대한 멸시를 담고 있다. 중국을 공공의 적으로 삼으며

* 이 글은 진혜정이 번역하였다.

1 대만 본토파는 본토의식과 대만의식을 강조하며 나아가 대만독립을 주장하는 학자들을 말한다. ―편자주

일본 식민통치를 긍정하는 타이완 본토파와 일본 우파들은 영향력 있는 타이완계 일본인의 중개를 통해 빠른 속도로 동맹을 결성했다. 그들은 서로 호응하며 타이완에서 일본이 진행했던 근대화사업의 긍정성을 증명하고자 했다. 근대화 사업이란 1920년대의 교통망 확충, 도량형 통일, 화폐 및 언어 통일, 위생설비, 교육제도, 기초 공업 건설 등과 1937년 중일전쟁 발발 후 진행된 군수산업화까지를 모두 포함하는 것이었다. 식민통치 긍정론자들은 이러한 근대화가 제2차 세계대전 이전 타이완인들의 생활을 대폭 개선시켰을 뿐 아니라 제2차 세계대전 이후 타이완 경제 기적의 초석을 다졌다고 믿는다. 그들은 이것을 일본 식민통치가 타이완에 가져다 준 '은혜'라고 여긴다.[2]

1990년대 후반 이와 같은 담론의 형성은 같은 시기 내셔널리즘이 일본과 타이완에서 성행했던 것과 밀접한 관련이 있다. 근대화담론과 내셔널리즘의 결합은 우연이 아니며 근대화 과정 중 보편적으로 나타나는 현상이다. 사실상 타이완 근대성의 기원은 내셔널리즘 및 그 부산물인 제국주의를 배경으로 한다. 17세기 초, 스페인과 네덜란드 인들이 제국의 군사력을 바탕으로 타이완 일부 지역을 점령하면서 서양 문물과 자본주의가 타이완에 이식되기 시작했다. 19세기 후반에는 서양 열강의 제국주의 확장에 저항하던 동아시아 여러 나라들이 적극적으로 서양식의 부국강병운동을 시도함으로써 민족주의

2 90년대에 일본과 타이완 민족주의 논술이 동원되기 이전 국민당의 '반半 식민통치'에 대한 불만은 일본 식민통치에 대한 회고를 만들어냈다. 이에 일본과 타이완 사이의 경제발전과 교류가 더해져 제2차 세계대전 이전 타이완의 근대화를 근거로 일본의 식민통치를 긍정하는 타이완 본토인들이 적지 않았다. 상대적으로 제2차 세계대전 이후의 한국의 민족주의자들은 일본이 식민지 조선에서 이루어놓은 근대화를 비판하는 경향이 있다(Shin Gi-Wook · Michael Robinson, "Rethinking Colonial Korea", Ed. Gi-Wook Shin and Michael Robinson, *Colonial Modernity in Korea*, Cambridge, MA : Harvard University Asia Center, 1999, pp.110~111).

와 근대화 경쟁을 유발하였고 이에 크게 성공한 일본은 신흥 동아시아제국이 되었다.

이 과정에서 타이완은 청나라 해군의 요새이자 일본 남진의 교두보가 되었다.[3] 문제는 정청궁鄭成功 정권에서부터 국민당정권에 이르기까지 타이완의 국가적 지위가 줄곧 불명확했다는 점이다. 이로부터 다음과 같은 질문이 발생한다. 과연 어떠한 문맥하에서 이 '비국가' 혹은 '준국가'인 섬나라의 근대성을 이해해야 할 것인가? 전임 종주국인 중국과 모국인 일본이 이식한 식민지 타이완의 근대성을 시각화하고자 할 때, 그 주변성이 그것의 성질과 모양을 어떻게 결정하고 있는가?

본고는 니시카와 미쓰루西川滿의 일본어 소설 『타이완 종단 철도台灣縱貫鐵道』(1943~1944)와 주뎬런朱點人의 중국어 소설 「가을편지秋信」(1936)를 통해 이 두 텍스트가 타이완에 이식된 철도와 일본 제국을 각기 다르게 표상함을 확인하고자 한다. 니시카와 미쓰루의 소설이 주뎬런의 것보다 늦게 발표되기는 했지만, 둘 다 타이완 근대화의 기점인 1895년 일본 군대의 타이완 상륙 이후 이루어진 철도건설을 회상하고 있다. 그러므로 제2세대 일본 식민자들이 이 소설에 부여하고 있는 제국주의의 의의를 검토하고 주뎬런의 소설을 대상으로 타이완 피식민자들의 근대화 과정과 일본에 대한 저항, 그리고 그들이 일본 제국주의로부터 받은 연속적 타격을 분석하고자 한다.

---

3 청나라는 프랑스와의 전쟁과정(1884~1885)에서 타이완이 지니고 있는 위치의 중요성을 깨닫게 되며 복건성을 통해 타이완에 철도, 전신을 건설하고 거주민들의 교화를 진행시킨다. 그러나 1895년 타이완을 일본에 할양하게 되며 일본은 메이지유신의 경험을 운용하여 타이완에서 근대화 건설을 전개한다. 달라지는 식민통치의 단계에 따라 타이완은 식민지 군사정복 대상으로 분류되었다가(1920년대 이전), 일본 국내 쌀과 설탕의 공급지로 건설되고(1920년대부터 1937년까지), 남방 군사기지의 기초가 되기도 한다(1937년 이후).

두 소설에서 근대 물질문명과 일본 제국주의의 이식이 갖는 역사적 의의 이외에도 소설의 언어에 유의하여 일본 제국주의와 식민주의, 중국 민족주의의 구도 내에서 두 작품이 지닌 위상도 함께 고찰해 보도록 하겠다. '식민지 근대성'은 근대 물질문명, 제도화, 식민통치와 경제적 착취를 목적으로 식민지에 이식된 문화에 의해 만들어진 것으로, 본토문화와의 길항과 혼합을 통해 '본토화' 과정을 거친다. 이러한 과정에서 공간의 경계를 뛰어넘는 제도와 문화는 단순히 근대를 식민지로 옮기는 매개적 수단이기만 했던 것은 아니다. 그것들은 자체로 식민지 근대성을 구성하는 요소이기도 하다. 때문에 본문은 식민지 텍스트를 근대 물질문명, 문학 언어, 식민지 이전과 이후 문화의 상호 교섭 장소로 보고, 서로 다른 공간, 인종, 언어 및 정체성의 충돌과 혼합 속에서 만들어진 타이완 '식민지 근대성'의 다면성과 다의성을 밝혀보고자 한다.

2. 『타이완 종단 철도』 – 일본군의 타이완 정벌전쟁

1895년 5월 지룽基隆 나루에 상륙한 일본군은 타이베이성에 진입하여 타이완 총독부를 창설한다. 일본군은 시무식을 시작한 후 10월, 고도古都인 타이난을 공격, 점령하고 전사자들의 초혼의식을 거행한다. 니시카와 미쓰루의 『타이완 종단 철도』는 56개의 장절로 이루어진 역사소설로 반년간 걸친 이 전쟁을 묘사하고 있다. 『타이완 종단 철도』의 주요 내용과 구성은 일본인이 저술한 『타이완 철도사台灣鐵路史』, 『남진타이완사 고찰南進台灣史攷』, 영국 기자가 쓴 『아름다운 섬(타이완) 그 과거와 현재*Island of Formosa-Past and Present*』 등의 기록과 거의 일치한다. 인물들 또한 대부분 실명으로 등장하고 있다. 여기에 작가의 개입이 더해지면서 작품은 농후한 제국주의적 의도를 내비치고 있다. 제목은 『타이완 종단 철도』지만 내용은 1895년 일본군의 탐사와 철도건설의 초창기를 서술하는 데 그치고 있어[4] 소설이 그리고 있는 것은 실상 일본에 의한 근대화 이전의 타이완 모습이다. 소설은 타이완 점령 초기 일본 국내에 널리 퍼진 식민지 타이완의 부정적 형상, 이를테면 토비들이 출몰하고 전염병이 퍼진 지역이라는 타이완 이미지를 충실히 복제해내고 있다. 그러는 한편 당시 타이완에 두 가지 '근대'의 상징이 존재했음을 언급하고 있다. 하나는 북타이완 지역을 거점으로 해양무역을 진행하던 서양세력이며, 다른 하나는 지룽基隆에서 신주新竹까지의 철도이다.

1) 식민지 이전의 타이완 근대를 '발견하다'

작품의 초입에는 당시 타이완의 복잡한 상황이 묘사된다. 외국인 주거지는 청나라가 대도정大稻埕(지금의 타이베이시 萬華지역)에 설치한 '전에 보았던 타이완식 거리와는 완전히 다른 유럽식 분위기'로 충만하다.[5] 여러 해 동안 타이완에서 자본을 축적한 독일, 미국, 영국, 프

4 이 소설이 잡지에 연재될 당시 '이슬의 장'이라는 부제목이 있었다. 전쟁 이후 니시카와 미쓰루는 당시 본래는 속편인 '안개의 장'을 쓰려고 했으나 결국 이루지 못했다고 밝히고 있다.

랑스, 포르투갈 등지의 상인, 군인 및 세관의 관리들은 일본군과 좋은 관계를 유지하고 있다. 그러면서도 그들은 타이완 민주국[6] 반항군 지도자들이 타이완을 떠나는 것을 도와주고 있다. 이러한 묘사에서 서구 '선발' 제국의 자본주의와 일본 '후발' 제국의 영토 확장이라는 두 형태의 제국주의가 타이완에서 접촉하고 협상했던 역사가 그려지고 있다. 또한 소설은 서양인들이 먼저 타이완에 들어왔지만 그들이 해상항로를 통제하여 얻을 눈앞의 이익에만 급급했음을 암시하고 있다. 근시안적으로 눈앞의 이익만을 좇으며 다른 것에는 관심이 없던 서양인과 달리 일본인은 타이완에 들어온 이후 곧바로 철도 탐사와 건설을 진행하고, 타이완을 장기적으로 운영할 원대한 포부를 드러냈다.

청나라 통치 말기 류밍촨劉銘傳을 위해 철도를 건설한 독일의 기술자 비티란嗶唏幱 역시 소설에 등장한다. 니시카와 미쓰루는 장편소설 『타이완 종단 철도』를 창작하기 전에 「타이완의 기차台灣的火車」, 「두 독일 기술자兩位德國工程師」, 「용맥기龍脈記」 등의 단편소설을 발표하여 준비단계로 삼은 바 있다. 이 소설들은 독일 기술자가 타이완의 험악한 자연환경과 타이완인의 풍수지리 사상을 상대로 악전고투 하는 과정을 묘사했으며 모두 비티란을 주인공으로 하고 있다.

그러나 『타이완 종단 철도』에서 비티란은 철도와 일체의 연관이 없는 인물이다. 그는 그저 평범한 외국인일 뿐이다. 그의 평범치 않

---

5 니시카와 미쓰루, 『台灣縱貫鐵道』, 綠蔭書房, 1998, 150면(원래 『文藝台灣』 제6권 3호부터 종간호까지 5회, 『台灣文藝』 창간호부터 제1권 7호까지 6회 총 11회 게재됨). 필자 역, 이하 같음.

6 1895년 갑오전쟁에서 패배한 청조에 의해 타이완이 일본에 할양되어 식민지로 전락했다는 소식이 들리자 당시 타이완 巡撫 唐景崧을 총통으로 하여 紳民들이 타이완민주국을 세우고 저항했으나 일본군이 타이완에 상륙하자 이를 막지 못하고 수뇌들이 중국으로 도피하면서 막을 내렸다. — 편자주

은 경력을 암시하는 것은 일본 기자 앞에서 중국으로 추방되는 청나라 사병들의 욕심과 이기심을 비판하는 장면뿐이다. 그는 자신이 청나라 병사들과 함께 오랫동안 일을 해서 그들의 악랄한 습성을 잘 안다고 한다. 헤어질 때 그가 일본기자에게 건네준 중국어 명함의 이름 비티란嗶啼嚹을 통해 비로소 그의 신분이 드러난다. 타이완에 처음으로 철도건설을 촉진시킨 독일 기술자 비티란은 소설에서 기계 무역상의 임시직 직원으로 등장할 뿐이다. 이와 반대로 작가는 약 4분의 1의 지면을 할애하여 일본 기술자 고야마 호세이小山保政의 철도건설을 묘사하고 있다. 이전의 독일기술자와 현재의 일본 기술자의 대비는 타이완의 근대화 건설이 청나라 관료와 서양 기술자의 손을 떠나 일본인의 수중으로 옮겨갔음을 의미한다.

타이완에 존재하던 또 하나의 근대 상징물은 철도이다. 소설 제3장에 등장하는 일본 종군기자는 자신이 촬영한 일본군 전투장면 사진에서 예상치 못하게 지룽基隆 산비탈 사이로 길게 이어져 있는 철도를 발견하게 된다. 1876년 서양 상인에 의해 건설된 상하이上海와 우쑹吳淞 사이의 중국 첫 번째 철도는 풍수지리를 믿던 주민들에 의해 파괴당한다. 그 일부의 철로가 타이완으로 운송되어 타이완 철로 건설의 주춧돌이 되었다. 첫 타이완 순무巡撫(청조에서 파견한 지방 행정관)로 부임한 류밍촨은 지룽에서 까오슝高雄에 이르는 서부 종단선을 건설하기로 계획하였다. 그러나 조정 내부의 반대와 경비 문제로 인해 선로는 신주新竹까지만 건설되었고 후임 순무인 사오유롄邵友濂에 의해 건설이 중지되었다. 청나라 말기 근대화 좌절의 역사를 보여주는 이 타이완의 철도는 1893년 개통되었지만 2년 후 뜻밖에도 타이완 정복 과정에서 일본군에 이용된다.

『타이완 종단 철도』는 일본군이 지룽에 상륙한 뒤 곧바로 이전의 철도와 기차를 보수하여 무기와 탄약을 운송하는데 착수하는 모습을 그리고 있다. 일본군이 타이베이에서 신주로 남진할 때 "철도 이외에는 다른 도로가 없어 포병들은 철도 위에서 무거운 대포를 끌고 전진해야만 했다."(238면) 일본군이 신주 이남지역을 정복한 후에는 사용 가능한 철도가 없어 전투물자의 운송에 특히 곤란을 겪었다. 작가는 작품 속 인물들의 입을 통해 타이완 철도 건설이 일본 식민통치에서 중요한 요소임을 여러 차례 언급했다. 동시에 타이완의 기존 철도가 신주에서 끊겼을 뿐 아니라, 항일세력의 조직적인 파괴로 인해 온전하지 못했음을 강조함으로써 일본인이 타이완에서 진행한 철도 건설이 거의 백지상태에서 시작한 것이나 다름없음을 보여준다.

소설에서 다시 운행이 가능해진 기차는 반드시 사람이 뒤에서 밀어야 움직였기 때문에 이러한 힘없는 기차를 '인력기차', '폐병철도'라는 별명으로 놀림을 당했지만 일본 기술자 고야마는 이에 아랑곳않고 사력을 다해 철도의 정상운행을 유지한다. 제3장의 후반부에는 고야마의 노력이 결실이 맺는 장면이 그려지고 있다. 고다마兒玉 총독, 미즈노水野 민정국 장관 등이 기차를 타고 지룽에서 타이베이로 가서 타이완 총독부의 시무식에 참석하는 날의 묘사가 바로 그 부분이다.

고야마는 '인력기차'라는 오명을 벗기 위해 현장에서 지시를 기다리는 일군의 철도공(본래는 일본의 스모선수였던 사람들이다)에게 기차가 완전히 멈추는 경우를 제외하고는 절대 기차를 밀지 말 것을 명령했다. 학무부장인 이자와 슈지伊澤修二는 이 기차를 타지 않고 혼자 가마를 타고 이동했다. 처음 기차가 사람의 도움 없이 시동을 걸어 간신히 '헐떡거리며 산등성을 오르며' 움직일 때 이자와 슈지가 탄 가마가 추월해 가지만 산의 내리막에 이르자 기차는 '순식간에' 앞으로 튀어나갔고 "이자와 슈지가 탄 가마는 깜짝 놀라 당황하며 갓길로 피했다."(195면) 고야마가 모든 것이 순조롭게 이루어진 것에 기뻐하고 있을 때 기차가 갑자기 선로를 이탈한다. 두 번의 선로 이탈을 하고 고야마가 밤 세워 수리를 하는 우여곡절 끝에 기차는 결국 총독일행을 타이베이까지 무사히 태우고 간다. 이로써 식민 정부가 부여한 첫 번째 임무를 완성한다.

『타이완 종단 철도』의 이 줄거리는 1897년의 타이완 총독부 철도부의 신문보도에서 제재를 취한 것이다. 기사는 '인력기차'라는 별명의 유래를 다음과 같이 기재하고 있다. 일본 통치 초기에 지룽-타이베이 구간을 재운행할 당시 탄약과 무기의 과도한 적재로 인해 기차가 움직일 수 없었으나 일본 기술자 고야마가 해결방법을 찾아냈고 60여 명의 철도공이 뒤에서 밀어 시동을 걸고 기차를 가동시켰다.

그러나 소설에서는 작가가 두 가지 요소를 더했는데, 일본 철도공이 전직 스모선수라는 점과 이자와 학무부장이 가마를 타고 타이베이로 올라가는 모습이 그것이다. 일본의 스모선수들은 소설의 도입부에서부터 등장한다. 작가가 타이완으로 향하는 일본군함 내부의 상황을 묘사하면서 중점을 둔 것은 일본군이나 총독부 장관이 아니라 종군기자, 촬영기자 및 군사로 징집된 스모선수들이었다. 스모선수들은 소설 속에서 전형적인 일본인으로 묘사된다. 그들에게 츠쿠바야마筑波山, 무사시노武藏野, 노시로가타能代潟 등 일본에서 역사적으로 유명한 스모선수들의 이름을 부여함으로써 타이완으로 확장되고 있는 일본의 역사와 전통을 상징하도록 했다.

기차를 미는 일본 스모선수들의 모습은 타이완 통치 초기의 고생을 나타내는 동시에, '타이완인이 힘들게 받쳐 들고 있는 이자와 학무부장'이라는 또 하나의 허구적 구상과 대비되고 있다. 이 두 종류의 운송수단의 대비는 중국이 아직 구식의 원시적인 문화(가마)에 머물러 있을 때 일본은 이미 문명시대로 진입해 있다는 의미를 형상화한다. 또한 일본군이 통치 초기에는 힘들었을지 모르나 근대적 과학기술과 결심만 있으면 결국 타이완에서 진행하는 근대화의 목적을 달성할 것이라는 점을 암시한다. 다시 말해 니시카와 미쓰루의 개편을 거친 소설 속 역사는 일본 식민정권의 힘든 전진이 타이완의 중국문화전통을 뛰어넘고자 하는 시도의 알레고리로 읽혀진다.

이상의 분석을 종합할 때 『타이완 종단 철도』가 서양 열강과 철도 등 타이완의 식민시기 이전에 존재하던 '근대'를 언급하는 것은, 일면 일본식민통치와 식민시기 이전의 '연속'을 암시하는 것 같지만, 그러나 사실은 그것과 일본 식민통치 사이의 '단절성'을 드러내기 위한 것이다. 타이완 총독부 건립을 묘사하는 곳에서도 일본이 중국의 훼손된 유물 위에서 '완전히' 새 출발하는 것으로 그려진다. 타이완 점령 초기 모든 인력과 재력은 군사 활동에 투입되었고 각 항의 식민지 건설은 아직 구상단계였다. 임시 타이완 총독부 역시 청나라 시대 타이완에 부임한 대관들의 관사인 흠차대신 관사欽使行轅所를 사용했다. 청조 관원들의 철수, 타이완 민주국의 성립과 붕괴의 혼란 속에 관사는 타이완 민중에게 약탈당했으며 대부분의 가구와 장식이 타이베이성 안팎의 상점과 시장에 팔려나갔다. 일본군은 이러한 가구들을 다시 매수해 "조금씩 흠차대신 행원관사의 본래 모습을 회복해갔다."

마지막으로 유일하게 새로 들여온 물품인 '총독부'라는 세 글자가 적힌 먹물이 채 마르지 않은 푸저우福州 삼나무 목판을 거대한 비첨飛簷과 성현의 초상이 있는 문짝의 정문 둥근 기둥에 걸었다. 14일부터 '타이완 별관'이라 불리던 흠차대신 관사는 타이완 총독부가 되었다.

이 임시 총독부의 탄생과정에 대한 묘사는 일본의 타이완 통치 초기 정권의 과도기적 성격을 드러낸다. 청나라의 타이완통치 유산을 상징하는 '흠차대신 관사'의 '복원' 작업 및 이 건축물의 지속적인 사용은 일본 식민정권과 청나라 정권의 연속성을 암시한다. 그러나 총독부의 낡은 중국 건물 위에 '새로운 현판'을 높이 건 것은 일본 정권의 정당성을 주장하는 것이자 새로운 일본 기원의 도래를 정식으로 선포하는 것이다.

2) 식민지로 이식된 '제국'

소설의 초반부부터 등장한 일본의 종군기자와 촬영기자는 일본군과 함께 이동하며 일본의 타이완 공격 상황을 보도한다. 일본 인쇄매체의 발전과 해외 전쟁은 밀접한 상관관계가 있다. 1870년 일본 최초의 일간신문이 탄생하고 4년 후 일본이 무단서사건牡丹社事件을[7] 빌미로 타이완을 공격할 당시 일본의 첫 번째 종군기자 기시다 긴코岸田吟

7 1871년, 오키나와沖繩의 미야 코지마宮古島의 배가 태풍을 만나 타이완 남부의 바야오완八瑤灣(지금의 屛東縣 滿洲鄕이다)으로 표류해 왔으며 선원들 중 54명은 排灣族 원주민에서 살해당한다. 1874년, 일본은 이것을 빌미로 타이완을 공격하고 오키나와 왕국과 조공 책봉 관계에 있던 청나라로 하여금 오키나와를 일본의 보호를 받는 영토로 하도록 만들었다.

香는 타이완으로 건너와 일본군의 전투상황을 보도했다. 그러자 그가 속해있던 『도쿄일일신문東京日日新聞』의 판매량이 대폭 증가하였다.[8] 1895년 일본군이 타이완을 점령할 때도 일본 신문은 일본군이 타이완에서 용감하게 싸우는 상황을 재빠르게 일본 곳곳으로 보도하여 일본국민들의 첫 번째 해외 식민지에 대한 호기심을 충족시켰다.[9]

『타이완 종단 철도』는 종군기자와 종군 사진기자를 관찰자로 설정하고 여기에 전쟁기자 무라카미村上의 통신 보도와 수기를 끼워 넣어 당시 일본 인쇄매체가 일본군의 해외원정에 대한 국민적 상상을 제조하는 과정을 보여주고 있다. 무라카미 기자가 1인칭으로 서술한 수기는 소설의 적지 않은 분량을 차지한다. 개인의 체험과 관찰에서 출발한 수기의 내용은 객관적인 것과 거리가 멀어서 무미건조한 소설의 서술보다 전쟁터의 현장감을 더욱 생생히 전달한다. 또한 전쟁사진은 '문자' 서술보다 더욱 생생하게 전쟁을 재현한다. 소설에 등장하는 사진은 대부분 역사적 근거가 있는 것들이다.[10] 그런데 재미있는 것은 사진출처에 대한 설명을 짧게 줄이고 그 대신 촬영기사가 전쟁터에서 사진 찍을 당시의 전후 상황을 상세히 설명했다는 점이다. 이는 작가 니시카와 미쓰루가 전쟁사진을 보며 사진을 찍을 당시의 상황과 현장을 허구적으로 복원해 냈다는 것을 의미한다. 니시

8 茶本繁正, 『戰争とヅャーナリズム』, 三一書房, 1984, 51～53면.

9 메이지시기에 적지 않은 문학가들이 소설 속에서 타이완과 관련된 화두를 꺼낸다. 타이완이 일본에 할양된 후 심지어 어떤 이는 화상 자국을 '타이완 지도'라고 형용하기도 한다 島田謹二, 「明治の內地文學に現はれたる台湾」, 『台大文學』 4권 1호, 1939. 4, 63～64면.

10 예를 들어 지룽에 상륙한 이후 일본군 지도자인 기타시라카와노미야 요시히사 친왕이 해변의 야영지에서 쉬고 있는 사진(127면)이나 류밍촨이 "광활한 우주에 하늘이 열리다"라고 제목을 붙인 스치우링獅球嶺 터널 입구의 사진(141면)은 『기타시라카와노미야 요시히사 친왕』과 『타이완 철도사』 속의 역사 사진에 각각 수록되어 있다. 이 두 장의 사진은 鄭天凱, 『攻台圖錄－台灣史上最大的一場戰爭』, 台北 : 遠流, 1995, 62면 참조.

카와 미쓰루는 타이완의 '어용' 신문사인 『타이완일일신보』에서 다년간 일한 바 있다. 그때의 경험을 살려 신문기자의 수기와 사진을 통해 인쇄매체의 활자나 사진에 나타난 사건 '이전'의 현장을 소설 속에 '재출현'시킨 것이다. 소설의 '허구적' 수법과 인쇄매체의 '사실적' 사진의 결합이 일본군의 타이완 공격이라는 역사적 사건을 소설의 지면에 살아나게 했다.

메이지 초기의 인쇄 매체는 일본의 해외 전쟁을 생중계하듯 보도했다. 이것이 전쟁의 가상 체험을 가능케 하고 해외 전쟁터와 일본 국내의 거리를 초월하는 '원격' 민족주의를 제조하고 유통시켰다. 『타이완 종단 철도』는 타이완의 독자들을 반세기 전 타이완에서 발생한 전투로 돌아가게 했다. 시간을 초월한 또 다른 종류의 원격제어가 시도된 것이다. 이 민족주의식의 가상체험에서 중요한 역할을 한 인물은 일본군의 타이완정벌을 지휘하다가 전사한 황족 기타시라카와노미야 요시히사 친왕이다.[11] 요시히사 친왕이 지룽에 상륙하자 그의 부하들은 바로 그가 야영하던 해변에 목조 기념비를 세웠다. 소설은 이 장면을 묘사하면서 허구적 장면을 추가한다. 촬영기자 세이치로는 하늘에 가득한 별들을 바라보며 혼자 중얼거린다. "상륙한 이후에 처음으로 보는 별이군." "깜박거리는 별자리가 일본에서 보던 것보다 더 아득해 보이는구나." 요시히사 친왕이 소설의 다음 장에서 등장하기 때문에 아직 황족이 실제로 등장한 시점은 아니다. 하지만 나무판 위에 타이완이 일본 제국의 신영토로 등록되었음을 새긴 '제국각명帝國刻銘

11 일본 정부의 말에 따르면 요시히사 친왕은 자이嘉義 부근에서 열병에 옮아 폐렴으로 전이되어 죽었다고 하나 타이완의 민간에서는 여러 가지 설들이 있으며, 친왕이 타이완 반항군의 손에 죽었다고도 한다. 鄭天凱, 앞의 책, 134~135면 참조.

inscription of the Empire'을[12] 통해 타이완과 일본이 같은 하늘 아래에 있다는 유기적 연결이 생성되었다. 니시카와 미쓰루는 여러 해 이후 당시 『타이완 종단 철도』를 저술한 동기를 다음과 같이 회고했다.

> (타이베이 제4심상소학교의) 비 오는 날 운동장 겸 강당의 정면 우측에 요시히사 친왕 전하가 나루터에 상륙하는 대형 유화가 걸려있었다. 꼬박 6년이라는 시간동안 나는 아침 저녁으로 그 유화를 바라보며 깊은 감동을 받았다. 그 일이 있은 후 나는 기타시라카와노미야 역시 아이즈會津를 맹주로 하는 동북연합군이 추대하는 린노지노미야輪王寺宮라는 것을 알게 되어 전하에 대한 강렬한 경의와 애정이 깊어졌다. 내가 성인이 되어 『타이완 종단 철도』를 집필하면서 기타시라카와노미야의 지룽나루 상륙으로 이야기를 열고 타이난에서 병사한 것으로 끝을 맺은 이유도 바로 이러한 애정을 기반으로 한 것이다.

니시카와 미쓰루는 만 2세 때 부모를 따라 타이완에 왔으며 와세다 제2고등학원 불문과 재학시절 5년을 제외하고는 그의 인생의 절반을 타이완에서 자란 일본인 2세였던 그는 『타이완 종단 철도』 창작에서 타이완 역사(자기 인생의 역사)와 일본 제국의 역사를 연결하려는 욕망을 드러냈다. 요시히사 친왕은 막부시대 말기에 근대 일본 천황제국의 성립에 공헌하고 이제 근위대를 이끌고 제국의 새로운 영토인 타이완을 접수함으로써 일본 제국의 '기원'을 이중으로 소환해

12 또 다른 제국각명의 예는 소설 속 타이완 지명의 표기이다. 다다오청大稻埕, だいたうてい, 루깡鹿港, ろくかう 등 일본은 타이완의 구 지명을 계속 사용한다. 소설에서 히라가나로 일본어 발음을 표기한다. 비록 동시에 일본식의 지명과 타이완의 구 지명을 나열해 놓았지만 구 지명 역시 대부분 일본어 발음이 많다. 예를 들어 滬尾(こび, 淡水), 桃仔園(たうしゅん, 桃園)이 있다.

낸 상징적 인물이 되었다.

소설의 마지막 두 장에서는 요시히사가 임종하기 전 정벌에 대해 염려하는 모습에 이어 그의 관이 군함의 호위를 받으며 타이완에서 도쿄로 송환되는 장면이 묘사된다. 곧이어 일본군이 타이완의 모든 섬을 정복한 후 타이완에서 거행된 '천장절天長節'(일본 천황의 탄생 기념일) 축하 제전의식과 전사한 일본군의 초혼의식이 묘사된다. 천장절 경축행사의 묘사는 「남진타이완사 고찰」에 나온 기술에서 따온 것으로[13] 경축행사의 클라이막스는 근위대의 일본군이 군악대의 연주에 맞춰 가바야마樺山 총독이 지은 기념곡을 합창하는 장면인데, 이 노래는 "다카사도高砂島(타이완) 천천년, 요시히사 친왕 만만세"라는 가사로 끝난다.

"국가 공동체와 제국의 조직들이 과거부터 미래까지 시간상 서로 중첩된다"는 것을 상징하는 천장절은 1873년 제정된 일본 최초의 지정 휴일 두 개 중 하나이다. 식민통치가 시작된 그 순간 타이완에 이식된 천장절은 일본의 황실계보를 상징하는 요시히사 친왕을 타이완 역사에 새기고 제국의 '시간'을 식민지 타이완에 연결시키기 위한 것이었다. 천장절 경축행사 다음에는 전사한 일본군을 위한 초혼의식이 있었다. 타이완에서 전사한 일본군 시각에서 제국의 시간이 이식된 이후의 타이완은 더 이상 '타향'이 아닌, 그 영혼이 돌아갈 '제국의 공간'이었다. 요시히사 친왕의 신성한 영향이 천장절이라는 '창조된 전통'과[14] 전사한 일본군의 초혼의식이라는 두 가지 정치적 제전을 하나로 융합하여 타이완에서 일본 제국 기원신화가 만들어졌다.

13 井出季和太, 『南進台灣史攷』, 南天書局(복각본), 1999, 294～297면.

14 Eric Hodsbawn and Terence Ranger, *The Invention of Tradition*, Cambridge : Cambridge UP, 1983.

3) 본토지식? 혹은 공통의 문화유산?

식민지 타이완에서 일본인 작가가 창작한 일본어 '외지'문학으로서 『타이완 종단 철도』는 그 표현형식이 상술한 조건으로부터 어떠한 영향을 받고 있을까? 니시카와 미쓰루는 타이완 한족들의 사회적 습성을 잘 알고 있었으며 소설 속 곳곳에서 타이완 한족들의 습성과 타이완 한족문화의 '현지 정보'를 서술했다. 예를 들어 타이완 거주민으로 위장하고 있던 일본군이 '꽈즈瓜子(씨앗)'를 까먹는 방법을 몰라 들키고 마는 것이나 타이완인이 마조묘媽祖廟나 성황묘城隍廟에서 신에게 기원하고 제비를 뽑아 점을 치는 모습 등이 그것이다.

'외지'의 특성이 가장 잘 드러나는 곳은 소설 속에서 일본군에 협조하는 두 한족에 대한 묘사이다. 첫 번째 인물은 자진해서 일본군에게 길을 안내하는 구전취안顧振泉이다. 구전취안은 실존했던 인물인 구셴룽辜顯榮을 소설화한 것이다. 구셴룽은 타이베이에서 잡화상을 운영하던 지방 재산가이며 훗날 일본 귀족원 의원으로 선출되었다. 그는 자원하여 지룽으로 와서 일본군이 타이베이로 들어오게 성문을 열어주었는데, 니시카와는 이 행위에서 모티브를 얻어 그를 구전취안으로 소설화했다. 그러나 소설 속의 구전취안은 실존했던 구셴룽과 약간의 차이가 있다. 소설 속에서 구전취안은 지룽 마조묘 앞 공터에 노숙하던 '방랑객'이자 '식객'으로 등장했다. 그가 주동적으로 일본군에 협력한 것은 그곳의 토지신이 일본군이 이길 것이라고 계시했기 때문이었다. 니시카와 미쓰루는 구셴룽의 타이베이 잡화상 신분을 재산도 없고 거주지도 일정치 않은 '방랑객'으로 고쳤고 이로 인해 소설 후반부에 구전취안이 고향인 루깡鹿港에서 연회를 열어 일본군을 초대한 '새로 지은 호화주택'과 강렬한 대비를 이루게 되었다.

또 다른 한족은 실존 인물과 이름이 같은 청나라의 총병(지금의 읍 단위 군사 지휘관) 위칭성余淸勝으로 그 또한 일본에 협력했다. 소설은 적지 않은 지면을 할애해 위칭성의 일화를 서술한다. 그는 일본에 저항하는 부하에게 수감 당했으나 간수인 젠슈싱簡秀興의 대책으로 구출된다. 충성스러운 부하가 청나라 총병을 구해낸다는 이야기는 일본군의 타이완 공격이라는 소설의 주요 흐름과는 어긋나 보인다. 하지만 이 이야기로 인해 이 소설은 일본에 저항하는 타이완의 내부로 들어가 적군과 아군 진영의 관점을 동시에 표현할 수 있었다. 이는 여타의 일본 내지소설이 표현할 수 없는 영역이었다.

이어지는 문제는 『타이완 종단 철도』의 문학 언어가 어떻게 현지의 지식을 드러내는가 하는 점이다. 소설에서 일본군, 구전취안, 위칭성의 의사소통에는 통역이 필요했다. 구전취안의 대사는 구두번역을 통해 일본어로 통역되었고 위칭성과 다나까 중장의 면담은 일본군 통역이 베이징어만 알고 타이완의 민남어는 몰랐기 때문에 필담과 통역을 병행하는 방식으로 진행되었다. 위칭성은 붓글씨로 '한 획 한 획 수려한 필체로' 한자를 썼고 다시 일본인 통역가가 한문의 내용을 일본어로 번역해 다나까 중장에게 보고했다. 소설에서 이 두 협조자와 일본군의 대화는 일본어로 번역되었지만, 위칭성을 구하기 위해 총독부를 방문한 젠슈싱과 총독부 경비 간의 필담은 일본어로 번역되지 않았다.

수염을 잔뜩 기른 경비가 예상한대로 젠을 막아섰다. 젠은 전전긍긍하며 "**요시노 통역관이 계십니까?**吉野通譯有在會也無啊 — よしのつうやくはゐますが"라고 적힌 쪽지를 건네주었다. 경비는 위엄 있게 쪽지들 들어 한번 본 뒤 놀라운 표

정을 짓고는 젠의 질문에 대답해 주었다. 말이 통하지 않는다는 것을 안 뒤, 경비는 주머니에서 몽당연필을 하나 꺼내어 연필 촉을 한번 핥은 후에 종이 위에 **"안계십니다**無在"라고 썼다.

"언제 돌아오십니까?何時能來否 — いつかへつてきますか**"**

"타이난台南**에 가셨기 때문에 잘 모릅니다.**去在台南所以不知影 — たいなんへいつたのだからわからん**"**

"아"

젠이 놀란 눈으로 경비를 쳐다봤다. 얼굴은 털복숭이지만 온화해 보이는 경비는 젠을 향해 고개를 끄덕여 맞다는 표시를 했다. (306~307면)

말이 통하지 않는 타이완인 부하와 일본 경비의 필담은 한문으로 진행되었다. 소설은 한문과 히라가나를 병용하는 방식으로 필담의 내용을 나타내고 있는데, 여기서 사용한 한문과 일본어 히라가나 역시 일반적인 용법과 다르다. 한문은 중국 문언문도 일본식 한문도 아닌 한자로 표기한 타이완 민남어이다. 타이완인인 젠슈싱은 아마도 타이완의 민남어식 한문을 사용한 듯하다. 그러나 일본 경비가 상용한 것은 "無在", "去在台南所以不知影"라는 식의 타이완 민남어식 한문이 아니라 일본식 한문이어야 한다. 한편 한문에 덧붙인 히라가나는 한자의 발음을 나타내는 표음부호처럼 사용된 것이 아니라, 그 자체가 완전한 일본어 문장이다. 다시 말해서 소설의 필담은 두 사람이 필담을 나눈 한문을 재현한 것이 아니라 타이완인 부하와 일본인 경비 두 사람이 필담을 통해 이해한 내용을 타이완 민남어식 한문과 일본어 문장으로 구분하여 표현한 것이다. 작가는 일본어와 타이완 구어를 병용하는 재현언어를 만들어 두 언어가 지면상에 '동시에' 나타나게 했다. 이는 '친절하게 보이는' 일본 식민자와 타이완 피식민자가 중국 문화유산(한자)에 기초하여 인종과 언어의 차이를 초월하여 상호 이해할 수 있다는 가능성을 암시하고 있다.

4) 제국주체의 탄생

대화 표기법 이외에도 작가는 젠슈싱에 관한 이야기를 지어내 제국 이데올로기를 전달하고 있다. 일본에서 온 철도공들 중 타이완 자연환경에 적응하지 못하거나 사고로 인해 죽는 사람이 많아지자 일본 당국은 어쩔 수 없이 타이완 현지인들을 고용해 철로를 건설했다. 이때 젠슈싱은 일본 철도 기술자인 고야마小山에 의해 연료담당 실습공으로 고용된다. 일을 하게 된 첫날, 젠슈싱은 희망에 가득 차 스스로에게 말한다.

> 출발이다! 기차가 출발하려 한다! 새로운 삶을 향해 출발하는 것이다!
>
> 나는 하루 빨리 이 일에 익숙해져야 한다. 그 다음 일본어를 공부해야지. 아니다, 아니야. 일을 위해서는 먼저 언어를 공부하는 것이 마땅하지. 어제의 나는 이미 돼지 꼬랑지 같은 변발과 함께 이 세상에서 사라졌다. (346면)

일본어를 배워 일본이 시행한 타이완의 근대화 사업에 참여함으로써 '돼지 꼬랑지 같은 변발'이 상징하는 '전근대적인' 중국문화에서부터 철도가 상징하는 일본의 '근대'와 '문명'으로 올라가겠다는 것이다. 소설 속의 미즈노 민정부장은 피식민자를 '교화'해야 하는 사명에 대해 다음과 같이 진술하였다. "민중을 육성하는 것은 이 땅을 명실상부한 황제의 땅으로 개조하는 것이다." "점진적으로 이 섬의 주민들을 충성스러운 제국의 신민으로 개조할 것이다."(190~191면) 청나라를 위해 일하던 타이완 피식민자들이 일본 제국에 맹세하고 주동적으로 자아를 개조하는 상황은 식민자의 황민 교화의 사명과 호응된다. 이로써 작가는 타이완인이 일본인과 마찬가지로 중국의 문화유산을 지니고 있으며 일본 신민이 될 수 있는 '가능성 있는 구성원'임을 강조하고 있다.

타오위안桃園 전투에 대한 묘사에서 작가의 이러한 의도가 더욱 명백히 드러난다. 지룽에 무혈 상륙하여 9일 만에 타이베이성을 함락시킨 일본군은 타오위안에서 처음으로 항일군의 저항에 부딪쳐 많은 사상자를 냈다. 소설에서 사쿠라이櫻井의 양식 운송대가 습격을 당하는 장면(278~282면)은 데이비슨Davidson 저서의 서술에서 따온 것으로,[15] 니시카와 미쓰루의 서술은 사건 후 일본군 보복 행동에 집중되어 있다. 소설에서 종군기자는 길거리에서 주민들을 살해하는 일본군을 '분노의 불이 활활 타오르는 정의의 육탄'이라고 비유하며 서사시 같은 문체로 일본군의 용맹한 군사 활동을 찬양한다. 타오위안을 함락시킨 후 일본군의 낭송 문인은 요시히사 친왕에게 「천황의 군대」라는 시를 지어 바쳐 전투의 승리를 축하했고 이에 깊은 감동을 받은 일본 종군기자는 다음과 같이 말한다.

---

15 James W. Davidson, *The Island of Formosa, Past and Present-History, People, Resources, and Commercial Prospects-Tea, Camphor, Sugar, Gold, Coal, Sulphur, Economical Plants, and other Productions,* London : New Yorks : Macmillan / Yokohama, Shanghai, Hong Kong and Singapore : Kelly and Walsh, 1930, pp.325~27.

이번 전투는 타이완의 백성들을 구하기 위한 것이었다. 언젠가는 이번 정벌로 생겨난 일본의 새로운 신민들 중에서 제국의 군인을 만들어내 천황의 지고무상한 위엄 아래 천황폐하를 위해 용감히 전진하여 적군의 깃발을 빼앗을 것이다. (297면)

1941년 6월 타이완 총독부는 이듬해부터 타이완에서 지원병제도를 실시하고 1943년 12월에 징병제 실시를 공포했다. 중일전쟁이 격렬했던 1943~1944년에 발표된 『타이완 종단 철도』는 반세기 전 식민지 타이완에서의 군사동원에 대한 정당화를 시도한 것이다. 소설은 결말부에서 '변발을 기른 시민'이 전사한 일본군의 초혼의식에 자발적으로 참석하고 타이완 총독부의 시정식 공연 프로그램의 하나인 '지나 희극'이 천장절 경축행사에서 다시 공연되는 등 타이완인이 제전의식을 통해 제국 성원이 되는 상징적인 상황을 보여준다. 타이완인은 당시의 전쟁에서 제국 군인의 신분으로 '천황폐하'를 위해 전투를 하고 있었다. 이는 반세기 전 타이완인을 제국의 신민으로 만들어 낸 '그 전쟁'에서 이미 예고된 제국 이상의 실현이었다. 전쟁기의 문화적 산물로서 『타이완 종단 철도』는 타이완인 피식민자를 제국주체로 만드는 사업을 서사화함으로써 반세기의 간격을 두고 일어난 일본의 제국주의 전쟁을 하나로 연결시킨다.[16]

소설의 마지막장에서 종군 촬영기자는 전사한 일본군의 초혼 의

16 니시카와 미쓰루는 『赤嵌記』에서 역시 이와 비슷한 수법을 사용하여 정커장鄭克壓이 베트남, 필리핀의 루손, 미얀마를 정복하고 남방에 명제국을 건설한 이야기를 통해 타이완 총독부가 남방 공영기지를 건설하려는 구상을 투사해내었다(鄭成功의 모친은 일본인이다). 藤井省三, 「台灣エキゾチツズム文學における敗戰の予感－西川滿『赤嵌記』」, 『台灣文學この百年』, 東方書店, 1998, 121~123면.

식장에 총탄, 기차, 석등이 전시되어 있었음을 보여준다. 이러한 조합은 앞의 두 장면과 호응된다. 하나는 정차 중이던 기차가 타이완 저항군의 습격을 받고 겹겹의 포위를 뚫으며 플랫폼을 떠나는 장면이다. 이때 "햇살이 눈부시게 강철 위에 빛나고 병사들의 총검이 번쩍번쩍 빛났다."(271면) 또 하나의 장면에서 요시히사 친왕은 저항군을 공격하는 일본군의 대포 소리를 들으며 기차를 타고 신주까지 병원 치료를 받으러 간다. '철로의 영광' 순간이다.(305~306면) 『타이완 종단 철도』는 일본 천황제 국가가 상상하는 '전통국가'의 의식과 일본 군사 정벌(총탄), 근대화 사업(기차), 제국의 이식(신사의 석등)의 세 가지 사업으로 서막을 올린[17] 타이완 식민 통치의 기원을 불러냈다. 이러한 방식으로 일본 식민 정권의 정통성을 다시 한 번 확인함으로써 당시 타이완에서의 이민족 군사동원을 정당화했다.

3. 주뎬런 「가을편지」 – '통치 40주년 기념 타이완 박람회'

타이완 작가인 주뎬런의 중문소설 「가을편지」는 1935년 일본이

17 군사 정벌이 진행중이던 1895년 8월, 가바야마 총독은 일본정부에 타이완 건설의 3대 주요 업무로 남북 종단 철도와 지룽항을 건설하고 도로를 건설해야 할 것을 건의했으며, 일본 정부는 10만엔을 군사비 명목으로 제공하여 조사하도록 시켰다. 일본의 타이완에서의 철도 건설은 1899년에 정식으로 시작되어 1908년 4월에 가오슝까지 개통되었으며 같은 해 10월 24일에 타이중 공원에서 개통식을 하였다. 황족인 칸인노미야 고토히토閑院宮載仁 친왕이 이 행사에 참석하여 했던 축사 중에 "본인은 작고한 형님인 요시히사 친왕의 하늘에 계신 영혼이 (가바야마) 총독을 바라보며 격려의 미소를 짓고 있을 것이라 굳게 믿습니다"라고 언급했다. 台灣統督府鐵道部, 『台灣鐵道史』(下), 1910, 532면.

타이완에서 거행한 식민통치 40주년 경축 박람회를 배경으로 한다. 이 소설은 본래 『타이완신문학』 1936년 3월호에 게재할 예정이었으나 삭제되어 실리지 않았다. 「가을편지」에 나타난 반근대, 반제국주의적 시각을 『타이완 종단 철도』의 그것과 비교해 보고자 한다.

1) '근대'에 저항하는 생원

「가을편지」의 주인공 더우원斗文 선생은 청조의 타이완 주재 행정기관인 타이완 순사 관아에서 일한다. 그는 27세 되던 해 푸젠성에서 거행하는 과거에 응시하려던 중 타이완이 일본에 할양되어 꿈을 이루지 못했다. 일본의 식민통치가 시작된 이후, 그는 농촌 K마을에 은거하여 농사를 지으며 어떤 정치활동에도 참여하지 않았다. 소설의 도입부에서 열심히 공부하는 더우원 선생의 일과가 묘사된다. 그는 흉노족의 침입에 저항한 남송南宋 재상 원톈샹文天祥이 옥중에서 쓴 「정기가正氣歌」를 필사하고 도연명陶淵明의 「도화원기桃花源記」를 낭송하며 진나라 말기에 산 속으로 도망쳐 시대를 모르고 살았던 사람들의 유토피아에 심취한다. 더우원 선생은 수십 년간 해왔듯이 매일 새벽 중국 고전문예를 반복하여 낭송한다. 이는 '야만인' 일본을 시간이 잠시 멈춘 '청나라' 유토피아 세계에서 제거하는 정제의식이다. 더우원 선생은 이렇게 이민족의 오염을 받지 않은 순수한 중국 세계 속에서 평안하게 40년을 보냈다.

그런데 어느 날, 타이베이에서 열리는 '박람회'가 그의 평안한 은거생활을 방해한다. 신문지상의 선전과 철도국 직원들의 광고에 따라

K마을 역시 박람회의 열기가 넘실거렸고 평소에는 거의 마을을 떠나지 않던 농민들이 분분히 기차를 타고 박람회를 보러 타이베이로 향했다. 더우원 선생은 처음에는 꿈쩍도 하지 않았지만 중국에서 유학하던 손자가 인편으로 보낸 편지에서 박람회 구경을 하시라는 내용을 보고 타이베이에 다녀오기로 결정한다. 더우원 선생이 기차에 올라 차창 밖으로 바라본 장면은 다음과 같다.

> 이날은 마침 일요일이라, 차 안은 일찍부터 붐볐다. 더우원 선생이 차에 오르자마자 어찌 된 일인지, 일제히 시선들이 약속이나 한 듯 그의 몸으로 집중되었다. 기모노, 타이완 셔츠, 양복 등이 대부분인 차 안의 **패션** 분위기 속에 갑자기 더우원 선생의 **옛 복장**이 군계일학으로 특히나 눈에 띄었기 때문이다. 그는 검은색 그릇모양 모자, 검은 두루마기, 검은 찐빵신발 차림에 입에는 대나무 곰방대를 물고 머리 뒤로 변발을 늘어뜨리고 있었다. (강조 — 인용자)[18]

고전적 복장의 더우원 선생과 차안의 '복장'은 전혀 어울리지 않는다. 구식 복장과 변발, 머리부터 발끝까지 검은 단색은 선명한 색채의 근대 공간에 뛰어든 '고대', '청나라', '중국' 등 이미 퇴색되어버린 '과거'를 상징한다. '일본' 기모노, '타이완' 셔츠, '양복에서 볼 수 있듯이 식민지 타이완의 근대는 잡다하게 섞여 통일되지 않았다. 그럼에도 '청나라'의 돌연한 출현을 아무래도 '시공간의 착란'이라 아니할 수 없다.

더우원 선생이 승객들의 경멸적인 눈빛을 무시하며 앉자 기차의 기적소리가 울렸다. 그 순간 그는 '서둘러 두 귀를 막아' '차 안에 떠들

18 朱點人, 「秋信」, 『王詩琅・朱點人合集』, 台北 : 前衛, 1991. 괄호 안의 숫자는 여기에 준함.

썩한 웃음을 자아냈다.' 15년 전 더우원 선생이 처음 기차를 타서 기적소리에 놀란 경험이 아직도 마음속에 공포로 남아 있었던 것이다. 타이베이의 박람회를 보러 가기 위해 그는 어쩔 수 없이 다시 한 번 기차에 도전한 것이다. 혼자 있을 때 더우원 선생은 서도와 중국 고전문예, 청나라의 복장으로 이루어진 전통공간에서 안주할 수 있었다. 하지만 공공 공간에 들어서는 순간, 불안과 불쾌함을 주는 근대 문명과 이민족 문화에 마주쳐야 했다. 출발 전부터 더우원 선생은 박람회를 보고 온 마을 사람들로부터 타이베이 거리의 이름이 이미 예전의 이름이 아닌 것을 듣고는 어리둥절했다. 기차에서 "그는 타이베이가 어떻게 변했는지 모르는 듯 부전가府前街, 부중가府中街, 부후가府後街 등등 옛날의 거리들을 하나씩 떠올렸다. 기차가 빨리 달리면 달릴수록 그는 점점 더 환상에 빠져들었다."(232면) 기차가 빠른 속도로 '전진'하는 것과 반대로 더우원 선생은 식민지 이전의 시대로 역행하여 타이완 부府를 중심으로 배치된 거리 공간에 빠져갔다.

전 왕조인 '청나라'의 유물과 일본 식민통치하의 근대적 '기차', 이러한 조합이 익숙해 보이는 것은 그것이 『타이완 종단 철도』에 이미 등장한 바 있기 때문이다. 기차가 가마를 앞지르는 허구적 플롯이 보여주듯 니시카와 미쓰루는 일본이 타이완의 낙후된 중국문화를 앞지르는데 근대적 문명이 도움이 된다고 믿고 있었다. 상대적으로 주뎬런은 소설의 주인공으로 하여금 기차 안에 있으면서도 고집스럽게 기차와 '반대로' 식민 이전의 공간으로 역행하게 한다. 계속해서 앞으로 돌진하는 '근대'에 저항하도록 하는 것이다. 이 두 편의 소설은 모두 '중국'을 기차로 상징되는 '근대'와 상반되도록 한다. 그러나 두 소설은 이러한 대비에 대해 각기 다른 인식과 표현을 보여주고 있다. 『타이완 종단 철도』는 타이완에서 청나라는 근대화를 완성하지 못했으며 일본이 동아시아에서 유일하게 근대화 사업을 성취한 국가라고 강조하고 있다. 주톈런의 「가을편지」는 타이완의 옛 생원이 외국의 문화에 오염된 적 없는 본래의 '중국'에 집착하는 모습을 통해 고대 중국문화를 근대성에 대한 저항의 버팀목으로 제시하였다.

2) 방향감을 잃어버린 피식민자

마침내 더우원 선생의 상상과 맞물려 '일부一府 이록二鹿 삼맹갑三艋舺'이라 불리는 상업의 중심 '맹갑'의 지명이 귓가에 울린다. 잠시 후 차창 밖으로 박람회장이 나타났다. 예전의 타이베이 성터가 박람회장이 되어있었다. 더우원 선생은 힘없이 자리에 털썩 주저앉았다.

> 기차는 3시에 타이베이 역에 도착하였다. 오랫동안 쪼그려 앉았던 사람들은 벌떼처럼 북적이며 앞 다투어 기차에서 내렸다. 그도 역시 인파를 따라 개찰구를 나섰다. 혼잡한 인파 사이에서 한 걸음 한 걸음 옮길 때 마다 발끝이 다른 사람의 뒤꿈치에 닿아 그는 절뚝거리며 사람들에게 밀려 간신히 왼쪽 가에까지 갔다. 그가 눈을 들어 거리를 바라보니 많은 자동차들이 길거리에 왔다 갔다 하고, 네거리에는 성문이 우뚝 솟아 있었다. 그는 별안간 성문 위에 '시정 40주년 기념'이라고 적힌 것을 보고는 깜짝 놀라 정신이 번쩍 들었다. 앞쪽에 웅장히 솟아있는 건축물은 마치 그를 향해 독살스럽게 웃는 것 같았다. 그는 머리를 절레절레 흔들며 "왕과 제후의 궁궐, 백성들의 초가도 새롭고 문무대신의 의관도 이전과는 다르네"라는 글귀를 떠올리고는 상전벽해의 감을 가슴속에 무한히 느꼈다. (232~233면)

차들이 줄을 잇는 타이베이의 거리는 더우원 선생이 은거하던 시골과 달리 일본 식민 정권의 근대화 성과를 자랑하고 있었다. 더우원 선생의 눈에 성문에 크게 쓰인 '시정 40주년 기념'이라는 문구가 보였다. 더우원 선생이 시골 자택에서 만들어 낸 중국적 공간과 기차 속에서 빠져들었던 '타이베이 부' 거리의 풍경은 40년 전에 이미 '일본'의 공간이 되어 있었다. 청나라시기의 타이베이 거리가 흔적도 없이 사라진 것이다.

옛 생원의 모습에서 일본 식민통치와 타이완 문화의 소멸을 바라보는 피식민 작가의 고민이 엿보인다. 스수施淑는 논문 「머리와 몸首與體」에서 타이완문학작품을 통해 식민지기 피식민 지식인의 시공간 관념이 재편된 과정을 분석하였다. 그에 따르면 일본 식민통치 이전 타이완인은 '쿤룬주산崑崙祖山 → 푸저우구산福州鼓山 → 타이베이부 지룽산台北府鷄籠山"으로 이어지는 지리관을 지니고 있었다. 이는 청제국과 타이완을 연결체로 보는 관념적 지리관이었다. 그러나 일본 식민통치 이후 '일본 규슈 → 류쿠군도(현재의 오키나와 군도) → 타이완 따툰산大屯山'이라는 새로운 연결선이 타이완을 일본 모국에 연결시키고 청제국과의 연결 관계를 끊어버렸다.

타이베이의 도시계획도 새로운 공간의 상상에 부합하여 대대적으로 수정되었다.[19] 타이베이의 주요 거리는 황실의 권위를 상징하는 간베이타이샤官幣大社, 즉 타이베이 신사를 향하도록 건설되었고 타이완 신사를 중심으로 방사형으로 배열되어 있었다. 타이완 신사가 봉양하는 일본 황실은 바로 『타이완 종단 철도』를 탄생시킨 요시히

19 施淑, 「首與體－日據時代台灣小說中頹廢意識的起源」, 陳映眞 等著, 『呂赫若作品研究－台灣第一才子』, 台北 : 聯合文學, 1997, 207～208면.

사 친왕이다. 타이완지역 일본 '황국'의 '창시자'가 된 요시히사 친왕은 일본이 타이완을 식민통치하던 기간 동안 줄곧 일본제국의 권력을 상징했다.[20] 타이완 신사의 군림하에 타이베이의 모든 거리와 건축물들은 절대적인 제국의 권력에 복종해야만 했다.

「가을편지」에서 성문 높이 달린 '시정 40주년 기념' 문구와 옛 청나라 관청을 용도 변경한 '타이베이 공회당'은 타이완에 대한 청나라의 관할권이 일본으로 이양되었음을 의미했다. 눈앞의 현실에 놀란 더우원 선생은 오랜 세월 꾸었던 '청나라의 꿈'에서 '깨어난'다. 그는 '과거의 기억을 탈취해 간' 타이베이의 거리에서 '방향키를 잃어버린 외로운 배처럼 어디로 가야 할지를 모른 채' 북적거리는 사람들 속에 밀려 박람회장 제2회관의 입구에 다다랐다. 자신의 기억과 완전히 다른 타이베이의 거리에서 더우원 선생은 일종의 기억상실증 같은 상태에 놓이게 되었다. 과거 기억에 대한 편집증 때문이었다. 이 제국의 공간속에서 그는 물리적이든 심리적이든 자신의 위치를 판별해 낼 중심 좌표를 찾지 못했다.

20 정박지 기념비를 시작으로 타이완 정복 전쟁에서 요시히사 친왕이 가는 곳마다 일을 마치고 난후에 일일이 기념비를 세웠다. 이 외에도 요시히사 친왕과 일본의 개척 공신(大國魂命, 大己貴命, 少彦名命 모두 札幌神社와 樺太紳士에 안치되었다) 모두 台灣神社(1901년 완공) 및 타이완 각지의 신사에 추대되었다(横山森美, 「台灣における神社－皇民化政策との關連において」, 『台灣近現代史研究』 第四號, 1982.10, 193～197면). 1920년 요시히사 친왕만을 전문적으로 추모하는 타이난 신사가 완공된다. 이 외에도 타이완의 공학교(타이완인들이 공부하던 소학교)의 국어 교과서 제2권 7장에서도 역시 요시히사 친왕의 업적에 관하여 소개하고 있다.(앞의 글, 196면) 중일전쟁이 발발한 후인 1937년, 38년에는 식민지 타이완의 『소학교 국사』 책을 수정하였으며 수정판에는 요시히사 친왕의 업적 부분을 확충하였다.(磯田一雄, 「台灣に歴史はあるか－台灣の歴史教科書」, 『皇國の姿を追って－教科書に見る植民地教育文化史』, 皓星社, 1999, 262～263면)

3) '제국'을 전시하는 박람회

타이완 식민지 교육의 발원지인 '즈산옌芝山巖' 모형을 전시하는 문화시설관에서 더우원 선생은 교육전시를 참관했다. 일본어를 모르는 그는 어쩔 수 없이 옆 사람에게 전시물의 내용을 물어본다. 세 명의 학생이 학교에 서있는 그림 위에는 "산업 타이완으로의 도약은 우리들에서 시작 된다"라는 문구가 적혀 있었다. 이때 뒤편에서 두 일본인 학생의 웃음소리가 들려왔다. 박람회 공간에서 청나라 시대에 존중 받던 생원은 일본어를 모르고 옛 의복을 입고 있다는 이유로 일본인과 타이완인 동포들에게까지 비웃음 당하는 낙오자로 전락하고 만 것이다.

「가을편지」에서 묘사한 박람회장의 배치와 문화시설관의 전시 내용은『타이완 박람회 협찬회지』의 전시회장 배치도와『타이완 박람회』 사진집의 사진과 일치한다. 소설 속 박람회는 1935년의 '시정 40주년 기념 타이완 박람회'를 그대로 차용했다. 타이완 박람회는 전시기간 50일에 전시물품이 30만 종을 넘어서는 대규모 전시회였다.[21] 식민지 타이완을 비롯하여 일본의 여타 식민지와 관련된 모든 것들이 전시품으로 활용되었다. 요시미 슌야吉見俊哉는 19세기 중엽에서 20세기 초에 가장 큰 오락거리였던 박람회가 '제국주의의 거대한 전시장치'였다고 논한 바 있다.[22] 19세기 후반 서양에서 열린 만국박람회에 참가했을 때 일본은 자신에 대한 서양인의 인상에 고의로 영합했다. 하지만, 20세기 초 일본은 각종 전시회에서 서구 열강들과 어

21 台灣博覽會協贊會,『始政四十周年記念台灣博覽會協贊會誌』, 1939, 3~9면.
22 吉見俊哉,『博覽會の政治學－まらざしの近代』, 中公新書, 1992, 180면.

깨를 나란히 하는 동아시아 신흥 제국으로 발돋움했다. 후에 일본이 자국에서 연 박람회는 서구 열강들의 박람회가 지니고 있는 '제국의 눈'을 그대로 계승하고 있었다.

1903년에 오사카 산업장려박람회大阪勸業博覽會에서는 '타이완관'을 우선적으로 설치하였으며, 갑오전쟁, 러일전쟁에서 승리한 후의 일본 국내 박람회에서는 해외 식민지나 점령지의 전시관을 설치하여 일본제국과 미개발 식민지의 차이를 확인시켰다. 1935년 타이완 박람회는 이와 같은 정치적 기능의 발휘는 물론 일본 국내의 박람회 때보다 '보여주기 정치학'을 더욱 충분히 활용했다. 한편으로는 일본 본국에서 온 일본인 참관자에게 '제국주의의 거대한 전시장치' 안에서 자신들 식민자의 신분과 제국의 상상을 확인토록 하였고[23] 다른 한편으로는 타이완인의 관람을 유도하여 제국의 '장관'을 과시하고 피식민자들의 시각을 규정하였다. 이런 식으로 피식민자의 시각과 제국의 의지를 일치시킴으로써 근대화를 경험한 타이완을 일본 본국과 중국 사이에 위치시키고자 했다.[24] 박람회를 통한 식민지 교육의 목적은 산업화를 통한 제국의 '남진기지' 건설이었다. 바로 「가을 편지」 속 더우원 선생이 이해할 수 없었던 학생 그림과 표어가 시각

23 그러나 식민지 근대화의 성과에 대한 과시와 제국 측의 논술 사이에는 종종 상호 모순적인 부분이 드러난다. 천옌슈陳衍秀는 식민지 타이완의 철도여행 안내 소책자를 통해 일본인들이 타이완에 와서 여행할 때 그 식민자는 식민지 풍경 속 인물들을 타자화하는 제국의 눈과 근대화와 동화교육의 세례를 받은 근대적 타이완 사이에서 주체가 분열되었다고 한다. 陳衍秀, 「帝國之眼中的國境之南－台灣鐵道名所案內中的本島風景」, 『文化研究月報』 21期, 2002. http://www.ncu, edu, tw/~eng/csa/journal/journal_park149.htm. 2005.12.1 다운로드.

24 천팡밍陳芳明은 30년대 타이완문학의 근대성 표현에 대한 토론에서 타이완 박람회를 예로 들어 일본 식민자들이 제국 근대화의 성과를 과시하는 것이 낙후되고 폐쇄적으로 보여지는 타이완인들의 역사를 대신하여 '공백으로 변하는 주체'의 과정이 된다고 주장하였다. 陳芳明, 「30年代台灣作家對現代性的追求與抗拒」, 2002. http://www.nchu.edu.tw/chinese/eo18.html. 2005.12.1 다운로드

화한 정치적 선전이다.

「가을편지」에서 타이베이의 박람회에 다녀온 마을사람들은 '달나라에서 놀다온 것 보다 좋다'며 입이 마르도록 칭찬한다. 시골의 단조롭고 협소한 세계에 살던 마을 사람들이 달나라처럼 멀게만 느껴지던 박람회를 다녀와 시야가 넓어진 것은 모두 철도와 기차의 공로이다. 1920년대 중반 철도를 중심으로 전국 교통망이 조성되어 각 지역을 연결시켰다. 박람회가 열린 후 타이완 철도국이 창립된 이래 승객 수송량이 최대가 되었으며 박람회 기간 동안 타이베이, 완화萬華 두 정류장에서 승하차 한 승객은 200만에 달했다.

그러나 타이완 박람회에서 전시한 것은 '달나라'가 아니라 일본제국이다. 사물의 병렬적인 전시를 통해 서로 다른 공간을 '하나의' 제국 아래로 통합하는 동시에 그 문명의 수준 '차이'에 따라 차별을 둔 '박람회'인 것이다. 근대화의 기초인 '기차'는 타이완과 일본 본국에서 온 관람객들을 박람회장까지 운송하여 물질적 혹은 상상적 '제국의 공간'을 향해 빠른 속도로 전진한다. 「가을편지」의 '기차'와 '박람회' 등의 근대적 생산물들은 타이완 근대화의 성과를 보여주며 지역과 인종의 차이를 넘어서 상호 '통합'적인 제국 공간에 대한 상상을 만들어낸다.[25] 그러나 더우원 선생은 여전히 그의 중국적 정체성을 포기하지 않는다. 그는 큰소리로 그를 비웃는 두 일본학생에게 욕을 한다.

---

25 그러나 젠좡런簡炯仁이 말한 바와 같이, 타이완에서 이루어진 일본의 근대화사업은 "섬 전체의 경제적 체계의 형성을 촉진시키고 타이완사회를 이루는 사회소통 네트워크Social Communication Network를 만들어내서 타이완 사회의 질적 변화를 부추겼"다. 교통망의 완성은 '자연적인' 울타리를 소멸시키고 언어의 통일은 한족사회를 지배하는 집단 간의 장벽을 소멸시켜 "타이완 의식의 형성을 더욱 빨라지게 했다."(簡炯仁, 「日本帝國的殖民統治與台灣意識的崛起」, 『台灣開發與族群』, 台北 : 前衛, 1995, 145면) 이는 일본 식민정권이 생각지도 않은 보고 싶지도 않은 결과물이었다.

"왜놈의 자식들! 동양귀신 놈아!" 그는 결국 그들이 알아듣든 못 알아듣든 상관하지 않고 더 이상 참지 못하고 소리 질렀다. "국운이 흥하고 쇠하는 것은 운명이고 청나라가 비록 망했지만 중국민족은 꼭 그런 것은 아니야. (…중략…) 박람회니 뭐니 다 니들의 자화자찬이지 (…중략…) 그럴 뿐 이라고 (…중략…) '산업 타이완으로의 도약'인지 뭔지 이것도 너희 동양귀신 놈들이나 할 수 있는 것이지, 타이완의 아들딸들은 조금의 진보도 할래야 할 수 없을 텐데 교육은 무슨 교육이야!" (235면)

더우원 선생은 일본인을 '왜놈', '서양귀신'보다 더 못된 '동양귀신'이라고 욕하며 근대화 이후 일본에 대해 우월감과 패배감이 얽힌 중국의 복잡한 감정을 보여준다. 그는 타이완 근대화의 실익이 모두 일본 제국의 것이 되며 피식민자가 배제되고 있음을 폭로한다. 그에게 중국 고전문화는 근대화에 저항하는 수단이다. 그리고 청나라 멸망 후에도 여전히 이어지고 있는 중국 '민족'은 '기차, 박람회' 조합의 일본 제국주의에 대한 저항의 뿌리인 것이다. 「가을편지」는 타이완의 옛 생원을 통해 일본의 제국주의적 근대화 사업에 대한 타이완 피식민자들의 저항을 보여준다. 니시카와 미쓰루의 『타이완 종단 철도』는 철도건설에 참여한 일본인 이야기를 통해 제국주의를 정당화하고 제국주의적 주체를 만들어내고자 했다. 이에 비해 「가을편지」는 중국의 민족의식을 강력하게 상기시키며 일본제국의 외관과 화려함의 이면에 숨겨져 있는 타이완과 일본 제국의 불평등한 권력 관계를 폭로한다. 이 소설이 게재되기로 예정되었던 『타이완신문학』에서 삭제된 것은 이러한 중국 민족의식이 일본 식민당국의 검열제도를 통과할 수 없었기 때문이다.

4) 중국 정체성을 주장하는 '중국 화문'

더우원 선생은 매일 공부를 마친 후 손자가 상하이에서 부쳐온 『국사주간國事週聞』 신문을 훑어본다. 그의 중국 정체성은 존재하지 않는 청나라뿐만 아니라 동시대의 근대 중국에까지 걸쳐있었다. 이러한 플롯은 이 시기 중국 5·4문화운동의 영향을 받은 타이완 어문운동과 호응하고 있다. 1920년대를 전후로 신문, 잡지 등 인쇄 매체의 출현에 따라 새로운 문학과 언어를 추구하는 타이완 신문학운동과 타이완어문학운동이 일어났다. 초기 타이완에서 언문일치체를 제창할 때 항상 언급되던 것은 일본 메이지 시기의 언문일치운동이었다.[26] 그러나 그 주요한 영향은 1919년 5·4운동 당시 후스胡適와 천두슈陳獨秀 등이 주도한 백화문운동에서 비롯된 것이었다.

일본, 중국의 언문일치 운동에서와 마찬가지로 타이완화문운동 역시 민중계몽을 주요 목적으로 하고 있었다. 그러나 타이완은 일본과 중국이 경험하지 못한 난제에 봉착하게 된다. 타이완 민남어와 베이징어 중 무엇을 타이완화문으로 삼을 것인지가 문제였다. 민남어로 백화문학을 창작하자는 '타이완화문파'와 베이징어를 사용하자는 '중국 백화문파'가 등장해 격렬한 토론을 전개했다. 민남어는 통용되는 지역이 제한적이었으며 문장의 표기 방식이 아직 통일되지 못했다. 한편 베이징어는 타이완의 일상언어가 아니어서 '말'과 '글'의 일치를 기대할 수 없었다. 1920년대 초반부터 30년대 후반까지 논쟁이

---

26 메이지 20년(1887)년대 국어학자인 모쓰메 다카미物集高見는 구어문학을 제창하였고 소설가인 후타바테이 시메이二葉亭四迷 등은 이를 작품에서 실천하기도 하였으나 메이지 40년(1907) 즈음에 퇴조했다.

이어졌지만 양측은 결국 최종 합의점에 도달하지 못했다.

주뎬런은 '중국 백화문파'에 속했다. 그에 따르면 타이완이 독립적인 국가가 아니므로 국가의 힘을 빌려 새로운 문자 표기체제를 만들어낼 수 없었다. 또한 "중국 백화문을 빌려 타이완의 사물을 묘사한다 하더라도 그 지방색을 표현하는데 전혀 장애가 되지 않을 것"이었다. '타이완화문파'인 라이허賴和의 타이완화문 소설과 비교하면 「가을편지」가 중국 구어체 문장위주로 창작되었음이 드러난다. 하지만 소설 속에는 '稻埕', '一區田', '切近', '新正', '小可' 등의 타이완 민남어 및 '不器用', '滿員', '人氣', '博覽會', '鐵道', '部員', '改札' 같은 타이완 민남어 발음으로 읽혀지는 일본 한자 단어들이 섞여있다. 쳰웨이前衛출판사의 '타이완 작가전집' 시리즈인 『왕스랑·주뎬런 합집王詩琅·朱點人合集』 판본에는 이러한 타이완 민남어 어휘에 중국어 주석이 달려있다. 소설 속 대화문에서는 서술문에 비해 타이완 민남어의 색채가 더욱 두드러진다. 일본 경찰인 사사보쿠佐佐木가 박람회 후원금을 강제 모금하기 위해 더우원 선생의 집에 오는 장면을 예로 들어보겠다.

> 그는 무척 불쾌하게 걸어 나와 늙은 순사(일본인 경찰)인 사사보쿠가 히죽거리며 거실에 앉아 기다리는 것을 보았다.
>
> "또 오셨수!"
>
> "천 생원! 미안하네, 바쁘신 줄은 알지만 좀 앉으시게. 내 할 말이 있으니."
>
> 그는 여러 해 동안 경찰직에 몸담아 경험이 풍부하여 타이완사람과 거의 비슷하게 타이완어를 구사했다.
>
> "할 말 있으면 어서 하슈!"
>
> "오늘은 호구조사를 나왔는데, 나온 김에 공무를 좀 봐야겠네."

"……."

"중국에 유학 간 손자는 언제나 돌아오는가?"

"일 없이 돌아와 뭣하게요?"

"타이완에서 박람회를 하는데, 보러 오지 않는다는 게야?"

"난 **모르는**不知道 일이외다."

"아, **모르고**不知影 있었는가?"

(228~229면, 괄호 안은 前衛출판사의 주석이다. 강조—인용자)

'여러 해 동안 경찰직에 몸담아 경험이 풍부하여 타이완사람과 거의 비슷하게 타이완어를 구사'하는 일본 경찰 사사보쿠와 일본어를 모르는 더우원 선생 사이의 대화는 타이완 민남어로 진행되었을 것이다. 눈에 띄는 점은 똑같이 타이완 민남어 발음으로 이루어진 두 사람의 대화가 서로 다른 표기 방식으로 재현되었다는 점이다. 일본인 경찰 사사보쿠의 대사는 타이완 민남어 표기로 되어있고 더우원 선생의 대사는 베이징어로 표기되어 있다. 인용문 안에서 필자가 굵은 글씨로 강조한 부분에서 일본인 경찰이 사용한 타이완 민남어 '知影'이 더우원 선생의 말에서 중복 출현할 때 베이징어인 '知道'로 바뀐다. 두 사람의 국적과 민족정체성으로 볼 때 이러한 표기방식은 부자연스럽다.

소설 속 다른 곳에서 더우원 선생의 대사를 비교해 보면 그는 마을의 타이완사람들과 대화할 때는 타이완 민남어를 섞어서 사용하고 박람회장에서 일본인 학생들에게 욕을 퍼부을 때에는 순수한 베이징 구어체를 사용한다. 즉 주뎬런은 「가을편지」의 대화부분에서 두 언어를 동시에 사용하고 있다. 그는 타이완 민남어 대사 본래의 음을 재현하여 하고자 할 경우에는[27] 화자의 국적에 상관없이 타이완어 문장을 사용한다. 하지만 일본인 앞에서 더우원 선생의 중국 민족 정체성을 강조하고자 할 경우에는 중국어 문장을 사용하고 있다. 이렇게 의도적으로 서로 다른 중국어 백화문을 통해 소설 속 대화의 표기를 구별한 것이다.

주뎬런의 중국어 소설 「가을편지」와 니시카와 미쓰루의 일본어 소설 『타이완 종단 철도』는 공통적으로 대화 속에서 '타이완 민남어식 한문'을 사용하고 있다. 그러나 그 목적은 상반되며 이 술어(타이완 민남어식 한문)에 찍히는 방점의 위치도 다르다. 주뎬런의 방점은 '타이완 민남어'에 찍힌다. 그리고 더우원 선생의 '타이완 민남어'는 중국 정통의식을 강조하기 위해 사용된다. 이와 달리 니시카와 미쓰루의 방점은 '한문'에 찍힌다. 이는 '한문'이라는 공통점을 통해 타이완에 대한 일본 식민통치의 문화적 연원을 강조하기 위한 것이다.

4. 혼합되는 제국, 서로 다른 민족

『타이완 종단 철도』는 일본군의 타이완 상륙을 시작으로 청나라의 유산을 계승한 일본 식민 정부가 타이완을 식민지화하는 일련의 과정을 묘사했다. 「가을편지」는 청나라의 유물과 같은 인물이 근대

27 인용문에서 사사보쿠의 마지막 대사의 어미에 출현한 일본어 가나인 'か'는, 일본 경찰이 타이완 민남어 문장의 마지막에 일본어의 어기사를 끼워 넣은 '원음'이다.

화된 타이베이에서 다중적 위치를 경험한 후 '근대적' '일본'의 공간을 비판하는 모습을 그리고 있다. 두 소설에서 철도와 기차가 제국 이데올로기를 타이완에 옮겨놓은 것으로 그려지듯이 식민지에 이식된 근대적 사물은 객관적이고 중립적일 수 없다. 이 사물들의 제조와 유통은 식민지의 불평등한 권력구조하에서 진행되고 이후 이것이 운용됨으로써 그 권력구조가 지탱될 수 있었다.

두 편의 소설에서 식민자들과 피식민자들 사이에 각종 언어들이 교환되고 표기되고 번역된다. 이러한 정치행위는 또 다른 근대를 타이완으로 '옮겨가는' 매개체이다. 이 과정에서 일본과 중국의 근대국가 언어는 타이완의 근대화를 실현하게 할 수도 있고 실패하게 할 수도 있다. 두 소설의 내용과 문학언어는 '근대'(=철도)와 함께 이식된 '일본제국'의 공간에 대해 각기 다른 해석을 표현한다. 전자는 요시히사 친왕이 이끄는 타이완 정복전쟁을 통해 식민지 타이완에서 일본 제국이 가져야 할 통치의 '기원'을 역추적하고 있다. 후자는 청나라를 표상하는 인물을 통해 '민족' 정체성을 끄집어냄으로써 외부에서 온 일본적 공간의 침투에 저항하려 한다. 그러나 타이완으로 이식된 제국이건 대항하는 중국의 민족 정체성이건 간에 그것들은 모두 각각의 '정통성'을 입증하고자 하였으며 끊임없는 도전을 받는다.

니시카와 미쓰루는 타이완 한족사회의 유미주의적인 환상을 묘사한 소설로 유명하다. 『타이완 종단 철도』는 사실주의 기법으로 전쟁시기의 '또 다른 형식의 아름다움'을 표현한 실험작이었다. 그러나 이 소설도 과거의 환상을 미화한다는 점에서 그의 이전 작품들과 본질적으로 차이가 나는 것은 아니다. 다만 '지나풍'을 '일본 제국' 이데올로기로 대체한 것이 다를 뿐이다. 이는 타이완 한족을 중일전쟁에 동원하기 위한 방법이었다. 즉 그들을 제국의 주체로 만들기 위해 소설 속의 '그 순간'들이 필요했던 것이다. 그러나 식민지 군사동원의 정당성을 입증하기 위한 장편소설의 등장은 역으로 그것이 정당하지 않다는 사실을 드러내기도 한다. 이는 키플링이나 카뮈가 말했듯이 제국주의자가 자신을 정당화해야 한다는 강박관념 때문에 식민지(인도나 알제리)에서의 생활이 '집과 같이 편안했'다고 강조한 것과 비슷한 사례이다.[28]

일본제국의 이민족 식민통치에는 해결할 수 없는 모순이 존재했다. 천황제 국가의 정통성은 '혈통'을 기반으로 한 것이었다. 때문에 '이종 혈통'의 피식민자를 신민으로 재구성한 제국의 식민지 통합은 천황제 국가이념과 상호 모순되는 것이었다.[29] 『타이완 종단 철도』의 시정식 행사 장면에서는 일본의 노극能劇 공연에 이어 중국 희극이 공연된다. 요시히사 친왕은 가부끼 공연에 감탄하여 공연 책임자를 치하하기도 했다. 그 다음 그림이 그려진 가면을 쓴 타이완 배우가 귀가 먹먹할 정도의 징과 나팔소리를 내며 등장하자 일본인 관중들은 영문을 몰라 했고 몇몇 사람들은 관중들 속의 타이완인 신사들에게 무슨 일인지를 물었다. 희극은 일본의 가부키와 전혀 다른 문화였다. 작가가 황족인 요시히사 친왕의 상징성을 통해 식민지에 이식된 제국의 '계보'를 강조하면 할수록 식민지 '이'민족 통치와 천황제 국가의 '단일' 계보 사이에 내재된 모순이 더욱 폭로될 뿐이다.

한편 「가을편지」에 나타난 더우원 선생의 중국 민족 정체성은 타

28 Edward W. Said, "The Pleasures of Imperialism", *Culture and Imperialism*, New York : Vintage, 1993, p.160.

29 鈴木正幸, 「植民地領有と憲法・國體」, 『國民國家と天皇制』, 校倉書房, 2000, 128~153면.

이완에서 일반적인 것이 아니었다. 중국의 변경에 위치한 타이완은 한족들이 이민 정착하여 이루어진 사회였다. 20세기 초 중국이 청나라 만주족 정권에서 한족 정권인 중화민국으로 전환되던 시기에 타이완은 이미 일본의 식민지였으므로 근대 중국의 성립에 참여하지 않았다. 「가을편지」에서 더우원 선생이 중국 민족의 정체성을 주장하기 위해 참조한 것은 넓은 의미의 '문화 중국'(즉 「정기가」, 「도화원기」와 같은 중국 고전)과 일본과 마찬가지의 '이민족'인 만주족의 외래문화(변발)였다. 작가 주뎬런은 더우원 선생의 민족 정체성을 표현하기 위해 '중국어 문장'을 사용하지만 이는 오히려 청나라 정권의 근대 중국 내셔널리즘을 전복시켜 양자 간에 불일치를 발생시킨다.[30] 만청, 근대 중국, 타이완이라는 세 개의 시공간이 주장하는 '중국' 민족의 정체성은 각각 그 역사와 지정학적 배경이 달라서 하나의 통일된 정의를 가지지 않는다.

이 외에도 '중국 백화문파'의 주뎬런은 더우원 선생이 일본인 앞에서 보여주는 민족 정체성을 강조하기 위해 그의 타이완 민남어 대사를 베이징어로 번역해서 표기해야 했다. 타이완 방언인 민남어와 당대 중국어 사이에 차이가 있었기 때문에 번역을 하고 명시적으로 표기해야 했던 것이다. 소수의 중국 유학파 지식인들을 제외한 대다수 타이완의 민남인 계열 독자들은 「가을편지」 같은 중국어 문장 위주

30 한족들의 집단 정체성과 국가 정체성 양자 간의 갈림은 중국이 일본에서 빌려온 '민족'과 '국학國學', '국수國粹' 등의 서양언어에서 번역해 온 단어들을 사용할 시기부터 나타났다. 이러한 번역어들은 중국에 수입된 후 몽고나 만주 이민족들과 대항하던 한족의 유가문화를 지칭하게 되었지만 그러나 일본에서는 유교와 불교가 전래되기 전의 일본 고유의 고전문화를 지칭한 것이었다. 18세기 일본 국학자들은 일본의 '중국', '유가', '한학'의 영향과 대립되는 국가주의 의식에서 새롭게 해석한 것이다.(Lydia H. Liu, *Translingual Practice-Literature, National Calture, and Translated Modernity-China, 1900～1937*, Stanford : Stanford Up, 1995, p.243)

의 글을 읽을 때 서술문이 타이완화문, 타이완 민남어, 중국어문 중 어느 것이건 간에 타이완 민남어의 음으로 읽었다.[31] 그래서 '중국 백화문'파의 작가인 주뎬런마저도 타이완의 현실적 상황을 고려해 '중국 백화문'을 '타이완음'으로 읽을 것을 주장했으며, 타이완인이 중국어 문장을 읽을 수 없다는 주장에 반박했다.[32]

식민지 타이완에서 창작되는 백화문 텍스트는 타이완 민남어, 일본어, 구어, 문언 등 서로 다른 시공간의 언어가 뒤섞여있고 통일성이 결여되어 있는 '변태적 백화문'이라고 비판을 받는다.[33] 그러나 이러한 혼잡한 백화문은 타이완사회의 이민과 식민역사 속에서 만들어진 다종 언어이다. 이것은 타이완에서 실천된 백화문 즉 타이완인의 손으로 쓴 타이완인의 언어인 것이다. 다중 공간이 되어버린 타이베이 거리처럼 한자표기에서 공유 / 차용관계의 '타이완민남어', '북경어', '일본어' 등 다중의 '소리'가 함께 존재하는 주뎬런의 「가을편지」는 비록 근대 중국 글쓰기 언어의 중첩배치를 통해 '민족'을 강조하려했으나 그 단일한 정체성과 재현에까지 이르지는 못했다. 일본 식민통치의 정당성을 강조하는 『타이완 종단 철도』가 1943년 하순부터 1944년 말까지 타이완의 잡지에서 연재될 당시 일본 제국의 전황은 악화일로를 걸었다. 중국의 민족 정체성을 주장하는 주뎬런의

31 성공대학成功大學 뤼싱창呂興昌 교수의 지도에 감사드린다. 필자는 베이징어 교육을 받은 세대로서 베이징어가 타이완에서 관주도 언어가 되기 전인 일본 식민지 시절에는 타이완의 민남어 지역 사람들이 타이완 민남어를 사용했기 때문에 베이징어를 사용하여 낭독(혹은 묵독)을 하지 않았던 것이 당시 전체 한문(문언문이든 백화문이든, 중국어 문장이든 타이완어 문장이든 구분 없이)의 언어 상황이었다는 점을 인식하지 못했다.

32 朱點人, 「檢一檢鄉土文學」, 『1930年代台灣鄉土文學論戰資料彙編』, 中島利郎 편, 高雄, 春暉, 2003, 85~89면. 원본출처 『昭和新報』, 1931.8.29부터 3회 연재.

33 施文杞, 「對於台灣人所做的白話文的我見」, 『台灣民報』, 1924.2.4.

「가을편지」가 게재 예정이던 잡지에서 탈락된 그 이듬해에 식민당국은 타이완 신문잡지의 한문란을 폐지시켰다. 『타이완 종단 철도』와 「가을편지」는 식민지 타이완에서 일본 제국주의와 중국 내셔널리즘을 다룬 최후의 작품이었다.

5. 간극과 혼종의 타이완 근대성

『타이완 종단 철도』와 「가을편지」는 하나의 역사적 사실을 소재로 하고 있으며 일본어와 중국어, 일본 제국주의와 중국 민족의식이라는 각기 다른 언어와 관점을 통해 타이완에서의 일본 식민통치를 서사화했다. 본고의 서두에서 1990년대 타이완과 일본에서 일본의 타이완 식민통치를 정당화하려는 시도가 진행되었음을 소개한 바 있다. 두 작품에 대한 분석 결과 일본의 식민통치에 대한 1990년대의 긍정적, 부정적 평가논리와 수사가 30~40년대에 이미 『타이완 종단 철도』와 「가을편지」라는 서로 다른 텍스트 안에서 분류되어 출현했다는 사실을 발견할 수 있다.

역사학자 헤이든 화이트Hayden White는 역사서술이 중립적이거나 객관적인 것이 아니며 작가의 이데올로기를 드러내는 것이라고 말했다. 『타이완 종단 철도』와 「가을편지」가 참조하고 있는 타이완 철도나 박람회 관련 사료는 일본 식민자의 시각에서 기록된 것이다. 그러나 두 소설은 각자의 관점에서 사건을 재구성하고 재해석한다. 역사 서술과 문학작품은 모두 사건을 서사화하고 텍스트화 한다는 점에서 같으며 양자 간의 경계는 분명하지 않다. 만약 두 소설이 처음부터 '허구'를 표명하고 나섰다면 망설임 없이 허구적 수법을 이용해 하고 싶은 말을 더 할 수 있었을 것이다. 아마 그랬다면 이 두 편의 소설은 그 역사 '원전' 보다 더 많은 '진실'을 전달할 수 있었을 것이다.

본고는 니시카와 미쓰루의 『타이완 종단 철도』와 주뎬런의 「가을 편지」를 타이완 식민 근대성의 표상 및 산물로 보고 한자를 공유한 타이완 민남어, 일본어, 중국어 등 근대 언어표기가 만들어내는 타이완의 식민지 근대성의 역사적 의의를 논증했다. 타이완의 식민지 근대성은 서양, 일본, 중국 등의 복수적인 제국주의, 식민주의, 내셔널리즘 간 힘겨루기 관계의 '틈' 속에서 형성되었다. 그 '틈' 속에서 서로 다른 주체들이 서로를 참조하며 문물제도를 이식, 수용, 번역하는 다중번역[34]을 통과하는 동안 타이완의 근대성이 구체화되었다. 작품 분석을 통해 보았듯이 식민지로 이식된 물질, 언어, 문화는 이식 과정에서 여러 차례 현지 문화와 뒤섞이기 때문에 그 '원산지'와 일대일 대응관계가 성립되지 않는다. 만약 단일한 계보나 정체성이 식민지 공간에서 성립될 수 있다면 그것은 제국주의나 내셔널리즘의 상상과 논술 속에서나 가능할 것이다.

---

34 19세기 청나라와 메이지 시기의 일본이 서양의 근대적 서술어들을 중국어로 번역할 때 영중사전과 영일사전 및 기타 서양학 서적들에 있는 중국어 번역어를 차용하고 고치고 되돌리면서 쌍방향으로 번역어를 차용했다. 일본이 차용한 중국 번역어에 관한 예시는 湯淺茂雄의 「明治期の專門用語と漢字」(佐藤喜代治 編, 『近代日本と漢字』, 明治書院, 1988, 296~326면)를 참조하고 중국이 일본어에서 차용한 단어와 일본이 개조한 영중사전의 단어가 다시 중국으로 회유된 예는 沈國威의 『近代日中語彙交流史－新漢語の生成と受用』(笠間書院, 1994)을 참조하도록 한다. 중국이 일본의 번역어를 차용한 예 중에서 몇몇 단어들은 일본이 7세기에 중국 고전에서 차용해 온 한자 어휘가 19세기에 다시 회유되어 중국에 들어온 것들도 있다. Liu, op. cit., 부록 D(pp.302~342) 참조.

서두에서 살펴본 바와 같이 몇몇 탈식민 담론을 다음과 같이 분류할 수 있다. 첫째, 식민지 타이완의 문화 구성 요소 중에서 자신의 정치적 이데올로기에 부합되는 요소만 취한 것, 둘째, 중국과의 문화적 연계성을 강조한 것, 셋째, 일본과의 주종관계를 강조한 것, 넷째, 타이완의 독자적인 주체성을 강조한 것 등이다. 이들은 의미상의 잡종이 될 모든 '오염'들을 배제하였다. 제국주의, 식민주의, 내셔널리즘의 '틀' 속에서 만들어진 타이완의 식민지 근대성은 근대 / 전근대, 서양 / 동양, 일본 / 타이완, 일본 / 중국, 식민 / 탈식민 등의 이원적 대립으로 정리할 수 없다. 식민지 타이완의 근대성은 다중적인 이식과 번역을 거쳐 형성된 복잡한 구성체이다. 그러므로 제국의식의 이식과 그 혼합의 기원, 그리고 민족언어의 번역과 그 정체성의 엇갈림에 대해서 새롭게 사고해야 한다.

초출일람

1부

근대를 맞이하여 - 타이완 신구문학의 계승과 전환(1895~1924)

黃美娥,「迎向現代－台灣新舊文學的承接與過渡(1895-1924)」,『重層現代性鏡像』, 台北 : 麥田出版社, 2004, 31～79頁.

타이완어 문학 전파의 이데올로기 구축 - 일본 통치시기 타이완 백화문운동의 문학 전파 전략

林淇瀁,「台語文學傳播的意識型態建構－日治時期台灣白話文運動的文學傳播策略」,『書寫與拼圖－台灣文學傳播現象研究』, 台北 : 麥田出版社, 2001, 97～122頁.

일제강점기 타이완 신구문학논쟁 다시 읽기 - 원인, 과정, 결과를 다시 생각 한다

葉連鵬,「重讀日據時期台灣新舊文學論戰－起因, 過程與結果的再思考」,『台灣文學學報』2期, 2001.2, 33～65頁.

민족상상과 대중노선의 접속 - 1930년대 타이완화문논쟁과 모어문학운동

向 陽,「民族想像與大眾路線的交軌－1930年代台灣話文論爭與母語文學運動」,『20世紀台灣文學專題 I－文藝思潮與論戰』, 台北 : 萬卷樓出版社, 2006, 43-67頁.

개똥현실주의와 황민문학 - 1940년대 타이완 문단의 정체성 논쟁

柳書琴,「糞現實主義與皇民文學－1940年代台灣文壇的認同之戰」,『東亞現代中文文學國際學報』第4期, 中國 : 首都師範大學出版社, 2010.5, 51～79頁.

2부

일본 통치시기 타이완 계몽담론의 좌절 -『타이완신민보』계열의 '동화주의' 표명

林淇瀁,「日治時期台灣啟蒙論述的反挫－「台灣新民報」系的'同化主義'表意」,『書寫與拼圖－台灣文學傳播現象研究』, 台北 : 麥田出版社, 2001, 97～122頁.

식민주의 신화의 해체 - 라이허 문학의 반식민주의 사상

陳建忠, 「解構殖民主義神話－論賴和文學的反殖民主義思想」, 『中外文學』 31卷 6期, 2002.11, 93～131頁.

30년대 타이완 작가의 근대성 추구와 저항

陳芳明, 「30年代台灣作家對現代性的追求與抗拒」, 『殖民地摩登－現代性與台灣史觀』, 台北 : 麥田出版社, 2004, 51～72頁.

신흥의 비애 - 차이츄통 소설 속의 반식민 근대성 사상

陳建忠, 「新興的悲哀－論蔡秋桐小說中的反殖民現代性思想」, 『日據時期台灣作家論－現代性, 本土性, 殖民性』, 台北 : 五南圖書, 2004, 97～123頁.

제국주의, 내셔널리즘, '근대'의 이식과 번역
- 니시카와 미쓰루의 『타이완 종단 철도』와 주뎬런의 「가을편지」

朱惠足, 「帝國主義, 國族主義, '現代'的移植與翻譯－西川滿『台灣縱貫鐵道』與朱點人「秋信」」, 『中外文學』 33卷 11期, 2005.4, 111～140頁.

핵심어

작가 / 인물

고바야시 세이조小林躋造(1877~1962) : 제17대 타이완 총독(1936~1940). '황민화, 공업화, 남진기지화'를 내걸고 황민화운동을 추진하였다.

고토 신페이後藤新平(1857~1929) : 타이완 총독부 민정장관, 도쿄시장, 남만철도회사총재, 외무대신과 내무대신 등 요직을 두루 역임한 일본 기술 관료의 대표적 인물이다. 타이완 민정장관 임기(1898~1906)내에 농업, 공업, 위생, 교육, 교통, 경찰제도 등 기간시설과 제도의 완비에 힘써 타이완 근대화의 주역으로 평가받고 있다.

궈수이탄郭水潭(1907~1995) : 필명은 郭千尺. '염분지대' 주요시인이며 가족 간의 정을 표현한 시로 긍정적인 평가를 받았다. 주요작품으로는 「고향의 편지－옥중의S군에게故鄉的書簡 — 致獄中的S君」(1934), 「연무꽃蓮霧之花」(1937) 등이 있다.

니시카와 미쓰루西川滿(1908~1999) : 일본 시인, 소설가. 타이완의 역사와 풍토를 특유의 낭만적인 색채와 이국적이고 탐미적인 정조로 그려내 일본인 '외지문학'의 대표로 알려져 있다. 1939년 '타이완시인협회台灣詩人協會'를 결성하고 잡지 『화려도華麗島』를 발간했다.

라이허賴和(1894~1943) : 본명은 賴河. 필명으로 懶雲, 甫三, 安都生, 灰, 走街先 등이 있다. 의사 겸 근대초기 문학가로 소설, 산문, 시 등 장르를 불문하고 근대문학의 기초를 마련하였을 뿐 아니라 『타이완민보台灣民報』의 문예란을 통해 작가들을 발굴하고 초기 문학의 발전에 힘을 써 '타이완 신문학의 아버지'로 불린다. 주요작품으로 「야단법석鬥鬧熱」(1926), 「'저울' 하나一桿'稱仔'」(1926), 「남국애가南國哀歌」(1931) 등이 있다.

렌헝連横(1878~1936) : 자는 武公. 호는 雅堂, 劍花. 고전한문작가로 『타이완통사台灣通史』, 『타이완어사전臺灣語典』, 『타이완시승臺灣詩乘』, 『검화실시집劍花室詩集』 등이 있다. 신구문학논쟁 시 구문학의 대표로 전통고문의 중요성을 역설하고 신시체를 비판하였다.

룽잉쭝龍瑛宗(1911~1999) : 본명은 劉榮宗. 1937년 「파파야가 있는 작은 마을植有木瓜樹的小鎮」로 일본 잡지 『개조』의 공모에 가작으로 당선하여 등단하여 일제 말기까지 활동하였다. 그의 소설은 농후한 자연주의 경향으로 알려져 있다. 1940년 西川滿이 성립한 '타이완

문예가협회台灣文藝家協會'에 참여했고 이 협회의 기관지인 『문예타이완文藝台灣』의 편집인으로 활동했다. 주요작품으로는 「파파야가 있는 작은 마을植有木瓜樹的小鎮」(1937), 「오전의 낭떠러지午前的懸崖」(1941) 등이 있다.

뤼허뤄呂赫若(1914~1951) : 본명은 呂石堆. 1935년 일본 문학잡지 『문학평론』 2권 1호에 첫 소설 「소달구지牛車」를 발표하면서 문단의 주목을 받았다. 그의 소설은 대부분 식민지의 현대화 모습부터 봉건적 요소가 잔재한 전통가정에 자본주의 논리가 스며들면서 일어나는 각종 비극, 그리고 황민화 시기의 국책문학요소를 포함한 작품 등 매우 다양하다. 주요작품으로는 「소달구지牛車」(1935), 「재자수財子壽」(1942), 「풍수風水」(1942), 「옥란화玉蘭花」(1943), 「청추淸秋」(1944), 「산천초목山川草木」(1944) 등이 있다.

린셴탕林獻堂(1881~1956) : 타이완 중부의 대지주 집안 출신으로 일제시기 타이완 비폭력 반일운동의 대표적 인물. '신민회新民會', '타이완문화협회台灣文化協會', '타이완 민중당台灣民衆黨', '타이완 지방자치연맹台灣地方自治聯盟' 등 조직에서 요직을 담당했으며 '타이완 의회의 아버지'로 불린다.

사토 하루오佐藤春夫(1892~1964) : 일본 소설가, 시인, 평론가. 1920년 타이완 여행을 마치고 일본으로 돌아간 후 『여계선기담女誡扇綺譚』(1926), 『우서霧社』(1936) 등을 발표했다. 그의 작품은 일본인의 식민지에 대한 상상과 남방의 이국적인 정조에 대한 동경을 드러내어 일본인 작가의 타이완 글쓰기 전범으로 평가된다.

셰춘무謝春木(1902~1969) : 필명은 追風. '타이완문화협회台灣文化協會'와 '타이완 민중당台灣民衆黨' 성원. 1922년 『타이완台灣』잡지에 일본어로 첫 근대소설로 알려진 「그녀는 어디로 갔나她將往何處去」와 1924년 역시 첫 근대시로 알려진 신시 「시의 모방詩的模仿」을 발표하였다.

야나이하라 타다오矢內原忠雄(1893~1961) : 일본 경제학자, 식민정책 연구자. 1927년 타이완에서 개인적으로 실제 조사한 통계를 토대로 타이완 경제상황을 분석한 『제국주의하의 타이완帝國主義下的台灣』(1929)을 발간했으나 총독부에 의해 출판규칙 위반으로 발행이 금지되었다.

양서우위楊守愚(1905~1959) : 본명은 楊松茂, 필명으로 守愚, 村老, 洋, 翔, Y生 등이 있다. 근대작가와 전통시인의 이중신분으로 대량의 한시작품도 남기고 있으며 그의 근대소설은 선명한 사회주의 경향을 보여준다. 주요작품으로 「흉년에는 죽을 수밖에凶年不免於死亡」(1929), 「취醉」(1930) 등이 있다.

양츠창楊熾昌(1908~1994) : 필명으로 水蔭萍, 南潤 등이 있다. '풍차시사風車詩社'의 주요 성원으로 일본을 통해 초현실주의 사조를 타이완 문단으로 들여왔으며 일본문단의 신감각파 영향을 받은 것으로 평가받고 있다. 주요작품으로 「말리화茉莉花」(1943), 『타오르는 얼굴燃燒的臉頰』(1979) 등이 있다.

양쿠이楊逵(1906~1985) : 본명은 楊貴. 필명으로 伊東亮, 公羊, SP, 狂人 등이 있다. 타이완의 대표적인 좌익작가로 일본유학시기 사회주의 사상을 접하고 타이완으로 돌아온 후 농민운동에 적극 참여하였다. 1934년 그의 「신문배달부送報伕」가 일본 잡지 『문학평론』 공모에 2등으로 당선되어 일본문단에 진출한 최초의 타이완 작가가 되었다. '타이완문예연맹台灣文藝聯盟'에도 참가했으나 이념적 문제로 따로 나와 『타이완신문학台灣新文學』을 창간하였다.

양화楊華(1906~1936) : 본명은 楊顯達. 필명으로 楊位, 楊華, 揚花, 器人 등이 있다. 1926년 『타이완민보台灣民報』의 시모집에 「작은 시小詩」로 2등을 하면서 등단했다. 그의 시와 소설은 저항정신으로 충만하며 타이완의 고난에 대한 비탄과 동정심이 돋보인다. 시집으로 『흑조집黑潮集』이 있고 소설로 「한 노동자의 죽음一個勞動者的死」(1935), 「박명薄命」(1935) 등이 있다.

예스타오葉石濤(1925~2008) : 일제시기에 등단하여 해방 후에 주로 활동한 소위 '언어전환 세대'의 선두주자이며, 산문과 소설, 일본어 작품의 번역으로 잘 알려져 있다. 일제시기 西川滿이 주도한 『문예타이완文藝台灣』의 편집을 맡았고 해방 후에는 타이완문학사인 『타이완문학사강台灣文學史綱』(1987)을 펴냈다.

왕바이위안王白淵(1902~1965) : 미술교사, 평론가, 시인. 1931년 시집 『가시밭길荊棘之道』이 일본 프로문단의 호평으로 주목을 받게 되었다. 1932년 동경의 타이완 유학생들과 문예동인 조직 '타이완 예술연구회台灣藝術研究會'를 조직하고 기관지 『폴모사フォルモサ』를 창간했다.

왕창숑王昶雄(1916~2000) : 본명은 王榮生. 치과의사이며 소설가. 1943년 『타이완문학台灣文學』에 「급류奔流」를 발표했다. 지식인의 정체성에 대한 갈등과 고민으로 가득한 이 작품은 황민화 시기 당국의 정책에 부합하는 면이 있어 황민작품으로 평가된다.

우신룽吳新榮(1907~1967) : 시인으로 자는 史民, 호는 震瀛, 兆行 등이 있다. '염분지대鹽分地帶' 주요시인으로 그의 시는 대부분 고향의 대지를 노래하고 자본주의를 비판하는 내용으로 좌익경향을 보여주고 있다. 주요작품으로 「고향과 봄잔치故鄉與春祭」(1935), 「망처기亡妻記」(1942) 등이 있다.

우융푸巫永福(1913~2008) : 시인, 소설가. '타이완 예술연구회台灣藝術研究會' 회원. 1979년 타이완 최초의 문학평론상인 '巫永福 평론상'을 제정했고 1993年에는 재단법인 '巫永福 문화기금회'를 설립, '巫永福 문학상'을 제정하는 등 타이완문학의 이론건설과 창작을 위해 힘을 기울였다. 주요작품으로 「머리와 몸首與體」(1933), 「동백꽃山茶花」(1935) 등이 있다.

웡나오翁鬧(1910~1940) : '타이완 예술연구회台灣藝術研究會' 성원. 문학기교와 심리묘사에 치중한 작품으로 타이완 모더니즘 소설의 선구로 평가받고 있다. 작품의 주요경향은 도시의 퇴폐와 사악함, 그리고 이와는 이질적인 향토적인 색채로 나뉜다. 주요작품으로 「잔설

殘雪」(1935), 「동트기 전의 연애이야기天亮前的戀愛故事」(1937) 등이 있다.

이자와 슈지伊澤修二(1851~1917) : 일본 교육가. 1895~1897에 타이완 총독부의 학무장을 역임. 임기 내에 일본어교육을 통한 동화정책을 추진하였다.

장원환張文環(1909~1978) : 1941년 황더스黃得時 등과 '계문사啟文社'를 조직하고 『타이완문학台灣文學』을 창간하여 일본인 작가 西川滿이 주도한 『문예타이완文藝台灣』과 대립하였다. 그의 작품은 농후한 사실주의와 향토색채를 가진 것으로 평가되고 있다. 주요작품으로는 「예단의 집藝旦之家」(1941), 「거세한 닭閹雞」(1942) 등이 있다.

장워쥔張我軍(1902~1955) : 본명은 張清榮. 필명으로 一郎, 劍華, 以齋, 四光, 大勝, 廢兵, 野馬, M.S. 老童生 등이 있다. 1924년부터 『타이완민보台灣民報』에 발표한 「타이완청년에게 보내는 편지致台灣青年的一封信」, 「엉망진창인 타이완 문학계糟糕的臺灣文學界」, 「타이완문학계를 위해 통곡한다爲臺灣的文學界一哭」 등의 신문학주장 문장은 '타이완신구문학논쟁'의 발단이 되었다.

저우진보周金波(1920~1996) : 치과의사이며 소설가. 1942년 「지원병志願兵」으로 제1회 '문예타이완상' 수상. 황민화 시기 타이완인의 정체성 문제를 다룬 이 소설의 친일입장으로 인해 황민작가로 불린다. 작품으로 「수암水癌」(1940), 「지원병志願兵」(1942)이 있다.

주뎬런朱點人(1903~1951) : 본명은 朱石頭. 朱石峰으로 개명. 필명으로 朱點人, 描文, 文苗 등이 있다. 그의 소설은 식민자와 피식민자의 관계 및 자본주의하 타이완인의 인간관계 변화를 주로 그리며, 주요작품으로는 「기념수紀念樹」(1934), 「가을편지秋信」(1936) 등이 있다.

차이추퉁蔡秋桐(1900~1984) : 필명으로 愁洞, 秋洞, 蔡落葉, 匡人也, 元寮 등이 있다. 보정保正을 맡으면서 식민자, 자본가, 농민 등 각 계층과 교섭하고 이들 사이를 주선한 경험을 제재로 하여 사실적인 소설을 썼다. 주요작품으로는 「신흥의 비애新興的悲哀」(1931), 「흥형興兄」(1935) 등이 있다.

천쉬구陳虛谷(1896~1965) : 자는 虛谷. 호는 一村. 필명으로 一村, 依菊, 醉芬 등이 있다. 한시, 신시, 근대소설 등 많은 작품을 남겼는데 일본 경찰의 횡포와 타이완 서민들의 이야기를 주로 그렸다. 주요작품으로는 「금의환향榮歸」(1930), 「그가 부자가 되다他發財了」(1928) 등이 있다.

천훠취안陳火泉(1908~1999) : 1943년 자전적 소설 「길道」을 『문예타이완文藝臺灣』에 발표. 일본인의 차별적인 시선 속에서 타이완인이 직면한 정신적인 압박감과 일본인이 되기 위한 눈물겨운 노력을 보여주는 내용으로 대표적 황민문학으로 불린다.

소설

가을편지秋信 : 朱點人 지음. 『타이완신문학』 3월호(1936)에 게재. 1935년 타이완 박람회를 배경으로 전통문인의 가치관과 현대화를 표방하는 식민 상황 사이의 간격을 보여주면서 식민정부가 문명진보를 전시하는 배경에 깔려있는 식민자의 문화우월성과 차별대우에 대해 비판적인 시각을 보여주고 있다.

견양화犬羊禍 : 柳裳君(謝星樓) 지음. 『타이완台灣』 제4년 제7호(1923)에 게재. 장회소설의 체제로 당시 타이완 어용신사들의 행위와 지주계급의 개량주의적 성격을 비판한 내용이다.

교차로十字路 : 王詩琅 지음. 『타이완신문학台灣新文學』 제1권 제10호(1936)에 게재. 한 은행말단직원과 공산주의운동에 참가했다 검거된 그의 친구들 이야기를 중심으로 현대화된 도시의 번화함 이면에 자리하고 있는 허무, 퇴폐의 정조와 억압된 내면을 그려내고 있다.

귀가歸家 : 賴和 지음. 『남음南音』 창간호(1932)에 게재. 학교를 졸업하고 귀향한 청년이 고향의 서민들에 대해 느끼는 강렬한 소외의식, 즉 지식의 무용과 자신의 무력함 등에서 오는 유기된 공포를 그리고 있다.

급류奔流 : 王昶雄 지음. 『타이완문학』 제3권 제3기(1943)에 게재. 황민화운동하에서 타이완 지식인이 느끼는 심리적 갈등과 민족 정체성에 대한 고민이 주요내용이다.

길道 : 陳火泉 지음. 『문예타이완』 제6권 제3호(1943)에 게재. 1940년대 황민화운동과 전쟁동원의 상황에서 타이완 지식인이 겪는 내면갈등을 매우 자세하게 묘사한 작품이다.

머리와 몸首與體 : 巫永福 지음. 『폴모사』 창간호(1933)에 게재. 동경 유학 중인 두 타이완 청년의 대화를 통해 이상과 현실, 정신과 육체간의 모순된 심리를 머리와 몸을 대립시켜 드러내고 있다.

모범촌模範村 : 楊逵 지음. 1948년 『타이완문학총간』 제3집에 처음으로 중국어로 발표되었다. 선량한 백성들이 일본이 추진한 의무노동에 시달리는 내용으로 비록 모범촌의 명예를 얻지만 주민들의 생활은 개선되지 않고 모범촌의 건설과정에서 더욱 더 가난해지는 아이러니한 상황을 보여준다.

몰락沒落 : 王詩琅 지음. 『타이완문예台灣文藝』 제2권 제8호(1935)에 게재. 주인공의 집안은 1차 대전 후 세계적인 경제공황으로 몰락하고 이로 인해 일찍이 학생운동에도 참여하고 상해대학에서 사회주의 사상과 접촉하면서 사회개혁의 포부를 가졌던 주인공 청년은 옥중에서 고초를 당하고 전향하면서 모든 일에 환멸을 느낀다.

무거운 짐重荷 : 張文環 지음. 『타이완신문학台灣新文學』 창간호(1935)에 게재. 산촌에서 바나나를 따서 시장에 내다파는 모자의 이야기로 시장과 도시에 대한 두 모자의 상반된 기대와 인식을 보여준다. 식민지 신식교육에 대한 동경을 가지고 있던 어린 아들은 상인들의 교활함과 가혹한 세금제도에 대해 알게 되면서 학교에 대해 기대가 환멸로 바뀌고 생활을 위해 애쓰는 어머니의 고통에 대해 이해하게 되면서 같이 산중의 집으로 돌아온다.

바둑판에서棋盤邊 : 賴和 지음. 『현대생활』 창간호(1930)에 게재. 그러나 당시에는 전문이 삭제되었고 해방 후 李獻章이 편집한 『타이완소설선』에 수록되었다. 대량의 타이완 본토언어를 사용하였으며 대화위주로 1929년 총독부가 실시한 아편특허문제를 둘러싼 구신사들의 의론을 보여준다.

뱀선생蛇先生 : 賴和 지음. 『타이완민보台灣民報』 제293, 295~296호(1930)에 게재. 두꺼비를 잡아 생계를 유지하는 관계로 뱀에 대해서도 박식한 뱀선생을 주인공으로 하여 식민지 법률의 임의적인 적용과 전통 비방에 대한 비판적 시각을 보여주면서 동시에 진정한 근대성에 대한 질문을 던지고 있다.

신문배달부送報伕 : 楊逵 지음. 1932년 『타이완신민보台灣新民報』에 발표되었으나 전반부만 실리고 나머지는 삭제되었으며, 1934년 10월 전문이 일본의 문학잡지 『문학평론』 제1권 제8호에 실렸다. 타이완에서 동경으로 공부하러 온 양군이 신문배달을 하면서 느끼는 경제침체와 계급차이를 그리고 있다. 그의 고향 타이완은 대기업인 제당회사가 농민들의 토지를 강제로 매수하면서 부친의 죽음과 모친의 자살 등 집안이 몰락하는 비극을 맞게 되고, 동경에 온 양군 역시 신문보급소의 사장의 착취에 시달리는 내용을 통해 무산계급의 국제적 연대를 통해 현실을 개선하고자 하는 취지를 보여준다.

신비한 자치도神秘的自制島 : 작자 미상. 전통 우언소설의 특징을 가진 단편소설로 『타이완台灣』 제4년 제3호(1923)에 게재. 당시 타이완 인민들이 식민자의 고압적인 정책하에서도 반항하지 못하는 상황과 새로운 문명을 받아들이지 못하는 실정을 풍자한 내용이다.

야단법석鬥鬧熱 : 賴和 지음. 『타이완민보台灣民報』 제86호(1926)에 게재. 작가는 신지식인의 관점으로 타이완 구사회의 전통신앙행사에서 벌어지는 낭비와 시대착오적이고 의미없는 경쟁에 대해 비판을 가하고 있다.

소달구지牛車 : 呂赫若 지음. 일본 잡지 『문학평론』(1935)에 게재. 현대화된 교통과 기계가 전통적인 우차와 물건들을 대체하면서 주인공 일가의 생활이 점점 어려워지는 상황을 통해 1930년대 타이완 농촌의 모습을 보여준다.

의사가 없는 마을無醫村 : 楊逵 지음. 『타이완문학台灣文學』 제2권 제1기(1942)에 게재. 민중의 의학에 대한 상식의 결핍과 환자의 생활궁핍과 비위생적 환경을 통해 당시 타이완 민중의 생활상을 그리고 있다.

'저울' 하나一桿 '稱仔' : 賴和 지음. 『타이완민보台灣民報』 제92~93호(1926)에 게재. 주인공 秦得參이 당하는 일련의 비극적인 사건을 통해 일본 식민체제가 타이완 서민에게 가하는 경제적 약탈과 일본경찰의 잔혹한 행위를 강렬하게 비판하고 있으며 동시에 약자에 대한 무한한 동정을 보여준다.

지원병志願兵 : 周金波 지음. 『문예타이완』 제2권 제6호(1941)에 게재. 타이완인 지원병을 제재로 황민화운동 아래 세 명의 청년이 일본인이 되는 방식을 둘러싸고 토론을 벌이며, 각자의 논리에 의해 지원여부를 결정하는 내용이다.

타이완낭자 비사臺娘悲史 : 施文杞 지음. 『타이완민보台灣民報』 제2권 제2호(1924)에 게재. 우언형식을 빌어 일본이 폭력을 통해 중국으로부터 타이완을 탈취한 과정을 그리고 있으며 이 밖에도 경제적인 탈취 위주의 식민정책과 타이완 민중에 대한 우민정책 실시에 대해서도 비판적 시각을 보여준다.

파파야가 있는 작은 마을植有木瓜樹的小鎭 : 龍瑛宗 지음. 일본 잡지 『개조』 제19권 제4기(1937)에 게재. 중등학교를 졸업하고 면사무소 회계 조리로 일하는 한 타이완청년의 일상을 통해 식민통치 40년 후의 타이완 사회의 전반적인 모습을 보여주고 있다. 지식무용론과 취직의 어려움, 개선되지 않은 구사회의 악습과 활기를 잃은 작은 읍내의 모습과 청년의 이상이 환멸로 바뀌어 가는 궤적이 잘 드러나고 있다.

단체, 문학잡지

남음南音 : 일제시기의 한문문학잡지이며 1931년 葉榮鐘, 郭秋生, 賴和, 陳逢源 등이 조직한 '남음사南音社'의 기관지로 모두 12기를 발행했다. 사상과 문예를 대중화를 목적으로 했으며 1930년대 향토문학과 타이완화문논쟁의 토론과 실험에 지면을 제공했다.

사람들人人 : 1920년대 발행된 초기의 타이완문예잡지. 楊雲萍과 江夢筆이 창간인이며 1925년 3월 창간호와 4월호 2기 발행에 그쳤으나 타이완 신문학운동의 첫 문예잡지이며 백화문을 사용한 첫 문학잡지이기도 하다.

선발부대先發部隊 **제일선**第一線 : 1933년 廖漢臣, 郭秋生, 朱點人, 黃得時 등 타이베이 문예애호가들이 조직한 '타이완문예협회 臺灣文藝協會'의 기관지. 『선발부대』는 백화문 잡지이며 일본어 문장은 싣지 않았으나 관방의 요구로 제2기 『제일선』은 중일문을 병용했다. 회원 대부분이 전국적 문예조직인 타이완문예연맹의 회원과 중복되지만 연맹에 비해 비교적 농후한 좌익성향을 보여주고 있다.

오인보伍人報 : 1930년 6월 타이완공산당원 王萬得이 주도하고 陳兩家, 周合源, 江森鈺, 張朝基 등이 함께 조직한 '오인보사伍人報社'의 간행물. 초기에는 좌익연합전선의 색채를 띠었으나 갈수록 농후한 공산주의로 전환되어 갔다. 『오인보』는 창간초기부터 여러 차례 발행금지 등 탄압을 받았으나 15기(『공농선봉』으로 개명)까지 나왔으며 좌파청년들의 지지를 받았고 일본의 나프, 전기사戰旗社, 법률전선사法律戰線社, 농민전선사農民戰線社, 플로레타리아과학동맹 등과 관계를 맺고 있었으며 타이완 프로문학운동의 선봉으로 평가되고 있다.

타이완 대중시보台灣大衆時報(1928)와 **신타이완대중시보**新台灣大衆時報(1930) : 타이완 일제시기 좌익운동단체의 대표적 언론매체. 『타이완대중시보』는 1927년 문화협회 분열 후의 신문협의 기관지로 공산주의 사상의 선전에 목적을 두고 있었으며 1928년 4월 성립한 타이완공산당과도 밀접한 관련을 가지고 있다. 주요 참여자는 楊逵, 蔡孝乾, 黃石輝, 賴和, 簡吉, 連溫卿 등이며, 『신타이완대중시보』는 타이완공산당의 지도를 받은 더욱 좌경화한 문협의 기관신문이다. 이 두 신문의 발행경과와 게재된 논술은 타이완 좌익운동의 이데올로기와 운동전략의 추이와 깊은 관련을 가진다.

타이완신문학台灣新文學 : 1935년 楊逵와 葉陶 부부가 '타이완문예연맹'으로부터 따로 나와 진보적 문학을 주장하며 창간한 중일문 병용의 문학잡지. 중국어 창작을 제창하고 민간문학, 향토적 색채의 작품게재를 통해 예술대중화를 실천했으며, 타이완의 노동대중의 현실생활을 제재로 한 농후한 사회주의 색채와 민족의식을 보여준다. 1936년 쇠퇴해가는 중문창작을 제고하기 위해 기획한 '한문창작특집'이 금지되었고, 1937년 중일전쟁의 시국에서 정간되기까지 모두 15기가 발간되었다.

타이완문예가협회臺灣文藝家協會 : 1939년 12월 '타이완시인협회'에서 개편된 조직으로 타이베이에서 성립. 黃得時, 西川滿 등이 준비위원이며 당시 참여한 타이완 작가로는 王育霖, 王碧蕉, 郭水潭, 邱永漢, 黃得時, 吳新榮, 周金波, 莊培初, 張文環, 水蔭萍, 楊雲萍, 藍蔭鼎, 龍瑛宗, 林精鏐 등이다. 1940년 1월 기관지 『문예타이완文藝台灣』을 창간했으며 일본인 작가 西川滿이 주도한 잡지로 낭만적, 탐미적인 예술지상주의적 작품으로 일본 외지문학의 상징이 되었다. 1941년 2월 이 협회는 일본 제국주의의 침략 체제와 황민화운동에 부응하기 위해 또 다시 개편되었다.

타이완문예연맹臺灣文藝聯盟 : 1934년 5월 6일에 성립한 일제시기 타이완의 최대 민간문학조직으로 노선과 파벌이 다른 문인들의 총단결이며 기관지 『타이완문예台灣文藝』를 발간하였다. 嘉義, 埔里, 佳里, 東京 등에 지부를 두었으며 곧 台北, 台南 등으로 확대하여 전국적인 문인조직으로 발전하였고 각 지부에서 문예좌담회를 개최하는 등 신문학운동을 추진했다. 그러나 노선이 다른 문인들의 결합으로 인해 문학이념, 잡지운영과 관련된 내부분쟁을 거쳐 1935년 좌익성향의 楊逵가 연맹을 탈퇴하여 따로 『타이완신문학台灣新文學』을 간행하였다.

타이완문예台灣文藝 : 1934년 결성된 전국적인 문인조직인 '타이완문예연맹台灣文藝聯盟'의 기관지. 월간으로 백화문, 일본어, 타이완화문 을 병용했으며 내용은 평론, 소설, 희곡, 시, 수필 학술연구 등 6개 부문으로 나뉘어 문장을 실었으며, 광범위한 타이완신문학의 창도를 내걸었다. 특정한 이데올로기를 표방하지 않고 좌우합작의 연합전선 성격을 띠었지만 문예대중화 논의의 구체적인 무대가 되었다. 1936년까지 모두 15기를 발행했다.

타이완문예협회臺灣文藝協會 : 1933년 10월 타이베이의 문인들이 조직한 문예단체로, 자유주의와 타이완문학의 건전한 발전을 목표로 내세웠지만 좌익성향으로 인해 기관지 『선발부대先發部隊』와 『제일선第一線』은 규제를 받았다. 주요성원으로 郭秋生, 廖漢臣, 朱點人, 林克夫, 蔡德音, 黃得時, 王詩琅, 陳君玉, 李獻璋, 吳逸生, 黃啟瑞, 黃湘蘋, 林月珠, 徐瓊二 등이 있다.

타이완문학臺灣文學 : 1941년 張文環, 黃得時, 中山侑 등이 西川滿 주도의 『문예타이완文藝臺灣』에서 나와 '계문사啓文社'를 성립하고 발행한 문학잡지. 분열의 원인은 『문예타이완』의 낭만주의와 이국정조 및 경영권을 둘러싼 주도권 갈등이며 『문예타이완』과는 달리 사실주의를 제창하고 일본문인이 제기한 타이완문학의 식민지 특수성을 부정하였다. 『타이완문학』은 일제 말기 일본인 주도의 문학계에서 유일하게 타이완 작가들이 주도한 문학잡지로 알려져 있다.

타이완민보계열台灣民報系列 : 일제시기 타이완 지식인들에 의해 발행된 신문과 잡지. 신문화의 보급과 민지의 계발을 목표로 한 비판적인 입장의 본토언론으로 '타이완인의 유일한 언론기관'으로 지칭된다. 1920년 林呈祿, 蔡培火, 彭華英 등 동경유학생들이 '신민회新民會'를 조직하고 잡지 『타이완청년台灣青年』을 발간하였다. 그러나 식민정책에 대한 비판 내용이 많아 타이완으로의 이입과 판매에 많은 규제를 받게 되자 1922년 『타이완臺灣』으로 이름을 바꾸었고, 1923년에 다시 『타이완민보臺灣民報』로 개명하여 발행, 타이완으로 이입하였고 1927년 신문사를 타이완으로 옮겨와 현지에서 발행했으며, 1929년 『타이완신민보臺灣新民報』로 개칭하였고 1932년 정식으로 일간신문이 되었다. 그러나 1937년 한문란이 강제적으로 폐지되고, 1941년 전쟁시국의 압력하에서 국책에 부응하여 『싱난신문興南新聞』으로 다시 이름을 바꾸었으며 1944년 『타이완신보臺灣新報』로 합병되었다.

타이완시인협회台灣詩人協會 : 1939년 재타이완 일본인 작가 西川滿, 北原政吉, 中山侑 등과 楊雲萍, 黃得時,龍瑛宗 등 타이완 작가들이 설립한 조직으로 기관지 『화려도華麗島』를 간행하였다. 황민문학운동의 개시와 더불어 1939년 12월 '타이완문예가협회台灣文藝家協會'로 개편되었다.

타이완예술연구회臺灣藝術研究會 : 1933년 일본 동경 유학생이던 張文環, 王白淵, 吳坤煌, 蘇維熊, 劉捷, 巫永福, 施學習 등이 성립한 문화조직으로 그 전신은 1932년에 張文環, 王白淵, 吳坤煌, 葉秋木 등이 조직한 '타이완인 문화동호회台灣人文化同好會'로 일본의 좌익인사들과 관련이 있다고 알려져 있다. '타이완예술연구회'의 기관지 『폴모사フォルモサ』는 3기 발간에 그쳤지만 침체된 타이완 도내의 문화, 문학운동을 활성화하는데 영향이 컸다.

폴모사フォルモサ : 1932년 3월 蘇維熊, 張文環, 吳鴻秋, 巫永福, 黃波堂, 王白淵, 劉捷, 吳坤煌 등이 동경에서 조직한 '타이완예술연구회'의 기관지로 타이완 신문예의 창조를 종지로 내세웠다. 3기로 막을 내렸지만 선명한 사회주의 사상과 당시 타이완문예에 대한 평론, 장래 방향에 대한 제안을 내 놓는 등 타이완 도내의 문학운동에 영향을 미쳤다.

사건, 개념

공학교公學校 : 일제시기 타이완인 자제를 위한 6년제 초등교육기구로 일본인 자제를 위한 소학교와 달리 주로 수신, 도덕 교육과 일본인으로서의 국민성을 함양하는 일본어를 위주로 교육하였다. 1941년 일본 내지의 '국민교육령' 반포에 따라 타이완의 150개 소학교와 820개 공학교가 국민학교로 개칭되었으며 1943년에는 의무교육이 실시되었다.

루꺼우챠오 사건盧溝橋事件 : 7·7사변이라고도 하며, 1937년 북경부근에서 군사 연습 중이던 일본의 중국주둔군이 야간에 일어난 일본군 병사의 실종사건을 조사하기위해 중국 경내 宛平縣으로 진입하기를 요구하자 이에 중국이 거절한 것을 구실로 8일 새벽 宛平縣과 盧溝橋에 군사행동을 개시하였다. 이에 중국군이 저항하게 되면서 대규모 군사충돌로 이어졌는데 7·7사변은 일본의 대중국 전면 침략전의 기점이며 제2차 세계대전의 아시아지역 전쟁의 시작이 되었다.

보갑제保甲制 : 1989년 타이완 총독부가 '보갑조례保甲條例'를 반포하고 10가구를 1甲, 10甲을 1保로 하는 보갑제를 부활시켰다. 保에는 保正이 甲에는 甲長을 두었는데 모두 무급직이며 보갑원들간에는 연좌제의 책임을 물어 사회통제의 수단이 되었다. 보갑민에게는 호구조사에 응하고, 전염병 예방, 도로와 다리의 보수, 의무노동의 추진 등 의무가 주어졌다.

신구문학논쟁新舊文學論爭 : 신구문학논쟁은 1920년대 문화계몽기에 일어난 문학논쟁으로 주로 일제시기 타이완 신구세대의 신문학과 고전문학의 특색, 기능과 가치, 미래방향에 대한 의견이 개진되었다. 신문학의 대표적인 주장자는 張我軍으로 구문학에 대한 비판을 가한 일련의 문장을 통해 신문학의 정당성을 주장했고 이에 張梗, 蔡孝乾, 賴和 등도 가담해 구문인의 보수적인 면을 비판했으며, 구문학 진영은 連橫, 鄭坤五, 黃文虎 등이 대표자로 나서 구문학의 가치를 옹호했다.

신문화운동과 타이완문화협회臺灣文化協會 : '타이완문화협회'는 타이완 문화의 계발을 내세우고 1921년 17일 타이베이에서 성립되었다. 당시 의사, 지주, 공학교 졸업생, 유학생 등 신지식인 계층이 주도하였는데 주요 인사로 林獻堂, 王敏川, 林呈祿, 蔡惠如, 李應章, 林幼春, 蔣渭水, 蔡培火, 連溫卿 등이 있다. 문협은 『타이완민보台灣民報를 선전 수단으로 하여

台北, 新竹, 台中, 員林, 台南 등 십여 곳에 讀報社를 설치하고 강연과 강습회를 통해 대중에 대한 문화계몽과 민족자각을 일깨웠다. 정치운동을 내세우지는 않았지만 문협의 신문화운동은 향후 타이완의 농민운동과 노동운동의 태동에 깊은 영향을 주었다.

악법철폐운동惡法撤廢運動 : 1918년 총독부에 지나친 권한을 부여한 육삼법 철폐를 요구하며 타이완을 일본제국의 헌법체제로 편입시키려는 운동. 육삼법의 규범 아래 타이완은 일본 법률에 완전히 적용되지 않고 총독이 각종 특별법을 제정해 타이완에서만 단독으로 시행하였다. 이 운동은 1920년대에 '타이완의회설립청원운동台灣議會設置請願運動'으로 전환되었다.

양문회揚文會 : 타이완 신사계급을 회유하기 위해 1900년 3월 총독 兒玉源太郎이 타이완 각지의 문사들을 초청해 개최한 문학활동. 모두 72명이 참가했으며 창작활동 이외 타이베이의 신식 관아와 학교 등 근대적 문물, 제도를 참관하게 했다. 일본은 이 밖에도 '饗老典', '詩會' 등 활동을 통해 타이완 전통문인들의 지지를 얻고자 했다.

염분지대문학鹽分地帶文學 : 1930년대 台南州 北門郡 에서 형성된 자생적인 문학단체. 佳里街를 중심으로 한 몇 명의 문학청년이 창작한 작품을 일컫는데 농후한 향토색채와 염촌의 정경을 제재로 하여 '염분지대鹽分地帶문학'이라 일컫는다. 1934년 타이완문예연맹이 결성될 때 염분지대 작가들은 佳里지부에 소속되어 문예잡지와 신문에 작품을 발표하였다. 대표적 작가로 郭水潭, 吳新榮, 王登山, 莊培初 등이 있으며 프로문학과 사회주의 사상경향을 보여준다.

우서사건霧社事件 : 1930년에 일어난 원주민들의 일본에 대한 무장저항사건. 사건의 발단은 일본당국의 폭정으로 인한 것이며 이에 불만을 품은 원주민족이 연합하여 일본인을 살해하자 총독부가 비행기, 폭탄, 독가스 등 대량의 살상무기로 무자비하게 진압하여 더욱 격렬한 저항을 불러왔다. 이는 타이완 총독부의 원주민정책에 대한 광범위한 실패를 의미한다.

타이완 박람회台灣博覽會 : 일본이 타이완을 통치한 지 40년이 되는 1935년 시정40주년기념 타이완 박람회가 성대하게 개최되었다. 일본은 식민지배의 치적을 선전하기 위해 대규모의 자금을 들여 1935년 10월 10일부터 11월 28일까지 50일에 걸쳐 타이베이의 세 장소에서 박람회를 거행했는데 참관인수는 275만에 달했다고 하며, 진열회장은 각종 산업관, 임업관, 교통토목관, 남방관, 조선관, 만주관, 일본제철관, 동경관 등등이 있었다.

타이완의회설립청원운동台灣議會設立請願運動 : 1920년대 타이완 자산계급의 자치운동. 일본입헌정치의 정신에 입각해 타이완 의회를 설치하고 타이완 총독부의 입법권을 인민에게 교부할 것을 요구하였다. 1921년부터 1934년까지 14년에 걸쳐 15차례 제국의회에 운동단을 파견하고 타이완의회설치청원서를 제출하였으나 끝내 받아들여지지 않았고 제3차 청원 시 타이완의회기성동맹회가 조직되어 추진했으나 총독부의 탄압으로 치경사건治警事件

으로 비화되었다.

타이완화문논쟁台灣話文論爭**과 향토문학논쟁**鄕土文學論爭 : 1930년 黃石輝의 "어찌 향토문학을 제창하지 않는가"라는 문장에서 제기한 '타이완문학은 타이완화문으로 타이완의 사물을 그리는 것이어야 한다'는 내용에서 시작된 논쟁으로 일제시기 일본어 환경에서 타이완문학의 내용과 사용 언어를 둘러싸고 갖가지 의견이 개진되었다. 이 논쟁은 동시에 타이완문학의 특수성과 문예대중화 등 의제와 관련되어 많은 문인들이 참가했다. 郭秋生, 賴和, 莊遂性, 李獻璋 등 타이완화문의 주장자들은 타이완화문을 통해 문예보급은 물론 타이완 민족의식을 제고할 수 있다고 주장했고, 이에 대해 廖毓文, 林克夫, 朱點人 등 중국 백화문 주장자들은 타이완화문이 표기문자가 없어 문학 언어로서 부적합하며 장래 광대한 중국 노동계층과 교류가 가능한 중국 백화문의 보급에 힘을 써야 한다고 주장했다. 이 논쟁은 2년여에 걸쳐 진행되었으나 별다른 진전이 없었으며 곧 이은 중일전쟁의 발발, 황민화정책과 한문금지정책으로 인해 타이완화문운동은 더 이상 진전되지 못했다.